18세기 진한고문론의

전개와 실현 양상

저자
하지영(河志英, Ha, Ji-Young)
세종대학교 대양휴머니티칼리지 초빙교수. 이화여자대학교 대학원에서 조선 후기 한문산문론으로 박사학위를 받았다. 조선 후기 사유와 글쓰기 방식에 나타난 변화에 관심을 가지고 연구를 진행하고 있다. 「18세기 조선과 일본 문단에서의 상고적 문학론의 배경과 그 추이」, 「혜담집(蕙蕸集)에 나타난 19세기 사랑과 욕망」 등 다수의 논저가 있다.

18세기 진한고문론의 전개와 실현 양상

초판 인쇄 2019년 2월 12일 **초판 발행** 2019년 2월 18일
지은이 하지영 **펴낸이** 박성모 **펴낸곳** 소명출판
출판등록 제13-522호 **주소** 서울시 서초구 서초중앙로6길 15, 1층
전화 02-585-7840 **팩스** 02-585-7848
전자우편 somyungbooks@daum.net **홈페이지** www.somyong.co.kr

값 24,000원
ISBN 979-11-5905-389-4 93810

18세기 진한고문론의 전개와 실현 양상

The Development and Embodiment of Qin-Han Writings in the 18th Century

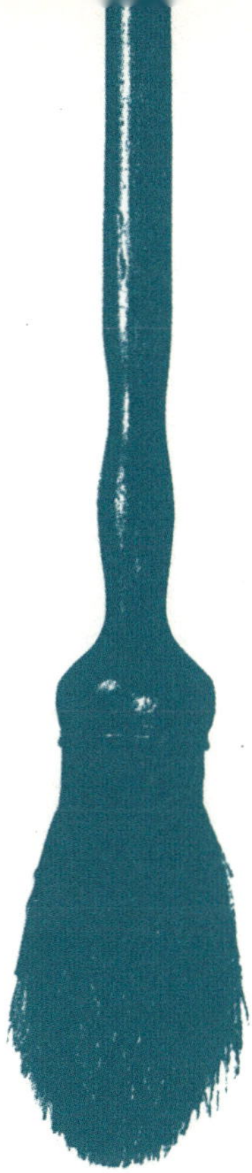

하지영 지음

PONY CHUNG FOUNDATION

소명출판

글쓰기는 사유를 반영합니다. 삶과 세계를 바라보는 시선에 따라 글쓰기의 내용뿐 아니라 문체까지 종종 달라지기도 합니다. 어떤 글이 좋은 글인가라는 질문에 대한 답은 시대, 작가, 독자에 따라 동일하지 않습니다.

조선 시대에도 어떤 문장을 쓸 것인가에 대해 문인들이 다채로운 견해를 제시하였고, 첨예한 논쟁이 벌어지기도 하였습니다. 오랫동안 문장의 좋은 모델로 자리 잡았던 것은 한유韓愈와 구양수歐陽脩로 대표되는 당송고문唐宋古文이었습니다. 그런데 이와 달리 선진양한先秦兩漢이라는 오래된 글쓰기를 모델로 삼아 그 문풍을 회복하자고자 했던 논의-진한고문론도 존재하였습니다. 본서가 주목한 것은 바로 이들 주장이었습니다.

사실 진한고문론은 많은 비판을 받았습니다. 선진양한 시대의 글은 육경뿐 아니라 각종 제자백가, 사서史書를 포함하는 것이었습니다. 정제된 전범이 아니었거니와 이데올로기적으로도 불순하다는 혐의까지 있었습니다. 또 오래전 시대의 문장을 본받는 것이 가능한 것인가, 결국 모방이나 표절을 벗어날 수 없다는 비판이 제기되었습니다. 더구나 나만의 글을 써야 한다고 주장하는 일군의 문인들이 등장하는 18세기에 선진양한 시대의 글을 본받거나, 문풍을 회복하자는 논의는 그야말로 시대착오적인 느낌이 있습니다.

저는 진한고문론이 어떠한 지향성을 내재하고 있는지, 그들이 회복하고자 한 고古가 어떤 의미를 지니고 있는지 궁금하였습니다. 조선의 진한고문론은 전후칠자前後七子라고 불렸던 중국 문인들의 논의에 감발된 것으로 논해지고 있습니다. 16세기 중국에 유행하였던 논의가 18세기 이후까지 조선에 전개되었던 것에서 바로 우리 문단의 특수성을 해명할 수 있는 하나의 단서를 발견할 수 있을 것입니다.

본서는 18세기 진한고문론에 고전과 글쓰기를 통해 당대 조선 문단의 문학과 사유, 정치 현실이 봉착한 한계를 돌파하고자 하는 의도가 있었음에 주목하였습니다. 선진양한의 문풍을 회복하자는 주장, 그리고 일견 난삽해 보이는 문장 속에는, 명료하고도 짜임새 있게 주류의 사상을 전달하는 당대 문장에 균열을 내고자 하는 욕구가 내재되어 있었습니다.

이 책을 집필하면서 주의하였던 점은 담론과 실제는 일치하지 않을 수 있다는 것입니다. 어떤 글쓰기를 할 것인가라는 논의와 실제 글쓰기는 달라질 수 있기 때문입니다. 따라서 문학론을 분석하기 위해서는 실제 글쓰기 방식이 어떤 식으로 드러나는지 살펴보는 작업이 병행되어야 한다고 생각하였습니다. 진한고문론, 당송고문론은 한문학 연구에서 일찍이 주목받아왔지만, 실제 글쓰기 양상에 대한 분석은 아직 충분히 이루어지지 못하였습니다. 이에 18세기 대표작가 신유한申維翰, 이용휴李用休, 유한준俞漢雋을 중심으로 그들의 문학론과 작품들을 점검해 보는 것을 시도해 보았습니다.

이 책은 2014년 저의 박사논문을 가다듬은 것입니다. 문학사의 흐름을 훑고 선진양한의 문체를 분석하겠다는 의욕이 넘쳐서 거칠게 넘어간 부분이 많다는 것을 수정하면서 다시금 확인하게 되었습니다. 더 시간을 들여 살펴보아야겠다는 욕심도 있었지만 향후 연구로 보완하고자 합니다. 박사논문이 나온 이후 관련 연구 성과를 충분히 반영하지 못한 점도 아쉽습니다. 독자의 양해를 바랍니다.

이 책을 간행하면서 감사드릴 분들이 너무나 많습니다. 학자의 모델이 되어주신 이혜순 선생님, 계속 공부를 할 수 있도록 응원해 주신 김동준 선생님, 논문 심사를 해 주신 인연으로 지금까지 학문적 조언을 아끼지 않으시는 김우정 선생님, 박경남 선생님께 큰 은혜를 입었습니다. 논문을 쓰는 동안 많은 힘을 보태준 이화의 선후배에게도 감사를 드립니다. 엄마와 학문의 길에서 번민하는 후배들에게 이 책이 조금이나마 위안이 되었으면 합니다.

박사 졸업 후 현대산업개발 포니정재단에서 학술지원을 받게 된 것은 큰 행운이었습니다. 후속 연구를 이어나가고 이 책이 출간될 수 있게 도와준 재단에 감사를 드립니다.

끝으로 가족이 있기에 이 책을 쓸 수 있었습니다. 등하교를 함께하며 엄마가 논문을 쓰는 것을 지켜봐 준 시현・하주에게 이 책을 보여줄 수 있어서 너무나 기쁩니다. 무엇보다도 저의 빈자리를 채워준 두 어머니께 깊은 감사의 말씀을 전합니다.

2019년 2월

군자동 연구실에서

차례

제1장
서론

조선 초기부터 송풍宋風에 대한 반성적 자각이 고조된 가운데 선조 연간 유입된 명대 전후칠자前後七子[1]의 문학은 국내 문단에 큰 자극을 주었다. 진한고문秦漢古文을 문장의 전범으로 삼아 창작에 반영하자는 논의가 활성화되기 시작한 것이다. 이후 진한고문론은 조선 문단에서 19세기 이후까지 당송고문론과 함께 문학론의 큰 줄기를 형성하며 전승되어 왔다. 진한고문론은 한문산문사에서 간과할 수 없는 중요한 실체이자 현상이다. 하지만 기존 연구는 수용기인 16~17세기에 집중되어 있으며 18세기 이후 국면은 충분히 주목받지 못하였다. 이는 진한고문론의 실체를 온전히 반영한 것이라기보다는, 다른 축에 위치하는 문학론을 부각시키기 위해 의도적으로 외면·경시한 결과라 하겠다. 본서는 기왕의 연구사를 반성적으로 검토하면서 18세기 이후 진한고문

1 전후칠자는 前七子인 李夢陽·何景明·王九思·王廷相·康海·邊功·徐禎卿과 後七子인 李攀龍·王世貞·宗臣·謝榛·徐中行·梁有譽·吳國倫을 통칭하는 말이다.

론이 존립할 수 있었던 배경과 실질적인 흐름을 분석하고자 한다.

18세기 진한고문론의 실체를 가장 잘 보여줄 수 있는 대표적인 인물로 본서에서는 신유한申維翰(1681~1752), 이용휴李用休(1708~1782), 유한준兪漢雋(1732~1811)을 주목한다. 이들은 모두 자신들의 능력을 현실에서 충분히 발휘하고 보상받지는 못하였지만, 문장에 전념하면서 그들이 속한 문단에서 중추적 역할을 담당하였다.[2] 문장 학습기에 진한고문에 대한 관심을 크게 보였으며 모방·창작과 관련된 논쟁적인 담론을 생산해내었다. 산문 작품에서도 뛰어난 문예미를 성취하였는데, 공통적으로 문장이 기굴奇崛하다는 평가를 받았다. 이들의 산문에 대한 평가는 수용층에 따라 상이하여, 높은 호응을 받기도 하였지만 때로는 반발을 불러일으키기도 하였다.[3] 이 점은 이들의 산문이 특정 수용층의 담론과 기호에 부응하면서도 다른 수용층은 포섭하지 못할 만큼 편향성을 보이고 있음을 의미한다. 필자는 이 편향성을 해석할 수 있는 단서로 '진한고문'을 지목한다. 각각의 산문의 문체와 내용적 특징을 정치하게 분석해 본다면, 이들 문학

---

2 신유한은 33세에 문과에 급제하였으나, 서출이란 이유로 원하는 관직을 얻지 못하였다. 39세에 제술관에 뽑혀 일본에 다녀온 이후 문학으로 명성을 드날렸지만, 봉상시관원 및 茂長縣監과 平海郡守 등 지방관을 전전하였다. 유한준은 37세의 늦은 나이에 진사시에 합격하여 이후 海州判官, 三陟府使 등 지방관을 역임하였다. 「右閭問數」·「自傳」·「著叟自銘」에서 관직 생활이 형통하지 않자 문장가로 자임하며 불우함을 해소하고자 하였던 자신의 삶을 회고하였다. 이용휴는 평생 관직에 나가지 않은 채 안산 지역에서 제자를 양성하며 지냈다. 정약용은 「貞軒墓誌銘」에서 "몸은 포의의 반열에 있었으되, 30여 년 동안 文苑의 權衡을 잡았다(身居布衣之列, 手操文苑之權者三十餘年)"고 그를 평가하였다.

3 신유한은 尹淳과 崔昌大에게 진한고문적 성향을 수정할 것을 권유받았다(「叙與尹太學士論文事」). 이용휴의 문장에 대해서 당대 사람들이 괴이하게 여겼으며(「祭仲父惠寰先生文」 "少見多怪, 何恤俗眼") 반대 당파인 沈魯崇은 심지어 邪淫하다고까지 평한 바 있다(「先府君言行記」). 유한준 문장의 경우, 朴趾源은 지나친 의고성을 지적하였으며(「答蒼厓」), 朴胤源은 道文一致론을 주장하며 文辭에 지나치게 치중하지 말라고 하였다(「與兪汝成」).

론이 가지는 의미가 보다 분명히 드러날 수 있을 것이다.

이제 본서에서 '18세기'의 '진한고문론'에 주목하는 이유에 대해 구체적으로 논해 보겠다. 진한고문론은 문장 학습의 전범으로 선진양한의 산문을 존숭하는 문학론으로서 당송고문론唐宋古文論에 상대되는 개념이다. 당송을 거쳐 진한을 배우자는 당송고문론과는 달리, 진한고문론은 진한의 산문을 직접 학습할 것을 주장하였다. 이 담론은 작가가 도달할 수 있는 목표를 최대한 높게 끌어올리는 한편, 성리학적 재도론載道論의 틀에서 벗어나 문학의 독자적 가치를 부각하고자 하는 경향이 있다. 요컨대 진한고문론은 당송고문론에 비해 문예에 대한 지향성이 높다고 하겠다. 따라서 이 담론의 전개 양상을 고찰하는 것은 재도적 문학이 주류를 차지하던 한국 한문학사에서 문예에 대한 욕구를 긍정하고 발산하였던 또 다른 담론의 축을 재구하는 작업으로서 의미를 지닌다.

물론 진한고문론의 전개 양상은 단선적으로 진행되지 않는다. 16세기 말에서 17세기 전반기까지 윤근수尹根壽(1537~1616)·신흠申欽(1566~1628)·장유張維(1587~1683)·조경趙絅(1586~1669) 등 당파와 상관없이 문형文衡을 지낸 자들이라면 대체로 진한고문론에 대해 긍정적인 입장을 보였으나 17세기 후반에 와서는 국면이 달라진다. 붕당이 본격적으로 형성되고 사상적 경계가 강화된 것이다. 이 때문에 기존 연구에서 노론계를 중심으로 당송고문론, 그리고 남인계를 중심으로 진한고문론이 계승되어 온 것으로 큰 구도가 그려지기도 하였다.[4] 갑술환국甲戌換局과 무신란戊申亂을 거치면서 18세기 이후 남인계 문인들이 주류 문단에서 물러나는

4 대표적으로 송혁기의 『조선 후기 한문산문의 이론과 비평』(월인, 2006)이 있다.

추세와 더불어 진한고문론은 더 이상 주요한 담론으로 기능하지 못한 것으로 인식되었다. 더구나 18세기는 당송고문론이 주류 문단의 문학 담론으로 확고히 자리한 가운데, 소품문 등 새로운 문예 양식이 널리 향유되었으며 문학과 세계 및 자아·타자 등에 대한 새로운 인식이 태동한 때임이 분명하다. 진한 시대의 문학을 전범으로 삼아 그 품격을 모방하려는 의식은 이미 문학사의 본류를 벗어난 것으로 판단되어 왔다.

그러나 오늘날 연구자가 부여하는 의미와는 별개로 그 실상을 조명해 보면, 진한고문론은 이 시기에도 여전히 진행 중이었으며 오히려 일각에서는 확산되고 있는 모습이 발견된다. 남인계 내부에서는 새로운 문학 담론들을 수용하면서도 진한고문론은 여전히 그들의 문학적 정체성을 확보해 줄 수 있는 핵심 담론으로 기능하였다. 노론계에서도 18세기 중반 이후 진한고문에 대한 담론이 다시 형성되며, 영남권 인사들에게서는 한문학이 운명을 다하는 순간까지 매력적인 담론으로 전승되었다.

이 같은 진한고문론의 전개 양상을 단순히 시대착오적인 것으로만 치부할 수는 없다. 18세기 이후 주류 문단의 강력한 비판에 대항하는 축으로서, 진한고문론이 전개되는 양상은 매우 흥미롭다. 조선 전기는 진한고문론이 당송고문론과 함께 조선 문단에 통합적으로 수용[5]된 데 반해, 18세기에는 당송고문론의 강력한 비판을 마주하게 됨에 따라 좀 더 이념적이고 실천적 지향이 분명해질 수밖에 없기 때문이다.

---

5 당송고문론과 진한고문론을 통합적으로 수용하려는 경향은, 茅坤과 王世貞의 산문을 함께 편차한 申最의 『皇明茅鹿門王弇州二大家文抄』에서 살펴볼 수 있다. 노경희, 「17세기 명대문학론의 유입과 한문산문의 '조선적' 전개에 대한 일고」, 『고전문학연구』 27, 한국고전문학회, 2005 참조.

이에 따라 18세기는 진한고문론 내부의 변화 양상을 추적할 수 있는 주요한 시기이자, 명대 전후칠자의 문학론과는 변별되는 부면이 도출될 수 있는 시기일 수 있다. 16세기에 중국 문단에서 대두한 문학론이 지속적으로 조선 문단에 공감을 일으켰던 까닭은 무엇이며 조선 문단의 구체적인 전개 양상은 어떠한가? 이러한 질문에 대한 해명을 통해 궁극적으로 조선 후기 문단의 실체와 그 성격이 좀 더 분명하게 드러날 수 있으리라 기대한다.

본서의 논의는 전후칠자의 영향관계 · 진한고문파 · 고문론 등에 관한 연구와, 신유한 · 이용휴 · 유한준 세 작가에 대한 개별 연구에서의 축적된 성과를 바탕으로 한다.

우선 진한고문론에 관한 연구를 정리하자면 다음과 같다. 강명관이 조선 중기 문단에 진한고문이 수용된 과정과 그 영향에 관하여 여러 차례 살펴보면서 이에 대한 본격적인 연구가 시작되었다.[6] 그는 16세기 말~17세기 초 조선 문단에 수용된 전후칠자의 작품과 창작론이 거대한 파장을 일으켰으며 진한고문파의 성립으로 인해 산문창작론이 산문언어에 대한 세심한 고찰을 수행하였다고 지적하였다. 이어 윤근수 · 조익趙翼(1579~1655) · 유몽인柳夢寅(1559~1623) · 허균許筠(1569~1618) 등을 조명하여 이들의 문학론이 의고문파와 유사한 지점이 있음을 지적

6 강명관, 「16세기 말 17세기 초 擬古文派의 수용과 秦漢古文派의 성립」, 『한국한문학연구』 18, 한국한문학회, 1995; 강명관, 「許筠과 明代文學」, 『민족문학사연구』 13, 민족문학사연구소, 1998; 강명관, 「16세기 17세기 초 진한고문파의 산문비평론」, 『대동문화연구』 41, 대동문화연구원, 2002. 이후 이상의 연구를 『안쪽과 바깥쪽』(소명출판, 2007)으로 다시 엮었다.

하였다. 김도련 역시 전후칠자의 영향으로 진한고문을 추숭하는 유파가 성립되었다고 하며, 최립崔岦(1539~1612)·허목許穆(1595~1682)·신유한 등을 구체적으로 지목하였다.[7] 신승훈, 이성민은 진한고문파가 성립되었다는 이전의 논의는 수용하되, 조선 문단에 진한고문 수용에 앞서 내재적 요인이 여말선초에 이미 갖추어졌음을 강조하며 중국 문단의 일방적인 영향관계로 문학사를 이해하는 구도에서 벗어나고자 하였다.[8] 또 이병순은 조선 후기 문단을 진한 계열·당송 계열·소품 계열로 나누어 전후칠자에 대한 대응 양상을 연구하였는데,[9] 국내에 진한고문파가 형성되었음을 전제로 한 논의였다.[10]

심경호, 금동현, 김우정 등은 진한고문파의 성립 여부 자체에 대해 회의적인 입장을 취하였다.[11] 심경호는 조선에서는 고문의 발전 과정에서 의고투의 고문이 나오기는 하였으나, 의고의 산문론을 강하게 주장하는 유파는 성립하지 않았다고 보았다. 금동현 역시 조선 문단에서 전후칠자에 대한 기본적 입장이 무조건적인 추숭이 아닌 비판적 이해

7 김도련, 『韓國 古文의 源流와 性格』, 태학사, 1998.

8 신승훈, 「전후칠자의 수용과 조선 중기 문원의 반향」, 『동양한문학연구』 16, 동양한문학회, 2002; 이성민, 「'秦漢古文派'의 성립 배경과 秦漢古文에 대한 인식」, 『한국어문학연구』 48, 한국어문학연구학회, 2007.

9 이병순, 「朝鮮 後期 文人들의 前後七子에 대한 對應 양상 연구」, 단국대 박사논문, 2007.

10 이 밖에도 2013년 성균관대 동아시아 학술원에서 '동아시아 한문학에서의 의고주의'라는 주제로 국제학술대회가 열려, '의고주의'를 동아시아적 시각과 방법으로 연구해야 한다는 논의가 제출되기도 하였다. 김용태, 「韓國 漢文學에 있어서 擬古主義 研究의 最近 爭點」, 『한문학보』 30, 우리한문학회, 2014.

11 심경호, 『조선 시대 漢文學과 詩經論』, 일지사, 1999; 금동현, 「柳夢寅 산문 이론의 구조와 의미-이른바 진한고문파 이론에 대한 재검토를 겸하여」, 『한국한문학연구』 34, 한국한문학회, 2004; 김우정, 「선조,광해 연간 文風의 변화와 그 의미-前後七子 수용 논의의 반성적 고찰을 겸하여」, 『한국한문학연구』 39, 한국한문학회, 2007.

였다고 하며, '진한고문파'에 대해, 단면적이고 도식적인 분류 방식을 넘어 작품 분석을 통해 귀납적으로 검토할 것을 요청하였다. 김우정은 조선 중기 문인들의 문장관과 작품을 살펴보면 전후칠자의 영향이 그리 크지 않았으며, 나름의 주체적 판단에 입각해 진한과 당송을 넘나드는 창조적이고 복합적인 문체를 구현하였다고 논하였다. 그는 최립, 유몽인, 허균, 조찬한趙纘韓(1572~1631) 등의 산문을 정치하게 분석함으로써 이에 대한 논의를 뒷받침하였다.[12] 장유승은 임란 이후 명에 대한 동문同文의식이 고조되면서 전후칠자의 문학이 적극 수용되었으며, 이들의 문학론은 국내 문단에 고문古文에 대한 재인식의 계기를 마련하였다고 하며, 전후칠자들이 국내 문단에 미친 영향이 적지 않다고 논하였다. 다만 이들의 문학적 지향을 지나치게 단순화하고 단선적인 문학사 이해를 초래할 위험성을 내포하고 있다는 이유로 '진한고문파'라는 용어에 대한 재검토를 요청하였다.[13]

이처럼 진한고문론에 관한 연구는 현재 많이 축적되었지만, 관련 용어나 실제 영향력, 그리고 '진한고문파'의 성립 여부에 있어서도 아직 합의점에 도달하지 못한 상태이다. 본서는 문장에 있어서 진한고문을 전범으로 삼아야 한다고 주장하는 일련의 문인들이 존재하였으며, 그들의 주장이 논쟁적 차원으로 진행되었던 것은 분명한 사실이기에 이를

12 김우정, 「簡易 崔岦 散文 硏究」, 단국대 박사논문, 2004; 「허균 산문의 연구－산문 텍스트의 확장과 문예미를 중심으로」, 『동아시아고대학』 16, 동아시아고대학회, 2007; 「玄洲 趙纘韓 散文의 연구－17세기 初 文壇의 風情과 관련하여」, 『한문교육연구』 31, 한국한문교육학회, 2008.

13 장유승, 「前後七子 수용과 秦漢古文派 성립에 대한 비판적 고찰」, 『한문학논집』 36, 근역한문학회, 2013.

문학사 내에서 간과할 수는 없다고 생각한다. '진한고문파'의 존재를 회의하는 입장의 주된 근거는, 진한고문파로 분류된 문인들이 전후칠자에 대해 비판을 가하고 있는 점, 그리고 한유韓愈(768~824)·소식蘇軾(1037~1101) 등 당송문학을 수용하고 있는 점으로 요약될 수 있다. 그러나 명대 문인에 대한 비판이, 진한고문을 문학 전범으로 삼아야 한다는 담론을 전면적으로 부정하는 데에 직결되는가 여부는 세심하게 고려해야 한다. 또 진한고문론이 선진양한 문학의 학습을 우선하고 있지만, 오로지 진한고문만을 숭상하고 이후 문학사가 배출한 다양한 작자들의 성취에 대해 모두 배척하였던 것은 아니었다.[14]

본서는 진한고문론이 조선 문단에 지속적으로 영향력을 미쳤다는 것에는 긍정적인 입장을 취하되 '진한고문파'라는 문학 유파를 설정하는 것 자체는 지양하고자 한다. 그간의 한문학 연구에서 유파流派를 설정하여 문인들의 공통적인 성향을 추출하고자 한 논의가 활발하게 이루어졌는데, 이는 '유파'를 통해 문학사를 편의적으로 이해하려는 중국 학계의 관점을 원용한 측면이 있다.[15] 이러한 설정이 실체를 그대로 반영하는지도 의문이지만, 무엇보다도 개별 작가의 개성이나, 한 작가 내에서도 존재하는 다양한 문학론, 그리고 변이 양상을 조망하는 데 방해

14 이러한 관점에서 명대 전후칠자가 주장하는 '文必秦漢'과 '古文亡於韓' 역시 그들의 복고론을 극단적으로 표현한 구호일 뿐, 실체 그대로 받아들여서는 곤란하다.

15 예컨대 학계에서 '진한고문파'라는 용어를 처음 사용한 강명관(「16세기 말 17세기 초 擬古文派의 수용과 秦漢古文派의 성립」, 『한국한문학연구』 18, 한국한문학회, 1995)의 경우, 명대문학에 있어 郭紹虞의 『中國文學批評史』(商務印書館, 1934)의 용어와 논의를 상당 부분 차용하였다. 곽소우는 明代의 宗唐派, 宗宋派, 前後七子, 公安派, 竟陵派 등 각 유파 간의 논쟁을 조망하였는데 발전사적 구도 내에서 문학사를 해석하고자 하는 시각으로 인해 결과적으로 전후칠자 문학의 의의는 상대적으로 축소될 수밖에 없었다.

가 될 수 있다. 본서에서는 유파를 설정하는 대신 진한고문을 전범으로 설정한 각 문인들에 초점을 맞추어 어떠한 배경에서 진한고문에 대한 관심이 촉발되었고 구체적으로 어떠한 논의들을 제출하였으며, 나아가 창작에 반영되는지 여부를 추적하고자 한다.[16]

진한고문론의 영향력에 대해서 연구자들의 견해가 분분한 것은 실제 작품분석이 충분히 뒷받침되지 못한 탓도 있다. 기왕의 연구는 비평에 대한 비평, 즉 메타비평을 중심으로 진행되어 진한고문론의 실체에 대한 분석이 부족하다. 진한고문론이 조선 문단에 어느 정도 유통되고 영향을 주었는지에 대해 구체적인 자료로써 입증하는 것은 미흡한 실정이다. 무엇보다도 작품 분석은 진한고문론의 실체를 파악하기 위해 우선적으로 수행해야 하는 과정이다. 진한고문적 성향을 가진 작가들의 산문을 검토하는 과정에서 문장의 간결성과 난해한 한자 및 전고사용에 대한 분석[17]이 나오기는 하였으나, 진한고문의 전반적인 미감을

---

16 또 이상의 연구들에서는 '진한고문', '復古', '擬古文', '古文辭' 등의 용어와 개념이 혼재되어 있다. '의고'는 진한고문론 자체에서 제기되었기보다는 전후칠자의 모방, 표절하는 문풍을 비판하는 뜻으로 주로 쓰였기에 부정적인 의미가 내포되어 있기에 본서에서는 사용하지 않는다. '고문사'와 '복고'는 개념상 문제가 없지만, 이들 문학론에 있어 주요한 기점이 되는 '선진양한'을 부각시키면서 당송과 변별되는 의미를 분명히 드러낼 수 있다는 점에서 '진한고문'이라는 용어를 사용한다.

17 산문 작품들을 검토하는 가운데, 대상 문인이 진한고문을 학습하여 자신의 창작물에 반영한 양상을 주목한 연구는 다음과 같다. 신익철, 「柳夢寅의 文學觀과 表現 手法의 特徵」, 성균관대 박사논문, 1995; 남은경, 「동명 정두경 문학의 연구」, 이화여대 박사논문, 1997; 서한석, 「月汀 尹根壽의 散文에 關한 硏究」, 성균관대 석사논문, 1999; 이현호, 「兪漢雋 散文 硏究」, 한국정신문화연구원 석사논문, 2003; 이현호, 「申維翰 산문의 擬古性과 『莊子』 패러디」, 『동양한문학연구』 20, 동양한문학회, 2004; 김우정, 「簡易 崔岦 散文 硏究」, 단국대 박사논문, 2004; 송지영, 「於于 柳夢寅 散文 硏究」, 고려대 석사논문, 2004; 이성민, 「'秦漢古文派'의 성립 배경과 秦漢古文에 대한 인식」, 『한국어문학연구』 48, 한국어문학연구학회, 2007; 신승훈, 「眉叟 許穆 散文의 美學」, 『인문학논총』 14, 경성대 인문과학연구소, 2009; 신승훈,

밝히기 위해, 좀 더 체계적인 연구가 요청되는 시점이다.

'문학론'은 당위적이고도 피상적인 논의를 포괄하기 마련이므로, 특정 문학론이 특정 작품으로 온전히 실현되는 것으로 보아 양자의 간극을 무시하고 일대일의 관계로 파악하는 것은 분명 부적절하다. 하지만 진한고문론은 어떠한 문학론보다 '문체'에 대한 높은 관심과 구체적인 논의를 수반하기 때문에 실제 작품에 대한 검토는 필수적으로 병행되어야 한다. 더구나 당송고문론과 진한고문론은 전범으로 내세우는 텍스트는 겹쳐 있으며, 문학론 역시 때로는 분명한 몇몇 지점을 제외하고는 그 구분이 명확하지 않은 경우도 있다. 따라서 어떠한 문인이 『장자莊子』, 『사기史記』를 선호하였다는 이유로, 혹은 한유·소식 등을 선호하였다는 이유로 그를 진한고문론 혹은 당송고문론을 주장하였다고 결론 내리기에는 무리가 있다. 가장 명징한 답을 제시할 수 있는 것은 바로 해당 문인의 텍스트에서 실현된 문체이다. 본서에서는 이에 대한 집중으로 진한고문론의 영향 및 전개가 좀 더 구체화될 수 있을 것이며 결과적으로 조선 후기 문인들이 지향하였던 진한고문론이 무엇인지 윤곽이 드러날 것이라 기대한다.

끝으로 진한고문론과 관련한 기존 연구들이 공통적으로 18세기 이후 국면을 경시하고 있다는 점을 문제점으로 지적할 수 있다. 현재까지 진한고문론에 관한 기존 연구는 수용기인 선조·광해 연간에 집중되어 있으며, 17세기 이후 고문론에 관해서 총체적으로 고찰한 연구는 대체

「龍洲 趙絅 散文의 美學」, 『인문학논총』 25, 경성대 인문과학연구소, 2011; 이준규, 「許穆散文의 古文詞에 대하여」, 『동양한문학연구』 28, 동양한문학회, 2009; 김홍백, 「유몽인의 經世 의식과 산문세계」, 서울대 박사논문, 2014.

로 당송고문론에 초점을 맞추고 있다.[18] 18세기에는 전성기를 지난 문학론으로, 당송고문론 혹은 창신론의 비판적 대상으로 설정되었을 뿐이다. 특히 공안파의 영향을 받은 소품이라는 새로운 글쓰기 양식이 보여주는 사유의 혁신성을 강조하기 위해서, 그 대립항으로 진한고문론을 설정하여 의도적으로 문학적 의의를 축소시키는 결과를 가져오기도 하였다. 이 때문에 개별 연구자가 의도했든 하지 않았든 간에 결과적으로 진한고문론에서 당송고문론, 혹은 창신론으로 이행하는 양상으로 문학사의 큰 윤곽이 그려지게 되었다. 이것이 실상과 부합하는지 여부

18 고문론을 종합적으로 다루어 살핀 연구를, 대상 자료가 속한 시대순으로 열거하면 다음과 같다. 김도련(앞의 책)은 고려 말 李齊賢에서, 李建昌까지 고문의 전개에 관하여 살폈는데, 여기서 秦漢擬古文派로 崔岦·許穆·申維翰 등을, 唐宋古文派로는 張維·李植·金昌協·朴趾源·洪奭周·金邁淳 등을 꼽았다. 우응순(「朝鮮 中期 四大家의 文學論 硏究」, 고려대 박사논문, 1990)은 조선 중기 사대가인 申欽·李廷龜·張維·李植을, 신승훈(「16世紀 後半~17世紀 前半期 文學理論의 多邊化 樣相」, 고려대 박사논문, 2005)은 유몽인·이수광·신흠·허균의 문학론을 살폈다. 박영호(「朝鮮 中期 古文論 硏究」, 경북대 박사논문, 1993)는 崔岦·李廷龜·申欽·張維·李植·金昌協을 중심으로 조선 중기 고문론을 고문론의 제기, 고문론의 확산, 고문론의 정립으로 나누어 논하였다. 정우봉(「朝鮮 後期 散文理論의 展開와 그 性格 (I)」, 『한국문학연구』, 동국대 한국문학연구소, 2000)은 16세기 말에서 17세기 초의 산문이론을 검토하였으며, 박은정(「17c 말 18c 전기 農巖 계열 문장가들의 古文論 연구」, 한양대 박사논문, 2005)은 김창협·李宜顯·申靖夏·李夏坤을 중심으로 한구정맥론을 살폈다. 송혁기(「17세기 말~18세기 초 산문 이론의 전개 양상」, 고려대 박사논문, 2005)는 許穆·김창협·趙龜命을 대표로 하여 산문 이론의 다채로운 전개 양상을 고찰하였는데, 여기서 허목을 중심으로 한 근기 남인 일각에서 선진양한산문의 고기를 재현하고자 하는 독특한 상고 전통이 있었음이 지적되었다. 금동현(「18世紀 後半~19世紀 前半期 文學理論 硏究」, 고려대 박사논문, 2001)은 李德懋·金正喜·金邁淳을 중심으로, 정민(「朝鮮 後記 古文論 硏究」, 한양대 박사논문, 1989)은 문체반정 이후 洪奭周·金邁淳·兪莘煥·徐應淳·金允植을 중심으로 19세기 고문론을 정리하여, 이들의 古文論이 因文入道論적인 성격이 있음을 밝혔다. 김철범(「19世紀 古文家의 文學論에 대한 硏究」, 성균관대 박사논문, 1992)은 洪奭周, 金邁淳, 洪吉周 등 19세기 고문가들이 문도합일의 정신에 근거하고 있다고 논하였다. 여기서 김도련, 신승훈, 송혁기를 제외하고는 고문론 연구는 대체로 당송고문론에 초점을 맞춘 것이다.

는 좀 더 세심하게 검토되어야 한다.

18세기 진한고문론 연구가 부족한 데에는 바로 모방, 표절의 문학론이라는 부정적 인식도 개입한다. 그러나 모방을 오늘날의 관점으로 이해해서는 안 되며, 당대 문인들의 시각과 평가를 그대로 답습하는 것도 곤란하다. 한문학사 내에서 모방과 표절은 '경의敬意'의 한 방식으로 이해되어 왔다. 사서四書 및 주희朱熹, 한유韓愈의 문장에 대한 모방은 지속적으로 진행되어 왔으며 논란의 대상이 아니었다. 그런데 조선 문단에서 유독 진한고문을 모방하는 것이 문제시되었던 것은 무엇 때문인가. 본서는 그 이면에 존재하는 당쟁, 이데올로기 등의 문제를 직시할 것을 요청한다. 모방, 표절에 대한 논쟁은 문체라는 표면 위에서 전개되지만, 그 뿌리는 문학과 세계에 대한 시좌의 차이에서 형성된 것임을 유념해야 한다. 더구나 모방, 표절에 대한 시비에 집중하여, 진한고문론이 제출하였던 혁신적인 사유 및 도문분리적 경향, 자득自得, 진眞에 대한 담론을 외면되거나 저평가되어서는 안 될 것이다.

다음으로 본서에서 주요 작가로 다루는 신유한, 이용휴, 유한준에 관한 기존 연구를 살펴보겠다. 이들은 조선 문단에 이채롭고도 강한 논리성을 가진 문학론을 제출하여 일찍이 조명받아 왔으며, 현재 연구가 적지 않게 축적되었다. 신유한에 대해서는, 그를 진한고문, 특히 사체를 추구하는 문인으로 보는 데에 큰 이견이 없지만,[19] 유한준의 문학론은

19 신유한은 의고풍이 농후한 시문을 창작하는 한편, 영남의 문풍을 변화시킨 인물로 주목받아 왔다. 그의 문학에 대한 연구는 대개 『해유록』과 한시 중심으로 이루어지다가, 최근 문학론 및 산문세계에 대한 조명이 활발하게 이루어지고 있다. 김도련(앞의 책)이 신유한을 윤근수,

'의고'냐 혹은 '법고창신'이냐를 두고 아직까지 의견이 분분하다.[20] 이용휴의 경우는 그의 사유와 문학이 혁신성을 가지고 있음을 주목하여 양명학 나아가 공안파의 범위 안에서 이해하려는 관점이 지배적인 가운데, 그가 견지한 사인士人의식을 주목하거나 그의 문학이 이전 문학의 규범성에서 완전히 독립한 것은 아니라는 지적이 제출되긴 하였지만 진한고문론의 관점에서 이해하는 논의는 지금까지 없었다.[21]

신흠, 허목 등을 이어 의고문풍을 받아들인 문인으로 언급한 이래, 이종호(「青泉의 現實認識과 思維方式」, 『안동대 논문집』 11, 안동대, 1989; 「신유한의 문예인식과 문장론」, 『한국한문학연구』 35, 한국한문학회, 2005), 이향배(「청천 신유한 고문론 연구」, 『어문연구』 31, 어문연구학회, 1999), 송혁기(앞의 글), 송병하(「青泉 申維翰의 散文論과 作品世界」, 고려대 석사논문, 2005), 정우락(「申維翰의 文學思想과 그 詩世界의 意味構造」, 『퇴계학과 유교문화』 41, 경북대 퇴계연구소, 2007), 김철범(「青泉 申維翰의 문장 학습법과 글쓰기론」, 『동양한문학연구』 25, 동양한문학회, 2007), 안영길(「申維翰의 문학사상 연구」, 『우리문학연구』 25, 우리문학회, 2008), 심경호(「申維翰의 통섭적 사유방법과 문학세계」, 『한문학논집』 28, 근역한문학회, 2009) 등에 의해 문학론에 관한 고찰이 진행되어 왔다. 이들은 신유한이 도문분리적 성향이 있으며, 老佛 등 다양한 사상을 수용하며, 진한고문 중에서도 사체를 지향한다는 점에서 대체로 동의하였다. 그러나 그의 계통성에 관해서는 의견을 달리하였다. 곧 허목 등의 근기 남인의 영향을 크게 받았다는 의견(송혁기)과 문학적 성향이 강하다는 점에서 근기 남인과는 차이가 있다고 지적한 논의(김철범, 안영길)로 나뉘었다. 이종호(「신유한의 문도와 고문사 교육」, 『한문학보』 21, 우리한문학회, 2009), 김윤조(「青泉 申維翰의 門人들과 그 문학적 성향」, 『한국학논집』 39, 계명대 한국학연구소, 2009)는 그가 지역 문사의 교육을 주도하였음을 자료를 통해 고증함으로써 신유한을 영남권 문인으로 부각시켰다.

20 김명호(「朴趾源과 兪漢雋」, 『韓國學報』 12, 일지사, 1986)는 박지원과 대별된 법고적인 성격을 가진 인물로 유한준을 먼저 조명하였다. 이후 김건우(「著菴 兪漢雋의 문학론과 그 실천 양상」, 성균관대 석사논문, 2000)는 의고가 아닌 창신의 성격을 가진 법고적 특징을 가지고 있다고 평하였으며, 유동재(「저암 유한준의 문학관과 문장론 연구」, 안동대 석사논문, 2005; 「「문결」의 創作論과 그 문론사적 의의」, 『한국한문학연구』 38, 한국한문학회, 2006)는 「文訣」을 중심으로 유한준의 문학론이 법고와 창신을 하나의 계기적 관계로 아우르는 균형 원리를 제시하고 있다고 보았다. 박경남(「兪漢雋의 道文分離論과 散文세계」, 서울대 박사논문, 2009)은 유한준의 도문분리론을 18세기 문단의 변화의 한 조짐으로 부각시켜 살폈다.

21 정우봉(「李用休의 문학론의 일고찰」, 『한국한문학연구』 9, 한국한문학회, 1987)은, 마음의

본서는 이들 작가들이 공통적으로 진한고문의 독서를 강조하며, 창작에서 고기古氣를 재현하는 것을 의미 있게 여기는 점, 그리고 송대문학에 대한 비판적 견해를 제출하는 것에 주목하고, '진한고문론'을 이들의 문학론과 산문의 특질을 해명할 수 있는 주요한 단서로 부각시키고자 한다. 물론 '진한고문'은 이들 문학론의 정체성을 온전히 반영해 줄 수 있는 개념은 아니다. 하나의 문학 담론 안에는 다양한 층위의 논의가 공존하고 있으며, 진한고문론도 그중 한 부분을 차지하고 있을 뿐이다. 그럼에도 전범에 대한 인식은 특정 문학론의 정체성을 규명해 줄

우월성에 입각한 我의 존엄성에 대한 자각이 양명학과 관련이 있으며, 이러한 사유가 반모의적 개성주의 문학론으로 진척되었다고 분석하였다. 강명관(『공안파와 조선 후기 한문학』, 소명출판, 2007)은 그의 혁신적인 사유가 양명학에만 국한될 수 없다며, 나아가 양명좌파, 공안파의 영향으로 확대, 분석하였다. 이외에도 정민(『18세기 조선 지식인의 발견』, 휴머니스트, 2007), 박동욱(「惠寰 李用休의 文學 硏究」, 성균관대 박사논문, 2006), 이경근(「혜환 이용휴의 문예론 연구」, 서울대 석사논문, 2009), 박경남(「18세기 文學觀의 변화와 '개인'과 '개체'의 발견 (1)」, 『동양한문학연구』 31, 동양한문학회, 2010) 등은 이용휴의 문학이 '나'라고 하는 개인적 자아에 주목하고 있음을 밝히고, 이를 조선 후기 문학에서의 변화의 한 조짐으로 거론하였다. 소품문에 대해서는 안대회(「李用休 小品文의 美學」, 『동아시아 문화연구』 34, 한양대 한국학연구소, 2000)가 기존의 고문 양식에 반발한 소품문의 대표적인 작가로 이용휴를 거론한 이후, 조현덕(「惠寰 李用休의 思惟樣式과 小品體 散文 硏究」, 고려대 석사논문, 2001), 김영진(「朝鮮 後期의 明淸小品 수용과 小品文의 전개 양상」, 고려대 박사논문, 2003)이 이러한 의견에 힘을 실었다. 이들 연구는 이용휴가 모방, 나아가 의고주의에 대한 비판적인 시선을 보이고 문학의 방향을 창신으로 돌리고 있음에 대체적으로 동의하였다. 이처럼 이용휴에 관한 대부분의 연구들은 그의 사유와 문학이 혁신성을 가지고 있음에 주목하고, 이전 시기의 사유방식 및 글쓰기와는 다른 새로운 형태임을 부각시킨 것이다. 이는 비록 연구자들이 명시하지는 않았더라도, 이용휴 문학에서 근대적 지향을 발견하고자 하는 의도에서 산출된 결과로 간주할 수 있다. 한편 이용휴의 사유가 진지한 士人의식을 기반으로 하고 있다는 점을 주목하여 그의 사유가 양명좌파와 관련짓는 것은 무리가 있다는 견해를 제시한 김동준(「李用休 漢詩의 理智的 性向과 새로운 詩的 型式」, 『진단학보』 95, 진단학회, 2003)의 논의는, 이용휴 문학에 대한 새로운 시각을 요청하였다. 이와 함께 문학에 있어서도 이전 시대의 규범성에서 완전히 독립하여 오로지 새로운 창신만을 주장한 것은 아니라는 견해가 심경호(『조선 시대 漢文學과 詩經論』, 일지사, 1999), 박동욱(앞의 글), 이경근(앞의 글)에 의해서 제기되어 기존 연구에 대한 반성이 촉구되었다.

중요한 근거가 된다. 진한고문에 대한 인식은 그들의 문학론의 향방을 보여주는 핵심적 지표 역할을 할 수 있기 때문이다. 전범을 무엇으로 설정하느냐는 것은 단순히 무엇을 읽고 모방할 것인가 하는 문제가 아니라, 이데올로기 및 문학이 가지는 함의에 대한 진지한 사유로 발전하는 첫걸음이기에, 전범에 대한 검토는 문학론의 실체에 접근할 수 있는 중요한 근간이 된다고 생각한다.

또 이들의 문학론의 특징적 면모는, 그 자체만으로는 규명될 수 없고 전후 및 당대 문학론들 사이에서 어떤 차이를 보이고 있는지를 분석하는 작업을 통해서 규명될 수 있을 것이다. 더구나 당파와 가학은 무엇을 전범으로 문장을 공부할 것인가 하는 화두를 전승하며 문학론을 형성하는 데 있어 중요한 역할을 하기에 이에 대한 고찰이 필요하다. 본서에서는 각 문인이 속한 영남 남인, 근기 남인, 노론계 문단의 계통성 안에서 이들 문인들이 어떻게 전통적 담론을 계승하거나 위반하고 있는지를 고찰하겠다.

신유한에 대해서는 기존 연구의 관점을 따르되 그의 문학론을 돌출적인 것으로 간주하지 않고, 그가 근기 남인 문단의 논의를 계승하면서 영남 문단에 변화를 도모한 측면을 주목하겠으며, 이용휴는 그의 사인의식 및 격고格古, 합고合古 등의 논의가 가지는 의미를 근기 남인계의 전통적 담론과 결부시켜 논증해 보겠다. 유한준은 노론계 주류 담론에서 일탈된 논의를 펼쳤던 것을 조명하여 낙론계 일각에서 일어나는 변화를 상징적으로 보여주는 인물로 살펴볼 예정이다.

이들의 문학론에 대해서는 연구가 활발하게 진행된 데 반해 산문 작품에 관한 연구는 소략한 편이다. 그마저도 작품에 내재된 사유나 발상

측면에 접근하는 경우가 대부분이며 이들의 문학론이 창작과 어떻게 직결되고 있는지 대한 연구는 아직 충분히 이루어지지 않았다.[22] 더구나 이들 모두 작법과 관련된 구체적인 논의를 제출하고 있는 만큼, 이들의 문학론에 상응하는 작품의 실상을 파악하기 위해 좀 더 다각적인 검토가 요청된다.

본서는 신유한・이용휴・유한준이 산문 작품 중 진한고문을 직접 모방하거나 구기口氣를 재현한 작품에서부터, 나아가 진한고문의 문체 및 사유를 내재화하여 발현한 작품까지 두루 분석의 대상으로 삼고, 이들 작품이 당대當代 일반 산문과 변별되는 특질은 무엇인가 점검해 보도록 하겠다. 이 같은 작업을 효율적으로 진행하기 위해서는 진한고문

22 신유한 산문에 대한 연구는 이종호(「靑泉의 現實認識과 思維方式」, 『안동대 논문집』 11, 안동대, 1989), 이현호(「申維翰 산문의 擬古性과 『莊子』 패러디」, 『동양한문학연구』 20, 동양한문학회, 2004), 송병하(앞의 글), 송혁기(「신유한 산문의 일고찰-記事의 문학성을 중심으로」, 『한국학논집』 39, 계명대 한국학연구소, 2009) 등에 의해 이루어졌다. 이종호와 송병하는 전반적인 작품 성향에 대하여 검토하였고, 이현호는 「比鰍堂記」를 중심으로 『장자』의 패러디 양상을 살펴보았다. 또 송혁기는 신유한의 인물전을 중심으로 기사체 산문의 서술 방식과 문학성을 조명하였다. 이용휴 산문에 관한 연구는 박준호(「혜환 李用休 文學 硏究」, 성균관대 박사논문, 1999; 「혜환 이용휴의 전에 대하여」, 『한문학보』 1, 우리한문학회, 1999), 박동욱(「惠寰 李用休의 文學 硏究」, 성균관대 박사논문, 2006), 김경(「조선 후기 산문에서의 奇-李用休 산문을 중심으로」, 『민족문화연구』 58, 고려대 민족문화연구원, 2013) 등에 의해서 진행되었다. 특히 박동욱과 김경은 구체적인 작품에 대한 문체 분석을 병행하여 이용휴 산문의 미적 특질을 추출해내었다. 박동욱은 단형의 형식과 불규칙한 구두 및 서술 구조의 실험성 등을 이용휴 산문의 특징적 국면으로 지적하였으며 김경은 奇의 미감에 초점을 맞추어, 평이한 문체와 발상의 기발함을 이용휴 산문의 특징으로 지적하였다. 유한준 산문은 김건우(앞의 글)가 개괄한 이후, 이현호(「兪漢雋 散文 硏究」, 한국정신문화연구원 석사논문, 2003)가 고문사적인 특징이 있다고 논하였다. 박경남(「兪漢雋의 道文分離論과 散文세계」, 서울대 박사논문, 2009)은 자기서사 작품 및 인물전을 중심으로 살펴본 뒤, 유한준이 자신의 삶을 진솔하게 표현하고 타자의 삶과 생각을 긍정하는 경향이 확인된다고 분석하였다.

적 글쓰기에 대한 규명이 우선적으로 필요하다. 이에 범박하게나마 선진양한 산문, 나아가 전후칠자 및 18세기 이전 진한고문론을 피력한 작가들의 산문 작품을 개괄한 뒤에, 18세기 산문이 이상의 산문을 어떻게 계승・변주하고 있는지 살펴보고자 한다. 이상의 논의를 바탕으로 18세기 진한고문론이 명대明代 및 선조・광해 연간의 문인들이 제출하였던 논의와 변별되는 지점이 무엇인지를 고민해보고, 새로운 사유가 태동하는 18세기라는 시점에서 진한고문론이 가졌던 의미가 무엇인지를 조명해 보고자 한다.

제2장
18세기 진한고문론의 형성 배경

1. 18세기 진한고문론의 전사前史

1) 역대 고문운동

공맹孔孟을 비롯한 제자諸子들이 등장하여 다양한 사유를 자유롭게 피력하였던 선진양한은 동아시아 문명에서 축의 시대로서의 의미를 가진다. 역사상 새로운 비약이 필요할 때마다 이 시기를 회고하고 정신적인 동력을 획득하고자 하는 시도가 일어났다.[1]

1 칼 야스퍼스는, BC 800년부터 BC 200년 사이를 축의 시대라고 명명하고, 이 시기가 바로 인간에게 가장 심오한 역사의 기점이 된다고 설명하였다. 이 시기에, 소크라테스, 유태교의 선지자, 석가모니, 공자와 노자 등이 출현하여 종교와 철학 측면에서 '초월적인 돌파'를 달성하고, 이후 그것은 인류 문화의 원형적 원천으로서 작용한다고 그는 주장한다. "그 당시에 발생하였고 또 그 당시에 창조되었으며 또한 사유되었던 그러한 척도에 따라서 인류는 오늘날까지도 살아오고 있다. 새로운 계기가 나타날 때마다 인류는 기억을 되

문학에 있어서도 선진양한 시기 문장의 정신과 미감을 회복하고자 하는 의식이 역사상 반복적으로 나타났다. 선진양한의 문장은 구체적으로는 육경六經과 각종 제자서, 그리고 『춘추春秋』·『좌전左傳』·『사기史記』를 비롯한 역사서를 포괄하는 개념이다. 이들 산문은 한문 문장에서 가장 근본적인 전범으로서의 위상을 가졌다. 이는 정신적인 면이나 문체·수사 면에서 모두 해당한다. 당대의 문장이 한계를 노정하고 이를 치유해야 한다는 절실한 당위가 대두될 때마다, 문장가들은 이 시대의 문장으로 회귀할 것을 대안으로 제시하였다. 당唐의 한유韓愈, 송宋의 구양수歐陽修(1007~1072), 명明의 전후칠자前後七子가 진행한 고문운동은 모두 이 같은 배경과 의식에서 비롯한 것이다.

한유는 당시 변려문의 형식적이고 진부한 표현을 적극 없애는(陳言務去) 한편, 문文과 질質이 겸비된 선진양한의 글로 돌아갈 것을 주장하였다. 그러면서도 독자적으로 자신만의 언어를 창출할 것을(詞必己出) 강조하였지만, 자신의 문장에서 고문의 구법句法과 기격氣格을 본받은 흔적을 완전히 지우기는 어려웠다. 「진학해進學解」·「모영전毛潁傳」 및 비지류 산문에서 의고擬古적 경향을 보이기도 하였다.

구양수 역시 당시 만연한 서곤파西崑派의 문풍에 대항하여 고문으로 돌아갈 것을 주장하였다. 그런데 그는 한유와 달리 진한고문 중에서 도

살려 그 당시의 축의 시대에로 회귀하였고, 거기에서 새로운 돌파구를 찾아 나갔다. 그 이후 축의 시대의 가능성들을 회고하고 재각성한 것이 정신적인 발흥 내지 비약을 가져왔다. 그러한 단초에로 회귀하는 것이 중국과 인도 그리고 서양에서 언제나 되돌아 나오는 사건이었다." Jaspers Karl, 백승균 역, 『역사의 기원과 목표』, 이화여대 출판부, 1986, 31쪽 참조; 양회석, 「復古의 유형과 그 문화사적 기능-明代 李夢陽과 李卓吾를 중심으로」, 『中國文學』 39, 韓國中國語文學會, 2003, 124쪽 재인용.

道를 담은 육경六經의 문장을 중시함으로써 재도載道적 관점을 강화하였다.[2] 하지만 육경에 대해서도 직접적인 문장 학습의 전범으로 삼기보다는, 한유의 문장을 배우는 차선책을 택하였다. 구양수의 복고는 사실상 당唐의 한유를 목표점으로 두고 있었다.[3] 진한고문의 '도道'에 대해서 문제를 삼는 것은 주희朱熹도 마찬가지였다. 그는 선진 전국 시대의 문장은 훌륭하지만, 이는 쇠미하고 어지러운 시대의 글이므로 배워서는 안 된다고 주장하였다. 또 문장 전범으로 진한고문 대신 한유를 차선으로 택했던 구양수의 관점에서 더 나아가, 한유의 문장은 학습하기 어렵다는 이유로 구양수를 문장의 전범으로 택하였다.[4] 이러한 관점은 주자학이 성행하던 조선 문단에 적극적으로 계승되었다.

그러나 문예미를 중시하는 송대宋代의 문인들은 여전히 진한고문을 의미 있는 전범으로 인식하였다. 소식은 진한고문을 학습한 것으로 평가되는데 여기에는 『장자莊子』·『전국책戰國策』·『사기』와 같은 기세가 높은

---

2 歐陽修, 『文忠集』 卷66 「與張秀才第二書」. "君子之於學也, 務爲道, 爲道必求知古, 知古明道, 而後履之以身, 施之於事, 而又見文章而發之以信後世. 其道, 周公孔子孟軻之徒, 常履而行之者是也. 其文章, 則六經所載, 至今而取信者是也. 其道易知而可法, 其言易明而可行."

3 이승신, 「歐陽修 居士集의 散文 文體 研究」, 고려대 박사논문, 2003, 22~29쪽 참조. 구양수가 한유 산문을 학습하였다는 지적은 산문비평 및 수사학 관련 서적에서도 흔히 살펴볼 수 있다. 李耆卿, 『文章精義』. "韓退之文, 學孟子不及左傳, 柳子厚文, 學國語, 歐陽永叔, 學韓退之, 子瞻文, 學莊子戰國策楞嚴經."; 孫奕, 『示兒編』 卷7 「祖述文意」. "歐陽文忠公, 初得昌黎文嘗曰, 苟得祿矣, 當盡力於斯文, 以償其素志. 居無幾何, 公以文章, 獨步當世, 而於昌黎不無所得, 觀其詞語豐潤, 意緒婉曲, 俯仰揖遜, 步驟馳騁, 皆得韓子之體, 故本論, 似原道, 上范司諫書, 似諍臣論, 書梅聖俞詩稿, 似送孟東野序, 縱囚論怪竹辯斷句, 皆似原人, 蓋有橫翔捷出, 不減韓作, 而平澹詳贍過之."

4 朱熹, 『朱子語類』 卷139 「論文上」. "有治世之文, 有衰世之文, 有亂世之文. 六經, 治世之文也. 如國語委靡繁絮, 眞衰世之文耳. 是時語言議論如此, 宜乎周之不能振起也. 至於亂世之文, 則戰國是也. 然有英偉氣, 非衰世國語之文之比也 (…中略…) 韓文高, 歐陽文可學."

진한고문뿐 아니라 『능엄경楞嚴經』과 같은 불경도 포함된다.[5] 진사도陳師道(1053~1101)는 동한東漢 이후의 글은 볼 것이 전혀 없다고 단언하였고, 장뢰張耒(1054~1114)는 진한고문을 읽고 학습할 것을 주장하였다.[6] 이들의 논의는 남송南宋 이후 발달한 문예비평서 및 수사학 관련 서적에 반영되어 구체적으로 진한고문을 학습하자는 주장으로 발전되었다. 대표적으로 『사학규범仕學規範』·『문칙文則』·『문장일관文章一貫』 등을 들 수 있다. 『사학규범』에서는 『장자』와 『좌전』을 필독서로 제시하였으며,[7] 『문칙』은 「단궁檀弓」·「고공기考工記」·『장자』·『전국책』·『사기』 등을 주요 대상으로 하여 자구 운용 및 수사법 등에 대한 논의를 구체적으로 진행하였다.

명대 전후칠자가 구호로 내건 '문필진한文必秦漢'은 이상의 문학사의 연속선상에 있으면서도, 진한고문의 품격을 높이 평가하고 학습하려는 관점에서 한발 더 나아갔다. 이들은 적극적으로 자신들의 문장 내에서 진한고문의 미감을 '재현'하려 하였으며, 문체·수사에서의 변화를 도모할 뿐 아니라 고문이 가진 진정성을 회복하는 것을 목표로 하였다.

이들의 복고운동은 당송唐宋 때와 마찬가지로 당대의 문폐를 시정하고자 하는 의식이 전제되어 있었다. 다만 이들이 대립항으로 삼는 대상이 당대 대각체臺閣體와 주리문자主理文字 모두를 포괄한다는 점에서 차

5 李耆卿, 앞의 글 참조.

6 陳師道, 『後山集』 卷23 「詩話」. "余以古文爲三等, 周爲上, 七國次之, 漢爲下, 周之文雅, 七國之文壯偉, 其失騁, 漢之文華贍, 其失緩, 東漢而下無取焉."; 張鎡, 『仕學規範』 卷35. "張文潛嘗云, 但把秦漢以前文字熟讀, 自然滔滔地流也."

7 張鎡, 『仕學規範』 卷4 「作文」. "讀莊子, 令人意寬思大敢作, 讀左傳, 便使人入法度, 不敢容易, 此二書不可偏廢也."

이가 있다. 특히 주리문자에 대한 강력한 비판에서 출발하고 있기에 이들은 같은 '복고'를 주장하였던 송대 고문론자들과는 상이한 지향과 논리를 가지고 있었다. 전후칠자는 수사修辭에 힘쓰는 대각체 문학뿐 아니라 설리說理에만 집중하는 주리문자를 모두 비판하면서, 진한고문의 기굴한 문풍과 함께 그 정신을 회복하고자 하였다.

전칠자前七子를 대표하는 이몽양李夢陽(1472~1529)은 뜻을 직술直述하거나 조탁에 힘쓰는 것 모두 진정한 시의 모습이 아니라고 하였다. 또 풍속이 탁하든 청하든 간에 인간의 정을 표출하고 있다면 그 시는 참되다는 논의를 펼치기도 하였다.[8] 심지어 『서상기西廂記』와 같은 소설을 「이소離騷」와 비견한 그의 언급에는 진정성을 추구하고자 하는 의식이 반영되어 있다.[9] 하지만 진정성을 담아내는 '법'을 고정적인 것으로 인식하고, 이 법을 모방하는 작업을 통해서 진정성이 성취될 수 있다고 생각하였다는 점에서 모순적인 지점이 발생하였다. 격조와 법을 모의

---

8 李夢陽, 『文章辨體彙選(賀復徵 編)』 卷300 「詩集自序」. "予嘗聆民間音矣. 其曲胡, 其思淫, 其聲哀, 其詞靡靡, 是金元之樂也, 奚其眞? 王子曰 眞者, 音之發, 而情之原也. 古者, 國異風, 卽其俗成聲. 今之俗, 旣歷胡, 乃其曲, 烏得而不胡也? 故眞者, 音之發而情之原也, 非雅俗之辨也. 且子之聆之也, 亦其譜而聲者也, 不有率然而謠, 勃然而訛者乎? 莫知所從來, 而長短疾徐, 無弗諧焉, 斯誰使之也? 李子聞之, 矍然而興曰, 大哉, 漢以來不復聞此矣. 王子曰 詩有六義, 比興要焉. 夫文人學子比興寡, 而直率多何也, 出於情寡而, 工於詞多也. 夫途巷蠢蠢之夫, 固無文也, 乃其謳也, 咢也, 呻也, 吟也, 行呫而坐歌, 食咄而寤嗟, 此唱而彼和, 無不有比焉興焉, 無非其情焉, 斯足以觀義矣, 故曰詩者天地自然之音也. 李子曰, 雖然子之論者風耳, 夫雅頌不出文人學子手乎? 王子曰, 是音也, 不見於世久矣, 雖有作者微矣. 李子于是, 憮然失已, 灑然醒也."

9 李夢陽, 『文章辨體彙選(賀復徵 編)』 卷327 「曲序」. "空同子稱董子崔張劇, 當直繼離騷, 然則艷者, 固不妨於騷也. 噫, 此豈能人人盡道之哉." 자세한 분석은 하지영, 「擬古·創新 논리와 표절 의미의 변모 양상—前後七子의 의고론을 중심으로」, 이혜순·정하영 외편, 『표절』, 집문당, 2007 참조.

하는 것은 결과적으로 자구에 대한 모의로 전락하였고, 이는 이들의 문학론이 후대 문인에게 격렬하게 비판을 받는 빌미로 작용하였다.

진한고문론이 이상의 한계를 노정하게 되자, 후칠자後七子의 영수인 왕세정王世貞(1526~1590)은 진한고문에서 문학적 전범을 찾는 전칠자의 문학론을 계승하면서도 대대적인 수정을 가하였다. 그는 직접적 모의, 흔적이 남는 모의를 반성하고, 반복적인 독서의 축적을 통해 직관적인 창작을 할 것을 주장하였다.

> 이제부터 純灰 세 섬으로 창자를 깨끗하게 씻어, 날마다 六經·『周禮』·『孟子』·『老子』·『莊子』·『列子』·『荀子』·『國語』·『左傳』·『戰國策』·『韓非子』·『離騷』·『呂氏春秋』·『淮南子』·『史記』·班固의 『漢書』와 西漢 이후의 六朝와 韓愈, 柳宗元에 이르기까지 취해서 마땅히 좋은 작품만을 선별하여 익숙히 읽고 함영하여 깊이 스며들게 하고 싶다. 그리하여 붓을 잡을 때에는 한결같이 心匠을 스승으로 삼아서 氣가 意를 따라 펼쳐지고 神이 境과 더불어 합치될 것이다. 갈림길에서 채찍질해 몰아가며 묵묵히 指揮를 받는다면, 臺閣이든 山林이든 絶跡이든 大漠이든 어찌 통쾌하게 나가지 않겠는가. 세상에는 또한 '옛것을 옳게 여기고 지금 것을 그르게 여기는(是古非今)' 경지를 아는 자가 있겠지만, 남이 부른 뒤에 오거나 이래라 저래라 지휘한 뒤에야 물러난다면 이미 第二義에 떨어지게 될 것이다.[10]

---

10 王世貞, 『弇州四部稿』 卷144 「藝苑卮言一」. "自今而後, 擬以純灰三斛, 細滌其腸, 日取六經周禮孟子老莊列荀國語左傳戰國策韓非子離騷呂氏春秋淮南子史記班氏漢書, 西京以還至六朝及韓柳, 便須銓擇佳者, 熟讀涵泳之, 令其漸漬汪洋. 遇有操觚, 一師心匠, 氣從意暢, 神與境合, 分途策馭, 默受指揮, 臺閣山林, 絶跡大漠, 豈不快哉! 世亦有知是古非今者, 然使招之而後來, 麾之而後却, 已落第二義矣."

독서와 창작의 단계를 분리하고 각 단계에서 수행해야 할 과정을 구체화하는 논의에서, 단순한 모방을 극복하고 창신을 추구하고자 하였던 왕세정의 의도를 파악할 수 있다. 그는 진한고문을 비롯한 수많은 서적을 반복적으로 읽는 독서의 과정을 부정하지는 않았지만, 창작하는 시점에서 스승으로 삼아야 하는 것은 옛 작가가 아니라 바로 자신의 '심장心匠'이라고 강조하였다. 이러한 관점 아래 그는 "참된 자아를 보유한 다음에야 참된 시가 나올 수 있다(蓋有眞我而後, 有眞詩)"라는 주장을 제출하기도 하였다. 자아와 문학의 진정성에 대한 강조는 공안파의 논의와 흡사하다. 그러나 왕세정의 '진眞'은 "이성적 수양을 통해 일상에서 오는 내심의 우환을 초월하며 인간의 마음을 꿰뚫어보고 유유자적하는 달관達觀의 경지에 이르는 '이상적인 인격체'를 의미"하기에, "자연自然의 동심童心"을 가리키는 공안파의 '진眞'과는 차이가 있는 것으로 지적된다.[11]

왕세정의 문학론이 지닌 의미 있는 지점 중 하나는 전범의 범위를 더욱 확장시켰다는 점이다. 그는 "장인을 배우려면 고명한 것이 좋고, 습득하는 과정에는 널리 배우는 것이 좋다(師匠宜高, 捃拾宜博)"고 하며, 목표는 높게 두되 섭렵해야 할 대상은 폭넓게 설정할 것을 주장하였다. 이 범위에는 기존에 전범으로 공유되었던 진한고문뿐 아니라 불경인 『능엄경』·『유마힐維摩詰』과 신화적 텍스트인 『산해경山海經』·『목천자전穆天子傳』까지 두루 포함된다.[12] 그에게서 전범이란 이미 성리학적 이데올로기 구획 안에

11 이춘희, 「明 王世貞의 문학사상과 李彦瑱의 한시」, 『열상고전연구』 27, 열상고전연구회, 2008, 310쪽.

12 王世貞, 『弇州四部稿』 卷146 「藝苑巵言三」. "檀弓考工記孟子左氏戰國策司馬遷, 聖於文者乎! 其敍事則化工之肖物. 班氏, 賢於文者乎! 人巧極, 天工錯. 莊生列子楞嚴維摩詰鬼神於文者乎, 鬼神於文者乎! 其達見, 峽決而河潰也, 窈冥變幻, 而莫知其端倪也. 諸文外, 山海經

제한된 것이 아닌 다양한 사상과 문예를 포괄하는 것임을 알 수 있다. 또 당송대 문장에 대해서도 선을 긋지 않고 그 미감을 수용하고자 하여 이전 시기 '문필진한文必秦漢'이란 구호를 극복하는 양상을 보이기도 하였다.[13]

왕세정의 문학론은 이후 속오자續五子, 말오자末五子[14]로 명명되는 문인들에게로 계승되었다. 그중 대표적인 인물로 도륭屠隆(1543~1605), 진계유陳繼儒(1558~1639) 등을 꼽을 수 있는데, 이들은 당대 여느 소품 작가와 마찬가지로 기발한 사유가 담긴 짧은 편폭의 글쓰기를 선호하였다. 소품적 글쓰기를 추구한 점과 함께 고문에 대한 직접적인 모방과 표절을 반대한 점은 공안파와 유사한 부분이 있다. 그러나 이들은 고문의 정신을 배울 것을 여전히 중요한 과제로 부각시켰으며, 창작에 있어서는 '사법師法'과 '사심師心'을 조화하고 '합고合古'를 통해서 '이고離古'하는 과정을 중시하였다.[15] 실제 작품에서도 고문의 연찬이 확인되며 진지한 사인士人의식을

穆天子傳, 亦自古健有法."

13 젊은 시절 저작인 「예원치언」에서 이미 한유와 유종원, 歸有光의 산문에 대해 우호적인 입장을 보였으며, 만년에는 蘇軾의 삶과 문장에 크게 경도되어 「蘇長公外紀」를 저술하기도 하였다. 錢謙益 등은 왕세정이 만년에 보인 변화가 스스로 복고이론의 한계를 인식한 것이라고 자의적으로 해석하여 전후칠자에 대한 비판의 근거로 끌어오기도 하였다. 하지만 왕세정 만년에도 복고파의 기본 관점인 理學에 대한 비판 및 法과 格에 대한 중시를 철회하지 않았다는 점에서 전면적인 변화라고 간주할 수 없다는 논의가 제기되었다. 廖可斌, 『明代文學復古運動硏究』, 上海古籍出版社, 1994, pp.297~304 참조.

14 張廷玉 等, 『明史』 卷287 「文苑 · 王世貞傳」. "續五子則陽曲王道行, 東明石星, 從化黎民表, 南昌朱多煃, 常熟趙用賢也. 末五子則京山李維禎, 鄞屠隆, 南樂魏允中, 蘭溪胡應麟, 而用賢復與焉."

15 도륭은 젊은 시절, 전후칠자의 문학론을 계승하여 한유와 송대 문학에 대해서 비판적인 태도를 보였으나, 지나친 모방 표절을 경계하는 한편 창작에 있어서는 師法과 師心을 조화할 것을 주장하였다(吳新苗, 『屠隆硏究』, 首都師範大學 博士論文, 2006, pp.52~63). 진계유는 공안파와 복고파의 논의를 융합하여, 摹古, 泥古를 반대하면서도 지나친 輕淺, 新奇를 선호하지 않는 태도를 보였다(吳承學, 『晚明小品硏究』, 江蘇古籍出版社, 1998, p.62 · 97 참조).

견지하고 있다는 점에서 여타의 소품 작가들과는 변별된 지점을 보였다. 왕세정과 도륭, 진계유의 문학은 진한고문에 내재된 기상과 진정성을 회복하면서도 모방론에서 벗어나 창신론으로 향하고 있기에 진한고문론이 추동한 의미 있는 방향으로 평가할 만하다.

아울러 전후칠자의 고문운동은, 문예에 국한된 것이 아니라 당대 현실에 대한 비판의식을 수반하고 있다는 점에서 그 의의를 지적할 수 있다. 진한고문 정신을 회복하자는 주장은 진정한 유자儒者, 치자治者의 정신을 회복해야 한다는 논의와 그 맥락을 함께 하였다. 실제로 전칠자는 유근劉瑾(1451~1510)을 비롯한 환관과, 후칠자는 엄숭嚴崇(1480~1567) 등의 권신과 대항하였으며 전후칠자의 복고운동에 내재한 현실 비판정신은 이후 진자룡陳子龍(1608~1647) 등에게 계승되어 명말 대청항쟁으로 발전되기도 하였다. 이들은 현실을 벗어나거나 자아 해방을 주장하는 성령파, 공안파 등의 작가들과는 달리, 현실의 문제를 직시하고자 하였으며 문학이 가지는 사회적 역할에 대해서 지속적으로 신뢰를 표하였다.[16]

2) 조선 문단에서의 진한고문론의 대두와 흐름

명대 전후칠자의 문학론은 선조・광해 연간에 국내로 유입되었다. 이들은 당시 쇠미해진 조선의 문풍을 쇄신시킨 '파천황破天荒'[17]의 공로자

16 廖可斌, 앞의 책, pp.417~418 참조.

17 南克寬, 『夢囈集』 乾 「端居日記」. "余嘗謂王李之禍中國大矣, 而在我國則有破荒之功, 宜尸而祝之也."

로 혹은 문단의 폐단을 낳은 장본인으로도 평가되었다.[18] 상반된 평가이지만 전후칠자로 인하여 명과 조선의 문풍이 크게 변모되었음을 긍정한다는 점에서는 일치한다. 전후칠자의 문학론이 조선 문단에 큰 변화를 일으키게 된 것에는, 본격적으로 수용되기 이전에 진한고문으로 문풍을 되돌리려는 의식이 이미 문인들 사이에 공유되었기 때문이다.

> 『장자』·「이소」를 궤휼하다 여기고 兩漢의 작품을 심오하다 여기고 한유·유종원의 작품을 호방하다 여기고 소식의 글을 분방하다고 여겨서는 부드럽고 말랑한 글만 취하여 판각해냈으니, 문장이 비루해지는 것도 이상한 일이 아니다.[19]

성현成俔(1439~1504)은 비교적 난이도가 낮은 송대문장, 즉 주소체 문장에 경도된 당시 문단에 비판적인 인식을 드러내었다. 이 언급은 조선시대 진한고문론의 유통에 내재적 요인이 전제되어 있었음을 보여준다.[20] 선초에 송대문학을 존숭하는 문단에 대한 반향으로 문장 수준을 제고하고자 하는 요구가 이미 대두되었던 것이다. 유사한 논의가 이후 기묘사림己卯士林인 김정국金正國(1485~1541)에게서도 제출되는바 훈구파, 사림파 할 것 없이 모두 문단의 적폐를 해소해야 하다는 의식을 공유하였음을

18 金昌協, 『農巖集』 卷34 「雜識·外篇」. "中朝王李之詩, 又稍稍東來, 人始希慕倣效, 鍛鍊精工, 自是以後, 軌轍如一, 音調相似, 而天質不復存矣."

19 成俔, 『虛白堂集』 卷13 「文變」. "以莊騷爲詭, 以兩漢爲奧, 以韓柳爲放, 以蘇文爲驚, 樂取柔軟之辭, 以爲剞劂, 無感乎文學之卑也."

20 이성민, 「'秦漢古文派'의 성립 배경과 秦漢古文에 대한 인식」, 『한국어문학연구』 48, 한국어문학연구학회, 2007 참조.

알 수 있다.[21] 그런데 이들이 문기文氣의 보완 차원을 넘어 선진양한의 고기古氣를 적극적으로 재현하고자 하는 지향성을 가지고 있었는지는 여부는 회의적이다.

선조・광해 연간에 와서야 진한고문에 대한 적극적인 지향과 그 실현을 확인할 수 있다. 임진왜란 이후 명청明淸 교체를 앞둔 혼란한 동아시아 정세 속에서 명과의 외교가 전례 없이 활발해지자 문예의 수준을 높여야 한다는 요구가 더욱 절실해졌다. 즉 명의 수준에 부합하는 외교문서를 창작해야 한다는 문인들의 현실적 요구가 더욱 강해지게 된 것이다. 국내로 파견된 중국 문인들 역시 문예에 대한 반성과 변화를 촉구시켰다. 왕세정의 제자 중 한 명인 주지번朱之蕃은 1606년 조선에 정사正使로 파견되어 전후칠자의 문학론을 허균 등에게 적극 소개하는 역할을 하였다.[22]

전후칠자의 문학론이 조선 문단에 끼친 영향은 다음과 같이 요약될 수 있다. 첫째, 진한고문을 창작의 전범으로 내세운 논의는 조선 문단에 경서와 당송고문으로 제한된 독서 범위와 전범을 확장해주는 역할을 하였다. 둘째, 이단으로 치부되었던 제자서(심지어 불경까지)까지 문

21 金正國, 『思齋集』 卷3 「文範序」. "文自典謨訓誥, 古而難到, 降戾晉魏, 病於駢縟, 唐宋流於淺近, 至于今愈下而愈卑, 文之弊極矣. 然則不古不可, 可學而到, 以變後世之文體者, 其惟兩漢." 이들의 논의 역시 南宋 시대부터 발전한 수사학 관련 서적에 영향을 받았을 가능성을 배제할 수 없다. 특히 김정국의 경우, 사은사로 중국을 다녀온 이후, 『古文關鍵』, 『古文苑』과 같은 고문 학습서를 간행할 것을 주장하였던 그의 형 金安國의 영향을 받았을 것으로 짐작된다. 김철범, 「조선 후기 古文選集의 편찬・간행과 의미」, 『동양한문학연구』 28, 동양한문학회, 2009, 203쪽 참조.

22 주지번과 조선 문인간의 교류는 다음 논문을 참조. 노경희, 「17세기 초 문관출신 明使 接伴과 韓中 문학교류」, 『한국한문학연구』 42, 한국한문학회, 2008; 정생화, 「朱之蕃의 문학활동과 한중 문화 교류」, 서울대 석사논문, 2010.

장의 전범으로 수용함으로써 기존의 정주학 중심의 이데올로기에 균열을 가하게 되었다. 셋째, 문장 특히 산문의 독자적 가치를 인식하게 하는 계기를 마련해주었다. 넷째, 고문의 문체를 재현하기 위한 단계로서 산문에서의 자구 운용 방식과 표현 기법 등에 대한 세심한 고찰을 이끌어내었다.

최립崔岦·윤근수尹根壽·유몽인柳夢寅·신흠申欽·허균許筠·장유張維 등의 작가들은 진한고문에 대한 혹호를 드러내면서 실제 창작에 있어서도 당대 문풍과 구별되는 미감을 보였다. 물론 최립의 문장은 한유 문장의 영향이 돋보이며, 이에 복고파 산문의 영향력이 생각만큼 전반적이고 심각한 수준으로 이루어지지 않았다고 분석된 바 있다.[23] 그런데 한유를 비롯한 당대唐代 산문의 영향은 비단 최립에게만 국한된 것이 아니라 이상에 열거한 작가에게서 공통적으로 나타나는 특징이기도 하다.[24] 기본적으로 당대 산문은 당송고문파에 의해서 주요한 전범으로 전승되고 있지만, 전후칠자를 비롯한 진한고문식 글쓰기를 애호하는 집단에 의해서도 긍정적으로 수용된 바 있다.[25] 그렇다 하더라도 이상의 문인들이 전후칠자보다 유달리 한유에 대한 애호가 강한 것은 사

23 심경호, 『한문산문의 미학』, 고려대 출판부, 1998; 김우정, 「최립 古文辭의 性格에 관하여」, 『한국한문학연구』 32, 한국한문학회, 2003. 김우정은 '주도적 지위는 여전히 당송산문에 있다'고 하였으나 실제적인 분석에서는 한유와 유종원 등 주로 당대 산문을 위주로 그 관련성을 언급하였다.

24 장유승, 「前後七子 수용과 秦漢古文派 성립에 대한 비판적 고찰」, 『한문학논집』 36, 근역한문학회, 2013.

25 '文必秦漢', '古文亡於韓'은 단순한 구호로서 실상을 그대로 반영한다고 보기는 어렵다. 더구나 앞서 언급하였듯이 왕세정은 한유, 유종원 등 당대문학뿐 아니라 소동파의 문장 또한 높이 평가한 바 있다.

실이다. 이러한 상황을 이해하기 위해서는 우선 당대 산문이 조선에서 가지는 위치에 대한 이해가 필요할 것이다.

주지하듯 한유 산문은 평탄하면서도 재도적 성향이 강한 논변체 산문과 힐굴오아詰屈聱牙한 미감을 가진 비지碑誌, 가전假傳, 해解 등의 산문이 공존한다. 이러한 이유로 재도론을 주장하는 문인들 사이에서는 한유 문장은 배울 수 없다는 인상이 자리를 잡았다.[26] "한유의 문장은 높지만 구양수의 문장은 배울 수 있다(韓文高, 歐陽文可學)"라고 한 주희의 관점은 조선 문인들에게도 계승되었고 김창협金昌協(1651~1708), 서종태徐宗泰(1652~1719) 등은 난삽한 한유의 문장을 전범으로 삼아서는 안 된다는 주장을 하였다.[27]

최립 이전의 문단의 상황도 이와 다르지 않았다. 한유의 산문이 고려 때부터 주요 독서 범위에 수용되었지만, 조선 전기 문단에서는 송대 도학자들의 평이한 산문이 주류를 이루었으므로 한유의 문장을 직접 전

26 王鏊, 『震澤長語』「文章」. "六經之外, 昌黎公其不可及矣, 後世有作, 其無以加矣. 原道等篇, 固爲醇正, 其送浮屠文暢一序, 眞與孟子同功, 與墨者夷之篇, 當並觀. 其它若曹成王, 南海神廟, 徐偃王廟等碑, 奇怪百出, 何此老之多變化也? 嘗怪昌黎論文, 於漢獨取司馬遷相如揚雄, 而賈誼仲舒劉向不之及. 蓋昌黎爲文, 主於奇, 馬遷之變怪, 相如之閎放, 揚雄之刻深, 皆善出奇. 董賈向之平正, 非其好也."; 呂留良, 『呂晩邨先生論文彙鈔』. "昌黎作文, 奇奇怪怪, 人莫測其際. 獨其議論文字特醇古, 有三代以上雅頌氣象."

27 김창협은 한유의 「曹成王碑」은 지나치게 生割, 奇僻하다는 이유로 전범으로 삼아서는 안 된다고 논하였다. 이 글은 짧은 편폭에 접속사와 종결사를 극도로 제한하고, 僻字를 다량으로 구사하여, 한유 산문 중에서도 진한고문의 口氣에 가까운 글이다. 서종태는 이 글이 양웅의 글과 흡사하다고 지적한 바 있다. 金昌協, 『農巖集』 卷34 「雜識·外篇」. "韓碑體格, 固極簡嚴可法, 而其句字, 亦時有太生割奇僻處. 如曹成王碑, 通篇皆然. 要非後人所當學, 鹿門譏之. 亦不爲無見, 但不當專以史漢律之耳. 吾東文人爲碑誌, 類多襲用韓碑句字, 如櫛垢爬痒, 胚胎前光之類, 而通篇體段, 實不似此, 如疏布裙裳, 綴錦繡片段. 奚其稱也."; 徐宗泰, 『晩靜堂集』 卷11 「箚記錄」. "曹成王碑中, 以僻字序戰功處, 專倣揚雄諫却匈奴書, 且剌一州不能咸之咸字, 出法言中語, 先輩下字之必有根據如此."

범으로 삼아 학습하는 것은 드문 일이었다. 최립의 시대에 와서야 한유의 산문이 가진 문예미에 대해 재인식하고, 이를 학습·재현하려는 경향이 고조되기 시작한 것으로 판단된다.

최립 산문이 진한고문과 한유 산문 문체를 아우르고 있다는 것은 오늘날 연구자뿐 아니라 조선 문인들 사이에서도 어느 정도 공인된 바였다. 정범조丁範祖(1723~1801)는 최립의 문장을 한당漢唐문학이라고 지목하기도 하였다.[28] 여기서 '한당'은 송대문장의 대비되는 개념으로 설정된 것인데, 조선 문단에서의 진한고문이 어떻게 수용되고 변용되었는지를 단적으로 보여주는 표상이라 하겠다. 중국보다도 송대산문에 대한 의존도가 높았던 조선 문단에서는 진한과 함께 당의 산문이 새로운 대안으로 제안된 것이다.[29] 조선에서 진한고문론을 주장하는 문인들이 전후칠자들보다도 당대 산문에 대한 추숭이 높았던 상황은 이러한 맥락에서 이해 가능하다.

한편, 조선 후기와 비교하여 주목할 만한 점은 17세기 전반기까지 전후칠자의 문학론은 북인계와 서인계를 초월하여 수용되었다는 것이다. 특히 전후칠자의 문학론을 국내로 들여오고, 활발하게 독서·유통시킨 주역은 윤근수·신흠·장유 등 서인계 인물들이었다. 또 신흠-신익성申翊聖(1588~1644)-신최申最(1619~1658)로 이어지는 평산 신씨 가문에서

28 丁範祖,『海左集』卷38「原文」. "漢唐之文, 文而理者也, 而理不勝也. 宋之文, 理而文者也, 而文不及也. 東方之文, 東方之文也. 然上方之, 趙先生靜菴, 李先生退溪, 文之宋也. 李相國, 崔簡易, 許眉叟, 文之漢唐也."

29 최근 장유승은 당송파라는 용어를 재검토하여, 전후칠자와 당송파의 대립은 진한고문 대 당송고문의 구도보다 선진부터 당대까지의 고문과 송대 이후 금문의 구도로 보는 것이 여러 면에서 설득력이 있다는 논의를 제시하기도 하였다. 장유승, 앞의 글, 122쪽.

는 전후칠자에 대한 애호가 분명하게 드러나며, 조선 문단에 명대문학을 전수하는 핵심적 역할을 했던 것으로 보인다. 신흠은 문장을 지을 때 반드시 이반룡李攀龍(1514~1570)과 왕세정의 문장을 모범으로 삼는 풍조를 열었다고 평가된다.[30] 신최는 『이대가문초二大家文抄』를 엮어서 간행하였고, 신익성의 조카 신정申晸(1628~1687)은 서종태에게 명문明文을 전수해 주었다.[31] 신익성의 외손인 김석주金錫胄(1634~1684) 역시 진한고문적인 성향이 있는 문사로 정조가 조선의 문체를 타락시킨 주범으로 지목한 바 있다.[32]

이처럼 진한고문론의 수용에 있어 서인계 문사의 역할이 지대했음에도, 17세기 후반 노론계 문인들은 이에 대해 반성적 입장을 취하게 된다. 물론 이전 시기에도 이식李植(1584~1647)을 비롯한 관각 문인들이 진한고문에 대한 경계를 드러냈으나, 보다 본격적인 비판은 김창협에 의해서 제기되었다. 윤근수의 문장에 대해 선진양한의 문풍을 열었음을 크게 평가하고 이를 계승하고자 한 김상헌金尙憲(1570~1652)과 달리,[33] 그의 증손인 김창협은 당송고문론을 피력하며 전후칠자의 의고 행태, 표절, 이단적 성향을 강력하게 비판하였다. 여기에는 송시열宋時烈(1607~1689)

---

30 申翊聖, 『樂全堂集』 卷9 「上孫太師承宗」. "論文章, 以龍門遜志北地信陽歷下南明爲大家, 而尤喜弇州, 以是後學稍稍知羅薛王陳之學, 而爲文必以歷下弇園爲矜式."

31 김영주, 「晩靜當 徐宗泰의 文學論 硏究」, 『한문학보』 16, 우리한문학회, 68쪽.

32 『正祖實錄』 19年 11月 7日. "近來文體, 漸不如古, 甚可憂也. 卿以息菴詩文, 作如何看? 秉模曰 亦自有難及處矣. 上曰, 予則以爲, 我國之襲用明文末弊, 此文實啓之. 自謂作文, 如錦繡花月, 一洗東方塵垢, 而其純實渾厚, 反不如太虛亭四佳諸子遠矣."

33 金尙憲, 『淸陰集』 卷39 「月汀先生集跋」. "竊慨我朝文苑, 自卞春亭以下, 率皆規唐藻宋, 樂習軟美, 號爲館閣體, 顧於古文辭, 大有逕庭. 先生慨然自奮, 爲詞林倡, 手揭赤幟, 啓示指南, 使後來操觚之徒, 知所去就. 自是爭尙先秦西京之文, 幾乎一變."

로부터 전수받은 정주학과 명대 당송고문파, 전겸익錢謙益(1582~1664)의 문학론이 기저에 자리한다. 그는 전대 서인계 문인들의 양명학적 성향을 제거하고 정주학의 학문적 전통성을 확립하는 한편 문학에서는 한구정맥韓歐正脈을 성립시키려 하였다. 이러한 그의 논의는 이후 이의현李宜顯(1669~1745) · 이덕수李德壽(1673~1744) 등에게 계승되면서 노론계 문인들 사이에서 공고한 이데올로기 틀로서 굳어지게 되었다.[34]

한편 근기 남인 계열은 진한고문론에 대한 노론의 첨예한 비판 양상과는 사뭇 다른 국면을 보여준다. 전후칠자의 문학론은 허목의 상고주의 정신과 맞물리면서, 이후 남인 계열의 집단적 정체성을 부여해 줄 만큼 독자적인 문학론으로 전승되었다. 17세기 후반에는 권유權愈(1633~1704) · 민창도閔昌道(1654~1725) 등이 진한고문에 기반을 둔 독특한 문풍을 형성하면서 남인 문단을 주도하였다. 그러나 이들은 지나치게 자구를 어렵게 만들고, 전범에 대한 의존도가 높아 표절과 모의에 대한 비판을 초래한 것으로 평가된다.

이처럼 진한고문론은 17세기 말에 이르면, 당송고문론에서 제기되는 비판과 함께 그 내부에서도 한계를 드러내어 문학론으로서 생명을 다한 인상을 준다. 그럼에도 18세기 후반 박지원朴趾源(1737~1805)이 성당盛唐의 시와 양한兩漢의 문을 모의하려는 풍조를 맹렬히 비판하고,[35] 홍석주洪奭周(1774~1842) 역시 근래에 진한고문을 배운다고 하면서 그에 흡사한 경우를 거의 보지 못하였다고 일축하는 등[36] 비판적인 논의가 지속

34 박은정, 「17c 말 18c 전기 農巖 계열 문장가들의 古文論 연구」, 한양대 박사논문, 2005.

35 朴趾源, 『燕巖集』 卷4 「贈左蘇山人」. "我見世人之, 譽人文章者, 文必擬兩漢, 詩則盛唐也, 曰似已非眞, 漢唐豈有且, 東俗喜例套."

적으로 제출되는 것으로 볼 때, 진한고문론은 조선 후기까지 주류 문단의 강력한 타자로 존재하였음을 유추할 수 있다.

2. 진한고문론 관련 도서의 유통

1) 진한고문 선집의 유통과 실상

조선 초기에는 진한고문이 문장 학습의 전범으로 널리 인식되지는 못하였다. 고려 시대 때부터 소식蘇軾의 문장에 대한 애호가 컸으며, 고려 말엽 간행되어 문종文宗 때 중간重刊된 『고문진보古文眞寶』가 크게 유통되면서 전범으로서 당송고문이 가지는 위치가 확고해졌다. 이 책은 중국 본토보다 조선에서 더 널리 읽혀져 경서 다음으로 많이 읽는 작문용 교재가 되었다. 조위한趙緯韓(1567~1649)은 중국에서 의도적으로 조선의 문장 수준을 낮추기 위해 이 책을 전해준 것이라고까지 비판하였으니,[37] 이 책이 조선 시대 문풍을 주도하였다고 해도 과언이 아니다.

진한고문이 전범이 되지 못한 것은 관련 서적이 확보되지 않은 데서도

---

36 洪奭周, 『淵泉集』 卷16 「答李審夫書」. "輓近所謂倣秦漢者, 未嘗見一人能彷彿. 唯由歐蘇而學秦漢, 尙或不失其軌度."

37 許筠, 『惺所覆瓿藁』 卷24 「惺翁識小錄下」. "趙斯文緯韓嘗言, 中國人忌我東人文軼於中華, 故撰史略眞寶二書, 送之于東, 此書來後文章陋陋, 不及於古, 可恨也."

기인한다. 중종 10년에 국내에 서적이 부족하므로 새로 인쇄하여 반포할 것에 대한 건의가 보이는데, 이에 따르면 16세기 초까지 왕실의 서고에도 도서가 제대로 구비되지 않은 상황을 알 수 있다.[38] 물론 세종 이후 왕조나 관에서 주도하여 고문 선집이 점차적으로 간행되기도 하였지만[39] 시부詩賦와 구분 없이 선집되어 산문에 대한 비중이 현저히 낮거나(『문선文選』, 『문한류선文翰類選』), 당송문 중심이거나(『한문정종韓文正宗』, 『문원영화文苑英華』), 진한고문을 포함하더라도 사명辭命, 의론議論, 소차疏箚류 중심으로 선집한 것이(『문선』, 『문장정종文章正宗』,[40] 『숭고문결崇古文訣』, 『서한문감西漢文鑑』) 대부분이었다. 이들 선집에서 제자백가들의 글은 대체로 포함이 되지 않았으며 『사기』와 『한서』와 같은 사서史書류 서적 역시 사료를 넘어 문예의 하나로 인식되지는 못하였다.

진한고문에 대한 독서가 본격적으로 활발해지게 된 것은 아무래도 선조·광해 연간 전후칠자의 문학론이 수용된 직후로 보아야 한다. 전후칠자의 복고론이 이미 존재하는 과거를 대상으로 한 것이라면 조선 문단의 복고론은 부재하는 과거를 향한 복귀였기 때문에 관련 도서에 대한 이해가

---

38 『中宗實錄』 10年 11月 2日. "我國書籍稀貴, 秘藏所無者亦多. 如朱文公集資治通鑑胡三省註朱子語類三國誌國語戰國策南北史隋書梁書遼史金史伊洛淵源歐陽公集眞西山讀書記五代史元史等冊, 皆於本館, 只存一件, 而如二程全書, 則私處所有, 而本館全無者也. 此等書冊, 視實學, 雖有間, 然若遺亡散失, 則後難得之, 請皆印出, 廣布中外. 且凡稀貴書冊, 令各道量其大小之力, 而刻木本, 使人人得皆印之, 何如?"

39 조선 전기 고문선집의 편찬에 대해서는 김철범, 앞의 글, 195~203쪽 참조.

40 『文章正宗』은 당송고문뿐 아니라 『춘추』, 『사기』, 『좌전』, 『국어』를 비롯한 진한고문을 수록하고 있어, 조선 전기의 산문작가가 문장 수업에서 당송팔가보다는 더 폭넓은 모범을 섭취할 수 있는 근거를 마련해주었다고 평가되기도 하였으나(심경호, 앞의 책, 163쪽) 성리학적 입장에서 내용상 재도적 의미에 부합하는 辭命, 議論 중심의 글이 선발되어 문예적 글쓰기보다는 관각문자에 실제적인 영향을 주었으리라 추측한다.

우선적으로 필요하였다. 중국에 세 차례 사행을 다녀온 이수광李睟光(1563~1628)은 『지봉유설芝峯類說』에서 당시 유행했던 제자서 55종을 소개하였으며, 이들 책을 자신의 글에서 자주 인용하였다. 허균 역시 제자서를 독서하고 16종의 후기를 남겨 제자서에 대한 높은 관심을 드러내었다.[41]

산문 수사학 서적은 이러한 진한고문에 대한 독서가 창작으로 발현되는 과정을 보완해주는 역할을 하였다. 『고문관건古文關鍵』, 『문단文斷』, 『문장변체文章辨體』, 『문장일관文章一貫』 등의 전문적인 산문 수사학 서적은 16세기 이후부터 집중적으로 수입·간행되었다.[42] 이 시기는 윤근수가 이몽양李夢陽의 시집을 간행한 1580년보다 조금 앞서는 것으로, 명대문학론과 거의 함께 국내로 들어온 것으로 볼 수 있다. 이러한 서적들은 16·17세기에 다양한 문학론 및 산문비평이 등장할 수 있게 한 토양의 하나로 작용하였을 것이라 생각된다.

특히 『문장일관』은 다른 수사학 서적들이 대부분 초기 간본 중심으로 남아 있는 것에 반해 각종 필사본이 19세기 후반까지 유통된 것으로 보아, 조선에서 많은 영향을 미쳤던 것으로 추정된다. 『문장일관』은 역대의 수사학서 등에서 문장 창작에 관한 논의를 모은 '자료 수집형 문화文話'에 속하는데, 체계적인 목차하에 문장론을 재구성한 최초의 책으로[43]

41 김철범, 「조선 지식인들의 諸子書 독서와 수용 양상」, 『한문학보』 17, 우리한문학회, 2007, 117쪽 참조.

42 『古文關鍵』은 1542년, 『文斷』은 1552년, 『文章辨體』는 1555년, 『文章一貫』은 1546~1567년에 간행되었다. 자세한 논의는 다음 논문을 참조. 심경호, 앞의 책, 150~157쪽; 강명관, 『안쪽과 바깥쪽』, 소명출판, 2007, 116쪽.

43 侯體健 「資料彙編式文話的文獻價值與理論意義－以『文章一貫』與『文通』爲中心」, 『復旦學報』, 復旦大學, 2009.

작문 교재적인 성격이 보다 분명하다. 이 책이 일찍 중국에서 유실된 반면, 일본과 한국에 여러 종이 남아 있는 것도 교본으로서의 가치가 높았기 때문으로 추측된다.[44] 『문장일관』에 대해서 조선 문인들이 구체적으로 논한 글은 찾을 수 없지만, 허균을 비롯해 16세기 이후 문학론에서 등장하는 편장구법이라든지 '격결繳結', '냉어冷語' 등의 개념은 이 책에서 근거한 것으로 논해진다.[45]

『문장일관』이 보다 흥미로운 점은 구체적인 작법에 대하여 논하면서 그 예를 진한고문을 중심으로 편집하고 있다는 것이다.[46] 특히 자법字法의 경우, 특정한 글자를 운용하는 방법을 육경六經 및 『장자』, 『순자』, 『사기』 등의 글에서 인용하고 있다. 이전에 국내에 유통되었던 산문비평서와 수사학 서적이 당송고문을 중심으로 작법을 논했던 것과는 변별되는 특징이다. 이 책은 구체적인 수사법이 결여된 진한고문론의 논의를 보완해주는 역할을 하였던 것으로 판단된다.

선조・광해 연간 이후 다른 어떤 진한고문보다도 위치가 판연히 달라진 것은 바로 『사기』를 비롯한 사체류 고문이었다. 이규경李圭景(1788~1856)은 『사기』가 홀대받아 왔다가 왕세정 이후에 집집마다 읽히게 되었다고 하였다.[47] 진위 여부는 논증하기 어렵지만 왕세정이 문장의 전범으

44 서울대 규장각(乙亥字本), 서울대 도서관(일본 목판본, 1882), 국립중앙 도서관(일본 목판본, 1644), 국립중앙 도서관(필사본), 이화여대 도서관(필사본), 동아대 도서관(필사본), 일본 東京成簣堂文庫(조선 활자본)이 남아 있다. 특히 이화여대 도서관본은 기존의 간본과 다르게 일목요연하게 살펴볼 수 있도록 필사하고, 이후 「詩家須知」, 「文章須知」의 글을 첨부하여 더욱 교본으로서의 성격을 높이고 있다. 「문장수지」에는 石汀이란 인물의 서문이 첨부되어 있는데 19세기 인물로 추측된다.

45 강명관, 『안쪽과 바깥쪽』, 소명출판, 2007, 117~121쪽.

46 원래는 『文則』의 내용으로 이 책에서 재수록한 것이다.

로 『사기』를 존숭하였으며, 그가 서문을 쓴 능치륭凌稚隆(明)의 『사기평림史記評林』과 『한서평림漢書評林』이 국내에 크게 유통된 것을 통해 이러한 영향 관계를 추정할 수 있다. 이들 책에서 능치륭은 선진양한의 텍스트를 학습해야 한다는 진한고문론의 창작 논리에 입각해서 『사기』와 『한서』의 문장에 대한 역대 문장 품평어를 총 집성하였다.[48] 『사기평림』은 국내에서 윤근수, 조위한 등에 의해 『사찬史纂』으로 초선 · 간행되기도 하였는데 문장의 체재와 풍격에 대한 간략한 평가가 첨부되어, 당시 문인들이 『사기』의 문장을 문예의 하나로 수용하고 있는 경향을 확인할 수 있다.

이 시기에 『사기』, 『한서』에 대한 관심이 고조되고 있는 것은 최립, 유몽인, 조익趙翼[49] 등 진한고문적 성향이 강한 문인들이 개별적으로 진행한 선집 작업에서도 알 수 있다. 17세기를 거쳐 조선 후기에 이르면 사체류 고문은 확고한 문학 전범으로 자리 잡게 된다. 권모술수 등의 내용이 많아 도학적 범위에 수용되기 어려운 책이라고 평가되는 『전국책』마저도 문예적 관심하에 독서된 흔적을 흔히 찾아볼 수 있다.[50] 일

47 李圭景, 『五洲衍文長箋散稿』 經史篇 · 史籍類 「史籍總說」. "子長史記, 獨立萬古, 而不大行於世. 蘇長公主戰國策, 尤不喜遷史. 至皇明之世, 始有表章者, 王弇州世貞輩, 尤尊尙之, 天下始家讀戶誦, 殆莊子所謂萬世朝暮之遇者耶."

48 『사기평림』과 국내에 편찬된 『사기』 선집에 관한 논의는 이현호, 「朝鮮 後期 『史記』 批評 硏究」, 부산대 박사논문, 2011, 34~58쪽 참조.

49 崔岦은 初學者의 古文 학습에 도움을 주려는 목적에서 『史記』와 『漢書』에서 列傳을 선정하고 口訣을 붙여 『漢史列傳抄』를 간행하였다. 柳夢寅은 『大家文會』를 간행하였는데, 이 책은 『左傳』 · 『國語』 · 『戰國策』 · 『史記』 · 『漢書』 · 『韓文』 · 『柳文』으로 구성되어 기존의 문장 전범인 당송고문에 사체고문을 추가한 것이다. 趙翼은 『史漢精華』를, 金錫胄는 『史記拔萃』를 편찬하였다고 하나 전하지 않는다.

50 전국책에 대한 조선 문인들의 인식은 남은경, 「조선 중기 독서경향과 戰國策」, 『대동한문학』 26, 대동한문학회, 2007 참조.

례로 규장각 소장인 『전국책초戰國策抄』에는 '문장이 매우 침착하다', '기가 준엄하다'라는 식의 두주頭註가 붙여져 있어, 문인들 사이에 『전국책』을 통해 문장을 학습하려는 시도가 있었음을 유추할 수 있다.

사체류를 중심으로 한 진한고문에 대한 관심은 점차 기존에 이단시되어 많은 비판을 받아온 제자서까지 확대되었다. 『노자』, 『장자』, 『열자』 등의 제자백가의 서적이 문장의 주요한 전범으로 새로이 인식된 것이다. 최유연崔有淵(1587~1656)의 『문장지남文章指南』은 『사기』, 『한서』, 한유, 유종원柳宗元(773~819)의 산문과 함께 『장자』의 글을 수록한 것이며, 장유가 편찬한 것으로 추정되는 『계선사가谿選四家』(고려대 도서관 소장본)는 총 4책 중 「좌선초左傳抄」와 「열자초列子抄」 2책만 남아 있는데, 나머지 책도 진한고문을 선집한 것으로 추정된다. 허목은 『사기』와 제자서 주요 내용을 모아 『문총文叢』을 편집하였으며, 이옥李沃은 『장자』가 사상적으로 볼 때 도에 합치되지는 않지만 그 문장만큼은 가볍게 볼 수 없다면서 『문장수회남화文章髓會南華』(不傳)라는 책을 엮었다.[51]

18세기에는 박학적인 경향과 아울러 진한고문에 대한 관심도 고조되었다. 1689년에 민창도는 경상감영에서 심진沈津의 『백가유찬百家類纂』을 간행하였는데, 이 책은 18세기 이후 제자서를 대중적으로 읽게 하는 데 일조하였다. 유가儒家・도가道家・법가류法家類・명가류名家類・묵가류墨家類・종횡가류縱橫家類・잡가류雜家類・병가류兵家類라는 분류하에 진한 시기 글을 중심으로 실었고, 송렴宋濂(1310~1381), 하경명何景明(1483~

51 이 밖에 장자를 산문학습 및 비평의 대상으로 이해하고 있음을 보여주는 자료로 연세대 도서관 소장의 『南華經精選』이 있다. 이 책은 다양한 비점 부호를 활용한 비평을 하고 있으며, '妙處, 佳境, 意案, 比喩, 字眼, 傍證, 照應, 層轉' 등의 비평어가 두주로 달려 있다.

1521) 등의 명대 문인의 글도 함께 수록하였다. 이 책은 상당량의 판본이 현재 존재하여 실제로 조선 지식인들의 제자서 독서에서 주된 텍스트로 기능했다고 평가된다.[52] 이 책의 서문에서 민창도는 제자諸子의 글이 올바른 도는 아니지만, 성대盛代와 가까운 고기古氣를 가지고 있다는 이유를 들어 독서의 필요성을 천명하였다. 여기서 왕세정의 제자인 호응린胡應麟(1551~1602)의 글을 다량 인용한 것이 확인되는데 그가 명대 전후칠자의 문학론을 염두에 두고 『백가유찬』의 간행을 주도하였음을 알 수 있다.[53]

이 책은 실제로 18세기 이후 문인들에게 큰 영향을 미쳤다. 신후담愼後聃(1702~1761)은 이에 대한 평론집인 『팔가총론八家摠論』을 남겼으며, 이용휴가 필사한 『제자초선諸子抄選』(장서각 소장본)도 실제로는 이 책 중 유가류와 도가류를 중심으로 재선집한 것으로 보인다. 또 이 책을 저본으로 하여 여러 사람이 필사한 것으로 보이는 『현람편玄覽篇』이 국립중앙도서관에 남아 있다.

진한고문을 개인적으로 초집하는 작업 역시 19세기까지 활발하게 이루어지는데, 여기서 남인, 소론계와 노론계가 주도한 선집의 편차가 다소 차이가 나는 것을 확인할 수 있다.

남인 계열의 채제공蔡濟恭(1720~1799)은 정조의 권유로 경서·제자서·문장가들의 글뿐 아니라 불경이나 도가서류에서도 두루 뽑아 『천고백선千古百選』[54]을, 정범조는 『서경書經』에서 한대漢代까지의 문장 111편

52 심경호, 「조선 후기 지성사와 제자백가-특히 『管子』와 『老子』의 독법과 관련하여」, 『한국실학연구』 13, 한국실학학회, 2007.

53 자세한 내용은 4장 2절에서 다룰 예정이다.

54 蔡濟恭, 『樊巖集』 卷29 「御定千古百選議」.

을 뽑아 『문수역선文粹歷選』을 엮었다.[55] 영남 문인들은 지리적 여건상 경학 관련 서적과 몇몇 노장 및 불가 관련 서적을 제외하고는 다양한 도서를 접하기가 어려운 환경이었는데 18세기 이후에는 진한고문의 유입이 어느 정도 활성화된다. 이는 앞서 언급한 『백가유찬』이 큰 역할을 하였을 것으로 추측된다. 안동 지역 문사의 필사로 추정되는 『경림대영瓊林大盈』(고려대 도서관 소장본)은 『백가유찬』과 마찬가지로 여러 제자백가의 글을 비롯한 각종 고문을 선집한 것으로, 당시에 진한고문에 대한 수요가 영남에서 증가하고 있음을 보여주는 자료이다.[56] 신유한 역시 제자들에게 고문사를 가르치면서 제자의 재능에 따라 각종 고문을 초선하여 나누어주는 작업을 하였는데, 여기에는 『서경』·『장자』·『사기』 등의 진한고문에서부터 팔대가八大家의 문장이 포함되었다.[57] 이만부李萬敷(1664~1732)의 아들인 이경유李敬儒(1750~1821)도 육경 및 제자서 등 고서에서 30편의 글을 뽑아 『대성선일大聲選一』을 편찬하였으며[58] 고령 사람 박경가朴慶家(1780~1841)는 『고문정수古文精粹』를 엮어 선진고문뿐 아니라 위진, 당송, 명청의 문장을 선집하면서 영남인으로서는 폭넓은 문예 인식을 드러내기도 하였다.[59]

55 丁範祖, 『海左集』 卷19 「文粹歷選序」.

56 2책 말미에 權萬, 權謀 등 18세기 안동권 인물들의 성명이 기록되어 있다.

57 鄭元始, 『青泉集(申維翰 著)』 卷11 「言行實錄」. "受業於門下者, 各隨其才, 以書授讀, 抄西漢文, 命以鑿龍門, 與任師古. 又抄漢儒章奏, 命以汾陰古鼎, 與許汝楫. 抄南華經與典謨諸書, 命以寶筏, 與李伯深. 抄楚詞, 與金思則, 以史記英選署曰西京一佛, 授孫仲深. 以韓柳文署曰鵝山桂石, 授張漢師. 以八大家, 授朴聖光. 以春秋左史 授鄭幼觀與孫壽聲. 以三家狐白授崔天翼. 以庸學, 授崔岱與金敬中, 以易學圖說, 授姜柱華, 元華伯, 以鄒傳, 授元始. 其因材成業, 不可殫述."

58 『剛齋遺稿』 卷2 「大聲選一序」; 김주부, 「李承延의 생애와 嶺對에 나타난 영남 인식」, 『대동한문학』 37, 대동한문학회, 2012, 263쪽 참조.

개방적이면서도 박학적 학풍이 전수되었던 소론 계열에서도 진한고문에 대한 선집 작업이 활발하게 이루어졌다. 신완申琓(1646~1707, 『문원전칙文苑典則』[60])은 주周·한漢 이래의 고문을, 신성하申聖夏(1665~1736, 『문장종선文章宗選』[61])와 최창대崔昌大(1669~1720, 『고문집성古文集成』[62])는 진한에서 명대까지를, 이종휘李種徽(1731~1797, 『진한문수秦漢文粹』[63])는 진한고문을, 신대우申大羽(1735~1809, 『고문정해古文程楷』[64])는 선진에서 한유까지를, 정원용鄭元容(1783~1873, 『문영진선文英珍選』[65])은 제자서를 선집한 기록이 남아 있다. 이 중 정원용의 『문영진선』에 거론된 제자서들은 『백가유찬』과 그 서목이 유사하다. 이유원李裕元(1814~1888)은 『문영진선』에 관하여 문장의 궤범으로 그 소득이 적지 않다고 하여, 문장 학습서로 가치가 있음을 지적하였다.

이상의 남인과 소론계의 편집체제와 달리 노론계에서는 당송고문론

59 朴慶家, 『鶴陽集』 卷5 「古文精粹小敍」. "余嘗有志于斯抄集成書, 上自左莊戰策班馬文品, 迄于唐宋明淸諸作者, 總若干卷, 名之曰古文精粹, 以爲巾衍之私藏, 而以吾所有志而不竟學者, 竊有望於後世之爲吾子孫者, 此亦金籯之遺意也."

60 申暻, 『直菴集』 卷19 「叔父恕菴先生遺事」. "議政府君嘗手書周漢以來古文凡二冊, 目以文苑典則, 貽先生."

61 申暻, 『直菴集』 卷19 「先考和菴府君遺事」. "嘗編文章宗選爲四集, 以經書詩書易春秋二禮學庸語孟孝經, 幷錄其全文, 爲前集, 以史記左國公穀班馬范陳, 錄其不可不見者, 爲後集. 以諸子荀楊莊屈董王, 取其可觀者, 爲續集, 以諸家自八大家至皇明諸大家, 採其最優者, 爲別集, 編成摠六十餘卷."

62 李夏坤, 『頭陀草』 冊16 「刪補古文集成序」. "昆侖崔先生, 自少酷嗜古文詞, 於書蓋無所不窺, 而嘗病古今選文者 多以己意去就, 而互有得失. 遂自先秦下至皇明, 擇其尤雋者三百餘篇, 略倣眞氏正宗之例, 分類排纘, 凡爲三編, 名曰古文集成."

63 李種徽, 『修山集』 卷2 「秦漢文粹序」.

64 申大羽, 『宛丘遺集』 卷3 「古文程楷序」. "余於西漢文類之次, 輒錄其尤完粹者, 仍略綴先秦後漢訖于韓子, 文凡一百一十有四, 卷凡一十有五, 摠名之曰古文程楷."

65 李裕元, 『국역 林下筆記』 卷35 「薜荔新志」.

의 입장에서 제자서를 취사 선택하는 경향을 보였다. 김석주金錫冑는 『고문백선古文百選』을 간행하였는데 이 책은 진한고문과 당송고문을 균형 있게 뽑아놓음으로써 산문의 경향이 한 편으로 편중되는 것을 경계하는 한편, 『당송팔대가문초唐宋八大家文鈔』의 평어評語를 적극적으로 수용하여 17세기 이후의 산문이 당송고문 위주로 개편되는 데 중요한 역할을 담당한 것으로 평가된다.[66] 김춘택金春澤(1670~1717)의 『제자통선諸子通選』은 『백가유찬』 중에서 유가류와 법가류 등 재도적 성향에 부합하는 고문들을 중심으로 다시 편찬한 것으로, 『제자초선』에서 도가류 고문을 포함한 이용휴와는 진한고문에 대한 인식이 상이함을 알 수 있다.[67] 『문장대가文章大家』는 김창협의 처조카인 이성신李聖臣(1677~1725)이 편찬하는 것으로 추정되는데, 3권까지는 『장자』·『사기』와 주희의 글을, 4권에서 8권까지는 당송팔가의 글을 수록하여 김석주와 마찬가지로 당송고문론의 입장에서 진한고문을 수용하는 입장을 드러내었다.[68]

안석경安錫儆(1718~1774)의 『삽교예학록霅橋藝學錄』은 중국 및 우리나라의 시문을 대상으로 하여 각 작품마다 평을 붙여놓은 일종의 평점서이다. 이 책 역시 천天권에는 진한고문에 대한 비평을, 지地권에서는 시, 인仁권에

66 김광년, 「金錫冑의 편찬과 唐宋派의 수용」, 『동양한문학연구』 20, 동양한문학회, 2004.

67 金春澤, 『北軒集』 卷17 「諸子通選序」. "今於其儒者, 得晏子春秋, 新語, 荀子, 新書, 春秋繁露, 韓詩外傳, 新序, 說苑, 鹽鐵論, 法言, 潛夫論, 昌言, 申鑑, 中論, 文中子. 於法者得管子, 於雜者得呂覽, 淮南子, 白虎通, 於兵者得三略, 而其他或雖近理, 旣以不類, 故不取, 其與理遠者, 則擇無所施, 而於所擇十九家之中, 又各采其英而拔其秀, 其略僅四卷而止. 仍不揆蒙拙, 各爲題評, 引之於每首. 又謂其儒與諸家, 殊無相遠, 而不復從類例, 惟次以時代, 於是書成, 則命之曰諸子通選."

68 윤지훈, 「18世紀 農巖季 文人의 文學論과 批評에 관한 硏究」, 성균관대 박사논문. 2008, 43쪽 참조. 이 밖에도 18세기에 간행된 『文章大成』(규장각 소장본) 역시 司馬遷, 班固에서부터 당송 문장가까지의 산문을 싣고 있다. 壯氣焰, 發光輝, 橫波瀾, 騁雄辯, 切事情, 神變化 등으로 문장의 미감에 따라 따로 분류 작업을 진행하고 있는 점이 특징적이다.

서는 당송팔대가・황명사대가(송렴宋濂・방효유方孝孺・왕수인王守仁・당순지唐順之)와 이색李穡(1328~1396)・최립・장유의 문학에 대한 비평을 수록하고 있다.[69]

한편 오재순吳載純(1727~1792)은 이전 시기의 노론계 일반의 선집체계와 달리, 진한고문 중 『전국책』과 『좌전』과 『국어』를 별도로 묶어 『좌국문수左國文粹』(不傳)[70]를 편찬하였다. 그와 교류관계가 있던 남유용南有容(1698~1773), 유한준 등의 노론계 문인들이 진한고문, 특히 사체류 산문을 중시하였던 경향과 관련하여 주목할 만하다.

이상에서 살펴보았듯이 진한고문에 대한 독서는 16세기 말~17세기 초부터 활발하게 이루어진 것으로 보인다. 초기에는 사체류 고문에 대한 독서가 유행하는 것을 시작으로, 점차 기존에 이단시되어 많은 비판을 받아온 제자서까지 확대되어 나가다가 18세기에는 보다 다양한 제자서까지 두루 수용할 수 있었던 것으로 보인다. 이는 18세기 이후 박학적 경향이 고조되고, 진한고문에 대한 이데올로기적 검열이 점차 완화되는 것과 함께 문장에 대한 욕구가 강화되어 나가는 과정을 반영하고 있다.[71]

다만 세부적인 편차에 있어서 노론계 문사들과 남인, 소론계 문사들이 주도한 선집 작업이 차이가 있음을 확인할 수 있었다. 전자가 진한

69 자세한 내용은 위의 글, 105쪽 참조.

70 吳載純, 『醇庵集』 卷4 「左國文粹序」.

71 김철범은 "17세기 무렵에는 『장자』를 위시한 몇몇 제자서만이 조선 문단에 영향을 미쳤으나, 18세기 이후 많은 제자서가 유입되면서 다양한 문체가 읽혀지게 되었다. 대체로 진한고문 계열에서 제자서 독서를 중시했지만, 후기로 올수록 당송고문 계열에서도 널리 읽혔던 것으로 본다"고 지적하였다. 김철범, 「조선 지식인들의 諸子書 독서와 수용 양상」, 『한문학보』 17, 우리한문학회, 2007, 136쪽.

고문과 함께 당송고문을 대등하게 혹은 확대해서 편차하여 당송고문론의 관점을 유지하면서 진한고문을 선별하려는 태도를 보였다면, 후자는 진한고문만을 선집하거나 선진에서 명말까지의 문장을 두루 섭렵하는 양상을 보였다. 양자의 간극은 곧 문학론의 차이를 반영한다.

2) 전후칠자 산문 독서와 수용 양상[72]

현재 남아 있는 자료를 통해 볼 때, 당송 이후 중국문학 중에서 조선 문단에 널리 유통되었던 것은 단연 전후칠자의 문학이었다. 이들의 산문은 대체적으로 분량이 많아[73] 국내에서 『황명십대가문선皇明十大家文選』과 『황명이대가문초皇明二大家文抄』 등의 선집 중심으로 유통되었다.

『황명십대가문선』[74]은 종성鍾惺이 편찬한 것이다. 중국에서는 큰 파장이 확인되지 않는데 불구하고, 국내에서는 윤근수, 허균, 김석주에서부터 언급이 시작되어 이의현, 한장석韓章錫(1832~1894) 등에까지 그 기록이 있을 정도로 지속적으로 읽혔던 것으로 보인다. 이 책에 실린 문인은 이몽양, 왕수인王守仁(1472~1529), 당순지唐順之(1507~1560), 왕신중

72 진재교는 「조선조 후기 文藝 공간에서의 王世貞」(『한국한문학연구』 54, 한국한문학회, 2014)에서 왕세정 관련 글의 간행과 유통을 살펴본 바있다. 본서에서는 주로 산문집을 중심으로, 필사본까지 포괄하여 고찰해 보았다.

73 『弇州山人四部稿』만 해도 174권, 『續稿』는 207권에 달한다. 국초에 간행하자는 논의가 있었지만 실현되기 어려웠다. 『光海君日記』 7年 閏8月 8日 1번째 기사 참조.

74 현재 동아대 도서관, 전남대 도서관, 계명대 도서관, 존경각 등에 목판본이 소장되어 있으며, 부산대 도서관에 필사본이 남아 있다.

王愼中(1509~1559), 왕유정王維楨(1507~1556), 이반룡, 왕세정, 왕도곤汪道昆(1525~1593), 모곤茅坤(1512~1601), 동빈董份(1510~1595)으로, 전후칠자와 함께 당송파 문인의 글도 수록되어 있다. 이 책 역시 『황명이대가문초』와 함께, 17세기 조선 문단에서 명대 양대 문파를 통합적으로 수용하려는 경향을 유도하였으리라 판단된다.

신최申最가 간행한 『황명이대가문초』는 국내외 도서관에 10여종 이상이 남아 있다.[75] 이 책은 왕세정 2책, 모곤 1책으로 분량상으로 볼 때 왕세정 산문이 훨씬 많은 비중을 차지한다. 또 왕세정 글 중에서 송서送序, 수서壽序가 압도적으로 많고, 또 기記, 서書류가 수록되어 있다. 체제로 볼 때 미완의 선집이라고 하겠는데, 신최 자신도 「문초인文抄引」에서 이들 문집이 너무나 방대하여 후속 작업을 기다린다고 언급하였다.[76]

왕세정의 문예비평론을 담은 『예원치언藝苑卮言』은 활자와 목판으로 여러 번 간행되었을 뿐 아니라 시화詩話나 필기류 저작에 자주 인용되어, 조선조 후기 학인들의 지속적인 주목을 받은 문예 저술로 평가된다.[77] 또 백과전서식 저술인 『완위여편宛委餘編』은 조선 후기 박학적 학풍을 주도한 문인들에게 주요 전거로 활용되었다. 그밖에 『염이편艶異編』(국립민속

75 규장각(2종), 국립중앙도서관 · 서울대 도서관 · 한국학중앙연구원 도서관 · 고려대 도서관(4종), 단국대 도서관 · 연세대 도서관(2종), 영남대 도서관 · 중국국가도서관(2종)에서 확인된다. 또 연세대 도서관에는 「皇明大家王弇州文抄」라는 필사본이 남아 있는데, 목차에 다소간의 출입이 있긴 하지만 대체적으로 신최가 편찬한 것과 동일하여, 신최본을 대상으로 필사한 것으로 보인다. 푸른 색 비점과 붉은 색 방점, 간혹 구결도 달려 있다.

76 申最, 『春沼子集』 卷3 「鹿門弇州兩集文抄引」. "於弇園正稿, 得序二十首, 記五首. 續稿得序十首, 記五首, 他若志傳論贊碑碣雜著, 浩穰難銓, 姑俟異日."

77 진재교, 「동아시아에서의 서적의 유통과 지식의 생성－壬辰倭亂 이후의 인적 교류와 서적의 유통 사례를 중심으로」, 『한국한문학연구』 41, 한국한문학회, 2008.

박물관 소장본), 『소장공외기蘇長公外紀』(이화여대 도서관 소장본),[78] 『독서후讀書後』(한국학중앙연구원 도서관 · 규장각 소장본) 등이 단독으로 유통되었다.

물론 18세기 이후, 왕세정을 비롯한 전후칠자 문학에 대한 수용 양상이 달라지는 것은 사실이다. 노론 계통과 정조의 당송고문 추숭, 그리고 원굉도袁宏道(1568~1610)를 비롯한 공안파 문장의 유행으로 인하여 전후칠자의 문학은 독서 범위와 문학사 밖으로 밀려나는 듯한 느낌을 준다. 이러한 경향은 명청 문장가 18인의 산문을 선집한 『십팔문초十八文抄』에서 대표적으로 확인할 수 있다.[79] 이 책에 수록된 문인은 송렴宋濂, 유기劉基(1311~1375), 방효유方孝孺(1357~1402), 이동양李東陽(1447~1516), 왕수인, 이몽양, 당순지, 왕신중, 귀유광歸有光(1506~1571), 모곤, 서위徐渭(1521~1593), 원굉도, 전겸익, 후방역侯方域(1618~1654), 위희魏禧(1624~1681), 위제서魏際瑞(1620~1677), 소장형邵長衡(1637~1704), 왕원汪琬(1624~1691)으로 명초 정주문장가程朱文章家와 당송고문파, 청초 고문 삼대가를 중심으로 편찬되었다. 전후칠자에 속하는 이몽양의 글의 분량은 다른 문인들에 비해 소략한 편이며 왕세정은 아예 누락되어 있다. 편찬자가 의도적으로 전후칠자의 문학을 명청문학사 구도 안에서 배제하고 있음을 알 수 있다.[80]

명청문학사를 당송고문을 중심으로 이해하고 진한고문을 배제 혹은 저평가하려는 관점은 노론 계통인 안석경, 홍석주와 김창희金昌熙(1844~

78 필사본으로 李先耆의 장서인이 찍혀 있어 19세기 것으로 추정된다.

79 현재 연세대 도서관(34책)과 규장각(27책)에 남아 있는데 모두 상태가 좋은 정서된 형태이며, 여러 명이 필사한 것으로 보인다.

80 송혁기는 명대문학사를 계보적으로 인식하면서 전후칠자와 여타의 작가들을 분리해내는 것은 이식으로부터 이의현으로 이어지는 한구정맥 표방 문사들의 공통적인 논의 패턴이라고 분석하였다. 송혁기, 『조선 후기 한문산문의 이론과 비평』, 월인, 2006, 114쪽 참조.

1890)에서도 발견된다. 안석경은 『삽교예학록』에서 명나라의 대가로 송렴, 방효유, 왕수인, 당순지 등 경술문장가와 당송고문가에 국한하여 그들의 문장을 논평하였다. 홍석주의 『명문선明文選』(不傳)[81] 은 모두 갑을병정무甲乙丙丁戊 총 5집으로 세운世運이 성했을 때부터 쇠했을 때까지 명문을 시대순으로 나누었는데, 이 중 갑집은 명초기 문인과 당송파들의 글을, 을집은 이반룡, 왕세정 등의 글을 수록하여 그의 문학적 지향이 당송고문에 있음을 표명하였다. 김창희의 「회흔영會欣穎」은 한유에서 원매袁枚(1716~1797)까지 중국 문장가 26인의 글에 대한 평론인데, 여기에 전후칠자는 철저히 논외로 하여 중국문학사에서 제외시키고 있다.

그러나 이러한 움직임과 달리, 다른 한편에서는 전후칠자의 산문을 여전히 선호하며 명청문학사의 맥락에서 보려는 시도가 있었다. 『황명문초皇明文抄』(국립중앙도서관 소장본)는 이러한 관점을 보여주는 대표적인 책이다. 이 책의 판심제는 '십팔문초'로 앞서 언급한 『십팔문초』를 수정 보완한 것임이 분명하다. 이 책에는 『십팔문초』에 수록된 문인과 더불어 왕세정, 위례魏禮(1628~1693)를 추가하여 총 20인의 문인의 작품을 수록하고 있다. 『황명문초』의 편찬자는 명대 산문을 온전히 선집하고자 하는 뜻에서 두 사람을 포함시킨 것으로 보인다.[82] 또 강세황姜世晃(1713~1791)을 비롯한 소북계 문인들이 필사한 『명문각선明文各選』의 체제에서도 이러한 의식을 엿볼 수 있다. 여기에는 대각臺閣 문인, 명중엽의 전후칠자, 당송파唐宋派 문인, 명말의 소품 작가, 기타 유명 문인 학자 등 명의 전 시대를

81 홍길주, 이현우 · 박무영 역, 『沆瀣丙函』, 태학사, 2006, 346쪽.

82 이 책에서 왕세정의 글을 序, 書, 記, 傳, 祭文 등으로 나누어 실어 『이대가문초』보다 다양한 문체의 산문을 수록하고 있다.

망라하는 주요 인물들의 글을 다양하게 수록하고 있다. 총 2책인데, 왕세정과 원굉도를 각각 권수로 설정하고 가장 많은 작품을 실어놓음으로써 두 사람을 명대 문인 중 제일 영향력 있는 작가로 부각시키고 있다.

왕세정 문학은 전후칠자 가운데에서 독보적으로 많이 읽혔다. 현재 이반룡 문집의 선집인 『창명선생문초滄溟先生文抄』가 남아 있으나 이것은 중국 목판본으로 국내에 따로 간행되거나 필사・유통된 적은 없는 것으로 보인다. 전후칠자 중에서도 유독 왕세정의 문학이 크게 유통된 것은 일본과 비교해도 상이한 양상이다. 일본에서도 전후칠자의 문학과 담론이 유행하였는데, 『동사여담東槎餘談』에서 확인할 수 있듯 왕세정보다는 이반룡의 문학이 중심이었다. 왕세정 산문이 국내에 큰 호응을 불러일으킨 것은 그가 전후칠자의 모방・표절의 한계를 넘어 독자적인 문예적 성취를 이룩한 것과 함께 권신權臣과 맞선 그의 삶을 높이 평가한 데서 기인한다.

왕세정 산문을 선집한 필사본으로는 『엄문초弇文抄』(고려대 도서관 소장본), 『엄주문초弇州文抄』(허훈許薰, 不傳), 『황명대가皇明大家』(경기대 도서관 소장본),[83] 『명대가문초明大家文抄』(이관수李觀洙, 이화여대 도서관 소장본) 등이 있다. 이 중 『엄문초』는 정확한 편저자와 시기를 알 수는 없는데, 서신과 기문 등의 글이 중심이 되어 신최의 『이대가문초』와는 전혀 다른 방식의 선집이다. 이관수의 『명대가문초』는 19세기 후반 책으로 왕유정王維楨, 장거정張居正(1525~1582), 해진解縉(1369~1415), 동빈과 함께 왕세정의 산문을 실은 것이다. 총 131면 중 왕세정 산문 분량이 95면을 차지하며, 기존의 『이대가문초』에 수록된 글과 함께 제발題跋과 찬贊을 보충하였다.

83 정서된 필사본으로, 왕세정과 함께 이반룡, 전겸익의 산문을 수록하였다.

이들 자료에서 왕세정의 문학이 19세기까지 지속적으로 애독되었던 상황을 알 수 있다.

그렇다면 왕세정의 산문 중 주요 독서 대상이 되었던 것은 무엇이며, 이는 구체적으로 조선 문단에 어떠한 영향을 끼쳤을까? 왕세정의 산문은 『이대가문초』에서 보듯 기記, 서序, 서書 등이 주로 읽혔다. 이 중 「엄원기弇園記」는 명말 정원 문화를 보여주는 작품으로, 남인 문단에서 활발하게 지어지는 원기園記 및 의원기意園記는 이에 근거했을 가능성이 제기되었다. 왕세정의 엄원은 그 규모가 놀라워 조선 문인들에게 부러움의 대상으로 단순 인용된 사례도 많다. 유기류 산문 또한 많이 읽혔는데, 고연희는 산수기행문학에서 '…에서 …까지를 기록한다[自…(歷…) 至…記]'라는 식의 소제목을 가진 여러 개의 글들로 구성된 형태가 왕세정의 영향에서 비롯하였음을 논한 바 있다.[84] 왕세정의 유기 중 수작으로 꼽히는 「해유기海遊記」·「유태산기遊太山記」 등에 나오는 표현을 표절에 가까울 정도로 그대로 따다 쓴 것이 조선 문인의 작품 속에서 적지 않게 발견된다.[85]

수서壽序는 조선 전기에는 없던 양식으로 17세기 장유, 신익성 등에 의해서 창작되기 시작되었는데, 여기에는 왕세정의 영향이 컸던 것으로 논해진다.[86] 실제로 신최의 『이대가문초』에는 총 52제題 57수首의 작품 중 11편의 작품이 선별되어, 수서가 차지하는 비중이 상당하다. 영조 때는 왕세정을 예로 들어 수서를 지어 올릴 것을 건의한 내용도

84 고연희, 『조선 후기 산수기행예술 연구－鄭敾과 農淵 그룹을 중심으로』, 일지사, 2001, 69~70쪽 참조.

85 대표적인 예가 李萬敷의 유기이다. 4장 2절에서 상론할 예정이다.

86 김우정, 「宣祖 연간 文風의 변화와 壽序」, 『동방한문학』 47, 동방한문학회, 2011.

보인다.[87] 이 밖에 살아있는 자에게 쓰는 생지명 역시 왕세정에서부터 유행하였다는 기록이 있다.[88]

이처럼 노론계 일각에서 전후칠자의 문학을 폄하하여 명대문학사에서 제외시키려는 시도를 엿볼 수 있었지만, 왕세정의 산문만큼은 19세기 이후까지 지속적으로 국내에 유통되면서 큰 영향을 미쳤던 것으로 보인다.[89]

---

87 『承政院日記』 英祖 38年 11月 10日. "啓禧曰, 中原人, 雖匹庶, 七十則皆有賀, 故王世貞文集中, 七十壽序, 過七八卷矣. 上曰, 王世貞, 如卿之勤, 故如許矣."

88 李德壽, 『西堂私載』 卷4 「尙古堂金氏傳」. "爲生人立傳, 古蓋未嘗有, 雖有而亦罕. 至王弇州諸人, 始盛爲之, 尙古之意, 殆其祖, 於是乎乃書, 以爲尙古堂金氏傳." 왕세정의 생지명과 의원기에 관한 영향은 김동준의 「王世貞 코드로 읽는 生誌銘과 意園－18세기 安山圈 文人들의 불우와 위안의 예술적 형상화」(『한국한문학연구』 52, 한국한문학회, 2013) 참조.

89 왕세정 산문의 국내 유통과 독서는 여타의 다른 명청 대 문인들과 비교해도 특별하다. 일례로 대표적인 명대 문장가 王守仁의 산문은 문예적 성향이 약한데다가 양명학에 대한 거부감에 전면적으로 수용한 양상을 찾아보기 어렵다(윤지훈, 「조선 후기 문인들의 王守仁 文學에 대한 認識과 評價」, 『한문학논집』 33, 근역한문학회, 2011). 당송고문파의 문학론은 조선 문인에게 크게 공감을 불러일으켰지만, 茅坤·唐順之 등의 산문의 성취가 왕세정에 비견하면 낮다는 평가가 남인뿐 아니라 김창협 등 노론계에서까지 제출되었다. 청대 문인의 경우 숭명사상에 의해 거부되기도 하였다. 대표적으로 錢謙益의 문학이 김창협 등에 의해서 인정을 받았는데 청조에 관료를 하였다는 도덕적 결함이 지속적인 논쟁을 야기했다. 한편 공안파 계열 문인들의 작품은 정조의 문체반정에서 보듯 사회적 반감이 있어 독서와 유통에 있어 제약이 있었다. 조선 문단에 큰 영향을 주었다고 평가되는 원굉도의 작품마저도 이데올로기 혐의가 적은 산수유기, 척독 등의 소품에 제한되어 읽혔다. 특히 李贄는 유가 사상과 봉건 사회를 완전히 전복하는 사상적 위험성 때문에 그에 대한 비판적 언술만 있을 뿐 그의 글에 대해 호의적 반응을 보이거나 선집한 것은 찾아보기 어렵다. 19세기 이르러야 그의 산문을 선집한 것이 확인된다. 소론계 徐容輔(1788~?) 소장인의 『明淸文鈔』(국민대 도서관 소장본)가 대표적이다. 이 책은 70여 명의 명청 문인 산문 선집으로 총 4책이며 필체가 동일한 것으로 보아 한 명이 필사한 것으로 추측된다. 傳, 記류를 중심으로 한 짧은 편폭의 산문, 소품문 중심으로 편찬하였는데 전후칠자 및 당송파, 그리고 공안파의 글이 두루 실려 있다. 특히 4책에서는 원굉도(「逍遙遊」, 「齊物論」, 尺牘 등)와 이지(「童心說」, 「忠義水滸全書」, 「雜說」, 「夫婦」 등) 두 문인의 글을 단독으로 편찬하여 큰 분량을 할애하고 있어 편저자의 관심이 공안파 문인에 집중된 것을 알 수 있다.

3. 상고적尚古的 세계관의 심화와 확대

17세기 허목이 표명한 상고주의는 이후 남인 문단의 정체성을 규정해 줄 만큼 특징적인 담론으로 전승되었다. 그의 상고주의가 단순히 옛 성대를 향한 향수나 성현에 대한 존숭을 표하는 차원으로서가 아니라, 옛 도를 회복하고자 하는 강력한 지향성을 가지고 있다는 것은 기존 연구의 공통된 지적이다.[90] 허목은 기존의 사유방식으로는 17세기 사회에 노정된 문제들을 더 이상 치유할 수 없다는 절실한 판단하에, 축의 시대로 회귀하여 정신적 동력을 얻고자 하였다.

이 같은 상고주의 담론의 형성 배경과 그 성격은 분명 전후칠자의 논의와 유사한 면이 있다. 그러나 전후칠자의 담론이 주로 문학론을 중심으로 형성되었다면, 허목의 상고론은 전반적인 사유의 방향을 고古를 향해 집약시키는 동시에, 사회·정치·예술에 대한 담론으로 확대될 수 있는 체계적인 논리성을 구축시켜 나갔다는 데에서 그 차이가 있다. 이는 문학을 넘어 보다 전반적인 현실에 대한 변화의 필요성을 자각한 결과이다. 그가 회복을 요청한 것이 진한 시대의 고문이 아니라 육경六經의 도道였음은 전후칠자와의 차이를 보여주는 또 하나의 방증이 된다. 허목이 치유하고자 하였던 병폐는 비단 문단에만 집중된 것이 아니었다.

육경에 대한 강조는 정주학만을 존숭하여 정작 육경은 외면하고 사변화된 담론을 생산해낼 뿐 실제 현실과 괴리되어 나가는 당대 서인계 집

90 권진호, 「眉叟 許穆의 尙古精神과 散文世界」, 성균관대 박사논문, 2000; 송혁기, 앞의 책, 2006; 이효원, 「許穆과 荻生徂徠의 尙古主義 문학사상 비교 연구」, 서울대 석사논문, 2007.

권층에 대한 치열한 비판의식에서 비롯한 것이었다. 허목은 정주학이 원래 육경의 주석임을 강조하고, 공허한 담론에서 벗어나 지행이 일치된 옛 성인의 삶과 성대의 정치를 회복할 것을 주요한 과제로 부각시켰다. 그가 인식하는 육경은 형이상학적인 텍스트가 아닌, 도덕·문물·정치·제도·역사 등을 참고할 수 있는 사史적인 텍스트로서의 성격을 지닌다.

갑술환국甲戌換局과 무신란戊申亂을 거치며 남인들이 정권에서 밀려나는 상황에서 허목이 제출하였던 상고주의 담론에 내재한 비판정신은 더욱 절실한 의미를 지니게 되었으며 남인계 문인들의 정체성을 부여해 줄 주요 담론으로 전승되었다. 18세기 이후 남인계에게 불리한 정세 속에서도 영의정까지 올랐던 채제공은 정치적 수세에 몰린 남인 세력을 회복하려는 의지하에, 영남권과의 결속을 도모하는 정치적 책략으로써 허목을 남인의 도통으로 설정하고 그의 상고주의를 끌어온 것으로 논해지기도 하였다.[91]

그러나 상고주의가 책략적 차원을 넘어 남인계 문인들의 사유방식을 형성하는 주요 근원이 된다는 것은 허목 이후 실학자들을 통해서도 확인할 수 있다. 유형원柳馨遠(1622~1673)·이익李瀷(1681~1764)·정약용丁若鏞(1762~1836)의 남인 실학자들의 사상은 주공·공자의 도를 다시 현재에 구현시키는 것을 목표로 한 상고주의적 개혁론이었다.[92] 이들 역시 육경을

91 백승호는 이미 시대적인 흐름으로서의 복고주의는 유행이 지났지만 채제공이 정치적 효과를 위해 허목과 상고라는 이미지를 굳게 잡고 있었다고 분석하였다. 백승호, 「正祖時代 政治的 글쓰기 硏究」, 서울대 박사논문, 2013, 87쪽 참조.

92 임형택, 『우리 고전을 찾아서』, 한길사, 317쪽

우선으로 해야 한다는 당위성을 강조하는 한편 주공, 공자의 도로 돌아갈 것을 주장함으로써 현실을 근본적으로 개조하려는 의식을 피력하였다. 남인 실학이 17세기의 상고주의 정신에서 태동하였음은 이미 기존 연구에서 지적되어 온 바다.[93]

이용휴 역시 "우리나라에서 둘도 없는 분"[94]이라고 하며 여타의 남인계 문인들과 마찬가지로 허목을 존숭하는 입장을 드러내었다. 물론 그의 사유는 기존에 볼 수 없는 혁신적인 면모를 띠고 있어 상고적 세계관에서 이탈하는 조짐으로 거론되곤 하였다. 특히 "이치는 마음에 있으니 마음으로써 경서를 증험"할 것을 주장하는 그의 논의에 대해, 양명학 나아가 공안파의 영향으로 해석하려는 시도가 일찍이 있어 왔다.[95]

그러나 '마음'에 대한 강조는 허목 이후 남인계 문인에 있어 공통적으로 확인된다. 허목은 육경을 이해하는 방식에서 주소와 훈고를 극복하고 직접 성인의 마음과 감응하여, 그것을 체득할 것을 주장하였다. 이러한 사유방식은 그의 인식론과 논리적 맥락을 함께 한다. 그에 의하면 천天과 인人, 나아가 모든 만물은 일기一氣로 구성되어 있으며[96] 마음을 통해 서로 감응할 수 있다.[97] 이 논리는 강박姜樸(1690~1742)[98]에게서 그대

93 최석기, 「근기 실학자들의 경세적 경학과 그 의미－조선 중기 이후 경학관의 전개 양상과 근기 남인계의 경학적 특징」, 『대동문화연구』 37, 대동문화연구원, 2000, 186~192쪽; 임형택, 『문명의식과 실학－한국 지성사를 읽다』, 돌베개, 2009, 123~126쪽 참조.

94 李用休, 『惠寰雜著』 卷7 「陽川許氏世稿跋」. "若眉老先生, 則於東國幾無兩焉."

95 정우봉, 「李用休의 문학론의 일고찰」, 『한국한문학연구』 9, 한국한문학회, 1987; 박준호, 「혜환 李用休 文學 硏究」, 성균관대 박사논문, 1999; 강명관, 『공안파와 조선 후기 한문학』, 소명출판, 2007.

96 여기서 氣는 소박하고 원천적 차원의 개념이며, 기가 갖는 應報의 양상을 중시하고 강화했다는 점에서 여말선초의 氣 개념과 맥락이 유사하다. 김남이, 「집현전 학사의 문학 연구」, 이화여대 박사논문, 2001, 96쪽 참조.

로 확인된다. 사물과 나를 일원론적으로 파악하여 마음을 통해 양자의 감응 작용을 강조하는 남인계의 논리는, 도심道心과 인심人心으로 나누어 마음에 대해 불신을 표하는 기존의 성리학의 견해와는 대조된다.

생명을 지니고 혈기를 가진 것이 많은데, 오직 우리 인간 한 종류만이 제일 귀한 것은 무엇 때문인가? 仁義와 倫常이 있기 때문이다. 인의와 윤상이란 것은 누구의 말인가? 하늘의 말이다, 하늘이 스스로 말했는가? 하늘이 스스로 말하지 않으니, 하늘이 말하는 것과 같은 자가 말하였다. 하늘이 말하는 것과 같은 자는 누구인가? 성인이다. 성인은 어디에 있는가? 성인은 이미 돌아가셨으나 그 말씀이 경서에 남아 있다. 그 말씀이 경서에 있다는 것을 어떻게 아는가? 그 말씀은 경서에 있지만 그 이치는 마음에 있으니, 마음으로 경서를 증험해 보면 알 수 있다. 대개 마음에 있는 이치를 다하여, 경서와 합하는 자는 성인이 되고, 합하는 것이 많고 합하지 않는 것이 적은 자는 현인이 되며, 합하지 않는 것이 많고 합하는 것이 적은 자는 愚人이 되고, 전부 합하지 않으면 우리 인간의 무리에서 쫓겨나 금수의 길로 들어간다. 그러니 경서이라고 하는 것은 인간의 문서이다. 문서를 잃는다면 곧 사람이 마땅히 안고 지켜야 할 것을 잃는 것이다. 그 안고 지키기를 열두 시간 중에 낮에는 잠시라도 놓는 일이 없고 밤에는 또 잠결에도 미쳐야 하니, 그런 뒤에야 지

---

97 許穆, 『記言』 卷64 「進講說」. "心與物, 有相感通之理 (…中略…) 天理感通無間, 先儒已言之詳矣. 今取其易見者論之, 殿下以公正無私, 臨群臣, 群臣亦以公正無私, 事殿下矣. 若殿下一有私意係心, 則群臣或以私意迎合上心者. 感通之理, 亦可見於此矣, 此理甚明." 허목의 천지 감응에 관한 논의는 김형찬의 「敬畏에서 感應으로-眉叟 許穆의 退溪學 계승에 관한 고찰」(『철학』 98, 한국철학회, 2009)이 자세하다.

98 姜樸, 『菊圃集』 卷8 「澤山齋記」. "天地萬物, 皆有相感之道, 物相感則通, 故君臣相感則君臣之道通, 上下相感則上下之道通."

켰다고 할 수 있는 것이다.[99]

> 옥을 품고 있는 것도 도리어 누가 되는데, 이보다 더한 것은 자손이 있는 것이다. 자식을 안는 것은 情이고 손자를 안는 것은 禮이다. 그러나 子孫도 현명한 아이와 불초한 아이가 있으니 그렇다면 누구를 안아야 하는가? 經을 안아야 한다. 경을 안으면 百體가 직분을 얻고 만사가 그 이치를 따르게 된다. 그러므로 "經이란 것은 사람의 註脚이다"라고 한 것이다. 註脚이라 하는 것은 글에 주해가 있는 것과 같다. 글은 주해가 아니면 분명해지지 않고, 사람은 경이 아니면 또한 사람됨을 분명히 알 수 없으니 잠시라도 떨어질 수 있겠는가?[100]

마음에 이理가 이미 내재되어 있다는 이용휴의 주장은 분명 그의 사유가 양명학의 자장을 받고 있음을 보여주는 증거이긴 하지만, 이것이 앞선 남인계 문인들의 전통적 사유에서 완전히 독립해서 나온 발언은 아님은 주의해야 한다. 마음에 대해 무한한 신뢰를 보이고 있지만, 육경을 통해 그것을 징험해 보는 과정을 생략하지는 않기 때문이다. 마음

99 李用休, 『惠寰雜著』 卷7 「抱經齋記」. "含生有血氣者衆, 獨我人一類, 爲最貴者何? 以有仁義倫常也. 仁義倫常者, 誰之語也? 天之語也. 天自語之耶? 天不自語, 有天若曰者語之. 天若曰者誰? 聖. 聖安在? 聖已往, 其語在經. 何以知其語在經? 其語在經, 其理在心, 以心驗經而知之. 蓋盡在心之理, 與經合者, 爲聖, 合多不合少者, 爲賢, 不合多合少者, 爲愚, 全不合, 則黜於我人類, 入禽畜道. 然則經者是人之券也. 失券, 則失人所當抱而守之者也. 其抱而守之也, 十二時中, 晝則無瞬息之舍, 夜又夢寐及之, 然後可謂之守矣."

100 李用休, 『惠寰雜著』 卷7 「抱經說」. "抱玉爲累, 進於是者有子孫. 抱子情也, 抱孫禮也. 然子孫亦有賢不肖焉, 然則誰可抱? 抱經哉. 抱之則百體得其職, 萬爲順其理. 故曰, 經者人之註脚. 註脚云者, 猶書之有解也. 書非解不明, 人非經亦不明爲人矣, 其可須臾離邪?"

에 대한 신뢰가 강조된다면 육경은 자연스레 수단으로서 전락하고 말 것이지만,[101] 이용휴에게 육경은 여전히 평생 몸에 지니고 놓지 말아야 할, 중요한 삶의 전범으로 규정되었다.

「포경설抱經說」에서 직접 육구연陸九淵(1139~1192)의 "六經, 皆我註脚" 구호를 가져오고 있는 부분에서는 양명학의 영향을 짐작할 수 있다. 그런데 이 언급이 육경보다도 마음의 가치를 높인 맥락에서 나온 것인 데 반해, 이용휴는 여기에 덧붙여 주각의 중요성을 밝히면서 육경 또한 없어서는 안 되는 중요한 가치를 가지고 있음을 강조하고 있다는 점에서 차이가 있다.[102]

이에 이용휴에게서 독서궁리讀書窮理는 인생에서 제일 중요한 과업[103]으로 제시되었다. 물론 여기서 독서궁리는 「포경재기抱經齋記」에서 보듯, 형이상학적 이치를 획득하기 위한 것이 아니라 삶에 대한 지침을 얻기 위한 과정이었다. 고인의 행동 하나하나를 본받는 것을 의미 있게 여겼으며[104] 충忠・효孝・열烈 등의 유가적 도리를 실행할 것을 거듭 강조

101 王陽明의 제자인 王艮은 道가 이미 밝혀졌으면 경전은 필요 없으며, 오로지 마음으로 인증하는 것이 중요하다고 강조하였다. 王艮, 『王心齋全集』 卷1 「年譜」. "經所以載道, 傳所以釋經. 經旣明, 傳不復用矣. 道旣明, 經何足用哉? 經傳之間, 印證吾心而已矣."

102 강명관(『공안파와 조선 후기 한문학』 소명출판, 2007)은 「抱經齋記」를 분석하며 "경전의 진리성은 높여 놓았지만, 사실 경전의 진리성을 보증하는 것은 나의 마음이다. 경전은 진리의 이차적 담지자가 된 것이다. (…중략…) 진리의 외재성을 인정하지 않고, 오로지 인간 주체를 강조하게 된다"(279쪽)고 지적하였다. 그러나 필자는, 「포경재기」에서 이용휴가 경전으로써 징험해 나가는 절차를 생략할 수 없는 중요한 것으로 부각시키고 있는 점을 간과해서는 안 된다고 생각한다.

103 李用休, 『惠寰雜著』 卷7 「二耕窩記」. "人墮地, 卽以口就食, 此有生後最初身計也. 然食從耕得, 此最急作用也. 第徒食而不學, 則與啄者齕者無別, 故又必讀書窮理, 此最大功課也."

104 李用休, 『惠寰雜著』 卷6 「題桐泉翁臨摹帖」. "臨摹之法, 豈惟筆家? 吾學亦有之曰, 服堯之服, 行堯之行. 曰, 夫子, 步亦步, 趍亦趍. 桐泉翁是好學而游於藝者. 故告之."; 李用休, 『惠寰

하기도 하였다. 그는 열녀전에서 다른 문인들보다도 더 경색된 논리를 펼치면서 과부가 구차히 연명하는 것보다 자결하여 열烈을 실행하는 것이 보다 더 가치 있는 삶이라고 논하기도 하였다.[105] 같은 시기 박지원이 「열녀함양박씨전烈女咸陽朴氏傳」에서 열이라는 이데올로기 아래 묻혀버린 여인들의 삶과 욕망 및 그들을 죽음으로 몰아가는 현실에 대해 비판적 시선을 드러낸 데 반해, 이용휴는 「열부유인한씨전烈婦孺人韓氏傳」에서 열녀가 죽음으로 향하는 과정을 치밀하게 그려낸 다음, 그가 일시적인 격정으로 자결을 선택한 것이 아니기에 효와 열이라는[106] 유가의 덕을 모두 훌륭히 잘 수행하였음을 칭송하였다. 이에 이용휴의 사유가 전반적인 인간 존재의 해방이나 진정성의 발견으로 향하고 있는지 좀 더 세밀하게 고찰할 필요성이 있다.

더구나 그의 사유가 양명좌파, 공안파처럼 옛 유가의 도에서 탈피하여 완전히 새로운 사유로 방향을 틀었다고 보기에는 무리가 있다. 유교의 윤리강상을 전복한 이지李贄(1527~1602)나 경서의 절대적 가치를 의심한 원굉도처럼 이용휴의 사유가 급진적이었던 것인지는 의심할 여지가 있다. 그에게서는 옛 도를 실천하는 것이 핵심적인 사유로 자

雜著』 卷7 「恥軒記」. "且我之飮食居處, 與古人同, 目視耳聽手持足行, 與古人同, 其中有未同者, 以及一藝一能, 勿論古人, 亦多不如今人者. 故然也. 余爲之改容曰, 君知恥者, 可遠恥矣. 君嘗求顔其軒, 此可顔也. 請記曰, 我亦恥君之恥者. 記爲君作, 卽自道也."

105 李用休, 『惠寰雜著』 卷6 「學生韓君暨配洪孺人合葬誌銘」. "銘曰 南陽之山, 美玉産焉. 吾次君與孺人之行, 而鐫之以質於衆. 壽而無聞, 短而可傳, 孰愈? 未亡而苟延, 損生而爲烈, 孰賢? 其必曰 然傳爲愈, 烈爲賢."

106 李用休, 『惠寰雜著』 卷12 「烈婦孺人韓氏傳」. "野史氏曰, 嫠寡之行有二, 守曰節, 殉曰烈. 蔡氏婦, 蓋烈者也, 烈有投繯剸刃, 以毁其遺體者. 蔡氏婦, 其烈而孝者也. 乃其父則言, 家每有大事, 必以訪孺人裁劃, 亡不秩然中理也. 然則蔡氏婦, 又烈而才者邪."

리 잡고 있다. 이는 우선 그 스스로 진지한 사인의식을 내재화하였기 때문이고, 또 다른 한편으로는 정주학이 지배 담론으로 군림하여 이단을 용납하지 않는 폐쇄적인 현실에서, 보다 근원적인 육경과 성현의 권위를 빌어 현실을 비판하는 것이 여전히 현명한 방법이기 때문일 것이다. 이용휴는 앞선 남인계 문인들과 마찬가지로, 공리공론空理空論에만 빠져 정작 국가의 대계와 실용에는 크게 관심이 없는 유자들에 대한 비판적인 날을 세우며[107] 옛 성현의 삶을 본받아 지행이 합치된 삶을 회복하기를 염원하였다.

근기 남인들이 표명한 상고적 세계관은, 허목 이후 영남권 문인과의 교류가 활발해지면서 영남 문단에 큰 영향을 주었다. 물론 이 지역은 퇴계 이후 주자 중심적 성리학이 주류 담론으로 형성되었다. 더구나 경신대출척庚申大黜陟 이후인 17세기 말부터는 남인계의 중앙 진출이 어렵게 됨에 따라 영남 문단은 더욱 보수화되는 것으로 알려졌다. 그들의 산문에 정치·경제적인 논의들이 줄어드는 한편, 관념적인 이기론과 사단칠정론 그리고 번쇄한 예설 및 경전장구의 주석에 치중한 내용들이 많은 비중을 차지하는 것으로 논의되었다.[108] 그러나 세부적으로 살펴보면 18세기 이후에 영남권 문인들에게서도 새로운 변화가 감지된다.

권두인權斗寅(1643~1719)·권두경權斗經(1654~1726)·이동완李東完 등은 허목을 사사하며 그의 문학과 사상을 직접 접할 수 있었으며, 이후

107 李用休, 『惠寰雜著』 卷11 「建州女眞考跋」. "當時貴顯, 若鄒元標輩, 卽建壇聚徒, 稱爲講學, 抄節語錄, 評訂句讀, 而至於國家大計, 則念未及焉 (…中略…) 區區文華聲聞, 卽無補於實用也."

108 이수건, 『嶺南學派의 形成과 展開』, 일조각, 1995, 23쪽.

권만權萬(1688~1749)・신유한申維翰 등은 허목을 사숙하면서 상고적 정신을 계승하고자 하였다.[109] 근기 남인 출신으로 상주로 이거한 이만부李萬敷 역시 허목과 함께 영남 문단에 변화를 일으킨 인물로 거론할 만하다. 그는 도학뿐 아니라 문예에 깊은 관심을 보인 인물로, 식산정사息山精舍에서 지역 문사들을 직접 교육하는 한편 이현일李玄逸・권상일權相一(1679~1759)・신유한・이광정李光庭(1674~1756) 등과 교유를 가짐으로써 이들의 사상 및 문학에 영향을 미쳤으리라 추정된다.[110]

신유한은 59세에 연천 현감이 되어 허목이 노닐던 자취를 따라가기도 하고, 허목의 옛집인 은거당恩居堂에서 매월 문사들과 학문을 강학하기도 하면서 그에 대한 깊은 존모를 드러내었다.[111] 그는 직접 허목을 뵙지는 못하였지만 허목의 상고주의 정신에 큰 공감을 표하며 이를 후대 문인들과 함께 전하겠다는 의지를 표명하였다. 신유한이 경도되었던 것은 허목의 사유뿐 아니라 문장도 포함된다. 그는 평소 자신이 호고의 벽이 있던 차에 선생의 문장을 보고는 우리나라에 이러한 고풍 있는 문장이 있다는 것에 놀라워하였다고 고백하기도 하였다.[112] 허목에 대한 경도는, 똑같은 제목의 부를 창작[113]하거나 허목의 논의를 그대로

109 이종호, 「조선 후기 영남 남인의 문학관 연구」, 『퇴계학논집』 103, 퇴계학연구원, 1999.

110 김주부, 「息山 李萬敷의 山水紀行文學 硏究」, 성균관대 박사논문, 2010, 27~60쪽 참조.

111 崔重純, 『青泉集(申維翰 著)』 卷11 「行狀」. "每月造眉叟先生舊宅, 與多士講學, 而作恩居堂記, 以寓平生景慕之忱."

112 申維翰, 『青泉集』 卷4 「觀許相國恩居堂園記」. "維翰生山南, 田壄樵青牧豎之與耦, 楚人何由識齊語. 顧以好古之癖, 篤於飲食. 甫辨音, 卽誦先生片辭零句, 得先生篆隸書, 輒櫝而珍之, 日沾沾喜曰, 鴨東人物. 自檀箕上下四千年間, 幸復見虞夏之文, 所以瓣香於先生者, 洎玆白首."

113 신유한은 「抽懷賦」란 작품을 지어 자신의 삶을 술회하였는데, 똑같은 제목의 작품이 유일하게 허목에게 있어, 신유한이 허목의 작품을 보고 지었을 것으로 추측한다.

인용하기도 하는[114] 등 신유한의 문장에서도 흔히 살펴볼 수 있다.

이광정과 권만 등은 영남권 문인으로서는 독특한 사유를 드러내기도 하였다. 이광정은 주자의 글이 학자에게 절실한 것이긴 하지만, 경서의 지류와 지엽일 뿐이라고 하며, 절대적 위치를 가지고 있는 주자의 해석에 대해 문제제기를 하였다.[115] 권만 역시 정주서程朱書 이전에 경전을 읽어야 한다고 주장하였는데, 그의 논의는 허목의 상고적 학풍에서 기원한 것으로 논해진다.[116] 이광정과 권만의 논의는 영남 문단에서 공유하고 있는 사상적 전범을 정주서에서 육경으로 교체하는 것을 시도한 것으로, 근기 남인처럼 현실에 대한 총체적인 비판 담론으로 확대되지는 못하였지만 그 가능성은 언제나 담지하고 있는 것이었다. 이들의 논의에 위기감을 느낀 퇴계학파 문인들은[117] 근기 남인의 상고적 학풍을 배척하고 주자 중심적 학풍을 다시 공고히 하는 움직임을 보이기도 하였다.[118]

---

114 신유한은 「與任正言論文書」에서 "천고의 문장은 사가를 정도로 한다. 정이 변해서 기가 되고, 기가 변해서 궤가 되니, 실로 한유에서부터 잘못이 시작되었다(千古文章, 當以史家爲正, 正變而奇, 奇變而詭, 實俑於昌黎)" 하였는데, 이 논의는 許穆의 「文學」에서 "秦漢以降, 古變而亂, 亂變而奇, 奇變而詭"를 그대로 옮긴 것이다.

115 李光庭, 『訥隱集』 卷5 「書答李景文休文昆仲」. "程朱之用功, 專在經書. 其言語文章, 見於集中者, 皆講明之旨訣, 經書之羽翼也, 則朱書於學者, 雖爲最切, 而固經書之波流枝葉也."

116 金聖鐸은 정주서 이전에 육경을 읽자는 권만의 논의가 허목에서 유래한 것이라고 하였다. 金聖鐸, 『霽山集』 卷9 「答李景文書」. "特以所主而立論者, 在於文章, 而以後世儒家文字, 平鋪冗蔓, 不如六經之古奧簡嚴, 故欲賢者姑舍朱書, 而熟讀三代以上之文, 使之刊落枝葉, 從事古雅. 此盖自許眉翁以來, 已有此論, 程朱經書訓解, 以爲非古文而不肯讀. 一甫之論, 盖亦有所來歷." 허목에 대한 권만의 존모는 「東海碑歌」에서도 확인된다.

117 이종호, 「17~18세기 안동한문학 연구–갈암학파의 독서론을 중심으로」, 『대동한문학』 9, 대동한문학회, 1997, 192쪽.

118 일례로 이만부는 李栽를 비롯한 보수적인 퇴계학파 문인들과 학문적 갈등이 고조되자, 상주를 떠나 金陵으로 이거하기도 하였다. 김주부, 「息山 李萬敷의 山水紀行文學 研究」,

한편 노론계 문사들은 근기 남인의 상고적 세계관과 달리 정주서를 통해 육경을 이해하는 방식을 고수하였다. 주자학 중심의 성리학과 김창협 이후 성립된 한구정맥론韓歐正脈論은 노론계 문인들의 정체성을 규명해 줄 만큼 강력한 자장으로 작용하였다.[119] 그러나 18세기 중후반 낙론계 인사들을 중심으로 확산되는 상고적 지향은 한구정맥론을 벗어나 진한고문론을 수용할 수 있는 배경으로 작용한 것으로 추측된다. 구체적으로는 이재李縡(1680~1746)의 학맥인 민우수閔遇洙(1694~1756), 황경원黃景源(1709~1787), 이윤영李胤永(1714~1759), 남유용南有容, 이인상李麟祥(1710~1760), 유한준兪漢雋, 김상정金相定(1722~1788)[120] 등으로 이어지는 낙론 계열 인사들에게서 호고적 성향이 두드러지게 되면서, 기존 담론에서 변화하는 흐름이 확인된다.[121]

이재는 김창협 이후 낙론의 정체성을 유지하였지만, 현실관에 있어서는 송시열의 대명의리론對明義理論을 충실히 따르면서, 여타의 노론계 문인들 중에서도 보수적인 성향을 지녔다.[122] 이재의 제자들은 북벌론

성균관대 박사논문, 2010, 38~40쪽.

119 한구정맥론에 관한 논의는 박은정, 「17c 말 18c 전기 農巖 계열 문장가들의 古文論 연구」, (한양대 박사논문, 2005)와 송혁기(『조선 후기 한문산문의 이론과 비평』, 월인, 2006) 참조.

120 金相定(1722~1788). 金長生의 6대손이며 申聖夏의 외손으로 노론계 핵심 가문에서 태어나, 승지, 대사간 등의 관직을 거쳤지만 55세에 尹若淵 옥사에 연루되어 파직된 이후 향리에서 생을 마쳤다. 金鍾正, 金鍾秀, 李敏輔, 兪漢雋 등과 교유하였다.

121 조성산은 「18세기 洛論系 學脈의 변모 양상 연구」(『역사교육』 102, 역사교육연구회, 2007)에서 18세기 낙론계 학맥의 대표적인 지류를 金元行과 閔遇洙 학맥으로 나누어 살폈다. 전자는 낙론 심성론을 발전적으로 계승하였으며, 특히 홍대용은 박지원과 함께 趙聖期·安重觀·魚用賓·金用謙·洪啓禧·任敬周·任靖周로 내려오던 낙론계 경세학의 전통을 한층 확대·발전시켰다. 金鍾厚·金鍾秀를 중심으로 하는 閔遇洙 학맥은 새로운 학문보다는 기존 노론의 신임의리와 대명의리를 주요 내용으로 하는 노론의 원칙과 의리를 여전히 중시하였다. 본서가 주목하는 남유용, 유한준, 김상정 등은 이 학맥에 포함된다.

이 쇠퇴하는 시점에서도 여전히 대명의리론을 견지하는 한편, 경제적인 여유를 바탕으로 골동서화 등에 대한 호고적 취미를 드러내었다. 역사적 차원의 고와 심미적 기준의 고가 맞물리면서[123] 이들의 전반적인 지향은 상고적인 색채를 띠게 되었다. 물론 남인계 문인들처럼 세계관 전반으로 확산되어 체계적인 논리성을 구축하거나 경학론으로 확장된 것은 아니다. 그러나 오늘날 현실에 대한 비판의 근거로 고古를 들고 이에 부합하는 삶을 살기를 촉구한다는 점에서, 표면적으로 드러나는 현상은 유사하다.

노론 청류清流를 대표하는 이인상은 대명의리만이 아니라 명분과 실제가 이원화되던 조선 사회에 대해 비판적 입장을 취하여, 정치권의 주류로 행세하던 노론 일각과 분명히 입장을 달리 하였다. 그는 당대의 주류가 아니라 소수자였고 당시의 통념으로 볼 때 오활한 유생으로 18세기 조선의 추세에 부합한 인물이 아니라 오히려 시류에 역행한 인물로 논해진다. 그는 선진先秦 시대 이전의 도道를 삶의 기준으로 삼았으며, 고문古文과 고동古董에 대한 깊은 애호를 드러내었다.[124]

남유용, 김상정, 유한준 등은 예술에 국한되지 않고 현실과의 관련선상에서 古의 가치를 더욱 적극적으로 피력하고자 하였다. 남유용은 상층 사대부의 아취雅趣 문화의 한가운데에 있던 인물로 옛 서화에 대한 기호가 높았다.[125] 그러면서도 단순히 취향의 차원에서 고古를 이해하

122 위의 글, 73~75쪽.

123 김수진, 「凌壺觀 李麟祥 문학 연구」, 서울대 박사논문, 2012, 109~130쪽.

124 위의 글, 60~79쪽.

125 오주학, 「雷淵 南有容의 문예활동과 "趣"의 구현 양상」, 『동방한문학』 54, 동방한문학회, 2013.

는 세태를 비판하고 호고好古를 확대해 고인의 마음을 따르는 것을 중요한 과제로 부각시켰다.[126] 김상정 또한 옛것을 좋아하되 이를 정치에 반영하는 것을 중요한 가치로 여기기도 하였다.[127]

유한준은 노론계 인사 중 어느 누구보다도 강한 상고의식을 견지한 인물이다. 그는 「자아自我」에서 자신이 삶의 지향을 시종일관 고인에 두고 있기에, 주위에서 오활하다고 비웃음을 사게 되었지만, 자신은 이러한 태도를 수정할 뜻이 전혀 없다고 노래하였다.[128] 또 그는 당대의 사회현실에 대한 비판의 근거로 이상적인 상고세계를 자주 끌어오곤 하였다. 「별호설別號說」에서는 별호를 많이 쓰는 풍조를 비판하면서 이는 상고적에는 존재하지 않던 풍속으로, 당대唐代 이후에 조금씩 생겨나기 시작해 명청 대에 와서 성행한 것이라 지적하였다. 이에 특별한 미덕이 없는 자까지 별호를 남발하고 있다며, 자신은 평생 쓰지 않겠다고 다짐하기도 하였다.[129] 「여혹인서與或人書」에서는 옛날 성인이 주색酒色에 대해서 절제한 사례들을 나열하면서 주색에 빠진 친구들에게 격앙된 목소리로 경계하였다.[130]

---

126 南有容, 『雷淵集』 卷5 「禮安宰金成仲索別詩, 書此贈之, 金好古者也」. "今古皆幻跡, 是心無古今. 常怪好古人, 循跡不求心. 金子眞好古, 冲澹太初襟. 賢愚與俱化, 沛然如瑟琴. 是道宜長民, 今往吾其占. 況玆先正鄕, 善俗有磨漸. 童孺服詩書, 男女力耕蠶. 斯民實易使, 誘掖因所諳. 君去但淸淨, 嘯歌不動簾. 公門靜如水, 鳴吠達窮閻. 每語稱先正, 莫以異政參. 几案屛奇僻, 眞樸尊民瞻. 古道不外是, 一釋宋人慙."

127 金相定, 『石堂遺稿』 卷2 「贈谷山府使序」. "吾友定夫, 美而文, 好古而達於爲政."

128 兪漢雋, 『自著』 卷4 「自我」. "自我視古人, 鄙之於晉宋. 少頗欲有爲, 務爲名實綜. 未解治家豬, 妄擬追山䑸. 方洋事之外, 未能得其統. 世人笑其愚, 爾胸何雺雺. 愈笑愈益愚, 不恨不見用."

129 兪漢雋, 『自著』 卷27 「別號說」. "自夫世敝於彌文而別號起, 漢猶古矣. 唐稍稍, 宋明濫觴, 其弊東來而至我國益盛焉, 人人皆有別號 (…中略…) 余盖甚惡之, 故平生未嘗自爲別號, 人或有勸者, 亦不聽. 盖以爲不惟非古, 意亡所託耳."

물론 이러한 상고적 세계관은 유가적 사유의 핵심 중 하나로, 상고 시대의 삶을 준거로 현실을 비판하는 논조는 조선 시대 문인들에게서 어렵지 않게 확인된다. 그러나 같은 시기 노론계 문인들 가운데 박지원, 홍대용 등이 급변하는 사회 속에 새로운 사유를 지향하였던 것을 상기해 본다면, 이들의 지향은 그 방향성이 상이함을 알 수 있다.

이상에서 살펴본 것처럼, 그 기저에 위치한 사유를 동일한 선상에서 논할 수는 없겠지만, 현상적으로 살펴보았을 때 18세기에 남인계뿐 아니라 낙론계 문인 일부에서 상고적 지향이 확대되는 것을 확인할 수 있었다. '고古'에 가치를 두고 이에 회귀할 것을 소망하는 사유 구조는 문학에도 반영되어, 보다 옛 글인 선진양한 시대의 글을 이상적 전범으로 설정하고 이를 학습하자는 논의를 제출하게 된 배경으로 작용하였다.

130 박경남, 「兪漢雋의 道文分離論과 散文세계」, 서울대 박사논문, 2009, 134~143쪽 참조.

4. 중화계승론中華繼承論의 대두 및 전후칠자前後七子와의 동질감

18세기에 전후칠자가 조선 문단에서 가졌던 입지는 여전히 사라지지 않았으며, 어떤 경우에는 오히려 더 확대되는 국면을 보이기도 하였다. 이들에 대한 선호는 진한고문론이 조선 후기까지 존속할 수 있게 한 배경 중 하나로 이해된다. 조선 문인들은 중화계승 의식하에 전후칠자의 문학을 높이 평가하기도 하였으며, 그들이 처했던 시대상과 현실 인식에 동감을 표하기도 하였다.

17세기 말부터 청나라의 중국 지배가 안정을 찾아가자 북벌에 대한 논의는 점차 실효성을 잃게 되었다. 북벌론을 포함한 중화회복 의식은 명나라의 회복을 통해 동아시아 중화질서를 복구하고자 하는 정치적 의미를 내포하고 있었다. 따라서 그것이 포기된 후에 중화 관념은 문화적 차원에서 논의될 수밖에 없었다. 이제 보다 중요해진 문제는 중화의 제도와 문물을 보존하는 것이었다.[131]

이러한 시점에서 전후칠자가 조선 문단에 가지는 상징적 의미는 특별했다. 중화계승론과 전후칠자와의 관련성은 1772년, 1773년 집경당集慶堂에서 『엄주집弇州集』을 강독한 사례에서도 확인할 수 있다. 당시 이현석李玄錫(1647~1703)의 『명사강목明史綱目』을 조정에서 직접 중간重刊하는 일과 관련하여 명대를 대표할 수 있는 문인으로서 왕세정의 문집

131 허태용, 『조선 후기 중화론과 역사인식』, 아카넷, 2009, 117쪽.

을 읽었던 것으로 판단된다.[132] 『명사강목』의 중간은 조선만이 명나라 역사서를 편찬할 수 있다는 의식하에 시도된 것으로[133] 이와 함께 왕세정의 문집을 강독하였던 것은 명나라 최고 문인이라는 국가적 공인과 그 흠모를 의미한다.[134] 임금이 공식적인 자리에서 경서와 성리학서를 제외한 개인 문집을 신하들과 함께 강독한 것은 찾아보기 어려운 일이다. 더욱이 영조 말년에는 성리학적 세계관을 정착시키기 위해 그와 관련된 서적을 읽었던 것이 일반적이었기에[135] 『엄주집』 강독은 그야말로 이례적인 것이라 할 수 있다. 이러한 현상은 18세기 이후에 전후칠자의 문학이 배척된 것이 아니라, 국가적인 차원에서 다시 조명되고 있음을 보여준다.

숭명배청, 중화계승 의식과 함께 전후칠자에 대한 존모가 맞물리는 현상은, 일반 문인들의 사례에서도 살펴볼 수 있다. 신유한은 일본으로 사신을 가면서 자신을 한漢나라 사신으로 자처하고 조선의 임금을 하夏나라 왕이라 칭하면서[136] 조선이 중국의 문명을 이어받은 곳임을 강조

132 『承政院日記』 英祖 48年 1月 26·27日; 49年 3月 18日.

133 정통론에 입각한 명나라 역사서는 17세기 말부터 편찬되기 시작하였다. 이러한 현상의 배경에는 조선만이 명나라 역사서를 편찬할 수 있다는 자존적 자기 인식, 즉 중화계승의식이 내재하고 있었다. 18세기 중엽 이후에는 중화계승 의식이 더욱 강화되어나가 明史를 편찬하는 작업이 좀 더 국가적인 차원으로 수렴되었다. 허태용, 앞의 책, 142·194쪽 참조.

134 1773년에는 영조는 명대 문인 중에 누가 가장 뛰어난가를 물었고, 元仁孫은 왕세정을 들며 명대뿐 아니라 六朝 이후 최고의 작가라고 답하였다(『承政院日記』 英祖 49年 8月 10日 "上曰 (…中略…) 皇朝文章, 誰爲最奇? 仁孫曰, 李攀龍之文最奇. 方孝孺之文, 源於義理, 而若以文章大家論之, 則劉宋之後, 王世貞最優矣"). 원인손은 신유한의 제자인 元景夏의 아들로, 왕세정에 대한 경모가 신유한을 통해 전수되었을 가능성이 있다.

135 정경희, 「英祖 後半期(1749~1776) 經筵과 英祖의 義理論 강화」, 『역사학보』 162, 역사학회, 1999.

136 申維翰, 『海游錄』, 6月 6日 丁未. "南通漢使遠, 東漸夏王賢."

하였다. 연행을 떠나는 벗에게는, 중국의 백성들에게 청에 대한 분노를 격발시키는 것을 부탁하는 등[137] 청이 지배하는 중국을 인정하지 않는 태도를 보였다. 행장에 의하면 신유한은 연행의 서장관으로 임명된 적도 있으나 스스로 사양하였다고 한다. 흥미로운 것은 그 이유이다. 바로 이반룡 등 전후칠자와 같은 문인이 더 이상 중국에 없는 상황에서 누구와 함께 문예를 교류할 수 있겠냐는 것이다.[138]

반청의식과 전후칠자에 대한 향수를 같은 맥락 안에서 전개하는 것이 신유한만의 특별한 논의가 아니라는 사실은 다음 세대인 이헌경李獻慶(1719~1791)에게서 확인된다. 1782년에 연행을 떠났던 홍수보洪秀輔(1723~1800)가 청의 조정에서 시로 문명文名을 크게 떨쳤으나 돌아와 연행록을 지을 때 이 사실이 부끄러워 그 시를 빼버리고 기록하지 않은 일이 있었다. 이헌경은 홍수보의 수치심에 공감하며 황명 시대를 만나 왕세정, 이반룡과 함께 시를 나누지 못한 안타까움을 토로하였다.[139] 이처럼 전후칠자의 문학은 18세기 문인들에게, 동문同文의식을 형성하며 조선과 중국이 문예를 교류하였던 16세기의 풍정風情을 연상하게 하였다.

137 申維翰, 『青泉集』 卷4 「送李東望杜泰之燕序」. "勉之矣, 燕都故帝京也. 土風多感慨聲. 子其摩金臺而集於市, 如遇擊筑者, 卽以我語呼之, 一呼而不應, 二呼而不應, 三出而歌曰, 秋風酸易水寒. 彼都人士, 脩劒如竿, 函中圖血, 糢糊咄嗟. 慶卿竪子魂有無, 歌竟, 彼必有聞其聲而泣數行下者."

138 崔重純, 『青泉集(申維翰 著)』 卷11 「行狀」. "吾生不逢皇明盛際, 與濟南諸子下上千古. 今天下氈裘, 而奎璧淪喪. 是猶資章甫而遊於文身之俗, 誰與唱酬者."

139 李獻慶, 『艮翁集』 卷21 「含翠洪侍郎君擇出塞錄跋」. "惜乎, 不出於皇明盛時, 與弇雪諸名勝往復取質, 馳聲譽於中朝, 而直以牽强漫應之作, 見賞於氈裘之庭, 緣途歌吟則不過爲忼慨不平之音而已, 不得媲於正風正雅而其變者乎."

황명에 이르러 七曜가 다시 빛나기 시작했다. 高皇帝가 시서예악으로 천하를 다스리자 천하가 울창하게 주나라의 문장을 지었다. 이몽양, 이반룡, 왕세정, 汪道昆과 같이 문장에 뛰어난 인물들이 산처럼 서있고 별처럼 줄지어 나왔다. 우리나라 사람들은 아직까지도 그들의 문장을 아름다운 보석처럼 귀중하게 여긴다. 당시에 중국 사신이 우리나라에 와서 은총을 내려주고 우리에게 명성을 미쳐, 陽阿를 노래하면 采菱으로 답하여 우리나라 현인들이 同文의 교화를 입었다. 한마디 시구가 帝京에까지 빛나게 하여 그 시가 사람들의 입에 오르내리고, 그 자취가 국승에 기재되었다.

그러나 甲申年 명이 망한 이후 100여 년간 이 일은 마침내 폐해졌다. 선왕이 제정한 예를 폐기하고 천하의 의관을 없앴으며, 높은 수준의 문장을 대하기를, 中行說이 한나라 비단과 솜옷을 입고 풀과 가시밭을 지나가게 한 것처럼 하였다. 이렇게 해서, 천하 사람들로 하여금 책을 읽지 못하게 하였음을 알 수 있다. 하루는 내가 중국 사신의 전대를 뒤져, 尤侗, 王晫, 冒襄, 沙起雲, 黃九烟 무리의 시문집을 얻었는데, 이들은 藝林 중 뛰어난 자라지만, 그 문장은 귀뚜라미의 울음, 하루살이의 날개, 반딧불의 빛이 음침하고 어두컴컴하여 自生自滅하는 것이나 다름없었다. 그러니 正德, 嘉靖 연간의 군자들이 징과 북을 가지고 공격할 것은 말할 것도 없는데, 金과 元의 수준에도 미치지 못하는 것은 어째서인가. 올빼미가 다투면 봉황이 숨으니, 저들이 백성에게 무젖게 하는 습성이, 武에 있지 文에 있지 않기 때문이다.

(…중략…) 오늘날 斯文은 운명이 다하였다. 오직 우리나라만이 箕子의 가르침을 가지고 있어, 큰 덕이 사라지지 않고 있다. 문장을 하는 자는 주나라를 이어받고, 사람들은 『시경』을 자랑하고 집집마다 『서경』을 익힌다. 저술에는 옛 법도가 자못 있어, 중국이 망한 것과는 같지 않으니, 저들이 필시

얼굴을 붉히며 부끄러워하며 한탄하며 古로 돌아갈 것을 생각할 것이다.[140]

이 글에서도 신유한은 조선 문인이 동문의 교화를 입었던 지난 시절에 대해 무한한 그리움을 표하였다. 전후칠자가 활약한 시대는 바로 명의 전성기로, 전후칠자의 복고적 경향의 산문은 곧 황명 시대가 옛 주나라의 도를 회복하였던 것을 상징적으로 보여주는 것이나 다름없었다. 따라서 전후칠자에 대한 향수는 성대하였던 명에 대한, 더 나아가 성대하였던 상고 시대에 대한 향수를 의미한다.

반면 전후칠자 이후 나약한 청대 문장은 상고와의 연결고리가 사라진, 바로 쇠약한 시대를 상징하는 것이었다. 하지만 청과 달리 조선은 옛 법도를 가진 문장을 가지고 있기에 분명 중화를 계승할 만한 단서를 지니고 있다는 희망을 신유한은 품었다. 즉 황명의 문장이 상고의 도를 회복한 상징이듯 조선의 문장은 황명의 도를 회복할 수 있는 상징이 된다는 논리이다.

그에게 '중화'는 중국이라는 현실적 공간이 아니라, 바로 옛 '도와 문

140 申維翰, 『靑泉集』 卷4 「送趙太史赴燕序」. "式至皇明, 七曜更始, 高皇帝以詩書禮樂治天下, 天下蔚然爲周之文也. 文章鉅公, 若北地濟南瑯琊新安, 岳立星羅, 東人之貨其文者, 至今如琅玕月貝. 當其時, 使華之東來, 而寵光我, 聲施我, 陽阿倡而采菱和, 暨我邦羣賢衣被同文之化. 用片辭而揚光耀於帝京者, 其詩在人口, 其蹟在國乘. 自甲申蕩革以來百有餘年, 此事遂廢, 撥棄先王制禮, 陵夷天下冠裳. 其視文章聲藝, 如中行說用漢錦絮馳草棘中. 若是而使天下不讀書, 可知已. 日吾捃拾於西使橐裝, 得所謂尤侗王晫冒襄沙起雲黃九烟之流詩文梓集. 彼自藝林中翹楚, 而均之爲蟋蟀之音, 蜉蝣之羽, 熠燿之光, 以陰以夜, 自生自滅. 卽亡論正嘉諸君子執金鼓而攻之, 所不容於完顔鐵木之世何也? 鴟梟競則鳳凰隱, 彼其習尙之漸民, 在武力而不在文故也 (…中略…) 今世斯文剝盡矣. 獨吾鴨綠以東, 箕聖之敎, 碩果不食. 操觚者, 祖述姬周, 人矜二雅, 戶習五誥. 所著作頗有古法度, 不如諸夏之亡也, 彼必赧然而恥, 愾焉思所以反於古."

명'이 실재하는 공간으로 치환된다. 여기에는 옛 도와 문명에 대한 강렬한 회복 의지가 전제되어 있기에 신유한은 심지어 청이 오랑캐이긴 하지만, 왕수인王守仁과 설선薛瑄의 도학道學과 이몽양, 왕세정의 문장이 있다면 그들 역시 중화가 될 수 있다는 언급하기도 하였다.[141] 이처럼 조선 문단에서 18세기 이후로도 전후칠자가 지속적인 호응을 일으켰던 것은 그들의 기굴한 문장이 성대한 황명 시대와 옛 상고 시대를 연상시키는 요소가 있었기 때문이다. 중화계승론이 고조되는 시점에서 전후칠자가 주장하였던, '상고 시대의 도와 문장의 회복'이 다시금 설득력을 확보하게 된 것이다.

이 같은 중화계승론은 18세기 이후 영남 문인 일반에게서 확인할 수 있다. 이 시기 영남에서는 다른 어느 지역보다 악부시 창작이 활발하였는데, 이들 작품에는 숭명사상을 드러내는 작품이 많은 비중을 차지하고 있다.[142] 이와 함께 뒤늦게 진한고문 및 전후칠자에 대한 경도가 강해지는 현상도 맞물려 나타나, 숭명사상과 고시古詩, 고문古文은 이 시기 영남 문단의 특수성을 규명해 줄 만한 주요한 키워드가 된다.

신유한의 제자이기도 한 안인일安仁一(1736~1806)은 세상에서는 '이고泥古'를 큰 병통이라고 하지만, 진한의 글은 삼대에 근거하였기에 좋고, 당송의 글은 양경兩京에 근거하였기에 좋으며, 우리 동방의 전성기 때 문장은 가륭嘉隆 연간에 근거하였기에 좋다고 하며[143] 전후칠자의 문장을

141 申維翰, 『青泉集』 卷4 「奉贐任書狀赴燕序」. "又訪於中州之士, 道學如王文成薛文淸, 文章如李空同王弇山者在, 卽又宣言曰, 皇明之敎, 尙不改爾, 無傷乎椎髻也."

142 대표적으로 盧德奎, 朴致馥, 姜璲桓의 악부시에서 숭명의식을 찾아볼 수 있다. 이들의 악부시에는 大報壇이나 임진왜란 때 조선에 출정한 명나라 장수 楊經理와 관련된 시가 많이 포함되어 있다.

조선 문장에 있어 이상적인 전범으로 부각시켰다. 19세기 이후에도 영남 지역에서는 왕세정에 대한 애호가 사그라지지 않고 오히려 고조되었다. 신홍원申弘遠(1787~1856)[144]은 왕세정의 문장에 대해서 "문체가 모두 갖추어지고 쓰임이 모두 주밀하여 조화옹이 토하지 못한 것, 고금에서 발하지 못한 것과 백가들이 말하지 못한 것으로 뱉어내어 책으로 만들었다"[145]라고 극찬하였다. 20세기를 맞이하는 시점에서도 황명皇明의 은혜를 잊을 수 없다던[146] 허훈許薰(1836~1907) 역시 전후칠자에 많은 경도를 보여 그 문장이 이몽양・왕세정에 비견되기도 하였다.[147] 그는 『엄주문초弇州文抄』에 대한 서문에서 왕세정의 문장에 대하여 높게 평가하며, 전겸익이 왕세정을 비판한 것은 호승지심好勝之心에서 나온 경솔한 논의라고 지적하였다.[148] 이처럼 구한 말까지 영남 지역에서 왕세정에 대한 애

143 安仁一, 『竹北集』 卷3 「與申淸道」. "世之爲詩文者, 未嘗不以泥古爲病. 蓋詩文之生, 固古矣. 文鼻祖於禹貢, 詩胚胎於商頌, 而秦漢泥於三代, 故其文好, 唐宋泥於兩京, 故其文又好, 而吾東方其盛時之文, 終是泥於嘉隆, 故亦可謂好也."

144 자는 穉亨, 호는 石洲이다. 본관은 平山이고, 靑松에 거주하였다. 李野淳의 문하에서 수학하였으며, 柳致明, 許傳, 李忠立, 柳致皓, 徐善膺 등과 교유하였다. 신유한과 왕세정 문학에 크게 경모를 표하였으며, 스스로도 「瘞落牙」, 「漂疹瓠文」, 「東家傭者」, 「傭者對」 등 문예적인 성향이 돋보이는 작품과 「古今文評」, 「書靑泉海游錄後」 등 산문 비평적 관점에서 저술한 작품을 남겼다. 저서 『石洲文集』이 남아 있다.

145 申弘遠, 『石洲集』 卷8 「讀弇山稿跋」. "如江海汪洋, 百靈鼓舞, 不覺惘然自失, 蓋其文, 上自代繩, 下窮掌故, 體無不具, 用無不周, 吐出造化所不能吐, 古今所不能發, 百氏所不能言, 蓄而爲卷."

146 許薰, 『舫山集』 卷15 「續通鑑序」. "矧玆皇明之於我邦, 三皇帝之恩, 如天地之覆幬, 至今東民之所感戴, 而紅羅屋社, 赤縣蒙塵, 北望興吁, 彝情攸同, 則是書之略於元, 而詳於明, 非特嚴正閏之分而已, 發於匪風下泉之思者, 安得不爾耶?"

147 張志淵, 『韋庵文稿』 卷3 「上舫山先生」. "惟先生之文, 渢渢然有大雅之音, 力袪腐俗, 務回古道, 追韓蘇之軌範, 奪崆弇之胎骨, 門戶之正, 力量之宏, 惟先生一人而已."

148 許薰, 『舫山集』 卷15 「弇州文抄序」. "其文漭宕奇崛, 博大滈深, 具衆體役萬象, 如列禦御風, 輪扁斲輪, 瞿曇顯法, 淮陰用兵, 惟意所行, 變幻不可窮. 是其執鞭弭駕, 上駟所稅駕者, 戰國

호가 지속되었던 것은 이 지역 문단의 특징적인 면모 중 하나이다.

노론계 문단의 일각에서도 18세기 무렵 전후칠자에 대한 애호가 다시 높아지는 국면이 확인된다. 김창협, 이의현 등 한구정맥론을 확립시켰던 노론계 문사들은 전후칠자의 문학을 그들의 문학론의 대립항으로 설정하고, 모방・표절에 대한 비판을 쏟아냈으며, 이러한 의식은 18・19세기 박지원, 홍석주 등에 이르기까지 지속되었다.

하지만 남유용, 유한준, 김상정 등은 이와는 다른 양상을 보인다. 남유용의 문장은 전후칠자와 유사한 문체를 가진 것으로 평가받았으며,[149] 오원吳瑗(1700~1740)과 김종후金鍾厚(1721~1780), 김상정 등은 노론계에서는 이례적으로 전후칠자의 시에 차운하는 작품을 상당수 창작하였다.[150] 유한준은 자신이 진한고문과 당송고문뿐 아니라 이반룡과 왕세정까지를 모두 탐독하였음을 고백하기도 하였다.[151] 명시적인 연결고리를 찾긴 어렵지만 이들이 노론계 문인들 중에서도 대명의리와 신임의리를

乎二京乎, 唐乎宋乎 (…中略…) 獨錢受之力訾元美之不已. 意其人以文章自高, 欲廢元美而出其上乎, 然受之之文, 體格則纖而碎, 音節則噍而數. 及至晩年, 筆力與名節俱頹, 輕議元美, 同歸於夜郎王之孰與漢大, 不思之甚也."

149 李天輔, 『晉菴集』「答黃大卿」. "德哉好爲西京, 故其文間有如王李者, 是則非學王李也. 與王李同其學也, 然德哉之學西京 何嘗切切摸擬如王李輩而已哉."

150 오원(「淸節祠次李于鱗韻」・「臘日拈弇山韻, 與洛叟共賦」・「岸翁來尋, 拈大復韻共賦」・「吉哉兄弟來訪夜飮, 命童子拈滄溟韻」・「以白雪樓分韻得白字, 又賦新闋」・「與宜叔德哉, 會于李子安家. 看梅小飮, 用弇山韻各賦, 是夕微雪」); 김종후(「淡簡溫齋小飮, 拈滄溟韻」); 김상정(「愛堂秋夜, 拈空同韻」・「林堂留金聖文炇, 兩拈空同韻」・「仲冬三日, 元博叔, 舜咨, 容甫, 鎭大卜夜來會, 亂拈明韻, 各賦四篇」・「族兄敬立冒雨來過, 拈弇州韻共賦」)

151 兪漢雋, 『自著』卷27「右闇問數」. "鍊句琢字, 約章博篇, 創胸肇臆, 充喉溢唅, 劌心怵目, 熱頬寒胆. 汗屈僵宋, 顚揚走馬, 皁誼隷向, 駕遷軼固, 苞韓孕柳, 絡曾鉗王, 藩歐籬蘇, 嬰弇孩滄, 腋武脚陵, 靡書摩劉, 掀李撼杜, 哺島乳郊, 簸陶舂謝, 糠秦粃黃. 有不學, 學則必嚌其胾, 有不能, 能則必造其堂, 有不爲, 爲則驚動二氣之幽陰, 有不知, 知則經緯六合之窅荒."

끝까지 고수하였던 것을 상기시켜 볼 때, 이들의 보수적 현실관은 전후 칠자에 대한 경도를 설명할 수 있는 단서 중 하나로 이해된다.[152]

이상의 노론계와 영남 문인들과는 달리, 남인 계열에서 숭명배청이나 중화계승과 관련된 담론은 찾아보기 힘들다. 현실에 부합하는 경세관을

---

152 北伐論은 송시열 이후 노론계 문인들 사이에서 주요한 담론으로 계승되었지만, 18세기에 점차 북벌론이 실현가능성이 희박하다는 것을 인식하게 되자, 노론계 문인들 중에서도 조정 관료들을 중심으로 대명의리를 관념적으로 수용하는 한편 현실적인 외교관계를 구축할 것을 촉구하는 논의가 대두하였다. 이런 상황에서도 李縡, 韓元震, 尹鳳九 등 산림들은 북벌론을 근본적인 입장에서 완전히 포기하지 못하였다. 이들의 논의는 노론 峻論, 淸流계 문인들에게 전승되었다. 18세기 후반에는 주지하다시피 洪大容 · 朴趾源 등 노론 낙론계를 중심으로 관념적인 대명의리를 극복하고 청의 선진 문물을 배우려는 북학론이 대두하게 되었다. 그럼에도 같은 시기 유한준과 김상정 등은 이전 시기 청류계 문인들의 대명의식을 끝까지 견지해 나갔다. 특히 유한준은 자신의 고조인 兪棨에게서 강경한 반청의식을 계승하였다. 그는 명대 유민과 유물에 대하여 무한한 충정과 비애를 드러내기도 하였으며 姜弘立과 柳馨遠의 일생을 재구하여 그들이 보였던 명에 대한 절개를 다시금 부각시키기도 하였다(「呂晩村詩錄序」·「明顯皇帝御書氷壺玉藻帖跋」·「大明桃詩跋」·「大明遺民胡公墓誌銘」·「大明提督李公立主記」·「洪學士母夫人李氏筆蹟記」·「柳馨遠傳」). 그는 춘추의 의리에 관해 논하고 명 神宗에 관해서 이야기 하면 크게 비웃으며 오활하다고 여기는 당시의 세태를 안타까워하고(「大明遺民胡公墓誌銘」, "今士大夫談春秋誦顯皇帝, 人莫不大笑以爲迂, 孰知胡氏爲可貴哉"), 오늘날 사람들이 명나라에 큰 은혜를 입은 것을 잊고 살아가고 있음을 비판하였다. 그는 청나라가 천지의 極變이자 고금의 逆德으로 반드시 멸망해야 한다고 생각하였으며, 이를 주도할 자는 바로 우리 조선이라고 인식하였다(「書尹子仁明戶歌」, "其於爲天地之極變, 古今之逆德, 而宜於亡淸與秦一耳. 楚旣亡秦矣, 淸之亡, 其將孰亡之哉, 非吾鮮乎!"). 김상정은 유한준보다는 청나라에 대한 정보에 민감하였지만 당시 정국을 조망하면서 앞으로 곧 멸망할 징조가 나타나고 있다고 판단하였다. 또 조선이 수치를 무릅쓰고 청을 받드는 것은 종사를 받들고 있기 때문으로 앞으로 청 멸망을 대비하여 마음의 준비를 할 것을 주장하기도 하였다(金相定, 『石堂遺稿』 卷1 「桃榭問答」. "客問於主人曰, 子聞燕事否? 主人曰, 唯. 願得其詳. 客曰, 其主荒, 其大臣貪佞, 水旱頻仍, 盜賊竊發, 西胡耽耽, 苗蠻橫行, 天下之省十三, 今失其七. 師徒熸於疆埸, 徵括及於遼瀋, 傳說之大槩如是矣. 主人曰, 唯, 危乎殆哉岌岌乎. 客曰, 其遂亡乎? 主人曰, 唯, 其亡矣. 不於其身則必於其子矣, 奚爲知其然也? (…中略…) 曰, 我國素以禮義著於天下, 今也中國三嬗, 而我輒奉表而隨之, 豈不爲海東諸國之羞耶? 曰, 不然. 皇明有大德於我, 而我不能死者, 誠以宗社爲重也").

추구하였던 허목은 북벌의 허구성과 공론성을 비판하고, 민생의 안정을 중시하여 송시열에 대응하였다. 그는 1676년 연행을 떠나는 오정위吳挺緯(1616~1692)에게 중국이 오랑캐 땅이 되었지만 그래도 성교聖教와 예악禮樂의 유풍이 남아 있으므로 풍속을 널리 관찰하는 사신의 임무를 잊지 말라고 당부하기도 하였다.[153] 허목이 회복하고자 하였던 것은 명의 국권보다는 옛 상고 시대의 도와 제도에 가까웠다.

18세기 근기 남인의 대청의식 역시 허목과 크게 다르지 않았다. 이용휴는 사행을 가는 상대에게 넓은 세상을 유람하고 오라며 경쾌한 시선으로 격려할 뿐, 어떤 적개심이나 수치감을 노출하지는 않았다.[154] 연경이 상고 시대와 명나라의 문풍이 남아 있는 곳이라는 인식은 있지만, 그 단절에 대한 울분이나 극복의지는 찾아 볼 수 없다.[155] 명에 대해 막연한 향수를 표하기보다는 명의 역사를 객관적으로 인식하고[156] 명이 망하게 된 것은 이미 그 내부에서 폐단이 축적되었기 때문이라고 진단하였다.[157]

153 許穆, 『記言』 卷47 「送吳判書使燕京序」. "今中原陸沈爲夷奴, 然碣石衡漳, 經紀冀北之地, 禹貢岐梁之墟, 有聲教禮樂遺風. 況傳說崇禎近事, 當時耆艾父老猶在. 至此言使事, 良爲慨然. 博覽風俗土着, 行國山川, 道里遐遠, 皆使者職也. 古之人有圖畫以上, 享禮束帛加璧, 遠矣, 圖事命使, 其責任之重, 屬在大夫, 大夫其勉之."

154 「送洪大夫使燕序」·「送吳學士赴燕序」·「送樊巖蔡尙書赴燕序」.

155 李用休, 『惠寰雜著』 卷7 「送吳學士赴燕序」. "稍長讀皇明史, 至文皇帝定鼎燕京, 其形勝風氣, 旣冠萬宇, 聲容文物, 又軼漢唐而比三古, 自是常有西夢矣. 今聞吾友吳學士之使燕, 爲之喜動色也. 士之生左海而聘上國者, 可歷數也. 而學士之家用文學, 三選行人, 造物者於吳氏, 似若有加數異禮焉. 且人旣無由天上遊, 則遊古聖帝明王之都, 足矣."

156 李用休, 『惠寰雜著』 卷11 「駁董穀語」. "明海塩人董穀云, 本朝超越前代者七事, 椒房不預廷事, 內廷甚正, 一也, 驅逐夷狄, 大限甚明, 二也, 以一元紀世, 無變更之心, 三也, 多士一心, 無朋黨, 四也, 不甚避諱, 士風稍古, 五也, 臣下不敢專擅殺戮, 人恃無恐, 六也, 一革官妓, 無寄猳之醜, 七也. 噫! 是急欲張飾昭代以駕往昔, 而言不知審, 惜哉!"

157 李用休, 『惠寰雜著』 卷7 「題明史總綱後」. "余閱此書, 至毅宗七年甲戌令朝覲官投冊內監, 卽止不觀曰, 綱先頹矣, 目隨壞矣, 防已踰矣, 世將易矣, 天下之變, 有不可言者矣."

앞서 살펴보았듯이 홍수보가 연행을 다녀온 뒤 청 조정에서 지은 시를 숨겼던 일을 가지고 이헌경은 그의 수치에 크게 공감을 표하였지만, 정범조가 똑같은 상황을 두고 당시 사대부들의 대청의식의 모순성을 비판하는 등 상반된 입장을 제출한 것을 보면, 이헌경의 논의가 남인 일반을 대표할 수 없음을 알 수 있다.[158] 물론 청에 대한 적개심은 국가적 차원의 것이기에 조정에 진출한 남인계 인사들은 숭명배청 의식을 표하기도 하였다. 대표적으로 채제공은 「함인록含忍錄」에서 분노를 참고 오랑캐의 나라에 다녀온 심경을 표출하였지만, 이는 사적이기보다는 국가적 차원의 감정 표현으로 보아야 할 것이다.

근기 남인 계열에서는 명말 문세가 하락하였다면서 망국의 책임을 명말 문인에게 돌리는 의식을 보이기도 하였다. 정범조는 「우산문초서虞山文抄序」에서 전겸익이 이몽양, 왕세정 문학을 비판한 것을 두고, 전겸익의 문장은 체제가 가녀리고 자잘하며 음절은 다급하여 이 두 사람에 비견할 것이 못 되는 데다가 쇠퇴한 말류의 기상을 면하지 못하였다고 지적하였다.[159] 김창협, 홍봉조洪鳳祚(1680~1760), 이희지李喜之(1681~1722), 유만주兪萬

158 丁範祖, 『海左集』 卷19 「洪侍郎君擇燕行錄序」. "獨怪夫我東士大夫入其庭, 屈拜稱臣, 退而相鄙夷之已甚, 語習俗則僇之爲犬羊, 評文執則絀之爲侏離. 彼方敬重我, 無或以非禮加, 而外若不足爲喜者, 無亦夸言無當, 而見笑於後世也哉!" 정범조는 기수론적 역사의식을 천명하며, 청의 지배를 객관적으로 수용하는 자세를 보이기도 하였다. 그는 남인 계열에서 상고적 세계관을 극복하는 인물로 거론되기도 하였다. 박무영, 「해좌 정범조의 기수론적 문학관」, 『한국한문학연구』 19, 한국한문학회, 335쪽 참조.

159 丁範祖, 『海左集』 卷19 「虞山文抄序」. "雖然, 無奈乎力量才氣, 固不及獻吉元美, 而運世升降, 又從而局之, 故其所謂壇坫機籥者, 譬如爲宮室, 弗襲阿房建章, 而創爲新巧, 則使一迷樓而已. 以故其文, 體裁則纖而碎, 音節則嘸而數, 不免衰末氣像, 而其明亡後所作, 尤潦倒不振, 披猖自恣, 佛典仙經怪幻不經之說, 兜攬成章, 類不讀聖賢書者. 豈其晩年筆力與名節, 俱頹而然歟! 彼不知獻吉元美莽宕奇崛之氣, 汪洋博大之體, 非末學後生所敢輕議, 而徒見其模擬勦襲之病近於僞, 故創之已甚, 矯之太過, 而不自覺其蜩鷽之騰躍不過尋丈, 而仰笑圖南之鵬耳."

柱(1755~1788) 등 노론계 문인들이 전겸익에 깊은 호감을 표하였던 것과는 다른 방향이었다.[160] 채제공도 명말 사대부의 문장에 태평성대의 기상이 없고 성조가 촉급하고 처량한 것은 망국의 징조와 연관이 있다는 것을 지적하였다.[161]

명말 문인에 대한 비판적 시선과 달리, 전후칠자에 대해서는 긍정적인 평가가 유지되었다. 왕세정을 진한 이후의 대가 중 한 명으로 인정하였던 허목의 관점은 남인 계열 내부에서 지속적으로 확인된다. 박미朴瀰(1592~1645)는 전후칠자의 글을 몹시 좋아하여 법규로 삼을 것을 주장하였으며, 이만수李萬秀 역시 「독엄주문유제讀弇州文有題」에서 왕세정의 글을 배워 읽을 것을 주장하였다. 물론 17세기 후반 당송고문파에 의한 진한고문에 대한 견제가 심해지면서 표절 시비, 재도론적 비판이 가세하게 되자 남인 문단에서도 실상이 어떻든 간에 전후칠자에 대한 혹호를 표현하는 것이 자제되어 왔다. 이만부李萬敷는 표절이라고 할 만큼 왕세정의 자구를 따다가 자신의 글에다 썼음에도, 다른 사람이 그를 왕세정에 비유하자 재주도 미치지 못하고 원하는 바도 아니라고 일축하였다.[162] 오광운吳光運(1689~1745), 오상렴吳尙濂(1680~1707)[163] 등도 전후칠자의 문학이 표절

160 윤지훈, 「조선 후기 문인들의 錢謙益 비평」, 『대동문화연구』 69, 대동문화연구원, 2010, 40~41쪽 참조.

161 蔡濟恭, 『樊巖集』 卷56 「書耳溪洪尙書 燕雲雜詠後」. "竊觀明季以詩名者未必不自以爲凌厲古人, 而審聲察調, 皆促數凄短, 未見有和泰氣像, 其國安得免使人興黍離之感也. 以是論之, 雖謂之詩道與政通, 可也."

162 李萬敷, 『息山集』 卷6 「答金大集」. "如陋拙, 平日未敢以辭翰鳴世自期, 而今乃攬引爲第一, 若欲與王元美爲對者然, 令人羞愧, 不覺面發頳, 以才則千不似萬不似, 以志則亦非所願, 何不諒耶!"

163 吳光運, 『藥山漫稿』 卷11 「文指」. "皇明二百年, 得遜志, 陽明二人, 皆有本之文也. 然遜志醇厚而精彩少, 陽明警發而力量輕, 大抵子瞻以後, 文章絶矣. 弇州勦贋爲古, 飣餖爲富, 以誤天下, 眞文章之罪人, 譬如夜郞王黃屋左纛僭竊可笑, 而其金銀珠貝, 不可謂不富, 宗之者, 非島

혐의가 있으며 너무 궤휼하다는 점을 들어 비판하였다.[164]

그러나 이러한 표면적인 비판과 자체 반성에도 불구하고 전후칠자의 문학은 남인 문단에서 지속적으로 영향력을 발휘했던 것으로 보인다. 먼저 확인할 수 있는 것은 전후칠자에 대한 차운시인데 이른 시기 남인 계열 문인에게서부터 그 창작이 유행되었다. 오억령吳億齡(1552~1618)은 이반룡, 하경명, 왕세정에 차운한 시 11편을, 이익의 장인이기도 한 신필청申必清(1647~1710)은 왕세정에 대한 차운시를 무려 31편을 남기고 있다. 이는 당대 노론계 문인들과 비교하였을 때, 남인 그룹만의 독특한 특징이라고 할 수 있다. 특히 신필청은 「차엄주운중육언次弇州鄖中六言」, 「돈엄주체육언敦弇州體六言」과 같이 왕세정의 육언에 대한 차운시를 남겼는데, 이는 이후 이용휴, 이언진李彦瑱(1740~1766), 유경종柳慶種(1714~1784) 등 남인계 문인들에서 조선으로서는 이례적이라고 할 육언시 창작이 유행하게 된 근거를 설명할 수 있는 단서가 된다.[165] 이외에도 유경종은 전후칠자에 대한 20여 편의 차운시를 남긴 바 있어[166] 18세기 후반에도 남인 계열에서 전후칠자 문학을 지속적으로 향유하였음을 알 수 있다.

酋則賈胡也.”; 吳尙濂, 『燕超齋遺稿』 卷5 「書滄溟集後」. “明興百王後, 作爲文章, 不無人矣, 或疏其源, 或闡其流, 均之有意古作者, 而于鱗爲尤所嗜好, 而誦法者, 惟周秦漢數家而已, 其下者, 結舌而不譚, 瞑目而不視, 甚矣, 其好古也. 其爲文, 聱牙譎詭, 甚者不能以句.”

164 남인 계열에 확인되는 전후칠자에 대한 영향은 다음을 참조. 송혁기, 『조선 후기 한문산문의 이론과 비평』, 월인, 2006; 부유섭, 「17~18세기 중반 근기 남인 문단 연구」, 한국학중앙연구원 박사논문, 2009; 김동준, 「王世貞 코드로 읽는 生誌銘과 意園-18세기 安山圈 文人들의 불우와 위안의 예술적 형상화」, 『한국한문학연구』 52, 한국한문학회, 2013.

165 육언시에 대해서는 김동준의 「海巖 柳慶種의 詩文學 研究」(서울대 박사논문, 2003)에서 상세히 논한 바 있다.

166 「次何大復秋興(8首)」, 「庚午上元夜 拈揜州韻(7首)」, 「次空同韻」, 「夜坐 與梧翁 拈王弇州韻 共賦」, 「庚午上元夜 拈弇州集共忝齋次(3首)」, 「會聖儼與光兄鼎話 拈明人韻 共賦」.

보다 분명한 징후는 이용휴와 이언진에서 발견할 수 있다. 이용휴는 왕세정의 문학이 발해와 태산 같아서 전겸익錢謙益이나 귀유광歸有光이 넘볼 수 없는 경지라고 하였으며[167] 그의 제자인 이언진 역시 왕세정을 높은 경지를 칭송하고 공안파는 이에 비견될 수 없는 하찮은 것으로 규정하기도 하였다.[168] 그는 일본 문사와의 필담에서 스승인 이용휴의 영향을 받아 왕세정의 문장을 숭상하게 되었다고 하였는데, 일본 문사는 이언진이 정주학 일색인 다른 조선 문인과는 달리 왕세정에 대한 이해가 높아 서로 교류할 만하다고 평가하기도 하였다.[169] 이처럼 표절의 문학, 이단의 문학 혹은 이미 지난 시기의 문학으로 치부하며 배척하였던 주류 문단의 입장과는 달리 남인 계열에서는 18세기 이후로도 왕세정을 비롯한 전후칠자의 문학을 존숭하는 입장은 지속된 것으로 보인다.[170]

---

167 이용휴는 「記錢牧齋事六則」에서 전겸익에 대해서 조목조목 비판을 가하기도 하였다. 그 이유는 왕세정 수준도 못되면서 그를 비판한 것(1칙), 문예 비평이 불공정한 것(2, 3칙), 수준이 떨어지는 귀유광을 끌어와 왕세정에 대항한 것(4칙), 王思任을 무시한 것(5칙), 명에 대한 절의를 지키지 않은 것(6칙)으로 요약될 수 있다. 왕세정에 대해서는 큰 애호를 드러내면서 전겸익과 함께 귀유광에 대해서도 비판적인 태도를 보이는 부분에서, 이용휴의 문학적 취향이 중국의 당송파와는 거리가 있음을 알 수 있다.

168 李彦瑱, 『松穆館燼餘稿』 「弇園」. "弇園氣勢儘文宗, 譬似形家大幹龍, 眼下石公千百輩, 與它都做子孫峯."

169 劉維翰, 『東槎餘談』 卷下 「筆談」. "龍門曰 公崇尙弇州, 實貴邦中一人. 是不竢文王者, 佳佳. 雲我曰, 吾無奇識, 吾師有𢿙數先生者, 文章海東千古一人. 吾受師說者如是. 龍門曰. 果知有淵源也. 初以爲貴國所尙則不過宋文平平者, 今聞公餘論也, 乃知國有人矣. 恐稱之者不多." 정민, 「이언진과 일본 문사의 왕세정 관련 필담」, 『동아시아 문화연구』 49, 한양대 한국학연구소, 2011, 23쪽 재인용. 이언진과 왕세정의 관련성은 위의 글 외에도 다음의 논문에서 자세히 논한 바 있다. 정민, 「『동사여담』에 실린 이언진의 필담 자료와 그 의미」, 『한국한문학연구』 32, 한국한문학회, 2003; 이춘희, 「明 王世貞의 문학사상과 李彦瑱의 한시」, 『열상고전연구』 27, 열상고전연구회, 2008; 이동순, 「이언진 문학 연구」, 고려대 박사논문, 2010; 박희병, 『나는 골목길 부처다–이언진 평전』, 돌베개, 2010.

170 왕세정에 대한 기호는 원굉도를 비롯한 공안파 문학이 유행되는 시점에서도 철회되지는

근기 남인 문단에서 지속되는 전후칠자에 대한 애호 현상에는 그들에 대한 동류의식도 개입한다. 전후칠자에 대한 경도, 향수, 동경이 심도 있은 독서로 이어지고 그 결과 주류 정권에 대한 비분의 정서에 공감하고 문학적 동질성을 구축하는 다양한 시도들이 나타났다. 일례로 17세기 김방걸金邦杰(1623~1695)은 당파 싸움에서 패배하여 귀양간 뒤 날마다 왕세정의 문집을 읽으며 그를 '남천일우南遷一友'라고 칭하였다.[171] 여기에는 왕세정이 처한 입장과 감정에 대한 공감이 우선 자리한다. 권신인 엄숭嚴崇과의 갈등, 정권에서의 패배, 그리고 부친과 친우의 죽음, 이러한 삶의 과정은 조선 후기 남인 문사들이 처한 상황과 묘하게 겹쳐진다. 왕세정은 억울하게 요절한 벗 종신宗臣(1525~1560)에게 보내는 서신에서 세상에 대한 울분과 강개한 정서를 드러냈는데,[172] 이삼환李森煥(1729~1813)은 죽은 벗 한경빈韓景賓을 애도하면서 이러한 형식을 재현

않았다. 소북 계열의 인물 金履萬은 원굉도를 좋아해 늘 옆에다 두고 읽어서 마치 원중랑이 옆에 있는 것처럼 여겼지만, 전후칠자의 문풍을 개혁하였다는 공로는 있으나 너무 진솔하여 법칙이 없는 점을 지적하여 이반룡, 왕세정의 박함과 원중랑의 진솔함을 보완적으로 수용할 것을 주장하기도 하였다. 金履萬, 『鶴皐集』 卷8 「題袁中郎集後」. "當慶曆之際, 白雪樓一派, 務爲大聲壯語, 其弊也, 摹擬雷同, 千篇一律. 夫夫也獨刱玄識, 力斡頹風, 信心於筆而未嘗隨人脚跟, 寄口於腕而未嘗拾人咳唾, 卓然自闢門戶, 而未嘗以黃金紫氣爲生活, 亦奇矣. 然矯枉之過, 結撰則尙眞率而遺典則, 議論則多刻露而少渾厚. 且欲以蓮花座上, 爲安身立命之所, 余甚惜之. 其流之弊, 甚至虞山禿老, 猖狂恣睢, 踢倒詩家之根源, 不幾於擧中國而夷之乎. 要之, 于鱗之高元美之博不可廢, 而中郎之眞切痛快, 亦有明之名家也." 왕세정과 원굉도를 명대 문인 중 제일 영향력이 있는 작가로 부각시킨 『明文各選』에서도 양자를 절충하려는 시각을 감지할 수 있다.

171 金聖鐸, 『霽山集』 卷15 「大司成芝翁金公墓碣銘」. "甲戌, 遷兵議. 旋移參知. 夏, 黨人復入, 駭機焱發, 人莫不失措, 公晏然不少動. 及遞歸數日, 有命配同福. 同福去家千里, 公年已踰七十, 人皆爲之愍然, 公怡然就途, 無幾微見言色. 旣到, 杜門謝賓客, 雖地主, 亦不許其數來見, 惟日對王弇州文, 題曰, 南遷一友."

172 『弇州四部稿』 卷119 「又」. 종자상에게 보낸 15편의 서신 중 마지막 작품이다.

하기도 하였다.[173]

또 전후칠자가 서로 동류 집단을 형성하며 정치적 지향을 함께하는 한편, 문예활동을 영위해 나갔던 것은 남인 문인 집단에게 흠모의 대상이 되기도 하였다. 신광수申光洙(1712~1775)는 강필신姜必愼(1687~1756), 이덕수, 이동운李東運과 더불어 시를 지으며, 전후칠자가 해내의 맹주가 되어 천고를 내려 보았던 풍모를 문인의 득의사로 여겼다고 하였다.[174] 남인계 내부에서 동류 집단을 형성하면서 전후칠자에 비견하는 구도는, 전후칠자 문학이 처음 국내로 유입되었을 당시 허균, 권필權韠(1569~1612), 이안눌李安訥(1571~1637) 등이 전후오자前後五子로 칭하며 광해군 정권하에 동류의식을 교환하였을 때와 유사하다.[175]

채제공을 중심으로 한 남인 시맥 내에서 백운시百韻詩 전통이 있었던 것 역시 전후칠자와의 관련성을 발견할 수 있다. 백운만시百韻挽詩는 채팽윤蔡彭胤(1669~1731), 권만, 채제공, 이헌경, 정범조, 신광하申光河(1729~1796) 등의 남인 문인들 사이에서만 나타난 문학적 성과물이다. 이들은 동당의 선배들이 백운만시를 창작하였던 것을 인식하며 그 전통을 이어나갔다.[176]

그런데 백운시의 전통에 관해서 왕세정이 언급한 부분이 있어 흥미롭

173 丁範祖, 『少眉山房藏(李森煥 著)』 卷6 「贈木齋李子木序」. “余友木齋李子木, 余少時, 得見其悼友人韓景賓之死, 而抵書柩前, 以告哀, 若王元美之哭宗子相者, 固識其有異於衆人.”

174 申光洙, 『石北集』 卷11 「與法正」. “僕少有浮譽, 頗爲先輩期許. 如蕙圃苄亭諸老, 固在師友間, 而苄尤生平所慕, 交遊滿一世. 而與李聖會最莫逆, 相與爲歌詩, 嘅然慕古作者意氣淋漓, 酒酣, 每語嘉隆間, 王弇州李滄溟主盟海內, 睥睨千古, 亦文人得意事, 相視一笑而已.”

175 五子詩에 관한 연구는 김은정의 「五子詩 창작 배경 및 和答詩 연구」, 『진단학보』 96, 진단학회, 2003 참조.

176 백승호, 「樊巖 蔡濟恭 文學 硏究」, 서울대 석사논문, 2006, 40~43쪽 참조.

다. 그에 의하면 전후칠자 중 한 명인 양유예梁有譽(1521~1556)가 이반룡과 이별하며 백운시를 지었는데, 이 시가 두보 이후 보기 어려웠던 장편시의 전통을 이었다는 것이다.[177] 왕세정은 이반룡의 죽음을 슬퍼하며 스스로 120자 운으로 시를 쓰기도 하였으며,[178] 호응린 역시 왕세정의 작품을 의식하여 왕세정의 죽음에 240운 만시를 쓰기도 하였다.[179] 왕세정의 만시가 특별한 미감을 가지고 있음을 지적한 이용휴와 이덕무李德懋(1741~1793)의 언급을 볼 때, 이 장편만시가 조선 문단에서 일으켰던 파장을 짐작할 수 있다.[180] 근기 남인 사이에 향유되었던 백운시 전통 역시 왕세정을 비롯한 전후칠자 집단 내에서 공유하던 비감을 확대 전승한 것으로 추측된다.[181]

이상에서 살펴보았듯, 17세기 말 이후 황명 시대를 계승해야 한다는 의식이 국가적으로 확산되면서 황명의 문장을 상징하는 전후칠자의 문

177 王世貞, 『弇州四部稿』 卷94 「明承直郎刑部山西司主事梁公實墓表」. “公實笑曰, 吾自欲歸, 豈以刑部郎少之故, 而一吏部能縻我哉! 竟去弗顧, 至濟上而貽百韻詩攀龍輩, 爲別百韻, 卽古自杜甫氏而外, 不恒見也, 而文甚工.”

178 王世貞, 『弇州四部稿』 卷32 「哭李于鱗一百二十韻」.

179 胡應麟, 『少室山房集』 卷48 「輓王元美先生二百四十韻」. “此篇凡二百有四十韻, 二千有四百言. 古排律, 至多不過百韻, 至先生哭于鱗, 百二十韻而極. 奈余之才, 不能半古人, 則先生履歷, 非藉此, 固亡以徵萬一, 而冗濫之誚, 誠無諉于大方矣.”

180 李用休, 『惠寰詩集』 輓詩 「申聖淵挽」. “知己一非二, 二則便不是, 弇山哭滄溟, 其辭異諸子”; 李德懋, 『靑莊館全書』 卷5 「瑣雅」. “元美之哭于鱗一百二十韻詩, 瓌奇譎詭, 靈氣蓊雜, 蓋大物也, 而偉材歟! 不讓爲大明文章也. 顧東國無此製作, 其它可類知矣.” 영남 남인 중 손수성은 신유한이 세상을 떠나자 왕세정의 120賢자 운을 차운하며 스승에 대한 슬픔을 표하기도 하였다. 申國賓, 『太乙菴集』 卷6 「外舅竹坡孫公遺事」. “及靑泉沒, 公以鳳洲哭滄溟詩一百二十賢字韻挽之.”

181 이외에도 남인들 사이에서 창작된 생지명과 의원기가 그 연원이 왕세정에 있다는 지적이 제출되었다. 김동준, 「王世貞 코드로 읽는 生誌銘과 意園-18세기 安山圈 文人들의 불우와 위안의 예술적 형상화」, 『한국한문학연구』 52, 한국한문학회, 2013.

장에 대해 긍정적인 인식을 촉진시켰다. 노론계 일각에서는 이전 시기와 달리 전후칠자의 문학에 대해 재인식하는 움직임이 감지되었다. 근기 남인들은 중화계승론에 동참하지는 않았지만, 정치적인 소외에서 비롯한 좌절감과 동당 문인들과의 연대감이 전후칠자와 문학적 동질성을 구축하려는 다양한 시도들의 동력으로 작용하였다.

제3장
18세기 진한고문론의 전개 양상

1. 진한고문 중심의 독서관 확산

하夏 · 은殷 · 주周 3대에서 시대가 내려올수록 세도가 점차 타락하는 것으로 역사를 이해하는 시각은 문학사를 보는 관점에도 반영되어, 시대가 내려올수록 문장의 수준이 떨어진다는 하강의 문학사론을 파생시켰다. 18세기 이후, 타락한 세도를 극복하기 위해서는 상고 시대의 도를 회복해야 한다는 의식이 확산되면서 상고 시대의 기풍을 간직한 고문을 읽어야 한다는 의식도 함께 고조되었다. 구체적으로는 주자집주 이전에 육경을, 당송고문 이전에 진한고문을 먼저 읽어야 한다는 당위성이 제시되었다.

17세기에 허목許穆은 제자서를 비롯한 진한고문이 공자의 학술과는 다르지만 천하의 여러 가지 일들을 참조할 수 있고 3대와 멀지 않아 고기古氣를 간직하고 있기에, 독서할 가치가 있다고 주장하였다.[1] 그의 논의는 비슷한 시기 이단의 글은 반복해서 읽거나 문장에 끌어와 써서는 안 된다고 주장한 서인계의 이식李植[2]과는 분명 다른 입장이다. 이 같은 독서론은 허목의 상고론이 폭넓은 사유의 스펙트럼을 제시할 가능성이 높다는 점을 시사해준다. 정주학이라는 하나의 학설로 접근하지 않는데다가 옛 법도를 형이상학적인 구도에서 이해하지 않았기 때문에 학문의 다양성과 박학적 독서를 유도해낼 수 있었다.

육경과 진한고문 중심의 독서법은 허목 이후 문인들에게도 그대로 전승되어, 18세기 후반까지 남인 계열 문단의 정체성을 설명할 수 있는 하나의 단서로 이해된다. 18세기 중반 심재沈鋅(1722~1784)는 이러한 독특한 독서법이 남인가에 내려오는 교육법이라고 소개하였으며,[3] 1799년 정조는 채제공에게 사서史書류를 먼저 읽고 사서四書를 학습하는 풍토를 비판하며 시정할 것을 명하기도 하였다. 정조는 남인 계열 문인들 사이에서 내려오는 독서법의 유형을 명확하게 인식하고 이에 내재하는 위험성을 간파하고 있었던 것이다.[4]

1 許穆, 『記言』 卷5 「文叢序」. "諸子, 自鬻熊, 呂尙及東周, 先秦兩漢, 如老聃莊周列禦寇楊墨氏, 又刑名法術滑稽遊俠從橫用兵, 皆無益於孔子之術者, 然其博物天下之變則得矣 (…中略…) 周衰, 人異論, 師異道, 淫詞詖行作, 而天下大亂. 然其文奇詭傑特, 古氣猶爲三代之變也."

2 李植, 『澤堂集』 卷14 「作文模範」. "此外老莊管韓異端之文, 馬班兩史實錄記事之文, 世以爲古文正宗, 然非聖賢義理之文, 又不宜於今. 至於取數十篇, 終身千萬讀, 欲得其精髓, 其計左矣."

3 沈鋅, 『松泉筆談』. "近聞南論詞章之家 教亦多術 直以詩書篇章口授成誦, 或以左國莊馬若爾篇, 先教掇文之法, 務從新奇, 迭黜鼓動, 無一書冗長之蔽, 有好新傾聽之益已, 自沖年先着眼目 能之製作 輒致奇效云, 可無驟躐駁雜之患歟." 강명관, 『공안파와 조선 후기 한문학』, 소명출판, 2007, 8쪽 재인용.

4 『承政院日記』, 正祖 23年 5月 5日. "昔則教初學之法, 教以大學論孟中庸詩書教之然後, 次及史記, 傍及文章家, 而反於是者, 先從左國班馬教之然後, 始及經書. 於是乎血氣未定之時,

실제로 오광운吳光運, 정범조丁範祖, 신후담愼後聃, 이헌경李獻慶 등이 남긴 기록을 참조해 보면 이들이 허목이 제시하였던 육경과 진한고문 위주의 독서법을 추수하고 있었던 것을 알 수 있다. 오광운은 육경을 근본으로 삼고 제자를 널리 참조하고자 하는 의식을 가지고 있었으며[5] 정범조는 반성하는 차원에서 나온 발언이기는 하지만 젊은 시절 육경과 진한고문이 아니면 읽지 않았다[6]고 고백하였다. 신후담 역시 여타 남인들과 마찬가지로 어릴 때 제자백가를 중심으로 고문으로 학습하였다. 『노자老子』·『음부경陰符經』·『장자莊子』·『참동계參同契』는 수백 번을 읽었으며, 십대 때부터 도가와 불가의 글을 모의한 작품들을 창작하였다. 박학적 독서의 동기는 바로 다름 아닌 왕세정 때문이었다.[7]

보다 흥미로운 것은 이헌경의 기록에서 보인다.

내가 처음 배울 적에 먼저 『사기』를 읽어 그 氣를 펼치고, 다음으로 『장

不聞菽粟茶飯之四德五常等說, 安得不扞格牴牾乎? 予每對蔡故相謂曰, 卿等親知者, 自今先自經書, 教初學, 則凡係義理關頭, 其所分曉, 必不讓他, 故相以爲果然." 여기에는 당시 西學에 경도된 李家煥을 둘러싼 논란이 배경으로 자리한다. 정조는 이상의 언급을 통해, 남인계 인사들이 애초에 독서법이 잘못되었음을 지적하고자 하였다. 부유섭, 「17~18세기 중반 근기 남인 문단 연구」, 한국학중앙연구원 박사논문, 2009, 115쪽 참조.

5 吳光運, 『藥山漫稿』 卷11 「文指」. "爲文章, 以六經爲本, 本立而理達然後, 可以旁參諸子, 包括百家矣, 六經爲萬古文章之祖."

6 韓致應, 『海左集(丁範祖 著)』 「行狀」. "甫弱冠, 文藝藉甚, 而不屑擧業, 專意攻古文, 非六經秦漢書不讀."

7 그는 왕세정이 백가의 책을 읽고 『讀書後』를 썼던 것을 따라 자신도 천하의 책을 다 읽고자 하였는데, 나이가 들어 생각하니 그 견해가 비루하며 문인의 부화한 습성에 빠졌던 것이라며 후회하였다. 그는 20대 초반에 과거를 단념하고 도학에 정진하기로 결심한 뒤로 이들의 글을 이단이라고 공격하고, 자신이 지었던 글들을 불태우기도 하였다. 「八家總評」, 『河濱先生全集』 3, 아세아문화사, 2006, 608쪽; 양승민, 「18세기 窮經實學者 河濱 愼後聃과 「南興記事」」, 『고전문학연구』 21, 한국고전문학회, 2002, 204쪽.

> 자』를 읽어 그 變을 넓히고 다음으로 『좌씨전』으로 그 華를 빛나게 하고, 다음으로 『漢書』를 읽어 그 廉悍을 취하고 다음으로 屈原과 宋玉으로 그 感慨함을 흥기시킨 뒤에야 聖人의 글로 돌아갔다. 경전 중에서도 먼저 『詩經』을 읽은 것은 나의 心志를 진발시키려 해서이고 그 다음으로 『맹자』를 읽은 것은 나의 정신을 동탕시키려 해서이고, 다음으로 『논어』를 읽은 것은 점점 간략하게 하고자 해서이고, 끝으로 『書經』을 읽은 것은 그 기초를 세우려 해서다. 『周易』, 『春秋』, 『禮記』, 『樂記』 같은 것은, 실로 내가 날마다 사용하여 바름을 취하는 것이다.[8]

이헌경의 독서법은 그 순서에 있어 다른 문인들과 차이를 드러내었다. 육경을 배우기 전에 진한고문을 읽어서 기氣, 변變, 화華와 감정 등을 두루 익힌 다음, 육경으로 돌아와 바르게 교정하는 방식을 추구한 것이다. 육경에 앞서 진한고문을 읽는 그의 독서법은 정주程朱의 주석을 통해 육경을 이해하던 일반적인 독서법과 비교해 보아도 독특할 뿐 아니라, 육경에 근본한 다음 참고하는 차원에서 진한고문을 이해하였던 남인 문사들의 방식과도 사뭇 다르다. 그는 제자와 사마천의 독서 범위가 육경에서 벗어나지 않기에 그들의 문장은 후세 문인들이 미칠 수 없다고 평하며,[9] 진한고문의 가치를 보다 적극적으로 인정하는 태도

8 李獻慶, 『艮翁集』 卷13 「與嶺中士人論文書」. "是以僕之始學也, 先之史記, 以肆其氣, 次之莊子, 以博其變, 次之左氏, 以燁其華, 次之漢書, 以取其廉悍, 次之屈宋, 以興其感慨, 然後反之聖人之書. 而經傳之中先讀毛詩, 所以振發吾之心志也. 次讀孟子, 所以動蕩吾之精神也. 次之以魯論, 欲其漸約也. 終之以書傳, 欲其立基也. 若易春秋禮樂, 固吾日用而取正者."

9 李獻慶, 『艮翁集』 卷13 「與嶺中士人論文書」. "周秦漢之時, 未有他書, 所可讀者. 惟六經而已. 故司馬遷讀古文尙書, 董仲舒儒者, 專尙經傳, 左丘明莊周之流, 其所讀書, 後世不著, 計亦不出於六藝之文, 而其文章後世無及焉."

를 보였다.

이용휴李用休에 대해서는, '선진先秦 이후의 글은 읽지 않았다'는 평가가 있긴 하지만,[10] 이는 정확한 평가라 보기 어렵다. 이용휴는 명청 대 서적에 이르기까지 큰 시차 없이 중국의 다양한 서적을 널리 수용하였기 때문이다. 당대 어느 누구와 비교해 보아도 그의 독서 편폭은 폭넓었다.[11] 그러나 앞서 언급하였듯이 육경에 대한 이용휴의 존숭은 지속되었으며, 『백가유찬百家類纂』을 바탕으로 『제자초선諸子抄選』이란 선집을 남긴 것으로 볼 때 남인계에서 전통적으로 계승되었던 진한고문 중심 독서관에서 완전히 독립한 것으로 보기는 어렵다. 이전 시기 주자서에서 육경으로, 육경에서 제자서로 관심을 확대해 나가던 남인들의 개방적인 사유가, 이용휴 시대에 와서는 박학적인 독서를 추인할 수 있는 힘으로 작용하였다. 이는 명대 왕세정이 진한고문을 넘어 전시대를 망라하는 박학적 독서로 그 방향을 진행하였던 것과 유사하다.

보다 흥미로운 것은 18세기에 '진한고문'의 독서를 강조하고 '당송고문'에 선행되어야 한다는 주장이 남인뿐 아니라 영남 및 노론계 문인에게로 확산되어 간다는 점이다. 영남권의 경우 경서와 정주서 중심의 독서관이 전통적으로 전승되었다. 이황李滉(1501~1570)은 주자 성리학을 존숭하는 한편, 진한고문에 대해서도 비판적인 입장을 보였다. 노장老莊이나 불교 계통의 이단적 성향이 강한 글을 배척하였고,[12] 『가어家語』·『설원說

10 南漢朝, 『損齋集』 卷1 「輓惠寰居士」. "不讀先秦以後書, 高懷磊落謝蟲魚."

11 이용휴의 독서 범위에 관해서는 박동욱, 「惠寰 李用休의 文學 硏究」, 성균관대 박사논문, 2006, 16~25쪽 참조.

12 李滉, 『退溪集』 卷35 「與金舜擧」. "若每喜於詭論, 而或爲之强說, 則其勢必至於心蕩而不返, 學流而爲異, 如莊釋之倫是也. 故鄙意須兼此等盡去之, 然後方爲盡善也."

苑』과 같은 잡저뿐 아니라 『좌전左傳』·『사기史記』·『예기禮記』마저도 사실성이 결여되었다는 것을 문제 삼았다.[13] 그의 문장 역시 문예적인 성향이 약하며, 주자의 영향이 크다는 평가가 있어 왔다.[14] 이황의 독서법은 영남 지방에 지속적으로 영향을 미쳐 이 지역에서는 17세기 후반까지만 해도 진한고문에 대한 관심이 저조했던 것으로 판단된다.

여기에는 진한고문 관련 도서의 유입이 지연된 것도 원인으로 작용하였다. 영남 문인들은 지리적 여건상 경학 관련 서적과 몇몇 노장 및 불가 관련 서적을 제외하고는 다양한 도서를 접하기가 어려운 환경이었다. 유만주가 "영남에서는 비록 문학으로 이름난 자라 할지라도 『세설신어世說新語』가 있는 집은 드물다. 외우고 익히고 보는 것은 사서삼경四書三經·『사략史略』·『통감通鑑』·『고문진보古文眞寶』·『주서절요朱書節要』·『염락풍아濂洛風雅』일 뿐"[15]이라고 지적하였듯이 조선 후기에 경화와 영남 간의 문화 격차가 상당하였음은 부정할 수 없다.

---

13 李滉, 『退溪集』 卷12 「與朴澤之」. "但滉嘗以爲自四書之外, 所記孔子之言行, 多出於戰國姦人無忌憚者之假託以自逞, 秦漢曲士昧義理者之傳聞以相誇, 故其說多不足信. 雖如左傳史記, 禮記所載猶然. 況於家語, 說苑等雜書乎." 정약용이 이황의 글을 읽고 지난날 자신이 진한고문 독서에 치중하였던 것을 반성하였던 것을 볼 때, 영남 문인들에게도 순정한 경전만을 읽어야 한다는 퇴계의 주장은 큰 영향을 미쳤던 것으로 추정된다. 丁若鏞, 『與猶堂全書』 第一集 卷22. "余平生孤陋寡識, 顧篤好古文. 凡先秦西漢之文, 以其近古之故, 談詩說禮者, 或不無可以證明於經義者. 以是常常覽觀, 謂勝於後世詞藻之文. 今先生之言, 大正至嚴, 雖家語說苑之類, 亦歸之雜書而深斥之, 防微杜漸之意, 有如是矣."

14 金昌翕, 『三淵集』 拾遺 卷31 「語錄」. "先生曰, 退溪文章勝於栗谷, 其滂沛活動, 精密懇到, 不但有儒家紆餘文氣而已. 盖得於朱子者爲多, 故混混難當."; 崔愼, 『宋子大全(宋時烈 著)』 附錄 卷18 「崔愼錄」. "退溪之文, 精深質慤, 非文章非科文. 栗谷之文, 乃科文, 非文章也."

15 兪萬柱, 『欽英』 1778年 9月 22日. "嶺南雖號爲能文者, 家置世說者絶罕, 誦習閱覽, 不出四書三經史略通鑑古文眞寶朱書節要濂洛風雅而已. 外許多總編巨帙瑰文異書, 都不知有此." 김영진, 「18세기 말 서울의 명청 서적 유통 실태」, 『2004년 한국문화연구원 학술대회-17·18세기 동아시아의 독서문화와 문화변동』, 이화여대 한국문화연구원, 2004, 102쪽 재인용.

하지만 영남 문단의 내부를 소상히 고찰해 보면 17세기 후반 이후 변화의 조짐이 확인된다. 이는 허목이 영남권 문사와 교류하게 된 시점과 겹쳐진다. 허목[16]은 영남 지역에 거주하면서 진한고문에 대한 관심을 흥기시켰다. 대표적으로 권두인權斗寅, 이동완李東完 등은 직접 허목을 사사하면서 고문사에 대한 관심을 드러내기도 하였다.[17]

신유한申維翰 역시 영남 문단의 독서 범위와 그 순서에 변화를 가하는데 일조하였다. 그는 어린 시절 일반적인 서당 교육과 달리 진한고문 위주의 독특한 독서 과정을 수행하였다.[18] 육경을 비롯하여 『좌전』과 「이소離騷」, 사마상여司馬相如, 사마천司馬遷, 반고班固를 익힌 다음, 20대에 전후칠자의 문장을 보았다고 한다. 스스로 이처럼 특이한 독서법에 대해서 개인적인 취향과 도서가 부족한 지역 환경 때문이라고 해명하기도 하였다.[19] 그의 독서법은 순정한 학문의 길과는 다르다는 이유로 주위 문사들의 비판을 유발시켰지만,[20] 문도를 교육한 방법을 보면, 만년까지

16 허목은 1610년 부친 許喬의 任地인 고령으로 내려온 이래, 13년을 거창, 산음 등의 영남에서 지냈으며, 1636년 병자호란을 피해 10년간 영남에서 지내기도 하였다.

17 이종호, 「조선 후기 영남 남인의 문학관 연구」, 『퇴계학논집』 103, 퇴계학연구원, 1999 참조.

18 申維翰, 『青泉集』 卷3 「與任正言論文書」. "自念我生之初, 一物不帶來, 由生入老, 一事不係戀. 獨於古文聲句, 昌歜之嗜, 本乎天性. 甫離齔, 不喜從塾師章程業, 得尙書隻章片簡, 已喃喃學誦, 聞左丘司馬數行句法, 輒詖舞咿唔. 當是時, 人皆笑僕而狂."

19 申維翰, 『青泉集』 卷6 「叙與尹太學士論文事」. "維翰起山南農家, 地僻而陋, 目未覩古今百家之書. 十五讀風雅, 十六讀典謨, 十七讀論語. 喜其字琢圭璋, 音如鍾磬, 遂以求古人於句節聲華之間, 而不復知有天理神解之奧. 性又局狹, 自謂刻畫古人, 可得其眉髮形肖, 而亦不知有生動氣魄之眞. 出而見左氏離騷兩司馬班椽之言, 有合於詩書聲口者, 則錄其尤瑰瑋者, 寘諸懷袖, 沾沾諷誦曰文在是矣. 當是時, 有鄕里業擧少年持西山眞寶謝氏軌範等編 輒取而寓目 怪其音節大不類, 以爲是六藝之異端. 及年二十餘而得皇明王李之文數篇於傳寫間, 見其用字用句, 似左似漢, 一毫不襲眞寶軌範中口氣, 卽又沾沾喜曰掃百氏而挽千古, 其斯爲藝家英雄."

20 최창대의 경우 증공의 글을 주며 그가 송대고문으로 회귀할 것을 권유하였다(「叙與尹太學士論文事」).

수정하지 않았던 것으로 추측된다. 신유한은 노년에 고령에 내려와 과거를 준비하는 문도들을 가르치면서 그의 독서법을 영남 문사들에게 전파하였다. 그의 교육법은 도학적 교육은 물론 과거를 대비한 일반적인 문장 교육과도 그 내용이 사뭇 달랐다. 『장자』, 『사기』, 『춘추』와 같은 고문사 전문 교육[21]인 것이다. 이에 과문科文의 문체를 따라 가르치지 않기에 그의 교육법이 오활하며,[22] 그의 말을 잘못 들으면 고생한다는[23] 말까지 나왔다.

허목과 신유한 이후 영남권에서는 진한고문 중심의 독서관을 적극적으로 피력하는 문사들이 등장한다. 권두경權斗經과 권두인을 통해 허목의 사상을 접했을 것으로 추정되는 이광정李光庭[24]은 선진양한의 글이 아니면 읽지 않았다는 기록이 있으며[25] 여러 편의 인물전과 우언을 남겨 영남 남인으로서는 독특한 문학세계를 보였다.[26] 권만權萬 역시 고문과 고시에 대한 기호가 유별났던 것으로 알려졌다.[27] 그는 허목의 영향

---

21 이종호, 앞의 글.

22 申維翰, 『靑泉集』 卷2 「答鄭進士書」. "執事以不循科臼, 妄意高遠爲憂, 敢問盛意視近日科臼文體何如, 而擢高第者有能如曩時賦策有規模可尋耶."

23 申維翰, 『靑泉集』 卷3 「秋篁對」. "從我遊三年, 與世人若避者, 其家人强之歸. 不日而又至, 至則啓卷, 而喜蒙苫蓋坐剝廬, 四壁堆然立霜雪, 抵掌而哦不顧也. 方是時, 人或謂若誤聽申生語久困."

24 李象靖, 『訥隱集(李光庭 著)』(啓明文化社) 別冊附錄 卷2 「言行錄」. "吾有眼目於文墨者, 少遊於荷塘蒼雪二公之門耳."

25 李象靖, 『訥隱集(李光庭 著)』 卷22 「行狀」. "公獨居今而古稽, 游心於虞夏之際, 玩意於商周之盛, 而非先秦兩漢之書則不讀也. 發而爲文章, 渾浩雄偉, 蒼蔚苛健, 屹然爲東方大家數."

26 김영, 「訥隱 李光庭 傳의 文學世界」, 『태동고전연구』 4, 태동고전연구소, 1998.

27 李光庭, 『江左集(權萬 著)』 卷10 「祭文」. "一甫學琴而厭俗聲. 好書而尙蒼籒古文. 罷精於象胥方譯之言, 核其華與夷, 而上泝三代之正音者. 盖欲與中州文學之生, 庶幾頡頏而幷驅, 不徒爾也. 其心則以古文古聲爲古調, 一奏諸薰殿之上而聽鳳鳥之翽翽而來儀也, 此豈可與俗人道耶!"

으로 정주서 중심의 독서관에서 탈피하여 도학에 있어서는 육경을, 문장에 있어서는 진한고문 위주의 독서를 해야 한다고 주장하였다.[28]

영남 지역에서 진한고문에 대한 관심과 독서는 경화 지역에 비해 한 세기 가량 늦게 진행되었으나 호응은 높았고 오래 지속되었다. 그동안 성리학적 학풍에 억눌려왔던 문예에 대한 욕구가 18세기 이후 한꺼번에 발산된 것으로 판단된다. 18세기 이승연李承延(1720~1806)이 영남 문단에 육경을 존숭하는 것과 더불어 선진양한의 기풍이 있다고 지적한 것은 의례적인 수사로만 치부할 수 없을 것이다.[29]

17세기 후반 이후 노론계 문단에서는 김창협金昌協이 당송고문론을 천명하면서, 이후 핵심적인 논의로 정착되었지만, 그 안에는 이미 미세한 균열이 존재하며 때로는 모순적인 인상까지 준다. 김창협 스스로도 제자백가의 설이 비록 불경不敬스럽긴 하지만 문장에 뜻을 두지 않고 자기 생각과 말을 꾸밈없이 쏟아내어 전할 만한 것이 있다고 인정하였고,[30] 이의현李宜顯은 젊은 시절 『장자』를 좋아해서 4, 5백 번이나 읽고 나서 문장을 휘갈겨 써 내려갔던 일을 반성하기도 하였지만,[31] "문장을 짓는

28 자세한 내용은 이종호, 「17~18세기 안동한문학 연구―갈암학파의 독서론을 중심으로」, 『대동한문학』 9, 대동한문학회, 1997.

29 李承延, 『剛齋遺稿』 卷4 「嶺對」. "雄拳鉅手, 各闢門墻, 立幟詞壇, 執耳文垣, 固已闢闠六經, 道路子史, 家先秦而戶西京." 김주부, 「李承延의 생애와 嶺對에 나타난 영남 인식」, 『대동한문학』 37, 대동한문학회, 2012, 272쪽 재인용.

30 金昌協, 『農巖集』 卷25 「讀法言」. "諸子百家之說, 羣起充斥, 以汨亂聖人之籍 若莊周列禦寇楊朱墨翟孫吳申韓之屬, 其言皆詭異舛逆不經. 及漢興, 賈誼鼂錯司馬遷之徒, 其書亦多不醇,而要皆各述其所欲道者, 而未始有意於文, 故讀其書, 皆沛然自肆, 卓犖恢奇可傳."

31 李宜顯, 『陶谷集』 卷28 「陶峽叢說」. "經書爲士之本根, 若多讀得力, 則上可爲學問, 中可爲文章, 下亦不失爲場屋高手. 而余於少時, 意思誤入, 不務爲此, 乃耽讀南華全帙, 讀至五六十

자는 비록 마땅히 육경에 근본해야 하나 또한 옆으로 참고하여 문기文氣를 돕는 것은 무방하다. 다만 그 가운데 의리에 어긋나고 뜻을 해치는 곳에 대해서는 버리고 취할 바를 알아야 된다"[32] 고 하며 유연성 있는 자세를 보이기도 하였다. 김창흡의 문인이었던 안석경安錫儆도 당송고문을 통해 진한고문을 학습하려는 태도를 보이면서[33] 『전국책』과 같은 진한고문은 문장의 근원을 넓히기 위해서 읽을 만한 가치가 있다고 여겼다.[34]

이들은 진한고문이 가지는 이단적인 성향에 강한 거부감을 표시하면서도, 문학적으로 학습하고 수용하는 것 자체는 완전히 차단하지는 않았다.[35] 이전 시대에 진한고문론에 의해서 이미 확대된 전범을 완전

遍. 就其中心所喜好者, 讀幾至四五百遍, 至於齊物論則尤酷好之, 不覺手舞足蹈. 讀旣, 下筆容易, 頃刻掃盡十紙, 而蛟蚓相雜, 不足觀也."

32 李宜顯, 『陶谷集』 卷27 「雲陽漫錄」. "先秦諸子學術, 雖不醇, 其識見儘高, 筆力又健, 蓋稟隆古風氣, 故開口, 自然如此, 要非以後諸人所及也. 爲文章者, 雖當本之六經, 亦不妨旁參以助文氣, 但其中背理害義處, 則知所去取可也."

33 윤지훈, 「18世紀 農巖季 文人의 文學論과 批評에 관한 硏究」, 성균관대 박사논문, 2008, 64~67쪽 참조.

34 安錫儆, 『雪橋集』 卷5 「書姜翊周戰國策抄後」. "義尊寫國策之選者若干, 將讀習焉, 學爲先秦文. 問可不可於余, 余曰可矣, 義尊勉之哉. 木能數仞, 固高於榛楚矣, 視百仞之榦, 何如也. 水能百里, 固遠於溝洫矣, 視萬里之流, 何如也. 數仞而十仞, 十仞而百仞, 莫汝禁也. 百里而千里, 千里而萬里, 莫汝沮也. 義尊勉之哉."

35 기실 명대 당송고문파도 일관되게 진한고문을 배척한 것은 아니다. 물론 王愼中은 구양수와 증공을 통해 『사기』, 『한서』를 배우고자 할 것을 주장하며 직접 진한고문을 학습하는 것은 잘못된 방식이라고 단언하였으며(王愼中, 『遵巖集』 卷24 「寄道原弟書 八」. "文之學, 不明於今甚矣. 驟見使之迷惑驚怪, 無益也. 方洲嘗述交遊中語云, 總是學人, 與其學歐曾, 不若學馬遷班固, 不知學馬遷, 莫如歐, 學班, 莫如曾. 今我此文正是學馬班, 豈謂學歐曾哉") 모곤 역시 유가의 도통론의 입장에서 유가의 이데올로기를 적극 섭취한 문장이 정통이 된다고 말하였다(茅坤, 『明文海(黃宗羲 編)』 「文旨贈許海嶽沈虹臺二內翰先生」. "孔孟沒而詩書六藝之學不得其傳, 秦皇帝又從而燔之. 於是文章之旨散逸殘缺. 漢興始詔求亡經, 而海內學士始得以沿六經之遺而轉相授受, 西京之文號爲爾雅, 其最著賈誼鼂錯董仲舒司馬遷劉向揚雄班固是也. 晉魏宋齊梁陳隋之間, 斯道幾絶. 唐韓愈氏出, 始得上接孟軻, 下按揚雄而折

히 배제하기는 사실상 어려운 상황이었다. 하지만 이들은 '문기 보완'[36]

衷之. 五代之間, 寖微寖滅, 歐陽修曾鞏及蘇氏父子兄弟出, 而天下之文復趨於古. 數君子者, 雖其才之所授小大不同, 而於六藝之學可謂共涉其津, 而遡其波者也. 由此觀之文章之或盛或衰特視其道何如耳"). 그러나 귀유광은 선진양한의 글도 함께 배워야 한다는 것을 인식하여, 좀 더 포용력 있는 태도를 보였다. 『明史』「文苑傳」에서는 왕신중과 당순지의 전범은 구양수와 증공에, 이반룡과 왕세정은 진한에, 귀유광은 사마천과 구양수에 있다고 한 바 있다(장유승, 「前後七子 수용과 秦漢古文派 성립에 대한 비판적 고찰」, 『한문학논집』 36, 근역한문학회, 2013, 119쪽 참조). 당송고문파 내에서도 진한고문 학습에 대한 논의가 이미 제기된 것이다.

36 문장에서 '氣'가 중요한 화두로 제시되었던 것은 비단 이 시기만의 특징은 아니다. 일찍이 曹丕는 文은 氣를 위주로 한다는 주장을 제시하였고, 이는 한문학사에서 중요한 명제로 계승되어 왔다. 그런데 여기서 조비는 기는 선천적으로 타고나는 것으로 억지로 성취할 수 있는 것은 아니라고 단언하였다(曹丕, 『典論』「論文」. "文以氣爲主, 氣之淸濁有體, 不可力强而致. 譬諸音樂, 曲度雖均, 節奏同檢, 至於引氣不齊, 巧拙有素, 雖在父兄, 不能以移子弟"). 李奎報와 成俔 역시 기의 우열은 하늘에서 받은 것으로 학습할 수 없다고 하며 조비의 관점을 계승하였다(李奎報, 『東國李相國集』 卷22 「論詩中微旨略言」. "夫詩以意爲主, 設意尤難, 綴辭次之, 意亦以氣爲主. 由氣之優劣乃有深淺耳. 然氣本乎天, 不可學得."; 成俔, 『虛白堂集』 卷13 「與林功書」. "夫文章, 心耳氣耳, 非學所能到也"). 물론 맹자의 養氣論을 끌어와 기를 배양할 수 있다는 논의가 제기되기도 하였다. 蘇轍은 글은 기가 형성하는 것으로, 글은 배워서 능할 수는 없지만 기는 배양하여 이를 수 있다고 하며 맹자와 사마천을 예시로 들었다(蘇轍, 『欒城集』 卷22 「上樞密韓太尉書」. "太尉執事, 轍生好爲文, 思之至深. 以爲文者氣之所形, 然文不可以學而能, 氣可以養而致. 孟子曰, 我善養吾浩然之氣. 今觀其文章, 寬厚宏博, 充乎天地之間, 稱其氣之小大. 太史公行天下, 周覽四海名山大川, 與燕趙間豪俊交游, 故其文疎蕩, 頗有奇氣. 此二子者, 豈嘗執筆學爲如此之文哉? 其氣充乎其中, 而溢乎其貌. 動乎其言, 而見乎其文, 而不自知也"). 서거정 역시 사마천을 예로 들며 文章의 氣는 타고나는 것이긴 하지만 변화시킬 수 있다는 가능성을 제시하였다(徐居正, 『四佳集』 卷4 「觀光錄序」. "予竊自疑曰 文章者氣也, 時運也, 氣稟於天有淸濁粹駁之殊, 故發於詞者, 有工拙高下之異, 如李杜自李杜, 韓柳自韓柳, 王韋止於平淡, 郊島局於寒瘦, 元白之不可爲劉許, 梅黃之不可爲歐蘇安能因所覩覽,而遽變其氣乎? 況文章關乎時運之盛衰, 如元不宋, 宋不唐, 唐不晉魏, 晉魏不漢秦, 安能因所覩覽, 而猝變時習乎? (…中略…) 然後知古人論子長者不誣, 而居正之所見者非也"). 하지만 여기서 養氣는 독서 및 문장 학습을 통해서가 아닌, 수양 및 유람과 같은 간접적인 방식을 통해 획득되는 것으로 논해진다. 명대 전후칠자는 이들과 달리 높은 문기를 가진 문장을 직접 학습하고 모방하는 것을 통해 유사한 문기를 획득할 수 있다고 인식하였다. 이들은 고문에서의 높은 문기가 작가가 타고난 뛰어난 기가 발현된 것이기는 하지만 이를 반복적으로 독서하고 모방한다면 누구나 도달할 수 있는 것으로 생각하여, 창작에 대해 변화된 인식을 보였다.

의 차원에서 진한고문에 대한 독서를 부분적으로 용인한 것이며, 경서와 당송고문에 대한 독서가 이루어진 이후에야 진한고문에 대한 독서를 해야 한다는 '차서次序'를 강조하고 있기에 당송고문론의 관점에서 진한고문을 수용하려는 인식은 여전히 견지하고 있었다.[37]

그런데 본서에서 주목하는, 이윤영李胤永, 남유용南有容, 이인상李麟祥, 김상정金相定, 유한준 등의 낙론 계열 문사들은 이와는 다른 입장을 보인다. 이들은 '보완'의 차원을 넘어 진한고문의 독서를 적극적으로 주장하였다. 이인상은 당송팔가문만 읽고 있는 당대當代의 문풍을 비판하면서 진한고문에 대한 독서의 필요성을 역설하였으며[38] 남유용 역시 독특한 독서와 문예 취향을 드러내기도 하였다. 그는 영춘永春 현감縣監 시절 만든 현학교조縣學教條에서 육경→제술→사기와 제자서→사서를 강독하라는 조목을 만들었다.[39] 여기서 독서법은 경학을 수업하기 위한 것이 아니라 과업을 위한 준비 단계에 가까운데, 『사기』와 제자서를 학습 단계에서, 더구나 당송문 이전에 익히도록 한 것은 노론계 일반의 독서의 과정과 상이하다.

그는 유한준에게는 문장 학습을 위해서 『전국책』과 「단궁檀弓」을 읽을 것을 적극 권유하기도 하였다.[40] 이러한 성향[41]은 황경원과 이천보李

37 일례로 안석경은 구체적인 문장 학습 순서를 경서→당송고문→진한고문 순으로 기획하기도 하였다. 윤지훈, 앞의 글, 81쪽 참조.

38 李麟祥, 『凌壺集』 卷2 「和金子季潤相肅」. "道載文成元一轍, 聖賢千語復其初. 先秦兩漢猶無取, 世人傳誦八家書." 김수진, 「凌壺觀 李麟祥 문학 연구」, 서울대 박사논문, 2012, 116쪽 재인용.

39 南有容, 『雷淵集』 卷12 「縣學教條序」. "春讀六經中一書. 四月至七月, 讀騷賦詩家. 自四月至七月, 時氣蒸熱, 有妨於讀書, 日煦舒長, 甚便於課製, 故專以述作爲務. 或詩賦或義疑表策 (…中略…) 秋讀史記諸子中一書. 冬讀四書中一書."

40 南公轍, 『自著(兪漢雋 著)』 「自著序」. "始公爲文患蹇澁, 先君子勸讀戰國策, 公讀戰國策旣

天輔(1698~1761)가 주고받은 서신에서 보듯 당대 같은 노론계 문인 집단에서 많은 반발을 일으켰던 것으로 확인된다.[42] 이천보는 남유용이 전후칠자의 문체와 유사한 것은 어릴 적부터 서한의 산문을 익숙히 읽어온 결과라며 대신 변명을 하였으며 같은 논리로 자신의 문체가 소동파와 유사한 것은 『전국책』의 문장을 읽었기 때문이라고 주장하였다.[43] 김상정 역시 문학 전범을 당송에서 진한으로 이동할 것을 강력하게 주장하여, 한구정맥론에서 이탈하는 모습을 보였다.

유한준은 "진한의 글을 닥치는 대로 읽었고 장자의 해학과 굴원의 원망 사마천의 거침없음과 한유의 기이함을 탐욕스레 뼈까지 발라먹다가 50년이 훌쩍 지나버렸다"[44]라고 하며 자신이 진한고문에 대한 경도가 깊었던 것을 고백하였다.

아울러 그는 양웅楊雄을 뛰어난 문장가 중 하나로 지목하였는데, 이 점은 매우 흥미롭다. 양웅은 바로 특정 문학론의 성향을 정의할 수 있

熟, 覺奔放不可禦矣. 先君子又勸讀檀弓, 公讀檀弓, 其文益簡切無支言."

41 남유용 이후 南公轍, 南周獻으로 이어지는 이 집안의 문학관은 氣와 육경을 중시하는 태도 때문에 노론 계열=당송고문, 남인 계열=진한고문이라는 구도에 포함되기 어렵다는 견해가 제기되기도 하였다. 안순태, 「南公轍 文學의 淵源에 대하여-그 家學的 성격을 중심으로」, 『고전문학연구』 37, 한국고전문학회, 2010, 219쪽 참조.

42 황경원, 남유용, 이천보 간에 이루어졌던 문학 논쟁은 백진우의 「英祖朝 執權 老論系 文人의 自己檢閱 樣相에 대하여-黃景源,南有容,李天輔를 중심으로」(『한국한문학연구』 42, 한국한문학회, 2008) 참조.

43 李天輔, 『晉菴集』 「答黃大卿」. "德哉好爲西京, 故其文間有如王李者, 是則非學王李也. 與王李同其學也, 然德哉之學西京 何嘗切切摸擬如王李輩而已哉. 僕兒時, 喜讀戰國策, 蘇氏之文, 出於戰國者爲多, 故其爲文, 與蘇氏有不期合而合者. 足下見向時所作, 特未究其源, 而以是爲學蘇氏耶? 其實則僕非學蘇氏者也. 且是亦向時事也, 今並與戰國策而已厭之矣, 況蘇氏乎! 足下其毋慮焉."

44 兪漢雋, 『自著』 續集 冊2 「著叟自銘」. "秦漢外馳, 莊諧屈怨, 馬肆韓奇, 嘬醢鑽剔, 垂五十朞, 竟亦何得."

는 상징적인 지표 역할을 한다. 어떤 문학론을 견지하느냐에 따라 왕세정을 바라보는 시선이 갈렸던 것처럼 양웅에서도 그러하였다. 동한 때 맹자와 순자의 사상을 이어받은 유자로 숭상을 받았으며, 문학에 있어서도 한유가 「진학해進學解」에서 양웅을 주요한 전범으로 거론하였던 것과는 달리, 남송 이후 주자가 그의 사상의 순정성에 의문을 제기하며 문장에 대한 평가도 하락하게 된다.[45] 여기에는 양웅이 순정한 유자의 도를 지니지 않았으면서, 『논어』와 『주역』의 글을 직접적으로 모방하여 『법언法言』과 『태현경太玄經』을 쓴 것도 중요한 요인으로 작용한다. 직접적인 모방이라는 측면에서는 전후칠자의 작법이 양웅을 연상하게 하는 바,[46] 명청 이후에는 양자가 함께 거론되면서 집중적인 비판을 받기도 한다.[47]

그런데 허목은 양웅의 문장을 고문의 법도를 가진 최후의 문장으로 평가하면서 문학적 전범으로 적극 수용하였다.[48] 이는 일반적인 견해가

---

45 『欽定四庫全書總目』 卷91 「法言集註十卷」. “(東漢) 甚重雄書也, 自程子始謂其蔓衍而無斷, 優柔而不決, 蘇軾始謂其以艱深之詞文淺易之說. 至朱子作通鑑綱目, 始書莽大夫揚雄死, 雄之人品著作, 遂皆爲儒者所輕. 若北宋之前, 則大抵以爲孟荀之亞.”; 楊世明, 「揚雄身後褒貶評說考議－林貞愛『揚雄集校注』序」, 『四川師範學院學報』, 四川師范大學, 2001 참조.

46 왕세정은 『법언』에 대해서 성인의 뜻이 아니라고 비판하였지만, 양웅이 성인의 말을 그대로 답습한 흔적은 많지 않았다며 그 작법에 대해서는 부분적으로 긍정하는 입장을 보이기도 하였다. 『弇州四部稿』 卷144 「藝苑巵言 一」. “揚雄氏避其達, 而故晦之, 作法言. 太史避其晦, 故譯而達之, 作帝王本紀, 俱非聖人意也.”; 卷145 「藝苑巵言 二」. “子雲雖有剽模, 尙少谿逕.”

47 黃本驥, 『讀文必得』. “古今文運厄于揚雄 (…中略…) 後世綴文之士, 如唐之樊宗師, 宋之劉幾等, 凡好奇詭道者, 作俑之罪皆自雄始. 至明之王李, 猶奉爲枕秘, 舍坦道而就羊腸, 曠安宅而居鼠壤, 好惡之偏, 殊不可曉.”, “滄溟之學, 必欲節去語助, 不可句讀以爲奧, 是求爲左史臧獲而不得者也 (…中略…) 余故歸獄于雄, 以爲貌古好異者戒, 使歸震川艾天傭復起, 當必不以爲深文苛論也.”

48 許穆, 『記言』 卷5 「文學」. “至楊雄氏, 不及古而入於奇. 然楊雄氏死, 古文亡矣.” 卷58 「自評」. “老人才智下, 平生讀書, 非好書, 勉其所不及者然也. 又不樂世俗之文, 嗜讀三代古文,

아니었다. 정주와 당송고문에 대한 경도가 높았던 조선 문단에서는 비판적인 목소리가 지속되었다. 김창협은 그가 성인의 도를 지니지 않으면서 비루하게 문장 기법이나 흉내낸 것을 비판하였다.[49] 홍석주는 자구를 어렵게 만들어서 고인들의 흉내를 내려고 한 것은 양웅으로부터 시작되었으며, 명나라 이반룡과 왕세정은 그 여파라고 논하여 양자를 함께 비판하였다.[50]

이러한 상황에서 유한준이 표한 양웅, 더구나 『태현경』에 대한 호감은 특별하다고 하겠다. 유한준은 양웅의 문학에 심취하여 높게 평가하고 그의 기풍을 본받으려는 의식을 반복적으로 드러내었다. '각도기도론各道其道論'을 천명하는 가운데, 유향, 사마천, 반고와 함께 양웅을 문장의 대가이자 자득한 자의 하나로 보았으며, 「통원고서通園稿序」에서는 양웅의 『태현경』이 그 심오함이 고금의 으뜸이었는데 지위가 하찮은 이유로 드러나지 못했다고 하였다.[51] 「경찬經贊」에서는 양웅의 말을

卒無所得, 嗜好如初, 下則左氏, 國語, 戰國, 長短書, 先秦西漢, 太史公, 相如, 揚雄, 又旁及百家, 又下則韓柳氏最逼古, 行年六十, 讀至萬有餘千."

49 金昌協, 『農巖集』 卷25 「讀法言」. "今雄書, 驟若未易窮, 而徐而繹之, 直淺淺不見其有得焉. 而故自爲艱深詰曲, 令若簡奧, 陋矣其有意於文也. 蓋自子思孟軻以來, 諸子百家之說, 羣起充斥, 以汨亂聖人之籍, 若莊周列禦寇楊朱墨翟孫吳申韓之屬. 其言皆詭異舛逆不經, 及漢興, 賈誼鼂錯司馬遷之徒, 其書亦多不醇, 而要皆各述其所欲道者, 而未始有意於文. 故讀其書, 皆沛然自肆, 卓犖恢奇可傳. 今雄自附託聖人之道, 而其文剽擬局澁, 反出諸子下 以其無得於道而有意於文甚也, 是豈不可戒也哉!"

50 洪奭周, 『淵泉集』 卷21 「諸子精言跋」. "古之爲文者, 國有巧拙, 要皆直抒其胸中之所欲出而已. 若故艱其字句, 以摸擬前人者, 盖自子雲始. 其弊之流, 極于有明之李王, 而至于今誤人未已. 余常深病之, 是以汰其書特嚴."

51 兪漢雋, 『自著』 自著準本 「通園稿序」. "昔揚子雲之世, 世猶以祿位相輕重, 故雄太玄經, 淵深奧妙, 冠絶古今, 而世無有知者. 獨弟子侯芭尊雄書以爲勝於周易, 而人亦莫之信, 至以覆醬瓿焉, 則不得不太息以竢後世之子雲, 是豈太玄不玄哉!"

인용하며 육경을 문장 학습을 위한 기본 텍스트로 표명하는 데에 공감을 표하기도 하였다.[52] 『법언』을 비롯한 양웅의 문장을 직접 인용된 사례도 자주 발견된다. 이처럼 유한준의 문학적 지향은 당송고문을 중시하였던 입장과는 간극이 있음을 보여준다.

유한준과 교유가 깊었던 심익운沈翼雲(1734~?)도 진한고문를 통해 문장을 학습하였다. 『백일집百一集』의 자서自序에서 그가 문장 학습으로 먼저 제자서를 배운 다음, 굴원・사마천・춘추삼전春秋三傳을 배웠는데, 이 때문에 순수함과 잡박함이 일정함이 없고 체재가 제대로 서지 못하였다고 하였다. 따라서 이에 대한 보완으로 삼례三禮와 『시경』・『서경』을 통해 입언의 심오함을 궁구하고 『문선文選』을 통해 서사의 오묘함을 찾았으며 『한서漢書』와 한유, 유종원을 통해 작문의 득실을 바로잡았다고 하였다.[53] 제자서에서 경서로 나아가는 독서법은 앞서 살펴본 이헌경의 독서법과 유사하다.

유한준, 심익운처럼 당대唐代까지를 독서 범위의 하한선으로 잡는 양상은 이윤영의 아들인 이희천李羲天(1738~1771)에게서도 살펴볼 수 있다. 그는 『사기』와 한유의 글을 모범삼아 문장 공부에 전력하다가 당시 주변 사람들에게 심한 질책을 받기도 하였다. 박지원은 이희천의 글에 대해, 너무 번잡하게 하지 말고 요해처要害處를 두어야 한다고 충고하기

52 위의 책 卷26 「經贊」. "楊子雲云, 好說而不禀乎聖人, 說鈴也, 好書而不裁乎六經, 書肆也"

53 沈翼雲, 『百一集』 「百一文集序」. "吾爲文, 始學諸子已, 又學屈原司馬遷, 學公羊穀梁左氏傳. 以是粹駁無常, 體裁不立, 前之所是, 後或爲非, 昔者所好, 今焉復改. 夫如是, 則烏能有一定之見哉. 晩讀三禮詩易, 究立言之奧, 熟觀昭明文選, 繹叙事之妙, 歷考班范史書與韓柳文集, 正結撰之得失, 然後知文道無二, 古今爲一." 자세한 분석은 김우정, 「沈翼雲의 說文과 산문세계」, 『한문교육연구』 35, 한국한문교육학회, 2010 참조.

도 하였는데, 그의 문장이 진한고문을 추숭하고 있음을 포착한 것이다.[54]

이상에서 살펴보았듯이 진한고문에 대한 독서를 강조하며 그 안에 내재된 미감을 획득하고자 하는 의식이 18세기에 확산되는 것을 알 수 있다. 남인 계열은 허목의 독서관을 계승하는 한편 진한고문에서 박학적 독서로 그 방향을 추인해 나갔다면, 영남과 낙론계 일부 문인들은 18세기 이전까지 각 문단에서 전통적으로 계승되었던 독서법에서 이탈하여, 육경 및 진한고문에 대한 독서를 강조하거나 문장 전범으로 진한고문을 부각시키는 논의를 전개해 나갔다.

2. 성리학적 재도론載道論에서의 일탈

진한고문론과 당송고문론의 차이는 우선 문文과 도道의 관계 설정 및 '도'의 개념 규정에 있어 분명하게 드러난다. 농암을 비롯한 노론계 문사들은 문이관도文以貫道・문이재도文以載道 등의 개념을 통해 언제나 문보다는 도를 우위에 두었으며[55] 18세기 이후에도 이 같은 구도로 문과 도를 파악하려는 인식은 한구정맥을 숭상하는 노론계 주류 문단에서 크게

54 정길수, 「李義天論－18세기 후반 老論淸流 지식인의 운명」, 『규장각』 27, 규장각한국학연구소, 2004, 108~109쪽.

55 박은정, 「17c 말 18c 전기 農巖 계열 문장가들의 古文論 연구」, 한양대 박사논문, 2005, 69쪽.

달라지지 않은 것으로 판단된다. 이에 비해 진한고문을 문학적 전범으로 강조하는 문인들에게서는 공통적으로 문의 가치를 높이거나 도에 대한 새로운 인식을 제출하는 등의 변화를 감지할 수 있다. 진한고문은 기존의 성리학적 재도론의 구도에서는 포괄될 수 없는 텍스트로, 이를 전범으로 삼기 위해서는 문과 도에 대한 재정의가 선행되어야 했다.

물론 근기 남인 문인들이 인식하는 도道와 문文의 관계는 재도적 구도 안에서 크게 벗어나지 않는다. 허목은 천지인天地人이 하나의 기로 이루어졌다는 기일원론적인 사고를 바탕으로 문장론을 전개하였다.[56] 문文이 하늘에 있으면 일월성신日月星辰이 되고 땅에 있으면 산악과 하천, 바다가 되듯, 사람에게 있어서는 문장이 된다는 것이다.[57]

천지의 문文이 인人에 발현된 것으로 문장을 인식하는 논의는, 필연적으로 문장은 세도와 긴밀한 연관관계를 맺어야 한다는 재도적 문학론을 파생시킨다. 그는 도가 융성하면 문장도 융성해진다고 생각하였으며, 기송記誦과 문사文詞만을 일삼는 작태는 도덕이 상실된 때에 일어나는 문학의 폐단으로 여겼다.[58]

그렇지만 허목의 재도론은 문장을 단지 도구로만 보고 그 가치를 제

56 허목의 기일원론적 사고는 다음 논문을 참조. 권진호, 「眉叟 許穆의 尙古精神과 散文世界」, 성균관대 박사논문, 2000; 이효원, 「許穆과 荻生徂徠의 尙古主義 문학사상 비교 연구」, 서울대 석사논문, 2007; 김형찬, 「敬畏에서 感應으로—眉叟 許穆의 退溪學 계승에 관한 고찰」, 『철학』 98, 한국철학회, 2009.

57 許穆, 『記言』 卷8 「陽村集重刊序」. "文章本非異道, 在天爲日月星辰, 在地爲山河百川, 在物爲珠璣華實, 在人爲禮樂文章."

58 許穆, 『記言』 卷9 「答客子言文學事書」. "蓋天地之文, 在人爲文章, 道隆則文亦隆. 道汚則文亦汚. 文者, 天地之文也. 文不可以一藝云也, 故吾聞道德文章, 未聞禮樂射御書數文章. 彼記誦文詞而已者, 道喪德衰, 文學之末弊, 非吾所謂文也."

한하였던 것은 아니었다. 그는 육경의 문장을 강조하였는데, 그 이유는 바로 성인의 마음을 획득하고 상고의 성대한 시대를 재현할 수 있는 중요한 경로가 된다고 생각해서였다. 이에 그는 문학을 하나의 기예로 국한할 수 없다며 그 중요성을 강조하기도 하였다.

사실 이 같은 논의는 새로울 것이 없다. 주지하다시피 선초의 정도전鄭道傳(1342~1398), 권근權近(1352~1409), 서거정徐居正(1420~1488) 등 관각 문인들의 문장론은 모두 이 천지인天地人 삼재三才의 논의로 시작하고 있기 때문이다.[59] 그들의 논의는 문학이 경세적 논리에 부합해야 한다는 주장에 초점이 맞춰져 있긴 하지만, 문장의 가치도 본래부터 부여받은 것으로 이를 무시할 수 없다는 인식이 반영되어 있다.

17세기 이후 주자학적 도문일치관이 더욱 확대되어 나가,[60] 이理와 기氣의 관계에 대하여 좀 더 복잡한 구도로 논의를 전개하는 한편, 문장에 관해서도 도를 싣는 도구적 기능이 강조되는 상황을 염두에 둘 때, 여전히 기일원론적인 관점을 고수하면서 동시에 문장의 역할과 가치를 간과하지 않는 허목의 관점은 소박한 인상을 준다. 더구나 전자가 인식하는 도의 개념과 허목의 개념은 일치하지 않는다. 허목의 도는 형이상학적인 성격을 넘어서 현실 만물과 부합하는 성격을 지니기에 도를 싣는 문文 역시, 이념적인 논의보다는 현실을 반영해야 하는 것으로 인식되었다.[61]

---

59 선초의 기일원론적 문학론에 관해서는 정우봉의 「散文 理論의 基本 範疇와 展開 樣相」(『민족문화연구』 32, 고려대 민족문화연구원, 1999) 참조.

60 우응순, 「朝鮮 中期 四大家의 文學論 硏究」, 고려대 박사논문, 1990, 60~62쪽.

61 도학자들이 도와 문을 분리해서 주종관계로 파악하는 데 반해, 미수는 一氣라는 관념을 통해 도와 문을 일치시켜 생각하고, 문장의 역할을 크게 부각시킨다는 점에서 변별점이 있다.

흥미로운 것은, 18세기 이후 조귀명趙龜命, 신유한, 유한준을 비롯한 문장가들에게서 도문분리론이 제기되는 시점[62]에서도 남인 계열에서는 여전히 기일원론적인 관점과 재도적 문학관이 중요한 인식의 틀로 자리한다는 점이다. 대표적인 예가 이헌경으로, 그 역시 삼재의 논의를 가져와 문장은 절대 폐할 수 없음을 주장하였다.[63] 이러한 관점하에 문에서는 도가 반영되어야 한다는 점을 강조하였는데, 여기서 도는 허목과 마찬가지로 지행知行을 모두 아우르는 성격을 지닌다.[64]

혁신적인 문장관을 가진 작가로 일컬어지는 이용휴의 논의도 여기서 크게 벗어나지 않는다.

> 저 문장이란 것은 곧 해와 달이 하늘에 붙어 있고 草木이 땅에 붙어있는 것과 같다. 사람이 위로는 해와 달의 빛을 받고, 아래로는 초목의 기운을 먹어서 토하여 문장이 된다. 그 쓰임이 나라를 빛내고 왕명을 아름답게 하며, 임금을 높이고 백성을 보호할 수 있다. 이와 같지 않으면 황량한 연기요 시든 꽃이나 다름없으니, 어찌 문장이라 일컬을 것이 있겠는가.[65]

권진호, 「眉叟 許穆의 尚古精神과 散文世界」, 성균관대 박사논문, 2000, 70~71쪽 참조.

62 박경남, 「兪漢雋의 道文分離論과 散文세계」, 서울대 박사논문, 2009.

63 李獻慶, 『艮翁集』 卷13 「答鄭司諫書」. "弟之所期責於老兄者, 固不止於文章一事, 而雖以文章論之, 誠未可輕忽而厭棄之也. 在天爲日月星辰, 在地爲山川草木, 在人爲詞翰文章, 是三者三才之有光耀者也. 天地之所不能無, 而人獨廢之, 可乎!"

64 李獻慶, 『艮翁集』 卷13 「答玉西李進士書」. "君子之求道, 知行而已. 以言乎知則所當先格者, 如事親當如何, 事君當如何是已, 古人所謂切問近思者然也. 以言乎行則其極也止乎致中和, 未發而求, 中存乎敬, 已發而求, 和存乎義. 敬義立而後道不離, 道不離然後言中於道, 而文與道乃可合也. (…中略…) 若以訓詁辨說而求之, 先儒中新安陳氏雙峯饒氏註解最號明透, 而彼二儒者於道, 竟亦何得焉."

65 李用休, 『惠寰雜著』 卷6 「送蔡司徒出按關西序」. "夫文者, 卽日月之麗天, 草木之麗土者也.

인용문은 앞서 살펴보았던 허목과 이헌경의 논의와 일치한다. 물론 임지任地로 떠나는 채제공을 전송하는 상황에서 창작된 작품이긴 하지만, 문장이 현실에 있어서 올바른 쓰임을 가져야 한다는 생각은 이용휴 문학론의 중요한 기저로 작용하는 것이 분명하다. 그가 경전의 문장은 고인의 지극하고 올바른 언행이 담겨져 있기에 최고의 글로 칭송한 데 반해, 패관잡기稗官雜記는 사람의 마음을 흩트리게 하고 사람의 명예를 망가뜨리는 것으로 읽지 않는 것만 못한 글로 인식하였던 것[66]은 이 같은 재도론적 문학관의 반영으로 이해할 수 있다.

그동안의 연구는, 이용휴의 문학에 나타나는 진眞, 진견眞見에 대한 관념에 대해서 그 혁신성을 강조해 왔기에 이 같은 재도적 문학론은 관심을 끌기에 부족하였다. 양명학의 개념과 논의들을 이용휴 스스로가 명시적으로 노출시키고 있으므로[67] 자연히 그의 문학은 양명좌파, 공

人上受日月之光, 下食草木之氣. 吐以爲文. 其用, 可以華國而煥猷, 尊主而庇民. 不如是, 乃荒烟萎花, 豈足以稱文哉?"

66 李用休, 『惠寰集抄』「貽謀錄序」. "以有盡之身, 爲無窮之計, 其道何由? 必也書乎. 雖然, 書亦有數等. 其最上者, 爲經爲傳, 固已家誦而戶傳矣, 其最下者, 爲稗官褉記, 往往壞人心術, 敗人名行, 此則看書反不如無書者也. 惟古今之鴻儒老師與夫高賢長者之至言懿行, 散在群書者, 人未能盡見. 故其所爲或違於理, 所趨或入於僻, 而無以矯之. 見有所不爲, 識有所不徹, 而無以達之."

67 이용휴의 사유의 스펙트럼은 상당히 넓어 양명학 하나로만 국한시킬 수 없다. 예컨대 「贈鄭在中」는 자아발견과 깊은 관련을 맺는 글로 陽明學의 사상적 이념을 발산한 것으로 지적된다(안대회, 『나를 돌려다오』, 태학사, 2003). 그러나 이 글에서 '故古人願以初瞽還我者'는 예수회 신부인 龐迪我의 『七克』의 내용을 그대로 인용한 것이다. '外眼'과 '內眼'이란 개념 역시, 인용 후반에 나오는 "額我略, 生時亦頗見救人聖跡, 一瞽者求賜視. 答曰, 爾卽無形目, 不能見色如狸犬. 尙有禮目, 能見道如天神, 身目復見, 神目必瞽, 終害於爾, 勿求之" 논의와 관련이 깊다. 『七克』은 남인 계열에서 널리 읽혀졌다. 이익은 이 책이 유교사상을 보완해 줄 수 있는 것으로 여기기도 하였다. 그러나 19세기 이후 서학에 대한 탄압이 심해지면서 이 책에 대한 경계도 높아졌다. 정약용의 묘지명에서는 다산이 이 책에 대해 경계했다는 내용이 나오면서, 서학과의 관련성을 피하고자 하는 의식을 드러냈다. 그

안파, 소품과 관련성을 맺고 있는 것으로 논해진다. 그러나 그의 진아眞我, 진문학眞文學에 대한 고찰이 공안파와의 강한 유사성이 있는지 의문이며, 유교사상 및 한문산문의 전통에 대한 해체로까지 나아가는가에 대해서는 반성적 고찰이 필요한 시점이다.

그는 문장은 불가의 수련처럼 깊은 성찰로 이룰 수 있는 것이며, 천박한 마음이나 일시적인 감정에서 나올 수 있는 것은 아니라고 여겼다.[68] 이를 통해 본다면 이용휴의 진眞이 공안파에서 나타나는 사정私情과 욕欲의 관념과 같은 차원으로 확대되지 않는 것이 분명하다. 그의 진은 여전히 유가 정신하에 운용되며 허목이 강조한 육경의 도와도 연장선상에 있다.[69]

이상에서 살펴본 바, 근기 남인들은 재도론을 견지하면서도, '도'의 의미를 성리학적 의미에서가 아니라 육경의 도, 원시 유가의 도, 일상의 도로 간주하기 때문에, 재도론이 포섭할 수 있는 문文의 범위가 성리학적 재도론에 비해 확장되며 유연한 면모를 가지고 있다. 진한고문을

러나 적어도 18세기까지는 이 책에 대한 경계가 그리 높지 않았으며, 이용휴 역시 독서의 흔적을 남기는 것을 꺼리지 않았다. 관련 논의는 하지영, 「이용휴 문학에 나타난 서학적 개념의 수용과 변용」, 『동양고전연구』 65, 동양고전학회, 2016.

68 李用休, 『惠寰雜著』 卷11 「送洪秀才讀書山房序」. "夫文章, 不朽盛事. 固不可以淺心躁情求之, 弗專胡獲? 顧其道, 乃不盡在幽枯苦勤, 而一悟則成儒禪, 卽弗殊也."

69 "이용휴가 강조한 바는 德, 忠, 孝, 善, 謙 高, 和, 古 등이며, 仁에 기초한 淸廉, 公正, 謹守요, 牧民의 요체가 되는 孝와 慈愛 등이다. 이는 양명학 좌파가 心을 기반으로 그것의 작용인 (私)情과 欲을 긍정하고, 찰라의 아름다움을 옹호하며, 개아의 취미에 부합할 것을 요구했던 것과 대비된다. 즉 그는 公義를 취하여 개인적 욕망과 취향으로의 탐닉을 경계하고 있는데, 여기에서 士人의 책임의식이 문학세계의 근간이 되고 있음을 유추할 수 있다. 따라서 그가 강조한 眞我의 실체는 감정의 솔직함으로서의 眞보다 올바름으로서의 眞에 초점이 맞추어져 있다고 보인다." 김동준, 「李用休 漢時의 理智的 性向과 새로운 詩的 型式」, 『진단학보』 95, 진단학회, 2003, 265쪽.

육경과 함께 문장의 전범으로 적극 수용할 수 있었던 것은 이러한 의식이 전제되어 있기 때문이다.[70]

이처럼 문장은 올바른 도를 실어야 한다는 재도론에서 한발 더 나아가 문에 대한 의미를 다르게 이해하는 관점도 발견된다. 문을 내용과 수사로 나누어 생각하여, 내용이 도에 부합한다면 이를 수사하는 것에 관해서는 큰 문제를 제기하지 않는 것이다. 이는 그들이 진한고문을 전범으로 부각시키는 것에 대해, 이데올로기적 혐의를 불식시킬 수 있는 합리적인 변명으로 기능하였다.

이헌경은 양웅이 성인의 말을 참람하게 모방하였다는 세간의 평가에 대해 그 도가 바르니 모방은 애초에 문제가 되지 않는다는 견해를 내놓았으며,[71] 정범조는 『전국책』, 『장자』, 『열자』 등의 전범 자체가 도에 부합하지 않더라도, 내 도만 육경에 부합하고 올바르다면 그것을 끌어다 쓰는 것은 문제가 되지 않는다고 주장하였다.[72] 이전 시기 허목과 민창도閔昌道[73]가 삼대와 가까워 고기古氣가 있다는 이유로 진한고문을 제

70 물론 李潊, 李萬敷 등 남인계 가운데에서도 도학에 깊이 침잠하였던 문인들은 전형적인 도문관을 펼치면서 문장의 가치를 인정하지 않은 태도를 보였다. 송혁기, 『조선 후기 한문 산문의 이론과 비평』, 월인, 2006, 160쪽 참조.

71 李獻慶, 『艮翁集』 卷13 「答鄭司諫書」. “孟子以後著書明道術者, 惟子雲一人. 韓愈雖譏其有疵, 而醇處宜在所與. 或以僭擬六經罪之, 而愚意不然. 使法言果合於論語, 太玄果符於周易, 則僭擬何罪焉? 罪法言以美新, 罪太玄以架疊, 然後雄乃服矣. 太玄法言, 豈不是千古文章, 但雕篆之作俑, 鬼怪之流禍, 不容不明辨而嚴斥. 今豈以韓愈所稱之說而曲庇之耶.”

72 丁範祖, 『海左集』 卷19 「文粹歷選序」. “若曰, 文之不軌於聖人之道者, 放絶而勿取乎, 則誠不知文者也. 夫道存乎內而爲宰者正, 則文亡邪也. 孔子生春秋時, 其文春秋也. 道存焉, 故孔子之文也. 孟子生戰國時, 其文戰國也. 道存焉, 故孟子之文也. 故善爲文者, 本原六經聖人之旨, 而先正其道, 則彼文之不軌於道者, 不害其取而爲吾用也. 儀秦之文辯, 吾用之, 則辯於道也. 莊列之文達, 吾用之, 則達於道也.”

73 閔昌道, 『百家類纂』 「新刊百家類纂序」. “去聖未遠, 故能越世高談, 自開戶牖, 皆將擧其術,

한적으로 수용할 수 있다는 궁색한 변명을 내세운 데 반해, 이들은 보다 폭넓은 전범을 적극적으로 수용하고자 하는 태도를 보였다.

이 같은 논의는 나아가 진한고문이 유가의 도를 도울 수 있다는 견해로 확장되기도 하였다.

> 하늘에 닿는 학문, 고금을 꿰는 학식, 세상을 초월한 지혜, 무리를 뛰어 넘는 행실, 걸출하고 우뚝한 기상, 뛰어나고 드넓은 담론은 넓히면 우주에 가득하고 촘촘히 하면 들어갈 틈이 없어서 마침내 大雅의 문장을 떨쳤다. 이른바 '『書經』에서 근본하여 질박함을 구하고, 『詩經』에서 근본하여 떳떳함을 구하고, 『禮記』에서 근본하여 마땅함을 구하고, 『春秋』에서 근본하여 과단함을 구하고, 『周易』에서 근본하여 역동성을 구하였으며, 『穀梁傳』을 참고하여 뜻을 굳세게 하고, 『孟子』와 『荀子』를 참고하여 뜻을 화창하게 하고, 『莊子』와 『老子』를 참고하여 단서를 펼치며, 『國語』를 참고하여 아취를 넓히고, 「離騷」를 참고하여 그윽함을 이루고, 사마천을 참고하여 정결함을 이루어 斯道를 돕는다는 것'이다.[74]

신광수申光洙는 이덕주李德胄(1695~1751)의 생애와 문학에 대한 논의를 펼치면서 유종원의 「답위중립론사도서答韋中立論師道書」의 글을 그대

措之家國天下, 非如後世文人藝士苟依託空談亡裨實用. 是以班氏謂使遇明王, 折衷輔拂, 悉股肱之良材. 乃余則以爲籍孔門陶鑄之化 不當在七十子列哉!"

74 申光洙, 『石北集』 卷14 「祭芐亭李公文」. "窮天之學, 貫古之識, 超世之志, 邁倫之行, 魁傑卓犖之氣, 奇偉宏博之論, 廣之而彌六合, 細之而入無間, 遂乃振之以大雅之文. 所謂本之書以求其質, 本之詩以求其恒, 本之禮以求其宜, 本之春秋以求其斷, 本之易以求其動, 又參之穀梁氏, 以厲其氣, 參之孟荀, 以暢其支, 參之莊老, 以肆其端, 參之國語, 以博其趣, 參之離騷, 以致其幽, 參之太史, 以致其潔, 以羽翼斯道者."

로 가져와 설명하고 있다. 유종원은 원래 이 글을 통해 자신의 문장이 도에 부합한다는 주장을 펼쳤는데, 여기서 도의 의미는 유가의 도에 국한되지 않고, 제자와 사체류 고문을 통해 보완할 수 있는 것의 성격을 지니고 있다. 실제로 한유가 공맹지도孔孟之道에 국한하여 도道를 해석하며 불가나 노자를 힘써 배척했던 것에 반해 유종원은 유가의 도 이외에도 노자, 장자, 순자, 묵자, 법가, 불가의 도까지 모두 수용하였다. 이러한 입장으로 인해 한구정맥론을 수립한 농암계 문인들은 소식蘇軾과 함께 유종원을 전범에서 배제하는 경향을 보이기도 하였다.[75]

인용문에서 진한고문을 통해 사도斯道를 보익할 수 있다는 논의는, 일반적인 도학적 문학론 범위에서 수용되기에 무리가 있다. 그럼에도 신광수가 이 논의를 원용한 것은 그가 속한 남인 계열이 인식하는 도가 정주학의 견고한 이데올로기성을 넘어서고 있음을 간접적으로 표명한 것이라 하겠다.

이 시기에 이헌경이 진한고문을 학습한 다음 육경으로 이를 제어하는 독특한 문장 학습 과정을 수행하였던 것 역시, 그가 생각하는 도가 진한고문의 도와 배치되지 않았기 때문이다. 이들은 도의 의미를 좀 더 유연하게 확장하여, 보다 폭넓은 문장의 전범을 적극적으로 수용할 수 있는 계기를 마련하였다. 기존에 이단으로 치부되었던 제자서의 수용은, 그들이 의도했든 그렇지 않든 간에 결과적으로 정주학 중심의 이데올로기에 균열을 가하는 것이었다.

75 박은정, 앞의 글, 40~42쪽 참조.

영남과 낙론계 문사들에게 일어난 변화의 폭은 보다 컸다. 주지하다시피 영남은 퇴계 이후 강한 도학적 전통을 지닌 지역이다. 퇴계는 주자의 문학관을 계승하여 문과 도를 일원론적으로 파악하였다. 그는 시란 말기末技에 불과하지만 성정性情에 근본하였다는 점에서 인정하였으며[76] 문학을 공부하는 것은 곧 마음을 바로잡기(正心) 위한 효용성을 가져야 한다며, 문학을 제한적으로 긍정하였다.[77] 이러한 목적 없이 문예에만 치중하거나 기이한 문장을 일삼는 것[78]은 지양해야 할 것으로 규정하였다.

18세기 퇴계 학단의 중추적 인물이었던 이상정 역시 문장의 폐해는 불가에 못지않다고 지적하며 평탄한 주희의 문장을 익힐 것을 주장하였다.[79] 이 발언은 당시 영남 문단 일반을 대표하는 견해로 보아도 좋다. 하지만 일각에서 변화가 감지된다. 대표적인 예가 신유한이다.

> 儒者들이 점잖게 말하기를, 장생이 글을 지어 공 씨를 모욕했다고 한다. 이 「도척」 한 편에 이르러서는 이것을 통째로 들어서 물과 불 속에 던지며 말하기를, "장주란 놈이 감히 하늘을 훼손시키고 해를 헐뜯는구나"라고 한

---

76 李滉, 『退溪集』 卷35 「與鄭子精」. "夫詩雖末技, 本於性情. 有體有格, 誠不可易而爲之."

77 權斗經, 『退陶先生言行通錄』 卷2. "又曰, 某人甚有文才, 而爲人甚虛疎, 可恨, 是知務文學矣, 治心最緊, 不可忽也. 余因率爾而對曰, 心行不得正, 雖有文學, 何用焉. 先生曰, 文學豈可忽哉. 學文所以正心也."

78 위의 책. "儒家意味自別, 工文藝非儒也, 取科第非儒也."

79 金聖鐸, 『霽山集』 卷7 「答權一甫書」. "景文又移兵於我曰, 文章之流弊, 不下於釋氏之害."; 李象靖, 『大山集』 卷6 「答權江左」. "蓋朱書義理, 純實無新奇詭特之觀, 文詞平易, 少高古簡徑之趣. 然至純實處, 自有活法, 極平易中, 自有妙理. 惟用力多而造道深, 方始見其愈多而愈不厭. 今未暇升堂嚌胾, 以探其脂膏, 而徒循跡按本, 訿議其文體之古不古, 則是何足以病朱書哉!"

> 다. 그중에 한 두 사람이 장생을 위하는 자가 있어 말하기를, “「도척」을 지은 자는 장생이 아니요, 장생의 의도는 공자를 받드는 데 있소”라고 한다. 나는 모욕하는 것이나 받드는 것이나 모두가 어떤 의도에서 나왔다고 보는데, 장생에게는 이러한 것이 없다고 생각한다. (…중략…) 가령 장생이 이 편을 지었다 해도 文字幻에 지나지 않는 것이다. 후인으로서 장생을 본받으려는 자는 마땅히 다시 幻中事를 만들어야 할 것이다. 장주인가, 나비인가. 내가 그대와 함께 鼓舞하며 보는 것은 모두 환이다.[80]

신유한은 『장자』를 사상적인 성격이 강한 텍스트로 보는 것 자체를 거부하고, 이는 문자환文字幻, 즉 상상력이 발휘된 문자 유희에 불과한 것이라고 여겼다. 따라서 『장자』에 대해서 이단이라고 공격하거나, 공자의 도에 합당하다고 논하는 것 자체가 의미가 없다는 것이다. 이러한 견해를 따르면 『장자』가 이단이라고 하며 문장에 쓰지 말 것을 주장하는 논의나, 유가의 도를 보완해 주는 것으로 문장에 쓸 수 있다는 논의 모두 의미가 없게 된다. ‘문학’을 단지 ‘문학’으로 볼 것을 주장하는 신유한은 입장은 「이소」에 대한 논의에서도 반복된다. 그는 도리道理의 관점으로만 이해하려는 주희의 주석에 아쉬움을 표하고, 「이소」의 언어가 함축성이 깊고 비유가 많다는 점에서 지극히 문학적인 텍스트임을 환기시켰다.[81]

---

80 申維翰, 『靑泉集』 卷6 「莊子盜跖篇後題」. “儒者雅言, 莊生著書侮孔氏, 至盜跖一篇, 擧而畀水火曰, 周也敢毁天而訾日. 其有一二爲莊生地者, 則曰盜跖之著非莊生, 莊生意在宗孔氏. 余謂侮與宗, 皆原於有意, 莊生亡是也. (…中略…) 第令莊生而著此篇, 不過爲文字幻, 後人而擬莊生, 當復作幻中事. 周乎蝶乎. 吾與子鼓舞而觀者, 皆幻也.”

81 위의 책 續集 卷2 「離騷經後敍」. “紫陽疏註, 雖極精深, 其言主道理. 似於文章家聲曲規矩,

'문학'의 독자적인 영역을 강조하는 입장에서, 설리說理적인 성향의 문장은 자연스레 문학의 범위에서 제외될 수밖에 없다.

> 천하에 이것 이외에 文이라고 칭하는 것 중 하나가 유가의 훈고학이니 이 또한 근원이 있는 것입니다. 공자가 「繫辭傳」과 『孝經』을 지으신 이래, 증자·자사의 『대학』·『중용』에 이르기까지 사람을 이치를 궁구하고 천성을 다하도록 가르치셨습니다. 이 때문에 차근차근 명을 내릴 적에 반드시 '之'·'乎'·'者'·'也' 등의 글자로 도움 받아, 온 천하로 하여금 집집마다 행하고 실천하게 하기를, 마치 곡식이 물이나 불과 같이 많게 하셨으니 이것은 성인의 설교의 말씀이지 내가 말하는 文은 아닙니다.[82]

송대 어록체 문장의 경우 문학의 범주에서 제외시켜야 한다는 논의는 진한고문적 성향이 있는 여타의 문인들에 의해 빈번하게 제기된다. 그러나 신유한은 여기서 더 나아가 선진고문인 「계사전」을 비롯해 『효경』, 『대학』, 『중용』까지 문학의 범주에서 제외시켰다. 이상의 글들은 조사를 많이 동원해 최대한 알기 쉽게 교리를 설명한 것으로, 문학이라고 말하기 부적절하다는 것이다. 반면 『논어』는 공자의 일거수일투족

不用屑屑言也. 吾意三百篇詩人之旨, 大抵實中有虛, 如月在水, 虛中有實, 如鏡照物. 莊子逍遙遊, 秋水諸篇, 皆得此意, 故文章最高. 離騷一篇, 卽天地開闢以來, 詩詞刱法之祖. 觀其聲音情悃, 百節宛曲, 無一字不出於愛君憂國至誠惻怛矢死靡他之意. 而敘志行修潔, 則曰佩蘭, 曰餐菊, 曰芙蓉衣. 道君臣離合, 則曰蛾眉, 曰靈修, 曰黃昏期, 何言之曠也. 是其實中有虛, 如月在水."

82 위의 책 卷3「與任正言論文書」. "天下有舍是而稱爲文者, 一曰儒家訓詁學, 亦有本源矣. 夫子作系易孝經, 以至曾思大學中庸, 誨人明理盡性. 所以諄諄焉命之者, 必用之乎者也等字得力, 使天下家行戶踐, 如菽粟水火, 是聖人設敎之言, 而非吾所謂文也."

을 잘 기록하여 사가史家의 체를 얻었기에 문장의 전범으로 인정하였다.[83] 이처럼 그에게 있어 문학의 언어와 설교의 언어는 다른 차원이 것으로 인식되었다. 그의 문학론은 분명 근기 남인계 문인과 유사한 지점이 있으나, 재도론에서 이탈해 문예에 대한 가치를 더욱 높이고 있다는 점에서 그 차이가 발견된다.

신유한의 문학론은 돌출적인 인상을 주지만, 권만과 김낙행金樂行(1708~1766) 등 다음 세대의 영남권 문인들에게 계승되어 영남 문단의 변화를 지속적으로 도모할 수 있었던 것으로 판단된다. 특히 권만의 경우 『청성잡기靑城雜記』의 기록에 의하면 신유한에 대한 존모가 대단하여 그에 대한 영향을 유추할 수 있다.[84] 그는 이상정과 함께 도문道文 논쟁을 벌이면서, 정주서 대신에 육경을 읽을 것을 주장하여 주희 중심의 문학론을 수정할 것을 도모하였다. 보다 흥미로운 것은 당시 이 논쟁에 가담하여 권만에 동조하였던 김낙행이 제시한 의견이다. 그는 학문을 하려면 정주를 배우고 문장을 하려면 한당漢唐이 낫다는 의견을 표하였는데 이는 영남 문사로서는 전례를 찾아보기 힘든 발언이다. 이 발언에는 문과 도는 일치할 수 없다는 인식이 깔린 것으로 문예의 독자성을 옹호하는 관점으로 확대될 여지가 있는 것이다.[85]

---

83 위의 책, 「與任正言論文書」. "年長而讀漢書所紀文武詔制賈傳治安策百千過, 始信文章正脉, 在史而不在他. 又就儒家所習四書, 而獨喜誦論語, 以爲是洙泗門人善記夫子一動一靜, 模寫入神, 故其文得史家之體. 所以句琢字鍊, 式如玉式如金."

84 成大中, 『靑城雜記』 卷5 「醒言」. "如金始鑌權萬者, 皆以文章自許, 而並推重維翰, 莫與之競 (…中略…) 權之挽維翰詩曰, 誰遣若曹生左海, 等閒流輩上瀛洲."

85 金樂行, 『九思堂集』 卷2 「與李訥翁」. "不敏少嘗慨然於此, 私竊以爲爲學學程朱, 爲文學漢唐善矣. 夫程朱亦豈不至哉! 其必取夫漢唐者亦有說. 程朱於大文字, 固未嘗不以古雅爲主, 而其往還書牘論事明理處, 率多雜以當時俚俗之語, 使觀者易以曉解而已. 今之學者, 必欲並

공교롭게도 도문분리론은 한구정맥론을 정립시켰던 노론계 문사들에게서도 발견된다. 그들은 18세기 이후 점차적으로 진한고문에 대해 수용적인 태도를 보였는데, 이러한 인식 변화는 도문일치론이 변모, 분열되는 양상과 그 궤를 함께 하고 있다. 박경남은 한구정맥론을 수립한 농암에서부터 이미 도문일치론적 관점에서 이탈이 시작되고 있다고 분석한 바 있다.[86] 신정하의 경우 작가로 자임하면서 이학서와 구분되는 문학의 독자적인 가치를 인식하였다.[87] 안석경 역시 도와 문의 관계를 별개의 것으로 보아 문장의 가치에 대하여 적극적으로 긍정하였으며, 도학과 문장의 학습 체계는 애당초 다르며 문장을 성취하는 것은 어렵다고 논하였다.[88] 그는 재도지문을 부정하지는 않았지만, 그가 인식하는 도는 유교적 도, 형이상학적인 도라기보다는 현실 생활과 밀접한 관련이 있는 '도'를 의미하였다.[89]

보다 큰 변화는 18세기 중후반 유한준, 심익운에게서 발견된다. 우선

此而效之, 以爲爲文 必用語錄, 方有雅趣 是何異於慕文王之嗜昌歜而遂欲以粱肉易之者哉." 자세한 분석은 이종호, 「17~18세기 안동한문학 연구—갈암학파의 독서론을 중심으로」(『대동한문학』 9, 대동한문학회, 1997, 180~183쪽) 참조.

86 박경남, 앞의 글, 29~34쪽 참조.

87 강민구, 「서암 신정하의 문학론에 대한 연구」, 『한국한문학연구』 25, 한국한문학회, 2000, 149쪽 참조.

88 成大中, 『青城雜記』 卷4 「醒言」. "(安錫儆曰) 文章者, 於天下事, 無不通也. 一有不通, 非其至者也. 然其涉獵群書, 常在其少弱時, 二十以後, 則擇其合於時而切於用者, 約之成書, 至四五十而章成焉. 今君年二十有五矣, 百家諸書, 無一覽焉, 進乎此者可知. 縱今始學, 顧何暇通其情而發其奧哉. 況又功令之文, 害其專矣. 經術尙可, 文章則未也. 君旣讀七經矣, 熟看朱子大全, 資治綱目及自警編, 則亦足爲今世之名碩也. 叔華此言, 眞得文章之大道, 世有第一文章通經術者, 太史氏其任也. 太史而有不通者耶, 何以爲史哉."

89 안석경의 도문론은 윤지훈, 「18世紀 農巖季 文人의 文學論과 批評에 관한 硏究」, 성균관대 박사논문, 2008, 50~59쪽 참조.

심익운은 「설문說文」에서 글을 짓는 기술로 도道·법法·신神을 들며, 도에 관해서는 "성인의 말은 육경의 글이며, 제자의 말은 백가의 글이다. 그 순수함과 박잡함이 비록 다르지만 그 도를 전하고자 한 것임은 동일하다. 그러므로 문이란 재도지기라고 하는 것이다"[90]라고 논하였다. 이는 분명 심익운 스스로가 기존의 재도론을 계승하고 있음을 명시한 것이라 하겠지만, 여기서의 도 개념은, 옳고 그름을 떠나 육경뿐 아니라 제자백가에서 언급하는 도 모두를 포함하고 있기에, 유가를 비롯해 다양한 사유를 포괄하는 성격을 지니고 있다. 즉 심익운의 도는 창작과 관련된 모든 의사意思를 포괄하고 있는 것에 가까우며 여기서의 재도載道는 이미 견고한 이데올로기 틀에서 벗어나고 있다.

유한준은 이 시기 노론계 문단에서 누구보다도 이채롭고도 강한 논리를 가지고 있는 도문분리론을 제출하였으며 진한고문에 대해 높은 관심을 드러내었다.

> 열어구, 노담, 장주 등은 仁義와 道德을 쓸데없는 군더더기로 여기고 堯舜을 거짓되다고 하니, 도가 바르지 못함이 지극히 심하지만, 『열자』와 『노자』, 장자의 「제물론」과 「추수」는 위로 육경과 서로 겨룰 만하다. 부처의 도는 虛無와 寂滅이며, 군신과 부자 관계도 무시하니, 그 도가 바르지 않을 뿐 아니라 도를 어지럽히는 것이 심하다. 하지만 『法華經』, 『金剛經』, 『華嚴經』, 『楞嚴經』 등 불경의 글은 의미가 간략하며, 말은 깊고 심오하다. (…중략…) 만약 저들이 자신의 도를 도로 삼아 도를 다하였기 때문에 문장이 훌륭해졌

90 沈翼雲, 『百一集』 「說文二道」. "聖人之言, 六經之文也; 諸子之言, 百家之文也. 其純駁雖殊, 所以傳其道一也. 故曰, 文者, 載道之器也."

다고 한다면, 이는 천하에서 말하는 도라는 것은 恒道가 없게 된다. 도가 반드시 程朱가 아니라 하더라도 문장은 실로 그 나름대로 가치가 있는 것이다. 만약 문장이 반드시 정주의 도라야만 옳다고 한다면, 이는 자신의 도를 도로 삼는다는 설과는 어긋난다. 도와 문이 분리되면 둘 다 상하고 합하면 둘 다 아름답게 되니, 어찌해서 정주의 도에 근본하고 사마천 반고의 글로 입히지 않는 것인가. 이는 또 그렇지 않다. 대저 '文'이라는 것은 무엇을 근거로 삼아 삼대와 상하를 구별할 수 있겠는가? 간략하고 번잡한 것이 달라서이다. 삼대 이래 죽이고 쟁탈하고 부수고 찢긴 이후 거짓으로 서로 속이는 세상에 태어났는데 堯舜禹의 精約한 말로 이끌려 한다면, 이는 鄕飮酒로써 군대를 다스리는 것과 같으니, 먹힐 수가 있겠는가. 그러므로 정주의 도를 사마천과 반고의 문장에 입힐 수 없는 것은, 사마천과 반고의 글이 정주의 도에 입혀지지 못하는 것과 같으니, 어찌 양자를 겸할 수 있겠는가.[91]

위의 인용문은 박윤원朴胤源(1734~1799)에 보내는 서신으로, 도문분리론을 치밀하게 제기한 논의로 이미 주목받은 바 있다. 엄밀하게 논하자면 여기에서의 '도'의 개념은 크게 둘로 나눌 수 있다. 즉 '각도기도各

91 兪漢雋, 『自著』 卷20 「答朴永叔書」. "列禦寇老聃莊周之屬, 以仁義爲贅疣, 以道德爲駢枝, 以堯舜爲僞, 道之不正極矣. 而冲虛道德齊物秋水, 上與六經相頡頏. 而佛之道虛無寂滅, 無君臣無父子, 非惟不正, 亂道甚矣. 而法華金剛二嚴之文, 指約而操簡, 語幽而辭玅 (…中略…) 如曰彼各自道其道而旣於道, 是以文至矣, 然則是天下之所謂道, 無恒道矣, 道不必程朱, 而文章固自如也. 使文章必程朱之道而後可也, 則是各道其道之說左矣. 離之則兩傷, 合之則雙美, 何不本之以程朱之道, 而被之以遷固之文也? 此又不然, 夫文何以有三代上下之別也? 繁簡異也. 生於三代之後殺伐爭奪破碎缺裂之餘詐僞相欺之世, 而欲導之以堯舜禹精約之言, 此猶治軍旅以鄕飮酒之禮, 其可入乎? 故夫不可被之以程朱之道於遷固也, 猶不得被之以遷固之文於程朱也. 庸可以兼邪."

道其道'에서의 도와 '정주지도程朱之道'에서의 도가 그것이다. 유한준은 열자, 노자, 장자, 불경, 유종원, 소식 등의 예를 나열하면서, 그들이 지닌 '도'가 바르지 않더라도 각각의 작가가 자신의 도를 도로 삼아 그것을 완성하였기 때문에 문장이 그 나름의 높은 가치를 획득할 수 있었다고 논한다. 여기서의 도 역시 다양한 사상과 정正과 부정不正을 모두 포괄하는 개념으로 작자의 독자적인 경지, 사유방식에 가깝다.[92]

하지만 '각도기도'의 '도'는 유학자들에게는 일반적으로 수용되기 어려운 개념이다. 이에 그는 굳이 문장의 도를 정주지도의 도로 국한시켜야 하는 경우를 가정하여 다음과 같이 말한다. 도와 문장은 삼대 이후로 완전히 갈라져 버렸기 때문에 서로 동일한 차원의 것이 아니다. 따라서 사마천과 반고의 기굴한 문장으로 정주의 올바른 논의를 싣는다는 것은 이미 불가능한 일이다. 부도한 자들을 바른 길로 인도하려면 번잡한 문장을 쓸 수밖에 없다.[93] 이제 문과 도가 분리된 현실에서 성리학적인 재도론은 실현될 수 없는 논의이다. 그렇다면 문장은 어떻게 해야 하는가. 유한준은 이 글에서 구체적인 결론을 회피하고 있지만 논리의 흐름으로 보아 이미 답이 앞에 제시되고 있다. 그것은 바로 '各自道其道, 而旣於道'인 것이다. 여기서 도는 이미 성리학적 도의 범위를 넘어서고 있다.

그의 제출한 기정奇正론 또한, 노론계 문인의 도문관이 변화하는 한

---

92 「樸廬記」에서는 오늘날 선비들이 "內而堯舜周孔羣聖人仁義禮智之說, 不能以入之, 外而列禦寇老聃莊周之屬枯苦獨樂之言, 不能以化之"라고 하면서 비판하기도 하였는데 여기에는 孔孟과 老莊을 내외 관계로 파악하는 독특한 사유방식이 표출되었다.

93 이 부분의 논지 전개 방식은 남유용과 흡사하다. 『雷淵集』 卷15 「答李文遠」. "當朱子之世, 中國淪而夷狄橫, 人人而喪其仁義之性, 則必欲開迪之也. 詖辭作而正學微, 人人而能誣聖賢之言, 則必欲修明之也. 以一人而敵千萬人之口, 其言惡乎不長, 訓謨之簡, 非其不欲也, 勢未可也."

양상으로 이해할 수 있다. 기정의 개념은 원래 병법에 나오는 것으로,[94] 이를 유협劉勰(465~521)이 가져와 "옛날 숙련된 재주를 가진 문인들은 정正을 가지고서 기奇를 운용하였는데, 새로이 배운 신예들은 기를 좇아 정을 잃는다"[95]라고 하여, 문학에 있어 정正을 근본으로 하여 기奇를 운용할 것을 주장하였다. 유협이 재도적 입장에서 정正의 범위 안에 국한된 기奇를 이해하고 주종의 위치를 설정하였다면, 명대 전후칠자는 정正과 기奇의 상생과 조화에 보다 주목한다. 전후칠자 중 한 명인 사진謝榛(1495~1575)은 기奇가 정正을 드러낸 것이라고 하여 기奇의 역할을 보다 강조하였다.[96] 왕세정 역시 편법에서 기정을 법도에 맞게 운용하는 것을 중시하였으며[97] 두보의 시가 이러한 요건을 잘 충족시켰다는 이유로 최고의 경지로 꼽았다.[98]

조선 문단에서도 17세기 이후 기정의 관계를 통해 문학을 이해하려는 논의가 등장한다. 신정하의 부친인 신완申琓은 「문설文說」에서 "기이함만을 추구하면 뜻이 늘 기이하란 법도 없는데다가 때때로 고갈되기 쉽지만 한결같이 바름을 추구하면 뜻은 항상 바르게 되고 때때로 절로 기이함이 있게 된다"[99]고 하였다. 정正에 근본하면 기奇는 자연히 이루

---

94 유동재, 「「문결」의 創作論과 그 문론사적 의의」, 『한국한문학연구』 38, 한국한문학회, 2006, 315쪽 참조.

95 劉勰, 『文心雕龍』 卷6 「神思」. "舊練之才, 則執正以馭奇, 新學之銳, 則逐奇而失正."

96 謝榛, 『四溟詩話』 卷3. "正者, 奇之根, 奇者, 正之標 (…中略…) 奇正相兼, 造乎大家, 無可議者矣."

97 王世貞, 『弇州四部稿』 卷144 「藝苑巵言一」. "首尾開闔, 繁簡奇正, 各極其度."

98 王世貞, 『弇州四部稿』 卷147 「藝苑巵言四」. "有色有聲, 有氣有骨, 有味有態, 濃淡深淺, 奇正開闔, 各極其則."

99 申琓, 『並世集(尹光心 編)』 卷1 「文說」. "一於求奇則 意未必常奇 而有時乎易窮 一於求正則意未嘗不正 而有時乎自奇."

어지니, 기에 일부러 힘쓰는 것은 바람직하지 못하다는 것이다. 이는 당송고문론의 일반적인 견해를 대표하는 것이라 할 수 있다.

> 문은 기와 정이 있는데 처음 정에 자리하여 기에 출입한다.
> (注 : 정이 主가 되기 때문에 처음 자리하고 기가 客이기 때문에 출입이 있다. 위치는 삼가지 않을 수 없다.)
> 기하여야 神하고, 신하여야 變하고, 변하여야 化하고, 화하여야 聖하다.
> (注 : 법의 바름에 머문다면 화할 수 없다. 화는 기에 근본한다. 그러나 오직 정을 위주로 하여야 기가 신, 변, 화할 수 있다. 신변화하여야 문이 성에 이른다.)[100]

유한준의 기정론은 정과 기가 주종관계가 있다는 점에서는 기존의 논의와 일치한다. 그러나 그는 정을 근본 바탕으로 그 위치를 좀 더 고정시키고 기가 생동하는 국면을 주목하고 있다는 점에서 차이가 있다. 즉 유협이 기를 제어하는 정의 성격을 적극적으로 부각시킨 반면, 유한준의 정은 근본 바탕으로서의 의미만 지닐 뿐이고 신변화神變化하여 지극한 문의 경지에 이르게 하는 힘은 바로 기에 달려 있다는 것이다. 또 앞서 신완이 정을 추구한 결과 자연히 나타나는 것으로 기를 의식하였다면, 유한준은 기의 능동적인 역할을 강조하고 있다. 이처럼 유한준의 문학론은 종래의 '정正'을 중심으로 기정 관계를 구축하는 재도적 문학

100 兪漢雋, 『自著』 卷26 「文訣」. "文有奇正, 肇位于正, 出入于奇.(正爲主故爲肇位, 奇爲客故有出入, 位置不可不愼也.) 奇乃神, 神乃變, 變乃化, 化乃聖(滯於法之正而已, 則無以化, 化本於奇. 然惟以正爲主之, 奇爲能神變化, 神變化而文至於聖矣)."

론과는 어느 정도 간극이 존재한다.

이상 살펴보았듯이 18세기 진한고문론에서 도와 문에 대한 인식은 당송고문론자들의 입장과 다르다. 농암 계열 고문가들이 문이관도文以貫道·문이재도文以載道 등의 개념을 통해 언제나 문文보다는 유가적 의미의 도道를 우위에 둔 데 반해, 진한고문 계열의 문인들은 도의 의미를 보다 폭넓게 이해하거나 양자를 분리함으로써 문의 가치를 높이려 하였다.

남인 계열에서는 기일원론적 관점하에 재도적 문학론을 견지해나가지만, 여기서 도는 성리학적 도의 개념과는 다르다. 문 역시 내용과 수사를 분리하여, 수사하는 차원에서는 도에 부합하지 않아도 괜찮다는 절충론이 제기되거나 심지어 제자를 비롯한 진한고문이 유가의 도를 보익할 수 있다는 견해가 제시되었다. 영남 남인과 노론계의 변화는 좀 더 적극적으로 이루어진다. 영남 남인의 경우 신유한이 도문분리론을 제기하여, 문학의 독자적인 가치를 선언한 이후, 권만, 김낙행 등 영남권 문인들의 변화를 유도해냈다. 노론계 역시 도에 대한 인식의 전환을 이루거나 도문분리론을 제기하는 양상을 확인할 수 있다. 이처럼 18세기 문단에서 각 계열의 세부적인 차이는 존재하지만, 도와 문에 대한 인식이 전환하고 있는 현상을 포착할 수 있으며, 이러한 전환이 진한고문적 성향을 가진 문인들에게서 발의된다는 점에서 진한고문론이 가지는 지향성을 유추할 수 있다.

3. 송풍에 대한 비판 및 문장 수준 고양 의지

진한고문을 문장의 전범으로 부각시키고 그 미감을 창작에 반영해야 한다고 주장하는 문인들은, 당송문학을 대립항으로 설정하고 논의를 전개할 것으로 예상되지만 세부적으로 고찰해 보면, 이들이 주로 비판의 대상으로 삼는 것은 송대문장, 구체적으로는 주소체 문장과 구양수歐陽修, 소식, 증공曾鞏(1019~1083) 등의 문장이었다. 이들 문장의 성취를 모두 부정하였다기보다는 이들 문장을 추숭하려는 국내 문풍에 대한 비판에 초점이 맞춰져 있었다.[101]

진한고문을 존숭하는 입장에서 주소체 문장에 대한 비판은 공통적으로 제기된다. 주主논지는 정주程朱가 이치를 설명하기 위해서 부득이하게 번잡하고 평이하게 문장을 쓴 것이 바로 주소체이므로 이를 문학으로 인식해서는 안 된다는 것이다. 이 같은 비판은 선초에서부터 제기되어 왔지만 주소체 추숭 풍조는 문단에서 수정되지 않았다. 허목은 육경 중심의 고학을 강조하는 논리의 연장선에서, 당시 사람들이 육경의 고문을 오히려 오활하면서도 진부한 말로 여겨 오로지 정주의 문장에 힘쓴다고 비판하였다. 주소의 문장은 육경의 뜻을 해설하기 위해 어쩔 수 없이 번만繁蔓한 문장을 쓴 것인데 이를 따르는 것은 잘못된 현상이라는 것이다.[102] 그는 비판의 강도를 높이기 위해 주소가 일어남에 고

101 唐代 문장인 한유와 유종원에 대해서는 대체로 긍정적인 입장을 보이며 문장 전범의 하한선으로 설정하는 논의가 많이 보인다. 앞서 언급하였듯 송대문장 일변도였던 선초 문풍에 대한 대안으로 진한고문과 함께 唐代 문장이 부각되었던 것으로 이해된다.

문이 없어졌다는 발언까지 하였다.[103] 송대문학 일반에 대해서는 삼대三代의 정치를 밝혔으나 훈고訓詁에 그쳤다고 평가하기도 하였다. 이 같이 주소체를 바라보는 입장은 주자의 문장이 제일이라고 하였던[104] 송시열의 견해와는 사뭇 다르다. 양자의 차이는 궁극적으로 문학이 무엇이가에 대한 인식의 차이에서 비롯한다.

하지만 주소체 문장을 선호하는 문풍은 18세기에 와도 크게 달라지지 않자 이에 대한 비판이 고조되어 낙론계 및 영남 문인들에게까지 비슷한 논조가 발견된다. 남유용은 주자의 문장은 부도한 무리를 설득하기 위한 목적을 가진 글이니, 그 뜻을 알지 못하고 문장만을 모방하여 길게 쓰는 것은 잘못이요, 『맹자』와 한유의 문장을 읽어서 문장을 보완해야 한다고 주장하였으며,[105] 유한준 역시 송대 도학자의 문장은 어쩔 수 없이 말이 길어질 수밖에 없었기에 문사와 멀어질 수밖에 없다고 하며 스승 남유용의 논의를 계승하였다.[106]

102 許穆, 『記言』 卷5 「答朴德一論文學事書」. “後來論文學者, 苟不學程朱氏而爲之, 以爲非儒者理勝之文. 六經古文, 徒爲稀闊之陳言. 穆謂儒者之所宗, 莫如堯舜孔子, 其言之理勝, 莫如易春秋詩書, 而猶且云爾者, 豈古文莫可幾及, 而註家開釋易曉也.”

103 許穆, 『記言』 卷5 「答客子言文學事書」. “嗟乎, 世無古人, 況古人之文乎. 註疏起而古文廢, 隷書作而篆籒亡. 古人之文, 如太音之稀闊, 讀而不知其味者有之.”

104 崔愼, 『宋子大全(宋時烈 著)』 卷18 「崔愼錄」. “先生曰, 朱子之文, 無所不具, 而從心所欲, 吐辭爲文, 則竊恐文章亦莫如朱子也.”

105 南有容, 『雷淵集』 卷15 「答李文遠」. “當朱子之世, 中國淪而夷狄橫, 人人而喪其仁義之性, 則必欲開迪之也. 詖辭作而正學微, 人人而能誣聖賢之言, 則必欲修明之也. 以一人而敵千萬人之口, 其言惡乎不長? 訓謨之簡, 非其不欲也, 勢未可也.”

106 兪漢雋, 『自著』 卷20 「答朴永叔書」. “及至於三代以下則不然, 師異道人異論世異教. 聖人遠而其言湮晦不章, 人將相率而入於夷狄禽獸. 於是宋之諸君子出, 而欲同其異邇其遠顯其晦, 挽夷狄禽獸之風而之於人也. 故其說長, 其說長, 故其文繁. 繁而長, 由於惟道之欲明. 道非不明矣, 而與文辭遠. 與文辭遠, 非道不正, 繁故也. 而司馬遷班固之屬, 極知能以爲文章, 幾至於協三光窮變化, 而卒叛於道學. 程朱旣於道, 而遷固旣於文章, 故曰, 小異.”

도학적 전통이 강하여 주소체 문장이 주류를 차지하였던 영남권에서도 허목의 영향으로 주소체 문장에 대한 비판을 제기하고, 문학이 무엇인가에 대한 논쟁이 격발되기도 하였다.

저는 생각하기를 학문을 하려면 정주를 배우고 문장을 하려면 한당을 배우는 것이 낫다고 하였습니다. 정주도 어찌 지극하지 않겠습니까마는 반드시 한당을 취해야 한다는 것에 대해서는 이렇게 말할 수 있을 것입니다. 정주는 大文字에 대해서 진실로 古雅를 위주로 하지 않은 적이 없으나, 남과 왕복한 편지에서 일을 논하고 이치를 밝힌 곳에는 대체로 당시 세속의 말을 섞어 쓴 것이 많았는데, 이것은 보는 자로 하여금 쉽게 이해하도록 하기 위해서였을 뿐입니다. 오늘날의 학자들은 반드시 이를 아울러 본받으려 하면서 생각하기를, 문장에 반드시 어록을 써야만 雅趣가 있게 된다고 합니다. 이 어찌 문왕이 창포 김치를 좋아하는 것을 흠모한 나머지 마침내 粱肉을 가지고 그것과 바꾸려고 하는 것과 무엇이 다르겠습니까. 더구나 마음 속 이치가 훤하기 때문에 말로 표현된 문장도 가지런히 조리가 있어 일자일구가 이치가 깃들지 않은 것이 없는데, 오늘날 얄팍하고 고루한 식견을 가지고 한갓 필묵 사이에 따다 붙이고 모방만 한다면, 족히 그 거칠고, 졸렬한 것을 드러낼 뿐이니, 어찌 한 두 가지라도 비슷하게 할 수가 있겠습니까? 과연 잘 배웠다면 괜찮겠지만, 잘못 배우느니 차라리 한당을 배우는 것이 낫습니다. 한당의 문장을 아마 정주도 취했을 것이요, 일찍이 한당을 본받아 지은 적도 있었습니다. 그것을 배우는 것이 어찌 도에 해로움이 되겠습니까? 이미 문장에 뜻을 두었다면 어찌 경지가 높은 문장에 나아가 배우는 것만 같은 것이 있겠습니까?[107]

이상정과 권만의 도문 논쟁에 합류한 김낙행은 주소체에서 나아가 어록체를 모방하는 풍조를 비판하였다. 정주의 어록체는 남에게 이치를 효과적으로 설명하기 위해 부득이하게 썼던 것으로, 이러한 어록을 잘못 배우느니 차라리 한당을 배우는 것이 낫다고 하였다. 문장이든 학문이든 높은 경지를 가진 것을 목표로 삼아야 한다는 논리에서이다. 이 글에서 흥미로운 것은 당시 문인들이 일부러 아취雅趣를 조성하기 위해 송대 어록을 따다 썼다고 지적한 부분이다. 그동안 진한고문적 글쓰기를 추구하는 문인들을 대상으로 표절에 대한 비판이 활발하게 이루어졌지만, 사실 작문 행태로 보면, 주소체와 어록체 문장을 추숭하는 입장 역시 모방과 표절에 대한 비판을 피하기 어렵다는 것을 확인할 수 있다.

주소체에 대한 비판은 19세기까지 영남권에서 지속적으로 제기된다. 신홍원은 주자와 같은 성리학, 훈고학 서적은 의사가 막혀 있고 문리가 천박하여 죽은 나무 같이 생기를 찾기 어려워 반도 채 읽지 않고 책을 덮었다고 하였으며,[108] 허훈은 허목의 논의를 계승하여 주소 문장은 고문과 다르며 경전의 뜻을 곡진하게 전하려는 정주의 의도가 후대

---

107 金樂行, 『九思堂集』 卷2 「與李訥翁」. "私竊以爲爲學學程朱, 爲文學漢唐善矣. 夫程朱亦豈不至哉! 其必取夫漢唐者亦有說, 程朱於大文字, 固未嘗不以古雅爲主, 而其往還書牘論事明理處, 率多雜以當時俚俗之語, 使觀者易以曉解而已. 今之學者, 必欲並此而效之 以爲爲文, 必用語錄, 方有雅趣, 是何異於慕文王之嗜昌歜而遂欲以粱肉易之者哉! 況彼胸中義理洞然, 故發之於言, 井井有條, 一字一句, 莫非理之所寓. 而今以膚淺固陋之識, 徒掇拾模倣於筆墨之間, 適足以見其醜拙, 何能彷彿一二耶. 若果善學則可矣, 其與不善學也, 寧學漢唐. 漢唐之文, 程朱蓋亦取之矣, 亦嘗有效而爲之者矣. 學之何害於道哉. 夫旣有意於文章, 則又豈若就文章之高者而學之乎."

108 申弘遠, 『石洲集』 卷4 「與李忠立」. "欲回頭於性理之語, 則洛閩無論, 如世俗所謂同異訓詁之學, 自覺意思牿索, 文理淺薄, 洽似枯木死灰, 無復生意之可尋, 往往讀未半而有掩卷思睡之嘆, 無寧取弇山稿而閱之."

에 왜곡되어 쓸데없이 번잡한 문체를 열었다고 하였다.[109] 이들의 발언은 19세기까지 주소체 중심의 문풍이 지배적이었던 영남 문단에서 그 동안 억눌렸던 문예에 대한 욕구가 한꺼번에 발산되고 있음을 역설적으로 보여준다고 하겠다.

주소체 문장에 대한 비판은 나아가 구양수나 증공 등 송대문장가에 대한 폄훼를 수반하기도 하였다. 허목은 문학사를 하강의 국면으로 이해하여, 진한 이후로 "古變而亂, 亂變而奇, 奇變而詭"의 과정을 거치고 있다고 논하였다. 이러한 관점에서 송대문학에 대한 평가도 결코 우호적일 수 없었는데, "소식蘇軾이 변화의 묘를 터득하였으나 옛것에는 훨씬 미치지 못하였다"고 언급할 뿐 노론계에서 선호하던 구양수나 증공의 문학에 대해서는 전혀 언급이 없었다. 문학사에 대한 허목의 관점은, 한구정맥론을 숭상하던 노론계 입장뿐 아니라 당송의 문학을 성대盛代의 문학으로 간주하였던 여말선초의 논의[110]와도 상이하다.

109 許薰, 『舫山集』 卷7 「答沈雲稼」. "註疏文體, 自與古文不同, 其開發後學, 功侔天地. 然儒者之所宗, 莫如堯舜孔子. 其言之理勝, 莫如易詩書春秋, 易詩書春秋, 固不可學而能. 文字根柢, 豈可捨此而他求哉. 有明諸子崛起於文弊之餘, 離於道而騖於奇, 爲險峭艱僻之詞, 號爲古文, 天下靡然從之. 承註襲謬, 不知其所謂古文, 實非古文也. 識者有憂, 辭而闢之, 闢之固是也. 若懲於此, 使學者不劬精於古文, 則無乃矯枉而過直乎."; 卷17 「書記言後」. "世之行文集, 非古也, 世降而文愈繁, 文愈繁而氣愈分. 古文不作, 然後文集出焉. 晉唐以來, 經生宿儒, 各立編袠, 以圖不朽者, 不可數計, 其違於古而偭於道均也. 及夫宋朝休明, 濂閩諸老先生出, 而修辭立訓, 繼往而開來, 則雖隻字片言, 皆羽翼經旨, 爲天壤間不刊文字, 絶學是明 故注疏不得不作, 微奧是析, 故論辨不得不博, 而末流之弊, 遂病於支離汗漫."

110 일례로 권근은 「牧隱先生文集序」에서 기일원론적 관점으로 천지의 문이 발현된 것이 바로 문학이라는 입장을 보였는데, 이 논의는 그대로 허목의 「陽村權文忠公遺文重刊序」에 반영된다. 그런데 문학사를 통관하는 부분에서 권근과 허목의 논의는 상이하게 나눠진다. 권근이 진한 이전에는 문기가 혼연하였다가 曹魏 이후로 쇠락해졌는데, 당송 때에 문기가

18세기 이후 진한고문을 문장의 전범으로 추숭하였던 문인들은 진한고문의 대립항으로 구양수, 증공 등 송대문장을 설정하고 이를 학습하는 것에 대해 보다 더 회의적인 입장을 보이거나 적극적인 비판을 가하기도 하였다.

오광운은 「문지文指」에서 객관적인 시선으로 중국문학사를 포폄하는 논의를 제출하였는데, 여기서 구양수를 두고 강건한 기운이 부족한 탓에 그의 문장을 배우는 것은 문장 학습에 도움이 되지 않는다고 하였으며, 명대 문인에 대해서는 전반적으로 높게 평가하지는 않았지만 왕세정과 당송고문가인 모곤을 비교할 때 모곤이 왕세정의 기력에 미치지 못한다고 논하였다.[111] 이용휴는 당시에 송원宋元의 문장을 본받았다가 사람들이 자못 칭상해 주었고, 또 스스로도 좋이 여겼지만 얼마 후에 다시

크게 떨쳐졌다고 논하는 데 반해, 허목은 양웅 이후로는 고문이 망했으며, 갈수록 문장의 수준이 떨어진다고 논하였다. 權近, 『陽村集』 卷20 「恩門牧隱先生文集序」. "有天地自然之理, 卽有天地自然之文. 日月星辰得之以照臨, 風雨霜露得之以變化, 山河得之以流峙, 草木得之以敷榮, 鳶魚得之以飛躍, 凡萬物之有聲色而盈兩儀者, 莫不各有自然之文焉. 其在人也, 大而禮樂刑政之懿, 小而威儀文辭之著, 何莫非此理之發現也. 物得其偏, 而人得其全. 然因氣稟之所拘, 學問之所造, 能保其全而不偏者鮮矣. 聖人猶天地也. 六籍所載, 其理之備, 其文之雅, 蔑以加矣. 秦漢已前, 其氣渾然, 曹魏以降, 光岳氣分, 規模蕩盡 文與理固蓁塞也. 唐興, 文敎大振, 作者繼起, 初各以奇偏, 僅能自名, 逮至李杜韓柳, 然後渾涵汪洋, 千彙萬狀, 有所總華, 宋之歐蘇, 亦能奮起, 追軼前光, 嗚呼盛哉."; 許穆, 『記言』 卷5 「文學」. "上古載籍無傳, 虞夏以來, 姚姒之渾渾, 殷周之皥皥噩噩, 可見於六經. 聖人之文, 天地之文. 孔子之門, 稱文學子游子夏. 周道衰, 孔子歿, 聖人之文壞, 貳於老氏, 散於百家, 至秦則又焚滅而無餘. 天地純厚之氣, 至國語左氏, 簡奧猶在. 至戰國長短書則亂矣. 太史公繼先秦古氣, 至楊雄氏, 不及古而入於奇, 然楊雄氏死, 古文亡矣. 魏晉氏來, 蕭索盡矣, 唐時, 韓柳氏出而繼西漢之末, 其後蘇長公得變化, 而不及古遠矣. 又其後崆峒鳳州渾厚不及韓, 變化不及蘇, 特爲環詭. 自秦漢以降, 古變而亂, 亂變而奇, 奇變而詭."

111 吳光運, 『藥山漫稿』 卷11 「文指」. "六一爲退之嫡傳, 長於雍容揖遜, 有一唱三歎之意, 而强弩末氣, 時有衰倦. 後世才弱者, 學歐鮮失, 而委靡未易上達 (…中略…) 弇園矜持之鹿門, 而鹿門衍暢之弇園. 若論才力, 鹿門又在弇園之內也"

보았더니 가볍고 무르기만 하고 골기가 적어서 작가라고 말하기는 부족하였다고 하였다. 또 오광운과 마찬가지로 귀유광歸有光의 문장은 왕세정에 비견할 수 없다고 일축하기도 하였다.[112] 이언진은 한유와 구양수만 좋아하고 왕세정과 이반룡에 대해서는 비판하는 일본 문인에 대해 촌부자村夫子라고 조소하였으며,[113] 당송을 그대로 따르지 않고 천고千古를 초월하였다는 이유로 이반룡과 왕세정에게 존모를 표하기도 하였다.[114]

송대문학에 대해 비판적 인식을 드러내거나 혹은 전범에서 배제하고자 하는 관점은 영남 문인인 신유한, 그리고 김상정, 심익운 등 낙론계 문인들에게서도 마찬가지로 확인된다. 특히 신유한과 김상정은 자신들이 당송을 넘어 진한 문장을 전범으로 삼아야 하는 이유에 대해 치밀하게 논의를 전개하고 있으므로 인용해 보도록 하겠다.

신유한은 일본 문사와 나눈 필담에서 우리나라 문풍에 대하여 다음과 같이 개괄하였다.

> 우리나라가 고려 때에는 오로지 宋元을 숭상했고 우리 조정에 이르러 여러 인재가 또한 일어나, 어떤 이는 반고와 사마천을 어떤 이를 한유와 유종원, 소식을 주장하였습니다. 그러나 그 체재를 따져보면, 유교로 주종을 삼

---

112 李用休, 『惠寰雜著』 卷11 「題吉甫文稿」. “師宋元諸子, 人頗賞之, 亦自多也已. 復取看, 則曼脆小骨, 不足以言作家, 又去.”; 卷6 「記錢牧齋事六則」. “牧齋之所奉, 以抗王氏者, 是歸熙甫. 歸之詩文, 出王氏門人陳仲醇胡元瑞下遠甚.”

113 李彦瑱, 『松穆館燼餘稿』 六言絶句 「日本途中所見」. “村夫子論詩文, 腹團泥眼鏤炭, 崇韓歐駁王李, 夢曾見他脚板.”

114 今井松庵, 『松庵筆語』. “吾之所貴乎王李, 以其別出手眼, 超乘千古, 不俯首就韓歐也. 如其學王李, 師其心, 不蹈其跡, 方可謂善學者也.” 정민, 「이언진과 일본문사의 왕세정 관련 필담」, 『동아시아 문화연구』 49, 한양대 한국학연구소, 2011, 33쪽 재인용.

는 까닭에 그 문장의 체재는 모두 송나라의 습관을 따랐고, 그 사이 한두 장구가 險順, 平澁의 차이만 있을 따름입니다. 명나라의 여러 대가 가운데 이반룡, 하경명, 왕세정은 실로 대방가입니다. 그 문장이 처음 전해 왔을 때 유행을 따라갈 생각이 없지 않았으나, 왕세정과 이반룡의 문장을 전적으로 공부하는 이는 열에 한둘도 되지 않습니다. 지금 우리나라의 문장하는 선비들은 대체로 말하기를, "마땅히 먼저 팔대가를 많이 읽어야 한다. 내 문장이 법도에 익숙해져 평탄해진 이후에, 명나라의 여러 대가를 또한 때때로 열람하여 그 문채를 돕는 것은 괜찮다"라고 말할 뿐입니다.[115]

일본 문사는 조선에서 전후칠자에 대한 경모가 높은지에 관하여 제술관으로 일본에 온 신유한에게 질문하였다. 유사한 질문이 『동사여담』에서도 보이는바, 일본에서 전후칠자 문학에 대한 관심이 높았음을 확인할 수 있다. 신유한은 그에 대한 답변으로 조선이 유교를 숭상하는 까닭에 송나라 문장에서 크게 벗어나지 못하였으며 진한고문을 주장하는 문인들 역시 부분적인 장구章句의 기법에만 변화를 둘 뿐이라고 하였다. 이러한 상황 때문에 선초에 전후칠자의 문장이 유입되었을 때에도 그 영향이 사실상 크지 않았다는 것이다. 일본 문사와의 필담에서 담담하게 조선의 문풍에 대해서 설명할 뿐이지만, 신유한은 사실 이러한 조선

115 木下蘭皐, 『客館璀粲集』 後篇, 張12. "我國高麗之世, 專當宋元, 至我朝而群才亦起, 或曰班馬, 或曰韓柳蘇, 而原其體, 則以儒道爲宗, 故其文體裁, 率緣宋習. 間有一二章句, 險順平澁之殊而已. 皇明諸子中李何王李, 允爲大方家. 其文之始來傳也, 亦不無向風之思, 而其專攻王李之文者, 十無一二. 卽今我國中操觚之士, 大都言曰, 宜先多讀八大家, 吾文旣熟, 谿逕平坦然後, 皇明諸子, 亦可時時披閱, 以佐其采如此云云矣." 고운기, 「申維翰의 海遊錄 재론 I」, 『열상고전연구』 34, 열상고전연구회, 2011, 29쪽 참조.

의 문풍에 대해 평소 부정적인 견해를 가지고 있었다.

> 우리나라에서 문헌을 어찌 징험할 수 있겠는가? 商周 때에 箕子를 임금으로 얻었지만 백성들은 홍범구주에 대해서 알지 못하였고, 唐末에 이르러서야 비로소 최치원 한 사람만이 阿飡으로 중국을 배워 선구자가 되었다. 지금 우리나라 사람들은 고문상서에 대해서 알게 된 지가 불과 6, 700년밖에 되지 않는다. 이 때문에 『좌전』과 『곡량전』을 잊어버리고 사마천과 반고를 쓸모없이 여겨 복희씨가 괘를 긋기 전의 글로 치부한다. 구양수와 소식을 배우지 못하면 훈고학을 할 뿐이니, 가령 여력을 다해서 각각 뜻을 지극히 하여 벽돌을 갈아 거울을 만든다 하더라도 누구와 함께 옥을 쪼아 무늬를 만들며, 밀랍을 새기며 비단을 자른다 하더라도 누구와 함께 꽃을 심어 거두겠는가?[116]

신유한은 구소歐蘇 산문과 훈고학 일색인 조선 문단에 대해 첨예한 비판의식을 드러내었다. 그는 송문이 강세하게 된 원인으로, 우리나라가 고문에 대해서 알기 시작한 지가 불과 얼마 되지 않아 고문에 대한 이해가 전반적으로 부족하여, 이를 학습할 수 없는 고대의 유물 정도로만 여기고 있기 때문이라 지적하였다. 스스로 한계를 설정한 탓에 문예의 수준이 전반적으로 낮아질 수밖에 없다. 이러한 상황에서 진한고문을 학습하여 뛰어난 문예미를 가진 작품을 창작한다 하더라도, 제대로

116 申維翰, 『青泉集』 卷3 「與任正言論文書」. “鴨江以東. 文獻曷徵? 商周之世, 得箕聖爲君, 而民不識洪範九疇, 至唐末而始有崔阿飡北學一人, 便爲初祖達摩. 盖今人之知有古文尙書, 不過六七百年. 所以忘筌左穀, 覆瓿班馬, 屬之羲皇畫前事, 是其不格干歐蘇, 則訓詁學而已. 浸假不遺餘力, 各極其詣, 磨塼作鏡, 孰與琢玉求文, 刻蠟剪綵, 孰與種花得花?”

인정받기 어렵다는 것이다.[117]

신유한은 문단의 폐단을 해소하기 위해 전범과 목표를 수정할 것을 적극 도모하였다. 제자에게 "천하 제일의 글을 읽고 천하 제일의 일을 하고 천하 제일의 사람이 되어라"[118]라고 조언하였던 그의 발언은 의미심장하다. 신유한은 천하 제일의 글이 바로 육경과 진한고문임을 적시하고 당송의 뛰어난 문장가라 하더라도 각기 한계가 있으니, 목표를 보다 높게 잡을 것을 권유하였다. 안연顔淵을 꿈꾸면 안연이 될 수 있다는 그의 발언에는, 최고의 글을 읽고 그것을 학습한다면 최고의 문예미를 달성할 수 있다는 의식이 표출된 것이다.

하지만 이러한 그의 문장관은 당대 문단에 동의를 받기 어려웠다. 그의 문장이 절실하고 완곡한 구양수와 소식의 문장을 따라 하지 않는 결과 제대로 읽지 못할 정도로 난해하다는 비판을 초래하였다.[119] 세상 사람들은 모두 당송을 좋아하는데도 불구하고 유독 옛 문장을 좋아하냐는 질문에, 신유한은 소를 끌 때 코로 하지 않고 꼬리로 한다면 가지 않는다고 말하면서 사법師法은 항상 위로 잡을 것을 주장하였다.[120] 이

---

117 신유한은 「贈鄭大哉序」에서도 당시 조선 문장가들이 "사서오경을 싫어하고 늘상 당송문 가운데 읽기 쉬운 것을 베끼기를 좋아한다"는 상황을 비판하였다. 위의 책 卷4 「贈鄭大哉序」. "曩余業治書, 習見吾東觚翰之士, 不肯讀五經四書, 居恒喜鈔唐宋文易曉者十數篇. 又不肯自書, 授簡而假諸人編成而讀. 未旬月束之閣, 卽亦揚眉皷掌曰, 金丹一粒, 足以羽化登仙."

118 위의 책 卷5 「景雲齋與鄭生履寅讀書記」. "讀天下第一等書, 做天下第一等事, 爲天下第一等人. 敬甫色蹵若久之, 問何書何事可作如此人? 曰六經猶崑崙仰之彌高, 左穀班馬猶岱宗, 望之彌遠, 韻而爲三閭文園, 筴而爲荀卿賈傅, 屹然如五岳分峙, 天下皆誦法不衰. 吾願君琢磨斯藻袞斯, 以求當於古之作者, 彼夫唐宋諸君子裴亹成章, 各極其詣, 不越乎龜蒙鳧繹而止. 獨不聞睎驥之馬, 亦驥之乘, 睎顔之士, 亦顔之徒乎?"

119 孫命來, 『昌舍集』 卷5 「論申周伯文章說」. "世之疵申君之文者曰, 是何不爲歐蘇之切實委曲, 而故爲是戛乎其難讀者乎?"

러한 논의는 '장인을 배우려면 고명한 데 기준을 두는 것이 좋다(師匠宜高)'라고 하였던 왕세정과 지향점이 겹쳐진다.

이에 최창대崔昌大와 윤순尹淳(1680~1741)을 비롯한 주변 문인들은 이러한 신유한의 진한고문적 성향을 바로잡을 것을 충고하였으며, 최창대의 경우 증공의 글을 주며 그가 송대고문으로 회귀할 것을 권유하였다.[121] 이러한 주변의 권유로 인해 한때 신유한은 당송고문의 장점을 수용하려는 의지를 보이기도 하였지만[122] 62세 때 「여임정언논문서與任正言論文書」에서 문학의 독자성을 강조하는 한편 설리적인 성격의 문장은 문예가 아니라고 선을 그은 논의를 볼 때, 그의 송대문학에 대한 반감 및 진한고문적 취향은 수정되지 않은 것으로 보인다.

문장에서의 목표를 최대한 높게 설정하여 뛰어난 문예적 성취를 획득하고자 하는 욕구는 노론 계열 문사인 김상정에게서도 확인할 수 있다. 그는 당송과 진한고문을 둘러싼 논쟁을 「답안유홍서答安惟弘書」와 「중답안유홍서重答安惟弘書」, 「답유도서答有道書」라는 서신으로 남긴 바 있다. 이들 서신에서는 오늘날 문인이 진한고문을 지향해야 하는 이유 및 당송고문론이 가지는 모순성을 남김없이 지적하고 있어 한문 산문

120 申維翰, 『青泉集』 卷6 「題詩書正宗後」. "客曰世方族好唐宋, 子何獨泥於古? 曰師法貴上, 牽牛于尾不于鼻, 末之行矣."

121 위의 책 「叙與尹太學士論文事」. "既三十三而登第, 始遊於崑崙學士之門, 學士曰, 汝文自有殺活, 何爲寄宿人笆籬下. 指南豊集曰, 讀此可以醫病. 如是者數年, 日聞所不聞, 乃悟唐宋諸君子源泉浩浩, 不畔於六經之旨"

122 신유한은 「三家評說後題」에서 진한고문을 추구하다가 생긴 병폐를 송대 삼가, 구양수·소식·왕안석의 문장으로 치료할 수 있다고 하였다. 이 글이 조선통신사를 다녀온 직후 쓰인 것으로 볼 때, 최창대의 영향을 받은 것으로 보인다. 「贈朴聖光序」에서는 자신의 문도에게 당송팔대가의 글을 읽기를 권하기도 하였다.

비평사에서 특기할 만한 자료라 할 수 있다.

제가 오늘날 문장을 보건데 걸핏하면 반드시 황명 제자를 문장가로 삼고 높은 자는 구양수·소식·증공·왕안석을 삼고, 제일 높은 자는 한유를 거론합니다. 저는 이와 같음을 근심하여 일찍이 다른 자에게 글을 권할 때 반드시 진한 이상의 글자를 읽으라고 하면서 다음과 같이 말하였습니다.

"당송을 배우되 진한을 구하지 않으며, 진한을 구하되 육경에 근본하지 않는 것은 비유컨대 강하의 말류를 건너면서 星宿의 바다에서 발원하는 것을 알지 못하고 뭇 산악의 갈래를 보되 그것이 곤륜의 산에 나오는 것을 알지 못하는 것과 같으며, 서백이 다스리는 곳에 가서 한갓 그 민속이 어른에게 양보하고 남녀가 길을 달리하는 것만을 보고 그 도성을 생각하고 그 禮讓의 실을 보지 못하는 것과 같으며, 부자의 궁에 나아는 한갓 깊은 문과 높은 담장만 보고 종묘와 백관의 유람을 다하지 않는 것과 같다."

이것으로 세상에 말한 지 오래되었는데 심한 자들은 번번이 손가락질하며 서로 비웃고, 심하지 않는 자들도 입으로는 네네 하면서 마음으로는 어겼습니다. 실로 한사람도 분명하게 마음 맞고 서로 믿는 자가 없습니다.

그 말을 들어보면 "고금은 육로나 수로로 넘나들 수 있는 곳이 아니며, 주나라와 노나라는 배와 수레로 갈 수 있는 곳이 아니다. 해동에서 태어났으면 끝내 해동의 유자이다. 문은 소식과 같으면 그만이다. 또 어찌 높은 것을 좋아하여 스스로 괴롭히는가. 끝내는 너무 커서 이루는 것이 없다"라고 합니다. 저가 말하면 내가 답하고 모든 사람의 입이 시끌시끌 똑같은 말을 해서 그 고집스러움을 깨뜨릴 수가 없습니다.

그러므로 족하처럼 流俗에서 우뚝하게 빼어나고자 하는 자들도 또한 그

> 말을 익숙히 들으면 흔들리지 않을 수 없습니다. 언어에 발하고 문자로 나타내어 서로가 좋아하는 것으로 서로 경계하니, 다만 스스로 막을 뿐 아니라 또 남을 막고, 스스로 구속할 뿐 아니라 또 남을 구속합니다. 아 동국에 문장 잘하는 사람이 없고 오늘날 사람이 고인만 못한 것은 모두 이 때문입니다.[123]

논쟁의 시발은 안도제安道濟라는 인물이 '오늘날' '동국東國'에 살고 있기 때문에 진한고문을 배울 수는 없다고 추정되는 내용의 서신을 김상정에게 보낸 데서 비롯한다. 이에 대한 답신에서 김상정은 당송을 배우고 진한을 구하지 않는 것, 진한을 배우되 육경에 근본하지 않는 것은 바로 말류만을 아는 것이라 지적하였다. 이러한 그의 사고는 이전 시대 김창협・이의현 등 노론계 문인들이 보인 문학적 지향에서 벗어나는 것이다. 김상정 스스로도 자신의 문학론이 당대 문인들에게 동조를 얻지 못하고 비웃음만 받을 뿐이었다고 술회하였다. 그럼에도 그는 신유한과 마찬가지로 당대 문인들이 목표를 낮게 가져 소식의 문장만 같으면 그만이라고 생각하기 때문에, 오늘날 우리의 문장 수준이 낮게 되었다며 자신의 지론을 굽히지 않았다.

123 金相定,『石堂遺稿』卷1「答安惟弘書」. "僕窃觀今之爲文者, 動必以皇明諸子爲家. 其高者宗歐蘓曾王, 最高者乃學韓柳. 僕憫其如是也, 嘗勸人爲文, 必先讀秦漢以上文字. 以爲學唐宋而不求之秦漢, 求之秦漢而不本諸六經, 譬猶涉江河之末流, 而不知其發源於星宿之海, 仰衆嶽之列峙而不知其分形於昆侖之山. 入西伯之境, 徒見其民俗讓長男女異路, 而不思之其都, 覽閱其禮讓之實, 造夫子之宮, 徒見其邃門峻墻而不盡夫宗廟百官之觀. 以是誦於世久矣, 而甚者輒總指而相譏笑, 其不甚者亦口唯而心咈矣. 固未有一人犁然相合, 坦然相信者也. 聞其言曰古今非水陸與, 周魯非舟車與! 生於海東, 終是爲海東之儒. 夫文得如蘓子瞻, 可以止矣, 又何必好高而自苦, 末之瓠落而無成也哉. 爾倡我和, 萬口噂沓, 打成一義, 其堅莫破. 故如足下之傑然欲自拔於流俗者, 亦習聞其說, 不能不撓. 至於發之言語, 形諸文字, 以相戒於其所相好, 非徒自沮而又沮人, 非徒自拘而又拘人. 噫! 東國無善鳴, 而今人不及古人者, 皆坐此耳."

안도제가 이에 수긍하지 않고 반박하는 답신을 보내자, 김상정은 다시금 「중답안유홍서」를 보내 "不沮乎其地之偏, 不拘乎其世之下"라는 구호를 강하게 제시하고 목표를 높이 잡을 것을 권하였다. 지역과 시대에 국한되지 말라는 구호는 사실상 조선 문단 내에서 진한고문론이 지속하게 되었던 이유를 상징적으로 보여준다고 하겠다. '조선'이라는 시공간적 한계를 극복해야 한다는 신념은 김상정뿐 아니라 신유한 등 진한고문론을 주장하는 문인들 사이에서 공유되었으며, 이들이 당송이 아닌 진한을 전범으로 선택하게 된 절실한 이유로 작용하였다.

하지만 논쟁은 여기서 마무리되지 않고, 성명을 알 수 없는 자까지 이 논쟁에 개입하여 "고금의 문체가 다르기 때문에 산어만기散語漫記는 고문을 쓸 수 있겠지만 서기서독소장序記書牘疏章 따위는 후세의 문장이기 때문에 후세를 쓸 수밖에 없다"[124]라고 하며, 당송고문을 쓸 수밖에 없는 당위를 강하게 주장하였다. 이에 김상정은 각각의 문체가 당송 시대 때 성행하기는 하였지만 진한고문에 이미 다 갖추어져 있음을 일일이 예로 들어 설명한 뒤, "금문今文에서 당송이 없더라도 근거할 바가 있지만 당송인데 진한이 없다면 나는 또 반드시 근거가 없음을 알겠도다"[125]라고 하며 문장의 근원을 배워야 한다고 반박하였다.

그리고 마지막에는 "만약 자기 견해를 고집하여 내말을 미쳤다고 생각한다면, 저 구양수 소식 또한 고인이니, 우리나라 문장을 취하여 이곡, 이색, 장유, 이식의 문집을 읽는 것이 더 가까우며 또 오늘날 당대의 문

124 위의 책 「答有道書」. "古今文體裁同異, 以爲散語漫記, 容可以之古, 而序記書牘疏章之類, 後世之文, 不得不用後世."

125 위의 글. "使今而無唐宋, 尙有據也. 唐宋而無秦漢, 則吾又知其必無據也."

장가들을 읽는 것이 더 절실하다"[126]라고 하며 '금문'을 주장하는 논의를 비틀어 반박하였다. 이 부분은 무척 흥미로운 지적이다. 진한고문은 고문이니, 오늘날과 가까운 금문인 당송고문을 배우자는 논리는 사실상 당송고문론의 핵심적인 주장이다. 여기서 정조의 논의를 살펴보자.

> 세상의 큰소리로 문장을 논하는 이들은 걸핏하면 선진·양한의 문장을 들먹이는데, 이는 다만 천하의 보배는 본래 모방해서 될 수 있는 것이 아님을 모르는 것이다. 따라서 그들이 모방해서 지은 것은 다만 선진과 양한 문장의 찌꺼기들일 뿐이다. 그러니 어찌 우리와 가까운 唐宋에서 배워서 강이 먼저고 바다가 뒤라는 뜻을 잃지 않는 것이 낫지 않겠는가.[127]

인용문은 김상정의 논리와 상반된다. 정조는 가까운 것을 통해 근원에 접근할 것을, 김상정은 우선 먼저 근원에 접근할 것을 주장하였다. 김상정에 따르면 당송고문 역시 500년 이상의 시간적 간극과 중국과 조선이라는 공간적 간극이 존재한다. 이 간극을 무시하고 당송을 오늘날 조선의 글과 가깝다고 여겨 '금문'과 '당송고문'을 일치시키는 것은 그 자체로 이론적 모순을 담지하고 있는 것이다.

이상의 김상정의 서신들은 24~25세인 1746~1747년에 쓴 것으로, 이때는 김상정이 본격적으로 관료 생활을 하기 이전 초야에서 학문과 문장

126 위의 글. "若又必已見而狂吾言也, 彼歐蘓者亦古人也, 不如且就東方, 讀稼牧谿澤之集爲近也. 猶不如就今日法當世治文者之爲尤切也."

127 正祖, 『弘齋全書』 卷179 「八子百選」. "世之哆口論文章者, 動必曰先秦兩漢, 獨不知玉固不可僞而鼎固不可贋也, 則所票竊者, 진한지조박이已. 曷若近取諸唐宋之猶不失爲先河後海之義也乎?"

을 연마하던 시절이다. 습작기 시절 진한고문에 침잠하는 것은 드문 예가 아니며 이후 관료 생활을 거치거나 도학에 침잠하게 되면서 이를 수정하는 것이 일반적이다.[128] 그러나 유한준,[129] 성대중成大中(1732~1812)[130]과 그의 아들[131]의 증언에 따르면 실제로 그는 진한 이전의 글을 중심으로 보았으며 진한 이후의 글은 한유 외에는 보지 않았다고 한다. 김상정에게서 진한고문은 지향해야 할 높은 목표로서 그 의미를 지속적으로 가지고 있었다.

이러한 지향은 굉장히 돌출적인 것으로 여겨지나 비슷한 시기 심익운에게서도 발견할 수 있는 것이기에 김상정을 노론계 문단에서 예외적인 인물으로만 규정할 수는 없다. 이보다는 이들을 중심으로, 노론계에서 당송고문론에서의 이탈을 시도하는 한 흐름이 존재하였던 것으로 독해해야 옳을 것이다.

심익운은 『백일집』 자서에서 문장을 생선에 비유하여 오경五經이 머리라면 양한兩漢은 등뼈고 육조는 뱃살이고 한유와 유종원은 꼬리라고 하여 이를 두루 맛볼 것을 주장하였다.[132] 그런데 여기서 주목할 만한

---

128 이의현은 젊은 시절 『장자』를 읽었던 것을 반성하였으며, 吳載純 역시 젊은 시절 양한의 문장이 아니면 배우려 하지 않았으나 성장하면서 주자학으로 방향을 돌렸다고 한다. 李宜顯, 『陶谷集』 卷28 「陶峽叢說」. "經書爲士之本根, 若多讀得力, 則上可爲學問,中可爲文章, 下亦不失爲場屋高手. 而余於少時, 意思誤入, 不務爲此, 乃耽讀南華全帙, 讀至五六十遍. 就其中心所喜好者, 讀幾至四五百遍, 至於齊物論則尤酷好之, 不覺手舞足蹈. 讀旣, 下筆容易, 頃刻掃盡十紙, 而蛟蚓相雜, 不足觀也."; 兪漢雋, 『自著』 自著著草 「醇菴集序」. "公少時力治古文辭, 詩非三唐, 文非兩漢, 不肯學. 非不知作聖有術, 顧宿好在是未遑也. 及至於中年而見益高, 知華實終不可不斂而就之也, 則遂轉其津筏, 沿洄於洙泗之源洛建之委."

129 兪漢雋, 『自著』 續集 冊3 「石堂金公墓碣銘 幷序」. "稍長, 一下而誦禹貢, 不勞而通朞三百璿璣玉衡, 旣博極羣書矣. 見益高, 以爲文不在秦漢以後, 而至唐惟韓昌黎一人. 其餘皆鄶下也, 以故公所作, 絶離凡塵, 酷逼古初, 沈儁嚴密, 字重千勻."

130 成大中, 『靑城集』 卷10 「石堂金公哀辭」. "文非兩漢, 詩非盛唐, 不道也."

131 金箕應, 『石堂遺稿(金相定 著)』 「石堂遺稿識」. "先君子雅不讀秦漢以下書, 尤不喜爲文章."

것은 송대산문이 철저히 논의 대상에서 제외되고 있다는 점이다. 기존의 당송고문론이 한유와 함께 구양수와 증공의 문장을 높이 평가하고 이를 학습할 것을 주장하였던 것,[133] 그리고 송문의 기세를 보완하기 위한 대안책으로 진한고문을 학습할 것을 권하였던 것을 상기해 본다면 심익운의 문장 학습법은 그 지향과 순차가 사뭇 다름을 알 수 있다. 비록 김상정처럼 뚜렷한 구호나 비판의식을 제시하지는 않지만 그의 문학론이 이미 당송고문론의 궤도를 벗어나고 있음을 감지할 수 있다.

이상에서 살펴본 바, 조선 문단에서 송대문학이 독보적인 지위를 지속적으로 차지하고 있음에 따라, 18세기에는 이에 대한 반성이 절실하게 제기되었다. 이는 중국 문단과 구별되는 조선 문단이 처한 독특한 상황이며, 진한고문론이 조선 후기까지 유효한 담론으로 기능할 수 있었던 이유를 제공하였다. 진한고문을 추숭하는 문인들은 구체적으로 주소체와 구양수, 증공 등 송대문장을 학습하려는 문풍에 대해서 비판적으로 인식하였다. 전자는 문예로 볼 수 없기 때문이고 후자에 대한 추숭은 스스로 문장이 도달할 수 있는 한계를 설정하기에 발전을 이룰 수 없다는 이유에서이다. 이들의 문학론은 문장의 목표를 가장 이상적인 진한 시대로 높게 잡음으로써 '지금'의 '조선'이라는 시대와 지역적 한계를 극복하고, 최고의 문학적 경지에 도달하려는 작가로서의 주체적 의지를 피력하고 있다는 점에서 그 의미를 부여할 수 있다.

---

132 沈翼雲, 『百一集』「百一文集序」. "譬之於魚, 五經其首也, 兩漢其頂脊也, 六朝其腹腴也, 韓柳其尾也, 方悟向者所嗜, 或吃其骨鯁, 或舐其鱗鬣, 未始味其全體也."

133 金昌協, 『農巖集』卷34「雜識・外篇」. "經傳以外, 惟史漢尙堪多讀. 其餘雖韓歐文, 亦不耐數十讀. 唯曾文最耐多讀, 以其質厚而致深爾, 南豐戰國策序, 列女傳序, 議論尤極純正, 行文又典雅近西漢, 最宜多讀."

4. 고문 학습과 감응·자득·창신의 조화

주지하다시피 진한고문론을 주장한 문인들은 모의, 표절 혐의로 인해 많은 비판을 초래하였다. 그러나 이들은 고문 학습을 통해 새로운 경지를 이룩할 수 있다고 인식하였다. 그들의 논의는 천기론天機論, 자득론自得論, 나아가 창신론創新論과도 상충되지 않는다.

남인 계열 문인들은 육경을 비롯한 진한고문에 대한 독서를 강조하면서, 문장의 전범을 당송에서 진한으로 이동시켰다. 이들이 추구한 것은 자구의 모방에만 국한된 것이 아니었다.

> 伏羲氏 이래 여러 성인의 책을 소리 내어 외고 곰곰이 생각하여 아침부터 저녁까지 혹은 밤을 새워 날이 밝도록 부지런히 하고 또 부지런히 하여, 지금까지 40여 년 동안을 게으름 피우지 않고 처음과 똑같이 독실하게 좋아하였습니다. 그리하여 성인과 현인이 남기신 경전의 뜻을 거의 엿보아 내 마음속에서 찾고는 스스로의 능력을 헤아리지 못하고 넉넉한 듯 여겼으며, 글로 표현한 것도 고인과 유사함이 없지 않다고 생각하였습니다. 다시 생각해 보니, 문장을 짓는 것은 본래 별도의 다른 방도가 있는 것이 아닙니다. 구하는 것도 이와 같이 하고, 얻는 것도 이와 같이 하고, 표현하는 것도 이와 같이 합니다. 그러므로 "내 몸에 쌓으면 덕행이 되고, 밖으로 펼치면 사업이 되고, 이것을 표현하면 문장이 된다"라고 말하는 것입니다.[134]

134 許穆, 『記言』 卷5 「答朴德一論文學事書」. "伏羲以來, 群聖人之書, 口誦心思, 自朝至暮, 或夜而繼日, 孜孜矻矻. 至今餘四十年而不怠, 篤好猶初. 凡聖經賢傳之旨, 庶幾窺及其大段, 求

허목은 자신의 경험을 바탕으로, 문장 학습은 수양 과정과 다르지 않다는 견해를 피력하였다. 그는 고인의 글을 반복해서 정독한 뒤 성인의 마음을 얻은 다음, 자신의 문장에 자연스럽게 발하는 과정을 중시하였다. 이 같은 과정을 거치면 글이 자연스레 성현의 글과 유사해지는 것은 당연한 결과였다. 하지만 그가 중시하는 것은 감응을 통해 옛 정신을 회복하는 것이지, 문장에 대한 모방은 아니었다. 육경의 도道, 성인의 마음을 얻지 못한 문장은, 아무리 문채가 뛰어난다고 할지라도 올바른 문학으로 평가될 수 없다.[135]

이상의 허목의 논의는 천天과 인人을 하나의 기로 보고 서로 감응할 수 있다는 논리가 문학에 적용된 것이다. 그는 천에 대해서 그랬던 것처럼, 육경의 문장을 경외의 대상으로 보는 것이 아니라 서로 감응할 수 있는 대상으로 파악하고, 그 문장을 재현해내려고 노력하였다. 여기서 재현은 수사적 측면이 아니라, 좀 더 근원적인 정신에 집중되어 있다.

감응을 통한 심득의 과정은 허목 이후 남인 문단의 문학론에서 특징적으로 나타난다. 여기서 대상은 육경에서 진한고문을 비롯한 일반 문학으로 확대되며, 마음 또한 도道의 차원에서 벗어나 작자의 기상, 정신으로 변용될 따름이다. 오광운은 「문지文指」에서 육경을 문장의 조종으로 삼고 제자를 널리 참고해야 한다고 주장하였는데, 여기서 계승해야 할 것은 그 안에 내재된 신기神氣에 있지, 구두와 색상에 있는 것은 아

之於心, 愚不自量, 若有餘裕, 其發於言詞者, 亦不無幾乎古人者. 竊復思之, 文章之作, 本非異道, 如此而求之, 如此而得之, 如此而發之, 故曰, 蘊之爲德行, 施之爲事業, 發之爲文章."

135 이러한 관점에서 그는 명대 문인들의 문장을 비판하기도 하였다. 『記言』 卷58 「自評」. "明驅除戎狄, 掃淸區宇, 自以功德, 傲蔑秦漢, 而治道譎詭, 發於心者, 非六經之治, 其文章亦然."

니라고 하였다. 그는 이 같은 신기를 이어받으면, 자신이 처한 시대의 본색도 극복할 수 있다고 생각하였다. 이를 용에 비견하였는데 물고기나 뱀이 용으로 승천하더라도 원래의 자신의 본색을 잃지 않지만, 사람은 용보다 신령스러우며 문장은 심성心聲이므로, 고인의 규범을 따르면 용보다도 변화무궁한 경지에 이르러 원래의 본색을 극복할 수 있다는 것이다. 이러한 논리로 전겸익의 문장은 신기조차 이어받지 못한 것으로, 전후칠자의 문장은 구두와 색상만 따라하는 것에 불과하였다고 비판하였다.[136]

강박姜樸은 「서우집두율주후書虞集杜律註後」에서 주석을 통해 두보의 시에 접근하려는 태도를 비판하면서 시를 읽는 자는 마음으로 체험하는 자세로 언외지취言外之趣를 파악해야 하고, 나아가 시인의 마음에 도달해야 한다고 주장하였다. 이는 천지만물이 서로서로 감응하는 능력을 근거로 마음으로 직접적으로 대상에 도달하려는 허목의 태도를 문학적으로 확대한 것으로 평가된다.[137]

---

136 吳光運, 『藥山漫稿』 卷11 「文指」. "爲文章, 以六經爲本, 本立而理達然後, 可以旁參諸子, 包括百家矣, 六經爲萬古文章之祖 (…中略…) 其傑者皆有神氣承傳, 不在於句讀色相之內, 爲文者不可不知. 然周自周漢自漢, 唐自唐宋自宋, 其時代本色, 亦不可掩. 嘗聞諸海濱人, 見龍升者屢矣. 魚龍短以廣, 未盡脫於魚之形, 蛇龍長以狹, 未盡脫於蛇之形. 變化而至於龍極矣, 猶不能脫然於本色. 夫以今人之薰習聲氣, 欲一變而追古人之軌轍, 亦難矣. 然人之靈, 靈於龍遠矣. 且文章心聲也, 與形質異. 或者進於龍而變化無窮, 未可知也. 雖使止於龍而已, 其不爲魚蛇則全矣. 豈可與狐假粉黛者, 同日道哉.(魚蛇指虞山輩, 狐假指弇州輩.)" 오광운의 문학론은 여운필, 「吳光運의 詩認識에 관한 硏究」(『고시가연구』 26, 한국고시가문학회, 2010, 277~281쪽) 참조.

137 姜樸, 『菊圃集』 卷11 「書虞集杜律註後」. "余故曰, 詩不必有註, 有亦不必看. 看詩者, 但先去吾輩血氣芬華想, 從淨靜暇豫地, 坐臥自在看, 方其看時, 心眼幷到. 但勿縛住, 不止玩其辭, 必尋其言外, 不止尋其言外, 必以吾身設爲作者, 以求見其屬思時光景, 然後合首尾楚音詠味. 徐取前人批評, 參己意究其得失, 則闇然之間, 日有所進, 將庶幾於古人之閫奧矣. 又何用區

이러한 고인의 정신, 마음의 획득은 어쩌면 굉장히 피상적인 논의이다. 반복된 독서를 통해 정신, 마음을 획득하는 과정에서 고인의 자구나 격조와 흡사하게 되는 결과를 전혀 배제하기란 어려운 일이기 때문이다. 고인의 정신을 획득하여 자신의 문장에 발하는 것을 강조하는 입장은 본래부터 완전한 창신론과는 거리가 있다. '고인의 정신 획득'에 방점을 두고 있기에 '유사해지는 것' 자체에 대한 거부감은 크지 않았다. 이헌경이 양웅의 문장에 대해 『논어』의 도와 일치된다고 보고, 『논어』의 문장을 모의한 것은 애초에 문제로 삼지 않았던 것도 이 같은 맥락에서 이해 가능하다.

영남 문인인 신유한 역시 모방에 대한 관점은 근기 남인 계열과 크게 다르지 않았다.

지금 그대가 『사기』를 읽어본다면 「범채전」을 읽을 때에는 유창한 웅변을 하고 싶고, 「형경전」을 읽으면 비수를 뽑아 슬픈 노래를 부르고 싶고 「항우본기」를 읽으면 입을 다물고 흐느끼고 꾸짖고 싶어 하며, 「이광전」을 읽으면 활을 당겨 선우를 쏘고 싶을 것이다. 이는 또 누가 시켜서 그런 것이겠는가. 바로 사마씨로부터 이른 것이지만, 또한 스스로 이르렀는지 설명하지 못하는 것은, 천기가 움직이기 때문이다. 내 또 알더라도 어찌 군에게 설명하겠으며, 말을 할 수 있어도 어찌 그대로 하여금 알게 하겠는가. 그만이다. 그만이다. 내 그대와 모르는 것은 똑같다. 사마씨 또한 모르는 것은 똑같다.

내 들으니 선을 배우는 자 중에 부처가 되길 원하는 자가 있다고 한다. 이

區村秀才囍難註脚爲也." 박무영, 「국포 강박의 시학–18세기 남인 계열의 미적 동향에 대한 연구의 일환으로」, 『한국한문학연구』 29, 한국한문학회, 2002, 155쪽~166쪽 참조.

> 목구비의 감각을 두지 않으며, 色聲香生死善惡에 관한 생각이 없고 오직 부처에 대한 생각을 하여 마음이 안정되면 깨달아 한 순간에 여래의 경지에 오른다고 한다. 저가 보는 것은 眞이니 외물이 필요 없다. 이것은 오직 대웅씨만이 획득하여 바라밀에 노닐 수 있는 것인데, 내와 그대가 얻어 사마씨를 본다면 會心의 印이 되고, 象罔의 얻음이 된다.[138]

실제로 자신의 거처와 자호를 '용문龍門'이라고 할 만큼 사마천의 삶과 문장에 깊게 심취하였던[139] 신유한은 자신의 문도에게 『사기』의 문장을 선집해서 주면서 위의 글을 남겼다. 그는 『사기』의 문장이 독자로 하여금 온갖 감정을 격발시킨다고 하며, 이 과정은 이루 말로 설명할 수 없는 것으로 천기가 움직인 것이라고 하였다. 불가에서 부처만을 유념하여 득도하는 과정과 마찬가지로, 사마천의 문장에 대해서 집중하여 그의 천기와 감응할 것을 주장하였다. 여기서 천기는 작자의 천부적인 소질, 생득적으로 갖추어진 심心・소질・능력이라는 일반적인 개념에서 크게 벗어나지 않는다.[140] 그런데 신유한은 창작 과정에서 한 단계 더 나아가 독자가 작품을 통해 감동을 받는 과정 역시 천기로 설명하고 있다.

---

138 申維翰, 『靑泉集』 卷6 「書孫仲深史記抄」. "今子役吻於斯, 讀范蔡傳, 卽欲駕長辯, 讀荊卿傳, 卽欲提匕首悲歌, 讀項羽紀, 卽欲喑嗚叱咤, 讀李廣傳, 卽欲彎弓射單于. 此又誰之使耶? 卽司馬氏之自爲至, 而亦不得自言其至者, 天機之所動也. 我且有知乎, 惡乎言於君? 有言乎, 惡乎使女知? 已乎已乎! 我與若同乎不知矣, 司馬氏亦同乎不知矣. 抑吾聞學禪者有願佛焉, 無口耳目, 無色聲香生死善惡之念, 而唯佛之念, 其神定則寂然而悟, 一超而上如來地, 彼其所觀者眞, 而亡待乎外也. 卽大雄氏得之, 以游於波羅蜜, 而吾與子得之, 以觀於司馬氏, 其斯爲會心印, 其斯爲象罔得也."

139 위의 책 卷3 「抽懷賦」. "卽以命舍後山曰龍門, 而自號爲山人, 人呼之山人則笑而應. 輒曰文在是矣, 旣而遠者慴於耳, 近者絀於口, 閉室而話之, 一日而響三至."

140 임유경, 「18세기 천기론의 특징」, 『한국한문학연구』 19, 한국한문학회, 1996, 233쪽.

또 다른 문도인 임사고任師古에게 『사기』를 읽기를 권유하는 글에서, 이 논의는 보다 구체화된다. 『사기』를 여러 차례 반복해서 읽으면 사마천의 성용聲容과 비슷하게 되며, 성용이 비슷해지면 기氣가 서로 감하며, 기가 감하면 결과적으로 천기가 응한다고 하였다. 이 과정을 통해 『사기』의 독자는 작가로서 자신의 기량을 넓힐 수 있다는 것이다.[141] 기존의 천기론이 사람이라면 누구나 갖추어진 천진天眞의 것으로서, 자신에 이미 내재된 천기를 발휘하여 개성적인 작품을 창출하는 것에 초점을 맞춘데 비해, 신유한의 천기론은 고문에 실현된 천기를 독서를 통해 습득하는 과정에 초점을 맞추고 있다. 특히 김창협을 비롯한 노론계 인사들은 모방론에 대한 대응으로 천기론을 제기하였지만[142] 신유한에게 모방과 천기의 관계는 모순된 것으로 인식되지 않았다.

이러한 관점에서 신유한은 그가 혹호하였던 명대 전후칠자에 대해 비판적인 관점을 보이기도 하였다. 전후칠자는 힘써 천고를 당겨 고문에 가깝고자 하였으나 결국에는 진眞에 미치지 못하였다는 것이다.[143] 앞선 인용문의 논리에 따르면, 전후칠자가 고인의 천기와 감응하지 못

141 申維翰, 『青泉集』 卷6 「書鼇龍門卷末」. "每讀一篇, 必求當於本色. 夫如是, 可以得司馬氏聲容. 聲容似而氣相感, 氣相感而天機應, 君固將自化."

142 대표적으로 김창협은 천기론을 가져와, 명대 시인의 모의적 행태에 대해 비판하였다. 金昌協, 『農巖集』 卷34 「外篇」. "詩者, 性情之發而天機之動也. 唐人詩, 有得於此, 故無論初盛中晩, 大抵皆近自然. 今不知此, 而專欲摸象聲色, 黽勉氣格, 以追踵古人, 則其聲音面貌, 雖或髣髴, 而神情興會, 都不相似, 此明人之失也." 임유경, 앞의 글, 238~240쪽; 조성산, 「18세기 초반 낙론계 天機論의 성격과 사회적 기능」, 「역사와 현실」 44, 『한국역사연구회』, 2002, 107쪽 참조.

143 申維翰, 『青泉集』 卷3 「與任正言論文書」. "皇明諸子, 一鼓作氣, 挽千古甚力, 獻吉矗于鱗癡, 元美巧伯玉悍, 各欲超乘而上, 稅駕三代. 而畢竟寢處唐宋宮室, 假借秦漢衣冠, 優孟之爲孫叔敖, 吾懼其不及眞也."

한 탓에서 비롯한 결과로 볼 수 있다. 이처럼 신유한의 문학론은 천기 및 진을 지향하고 있기에, 단순한 모방론을 극복하고 있다.[144]

이용휴은 근기 남인과 신유한과 마찬가지로 독서를 통해 고인의 정신 획득하는 것을 중요한 과업으로 여기면서도, 창작에 있어서는 창신을 주장하고 있다는 점에서 주목을 요한다.

> 지금 자네는 지혜로운 재능과 과단성 있는 자세로 마음이 통하는 곳에 처하여 正道를 따라 분발하여 구하기에 매진하니 옛날에 이른바 썩지 않을 성대한 일이다. 반드시 얻는 것이 있을 것이나 또한 며칠 몇 달로 기대할 수는 없는 것이다. 모름지기 사람이 먹고 마시는 것과 같이 해야 精華가 위에 스며들면 자연스럽게 神貌가 旺盛해져서 날로 달라질 것이니 어찌 유쾌하지 않겠는가.[145]

이용휴는 윗글을 통해 이종 아우인 이명준李命俊에게 독서를 격려하였다. 명석한 아우가 옛 글에 침잠하되 바른 길을 따라 매진하는 것을

---

144 신유한의 모방론은 제자들을 통해 전승되었다. 安仁一은 신유한에게 보내는 서신에서, 세상에서는 '泥古'를 큰 병통이라고 하지만, 진한의 글은 삼대에 泥 하였기에, 좋고 당송의 글은 兩京에 泥하였기에 좋으며, 우리 동방의 전성기 때 문장은 嘉隆 연간에 泥하였기에 좋다고 하였다(安仁一, 『竹北集』 卷3 「與申淸道」. "世之爲詩文者, 未嘗不以泥古爲病. 蓋詩文之生, 固古矣. 文鼻祖於禹貢, 詩胚胎於商頌, 而秦漢泥於三代, 故其文好, 唐宋泥於兩京, 故其文又好, 而吾東方其盛時之文, 終是泥於嘉隆, 故亦可謂好也"). 여기서 泥古는 법고의 단계보다 모방의 정도가 심한 것으로, 그의 스승인 신유한이 극복하고자 한 것이기도 하다. 모방론을 보완하거나 극복하여 창신을 지향하고자 한 문인이 신유한 이후 영남 문단에서 크게 눈에 띄지 않는 점은, 영남 문단이 처한 한계를 보여주는 것이라 하겠다.

145 李用休, 『惠寰雜著』 卷11 「贈姨弟李虞卿序」. "今君以明彗之稟, 果銳之勢, 處心通之地, 循正道而奮邁求, 古所謂弗朽盛事者. 其必有獲而亦弗可日月期也. 須如人之飮食, 其精華滲漬胃腑 自然神貌旺, 日異焉, 則豈弗媮快也哉?"

칭찬하면서, 옛 문장을 오랫동안 반복해서 읽어 그 정화를 완전히 소화한다면 신모神貌가 자연히 발하게 될 것이라고 하였다. 소화와 신모의 발현은 남인 계열 문인들이 강조하였던 감응을 통한 심득의 과정과 유사하다.

이처럼 그에게 있어 독서의 과정은 감응을 하기 위한 단계로 그 중요성이 여전히 강조되지만, 여기에서 주관·주체성의 문제가 크게 부각된다는 점에서 다른 문인들과 차이가 있다. 그는 만권의 책을 읽더라도 자신만의 안목을 가져야 한다는 것을 강조하였다.[146] 또 시문 창작에 있어서도 옛것을 그대로 모방하는 것보다는 자운自運·자귀自貴하여 진성眞聲·진색眞色·진미眞味의 미감을 창출해내는 것을 의미 있게 여겼다.[147] 이용휴의 문학론은 이미 모방론을 떠나 창신론으로 방향을 전환한 것으로 여겨진다. 특히 아래의 글은 그의 글이 모의 위주의 문학론을 비판하는 논의로 기존 연구에서 많이 인용되었던 글이다.[148]

> 그가 스스로 시를 짓는 것도 곧 字句를 깎고 다듬어서 반드시 옛사람의 법도에 합치된 뒤에야 내놓았다. 그런 까닭에 體裁가 바르고 音韻이 조화되어 세상의 울음과 웃음소리가 琴이나 筑과 뒤섞여 나와서 잡스럽게 연주되는 것과는 같지 않았으니, 결단코 작가가 됨에 의심할 나위가 없다. 다만 예전

---

146 위의 책 「取蜀說」. "况世之喜守舊聞, 而憚於破格者乎? 語曰, 不讀萬卷書, 勿談千古事. 余以爲, 雖讀萬卷書, 未具一隻眼, 亦何以輕議人是非哉."

147 위의 책 卷9 「壯窩集序」. "今閱此稿, 盖欲自運自貴者, 不摸疑依附于古昔大家, 而有眞聲眞色眞味, 譬如好茶不雜龍麝, 自有眞香也."

148 정우봉, 「李用休의 문학론의 일고찰」, 『한국한문학연구』 9, 한국한문학회, 1987, 234쪽; 안대회, 李用休 小品文의 美學」, 『동아시아 문화연구』 34, 한양대 한국학연구소, 2000, 277쪽.

에는 合古를 취하여 묘하게 했다면 지금에는 離古를 취하여 신이하게 하는 것이 바로 태상의 묘결로 그렇게 할 수 있는 자를 기다리니, 내 이것으로써 광국에게 말해준다.[149]

기존 연구에서는 대체로 태상의 묘결을 "今取離古爲神者"에만 한정하여, 이용휴가 합고合古에서 벗어나 이고離古의 경지를 추구하는 것으로 그 의미를 부여하였다. 이에 그의 문학론을 '고전의 형식적인 틀을 거부하고 고전의 가치를 나의 정신으로 전치하고자 하는 주체적인 창작정신'으로 정의하였다.[150] 그러나 곰곰이 따져보면, 문장 구조상 '者'는 "昔取合古爲妙, 今取離古爲神"을 모두 걸어주는 역할을 하기에, 태상의 묘결은 앞의 두 구를 모두 포괄하는 것으로 보아야 옳다. 이 해석에 따르면 결국 합고·이고 양자의 관계는 극복의 과정이 아니라 승화의 과정으로 보아야 한다. 이 글의 해석과 의미는 아래의 진계유의 글을 참조하면 더욱 명확해진다.

예전에 米芾이 처음 李邕을 스승 삼았다가 다시 버리고 顔眞卿을 스승 삼았다가, 또 다시 버리고는 楊少師를 스승 삼았더니, 날로 새로워지고 달로 달라져서 비록 蘇軾과 黃庭堅이라 하더라도 감히 대항할 수 없었다. 예전에는 合古를 취하여 묘하게 했다면 지금에는 離古를 취하여 신이하게 하니, 이

149 李用休, 『惠寰雜著』 卷7 「題族孫光國詩卷」. "其所自爲詩, 則字鍊句琢, 必合於古人之法, 然後乃出. 故體裁正, 音韻諧, 非如世之啼笑, 並發琴筑雜奏者, 斷其爲作家無疑也. 第昔取合古爲妙, 今取離古爲神者, 此太上之訣, 以待其人者, 吾以語光國."

150 정우봉, 앞의 글, 234쪽.

것이 미불의 서법이고 敬身선생 陸寶의 詩法이다.[151]

진계유는 미불米芾(1051~1107)이 옛 서예가들의 서체를 법 삼아, 한 서체를 완성한 다음에는 옛 서체를 버리고 다른 서체로 이동하였던 수련 과정을 합고와 이고의 과정으로 말한 다음, 나아가 이를 시법에 적용하였다. "昔取合古爲妙, 今取離古爲神"의 문장을 그대로 쓴 것으로 보아 이용휴의 합고리고론은 진계유의 논의를 인용한 것이 분명하다. 여기서 두 사람 모두 합고에 머물지 않고 이고로 나아가야 하는 것을 강조하였지만, 합고의 과정을 거치지 않으면 이고는 성취될 수 없기에 합고 역시 그 중요성을 간과할 수 없는 것으로 인식하였다.

진계유는 왕세정의 문하에 있던 인물[152]로 전후칠자의 복고론을 계승하는 한편, 왕세정의 진문학眞文學, 박고통금博古通今의 논의를 이어받아 복고에 기반한 창신의 문학론을 천명한 인물이다.[153] 이용휴가 진계유에

151 陳繼儒, 『陳眉公集』 卷10 「霜鏡集序」. "昔米南宮初師北海, 再舍而師魯公, 又再舍而師凝式, 日新月異, 雖蘇黃不敢杭行, 昔取合古爲妙, 今取離古爲神, 此米南宮之書法, 卽敬身先生之詩法也."

152 진계유는 왕세정 문인 중에 특별한 위치를 점하고 있다. 그는 32세의 나이에 王士琦의 부탁을 받아 4천여 자에 달하는 왕세정의 묘비명을 썼다. "왕세정 같은 거물급 문인의 묘비명을 쓸 수 있었다는 것 자체가 문인 개인에게 영예로운 일인데다가 왕세정의 경력과 명성으로 미루어 보건대 쟁쟁한 문인들이 주위에 많았을 것이다. 그런데 아무것도 없는 32세의 젊은 문인에게 청탁을 해 묘비명을 받았다는 것은 문인으로서 진계유의 자질과 지위를 문인 사회에 각인시켜주는 사건이 될 수 있을 것이다." 신주리, 「16~17세기 江南의 周邊部 文人 硏究」, 서울대 박사논문, 2012, 62쪽.

153 진계유는 지나친 복고로 자구만을 표절하는 행위에 대해 고인의 정신은 잃은 것이라고 비판하였다. 이와 함께 이지와 같이 오늘날의 천박한 구어를 끌어다 쓰는 행태 역시 비판하면서, 泥古와 泥今을 모두 극복할 것을 주장하였다(陳繼濡, 『陳眉公集』 卷7 「古今粹擊序」. "不佞竊觀爾來諸家其好古者, 鉤棘僻澀, 剽剝奇字怪句, 以爲超兩京而佚三代. 然使人讀之, 舌本强而不快, 喉素鬱而不舒, 卽使作者自覆其文至不解何語, 此泥古之過也. 高才生

게 큰 영향을 받은 것은, 이미 기존 논문에서 언급되었듯이 그의 독서 목록이 진계유의 『보안당비급寶顔堂秘笈』과 일치하는 데에서 알 수 있다.[154]

이용휴의 창신이 완전히 고와 독립된 것이 아님은, 다른 글에서도 확인 가능하다. 그는 왕세정을 떠올리며 문장에는 '만리원萬里源'이 있어야 한다고 주장하였으며[155] 문장 학습을 하는 과정에 있어서 선진양한에서부터 명말에 이르기까지 고문으로 이름 난 자들의 작품을 아침저녁으로 배웠다고 진술하기도 하였다.[156] 또 시에 있어서 너무 기奇에만 추구한다면 문제가 있다고 하며, 격고格古・기일氣逸・의원意圓・어신語新하는 것이 시가의 뛰어난 솜씨라고 논하였다.[157] 여기서 격고는 격조론을 연상하게 한다.[158] 옛 문장의 격을 따르고자 하는 이용휴의 논의

聞而笑之曰, 夫夫也, 何自苦于是? 剖擊先輩幾無遺膚, 而悉以方言但語, 皆見於文字中, 蓋始於卓吾老子. 孟浪者借以野戰, 空疏者借以藏拙, 而庸知村社之巫祝非禮也, 市儈之饅罵非俠也. 不文之非文, 而不修辭之非辭也, 此泥今之過也. 泥古者如徒以史書, 施之金石碑板, 識者之若掇古人之皮毛, 而失古人之神理"). 이 같은 문학론의 반영으로 인해 그의 소품은 공안파 소품과 구별되는 미감을 가진 것으로 논해진다. 吳承學, 『晚明小品研究』, 江蘇古籍出版社, 1998, p.97 참조.

154 김영진, 「朝鮮 後期의 明清小品 수용과 小品文의 전개 양상」, 고려대 박사논문, 2003, 89쪽; 박동욱, 「惠寰 李用休의 文學 研究」, 성균관대 박사논문, 2006, 17쪽 참조.

155 李圭景, 『詩家點燈』「惠寰雋詩畧鈔」. "簡則爲踈縟則一, 何曾脚板見弇園, 文章譬彼江河水, 須有滔滔萬里源." 李用休, 조남권・박동욱 역, 『혜환 이용휴 시전집』, 소명출판, 2002, 재인용.

156 李用休, 『惠寰雜著』 卷11 「題吉甫文稿」. "而叔年十七八時, 爲文嗜對儷, 稍長看之, 面赧然不能從篇, 去之. 師宋元諸子, 人頗賞之, 亦自多也已. 復取看, 則曼脆小骨, 不足以言作家, 又去, 而求先秦兩漢, 下逮皇明之季, 以古文著者, 朝夕諦繹, 則稍解其排按闔張, 汰字鍊句之法, 年皆已三十矣. 今時出而讀焉, 間似有當人意者. 故曰, 學問如登山, 消盡無限仄路廻徑, 然後方出上頂. 叔亦以是卜而之不久寶是稿也."

157 위의 책 「題家姪詩稿」. "詩固以奇爲勝, 然若壹於務奇, 則其弊爲杜默. 默之所爲歌行, 往往如伶諢梵呪, 讀者難句, 惡可哉? 惟其格古氣逸意圓語新者, 乃詩家射鵰手耳."

158 남인 계열인 오광운 역시 시에 있어서 중요한 6가지를 논하면서 격을 가장 먼저 논한 바 있다. 吳光運, 『藥山漫稿』 卷11 「詩指」. "大抵詩有六物, 格也調也情也聲也色也趣也. 六者闕其一, 非詩也. 格欲如明堂制度也, 調欲如和鑾節奏也, 情欲如天地絪縕, 百卉含葩也. 聲欲

는 "문장의 신기는 정해진 격식이 없으며, 다만 사람들이 능히 드러내지 못하는 바를 드러내며, 구법句法・자법字法・조법調法 하나하나가 자신의 가슴 속에서 흘러나와야 이것이 진정한 신기新奇이다"[159]라고 하며 문장에서의 격格을 모두 부정한 원굉도의 견해와 비견할 만한 전위적인 성향은 눈에 띄지 않는다.[160]

한편 유한준은 '각도기도各道其道'의 논리를 천명하면서 문장에 있어 작자의 주체성과 개성을 부각시켰지만, 그 역시 전범에 대한 학습의 중

如大鍾弘亮, 朱絃疏越也. 色欲如瑞日卿雲, 踈星朗月也. 趣欲如永晝爐薰, 鳥啼花落, 抱琴引睇閒雲倦鶴也."

159 袁宏道, 『袁中郎集』 卷22 「答李元善」. "文章新奇, 無定格式, 只要發人所不能發, 句法字法調法, 一一從自己胸中流出, 此眞新奇也."

160 창신을 강조하는 한편 합고・격고를 중시하는 이용휴의 문학관은 그와 그의 제자 이언진이 표출한 왕세정에 대한 애호를 설명할 수 있는 근거로 작용하기도 한다. 『동사여담』을 비롯한 이언진과 일본 문사와의 필담 자료에서 왕세정 문학에 대한 그들의 혹호가 반복적으로 확인되는데, 여기서 이언진은 이용휴의 영향을 받아 왕세정의 문장을 숭상하게 되었다고 하였으며, 일본 문사는 정주학 일색인 다른 조선 문인과는 달리 왕세정에 대한 이해가 높아 서로 교류할 만하다고 평가하기도 하였다. 그들의 창신론과 왕세정에 대한 애호, 이 둘의 관계는 일견 모순적이며 당혹스럽기까지 하다. 이에 대하여, 의고적 창작론을 추종한 것이 아니라 광박한 지식과 호한한 업적에 공감한 것이며(강명관, 『공안파와 조선 후기 한문학』, 소명출판, 2007), 그들의 다단한 사유를 구성하는 영향 중 하나일 뿐(박희병, 『나는 골목길 부처다−이언진 평전』, 돌베개, 2010)이라고 해석되기도 하였으나, 왕세정이 단순한 영향 관계를 넘어 이들의 문학과 문학론을 이해할 수 있는 중요한 키워드가 되는 것이 분명하다. 이언진이 이반룡과 왕세정을 존숭하였던 이유는, 앞서 살펴보았듯이 그의 문학의 성과가 전범을 기계적으로 추수하는 것에 있는 것이 아니라, 수많은 전범을 바탕으로 그 안에 담긴 정신을 획득하고 있다는 데에 있다. 그는 왕세정이 한유를 거치지 않고 진한고문으로 거슬러 올라가는 패기를 매력적으로 여겨 이러한 정신을 배우되, 그 흔적을 배우는 것은 지양하고 자신만의 글을 쓸 것을 주장하였다. 이는 그동안 의고, 표절의 문학으로 비판받아, 그 실상이 왜곡된 왕세정의 문학론을 다른 관점으로 해석하고자 한 것으로 보인다. 즉 그는 왕세정의 박람, 당송고문을 너머 진한고문까지 모두 문학적 전범으로 인정하면서, 자구 차원에서 단순히 모의하는 것을 넘어 眞을 추구하고자 하는 정신에 의미를 부여하고 있는 것이다. 그에 따르면 왕세정은 법고를 넘어 이고의 과정을 달성한 것에 다름없다.

요성을 간과하지는 않았다. 그는 이전 시기 노론계 문사들이 문기文氣의 보완 차원에서 진한고문에 대한 독서를 용인하였던 것과 달리, 진한고문을 적극적으로 독서하고 고기古氣를 재현하는 것을 추구하였다. 그는 「화식전貨殖傳」을 반복해서 읽으며 기력氣力에 힘썼으며, 금문今文의 속태俗態를 제거하여 고문에 가까운 문풍을 높게 평가하였다.[161]

유한준은 보다 고문에 가까운 글을 쓰고자 하는 의식을 「문결文訣」을 통해 피력하기도 하였다. 이 글에서 그는 문장의 수준을 5개의 등급으로 나누어 논하였다. 글자가 진眞하고 구가 활活하며, 장이 촘촘하고 편이 잘 조직된, 이상의 4가지 상태가 다 갖추어진 것을 천하의 지극한 문장으로 보았으며 이를 '완전한 고문古文(其純乎古)'이라고 규정하였다. 여기서 주의해야 할 것은 당대 창신론을 주장하였던 박지원이나 이덕무와는 달리, 유한준은 '진眞'과 '활活'의 개념을 개성, 창신의 의미가 아닌 고문의 범주 안에서 이해한다는 점이다. 그는 각각의 의미를 '불잡不雜'과 '불위不萎'로 규정하여 고문의 순수하면서도 기굴한 자구 운용 방식을 학습할 것을 주장하였다.

다음으로, 자구장字句章의 조건은 갖추었는데 편이 잘 조직되지 못한 것을 '고문에 가깝다(其猶古)'는 것으로, 편장篇章의 조건은 갖추었으나 자구字句가 그렇지 못한 상태를 '반은 고문이며 반은 금문(半古半今)'으로, 장章은 촘촘한데 편구자篇句字가 조건을 갖추지 못한 상태를 '고문과

161 兪彦鎬, 『自著(兪漢雋 著)』「自著序」. "吾宗汝成自少治古文辭, 每夜讀太史公貨殖傳, 達朝不休, 鄰嫗至疑以瞽誦. 其蓄積博而識解高, 故凡臨題目出, 以在我之權度, 低昂伸縮, 隨其所遇. 意以經緯而不失我範乎馳騁之傷, 法以組綴而能出奇變乎尺度之外. 謂東文纚纚可厭, 務爲氣力以凌駕之."; 卷6「酬雪窓」. "文章去今俗, 氣貌存古風."

는 멀고 금문과는 가깝다(以古遠以今近)'는 것이라 하였다. 끝으로 4가지 조건이 모두 다 갖추어지지 못한 상태를 '완전한 금문今文(其純乎今)'이라고 규정하였다.[162] 가장 이상적인 문학을 고문古文에 두고 자구장편字句章篇의 이상적 특질을 위반할수록 금문에 가깝다는 논리이다. 여기서 금문은 가장 수준이 낮은 상태를 뜻한다.

결국 유한준에 의하면 천하의 지극한 문장을 이루기 위해서는 고문에 부합하는 글쓰기가 요청된다. 「문결」에서 창작 주체가 갖추어야 할 자세로 부각한 박학博學→명변明辯→능정能精→능전能專→자수自守의 과정은, 바로 법고창신론의 맥락으로 이해할 수 있다는 논의[163]가 제기되기도 하였다. 그러나 박지원이 옛것을 본받되, 이를 변통하여 자신이 처한 시대와 공간에 입각해 새로운 문장을 창출해낼 것을 주장한 데에 반해, 유한준은 법고를 자기화하여 견고히 지켜낼 뿐, 이를 벗어나거나 변통하여 새로운 것을 창출해내는 과정은 구체화되어 있지 않다. 박지원이 고를 통해 금을 지향한다면, 유한준의 문학적 지향은 분명 금今이 아니라 고古에 있다.

문장을 창작하는 데 있어 제일 먼저 거처야 할 단계로서 '박학'은 '계고稽古'로 표현되기도 한다.[164] 그는 '계고'가 단순히 표절하는 차원의 것

162 兪漢雋, 『自著』 卷26 「文訣」. "字眞句活章密篇勑四者備, 是惟天下之至文. 字眞句活章密篇勑, 其純乎古. 字眞句活章密篇不勑, 其猶古. 篇勑章密 句不活字不眞, 其半古半今. 章密, 篇不勑句不活字不眞, 以古遠, 以今近. 字不眞句不活章不密篇不勑, 其純乎今."

163 유동재, 「「문결」의 創作論과 그 문론사적 의의」, 『한국한문학연구』 38, 한국한문학회, 2006, 308쪽.

164 兪漢雋, 『自著』 卷16 「書倉老翁筆叢序」. "自夫世之鶩於剽僦摘割之塗, 而稽古之學絶久矣. 或終身居於山, 而其起祖於崐崙, 落脉於大漠者, 誰得以盡之? 或終身游於海, 而其源於黃河, 洩於尾閭者, 誰得以竆之? 故天下之事, 或爲之而不知其所由, 由之而不知其所自者, 何可勝數哉? 昔鄕先生詔余曰, 子欲爲文辭乎? 必根以詩書, 雄以莊孟, 怨以騷, 奇以玄, 博以班馬, 噿以韓愈柳宗元歐陽脩之文. 文未有釋此而成者, 故夫爲文而不博識强記而爲之者, 非至文也."

이 아니라, '박식강기博識強記' 즉 옛 문장의 정신, 품격을 반복해서 익힌 다음 완전히 체화시키는 것을 의미한다고 하였다. 그가 '계고' 혹은 '박학'을 중시하는 이유는, 문학에 있어 그 근원을 자세히 탐색하고 익혀야 뛰어난 문장에 이를 수 있다는 논리에서이다. 앞서 살펴보았던 김상정의 논의와 일치하는 지점이다.

유한준은 창작에 있어 자득自得의 중요성을 강조하기도 하였다. 그는 「지헌집서止軒集序」[165]에서 굴원, 장주莊周, 사마천, 양웅을 예로 들어 이들이 깨달아 지극함이 이른 자로 거론하였다. 즉 그들이 지문至文을 성취하게 된 것은 바로 자득하였기 때문이라는 것이다.[166] 이제 논지의 흐름은 창신의 당위를 천명하는 쪽으로 향해야 마땅하다. 그러나 예상과는 달리 유한준의 자득론은 완전한 창신론으로 전개되지 않는다. 이 글의 전반부에서 지헌 유언호의 문장에 관하여 '고시는 도연명陶淵明(365~427)·유종원, 근체시는 육유陸游(1125~1210), 서서기명발書序記銘跋은 소식, 장지狀誌는 구양수, 소차계주疏箚啓奏는 육지陸贄(754~805)를 모방하였으나 그 큰 근원은 진여자득眞知自得의 깨달음에서 나왔음을 속일 수 없다'[167]고 하였다. 즉 고문을 모방하긴 하였으나, 그 안에 자신만의 경지가 있다는 것이다. 유한준에게 자득과 모방은 상충되는 것이 아닌 서

165 이 글은 그의 나이 59세인 1790년에 창작된 것으로 1년 뒤에 「燕石集序」로 수정하였다. 전자는 自著準本에, 후자는 自著著草의 「잡록」에 수록되어 있다.

166 兪漢雋, 『自著』 自著準本 「止軒集序」. "文章亦然, 惟悟者能造其極. 屈原莊周司馬遷揚雄之屬, 其於怨達鬱寂, 眞而悟者也. 是以其文章掀撼紗密, 抉洩蘊閟, 明參天人, 幽動鬼神, 表爲至文. 是亦何修而臻此哉. 適於自得耳."

167 위의 책 「止軒集序」. "嘗試集古人而擬公之文章, 公古詩學元亮子厚, 近體依陸務觀, 書序記銘跋倣蘇子瞻, 狀誌法六一翁, 疏箚啓奏效陸宣公, 而其大原則出於眞知自得之悟, 不可誣也."

로 공존할 수 있는 개념으로 이해된다. 자득이 갖추어져 있다면 전범에 대한 모방은 나쁠 것이 없다. 이러한 유한준의 문학론은, '견식해오見識解悟'를 중심으로 하여 고금을 상대화시키며 나아가 전범마저도 상대화시켰던 조귀명[168]의 사유 구조와는 차이가 있다.

이상 살펴보았듯이, 이용휴는 주관과 주체의 개념을 강조하면서 창신론을 피력하지만 여전히 합고·격고의 과정을 중요시하였다. 신유한에게서도 역시 천기론을 통해 자구적 차원의 모방론을 극복하고 있는 양상을 살펴볼 수 있다. 유한준은 문장에 있어 고문을 학습하고 재현하는 것 자체에 대한 거부감이 크지 않았으며, 자득의 중요성을 강조하기는 하였지만 모방과 상충되는 것으로 인식하지는 않았다.

결론적으로 18세기 진한고문론은 고문 학습이 가지는 중요성을 강조하면서도, 당송고문론에서 제기하는 비판과는 달리, 모방·표절의 문학론으로 전락하지 않았다는 것을 알 수 있다. 그들의 문학론은 창신을 목적으로 학습·모방의 단계를 옹호한 것이지, 애초에 '의고'만을 염두에 둔 것은 아니었다. 물론 창신에 관한 이들의 주장이 피상적인 논의에 국한되지는 않았는가 여부는, 실제 산문 작품에 대한 분석을 통해 점검되어야 할 것이다.

168 송혁기, 『조선 후기 한문산문의 이론과 비평』, 월인, 2006, 154~155쪽 참조.

제4장

진한고문의 특징과 조선에서의 전개 양상

1. 선진양한先秦兩漢 산문의 문체적 특징

본서에서는 진한고문적 글쓰기의 특징적인 면모를 보다 분명하게 밝혀내기 위한 선행 작업으로, 우선 선진양한 산문 가운데에서도 문학적 전범으로 흔히 일컬어져 왔던 「단궁檀弓」, 『좌전左傳』, 『전국책戰國策』, 『사기史記』, 『장자莊子』, 『열자列子』 등을 중심으로 그 문체적 특징을 범박하게 논해 보고자 한다.[1]

1 고문의 특질에 관해서는 심경호의 『한문산문의 미학』(1998, 고려대 출판부)의 '4. 한문산문의 형식미'에서 자세히 분석한 바 있으나, 이 책은 한문산문 전체를 대상으로 한 개론서로서 진한고문과 당송고문의 차이를 드러내는 것은 관심 밖의 문제였다. 이후 강혜선(『朴趾源 散文의 古文 변용 양상』, 태학사, 1999), 김우정(『최립산문의 예술 경계』, 한국학술정보, 2006), 박동욱(「惠寰 李用休의 文學 硏究」, 성균관대 박사논문, 2006) 등이 논문에서 진한고문적 글쓰기에 대한 특징을 부분적으로 언급한 바 있으나 논문의 중심 주제가 아니었기에 체계적으로 제시되지는 못하였다. 한편 선진양한산문에 속하는 개별 작품에 대해 그 문체적 특징을 추출해내는 연구는 국내외의 중국문학 연구자들에 의해서 오랫동

선진양한은 수천 년의 세월을 아우르는 시기이며 진한고문이란 다양한 장르와 사유가 산출한 상이한 문체들을 지칭하고 있기에, 그 글쓰기 방식이 몇몇으로 수렴되지 않는 것은 당연하다. 따라서 진한고문의 글쓰기 방식을 일괄적으로 정리하는 것은 지난하며 이미 수많은 오류가 예상되는 작업이다. 그러나 간과할 수 없는 것은 한문산문을 창작하고 향유하였던 문인들이 막연하게나마 당송고문과 진한고문의 글쓰기를 구별하고 있으며 이와 관련한 비평을 지속적으로 남기고 있다는 점이다. 인상적이고 직관적인 언술 아래에는, 그들 사이에 공유하고 있었던 진한고문만의 미감과 문체적 특징이 분명 전제되어 있다. 본서에서는 이러한 언술들을 보다 양각화·체계화하여 진한고문의 내적 동질성을 밝혀내는 작업을 시도하고자 한다. 이를 통해 선진양한의 구기口氣를 재현하고자 하였던 진한고문론의 실체가 보다 온전하게 드러날 수 있으리라 기대한다.

안 축적되어, 지면상 이루 거론하기 어려울 정도이다. 진한고문의 총체적인 특질을 추출해내는 작업 역시 문학개론서 및 문학사 연구에서 시도되어 왔다. 본서에서는 그중에서도 「論先秦諸子的修辭技巧」, 『先秦文學史』, 『古漢語修辭簡論』, 『先秦散文藝術新探』, 『先秦大文學史』, 「先秦諸子散文的審美特征」 등의 논의를 참조하였다. 그러나 이들 논문 역시 주제, 풍격 면에 접근한 점이 많고 당송고문과 변별되는 진한고문의 정체성을 구체적으로 규명하는 데에는 이르지 못하였다. 이에 復旦大學에서 출간한 『歷代文話』(王水照, 2007)에 수록된 중국문화자료에서 진한고문의 문체와 수사법에 관한 역대 문인들의 실제적인 논의를 함께 살펴보았다.

1) 자구, 편장의 운용과 구성 방식

당송고문과 비교하여 흔히 지적되는 진한고문의 문체적 특성은 '간簡'하다는 점이다. 이는 우선 자구의 길이에서 확인된다. 일반적으로 당송고문은 6언 이상의 장구를 많이 사용하는 데 반해 진한고문은 4언 이하의 단구가 상대적으로 높은 비율을 차지한다. 특히 『주역』, 『서경』, 『예기』 등 육경 산문과 『노자』 등의 선진산문에서는 단구의 비중이 높다. 같은 자수로 이루어진 단구의 나열은 짧은 호흡과 함께 일정한 리듬을 가지고 있기에 안정적이며 장중한 미감을 제시한다. 그런데 단구를 구성하는 자수에 변화를 주면 불안정한 짧은 리듬을 통해 기세와 호흡이 제고되어, 특히 격정적인 정서, 급박한 어기語氣, 긴장 국면을 표현하기에 적합하다.

초나라 사람이 밥을 먹고 있을 때 오나라 사람이 쫓아오니 초나라 사람이 도망갔다. 그러자 오나라 사람들이 그 밥을 먹고서 추격하여 옹서에서 초나라 군대를 패배시켰다. 오나라 군대는 다섯 차례 교전하여 초나라 수도 영에 이르렀다.

楚人爲食, 吳人及之, 奔. 食而從之, 敗諸雍澨. 五戰, 及郢.

—『左傳』「定公四年」

진왕이 놀라 옷소매를 끌어당기며 일어나자 소매가 끊어졌다. 진왕이 칼을 뽑으려 하였으나 칼이 길어 칼집만 잡힐 뿐이었다. 시간은 급하고 칼은 꼭 끼어 얼른 뽑아낼 수가 없었다.

秦王驚, 自引而起, 袖絶. 拔劍, 劍長, 操其室. 時惶急, 劍堅, 故不可立拔.

—『史記』「刺客列傳」

위에 인용한 『좌전』은 초楚와 오吳의 긴박한 전투 장면을 기록한 부분으로 4구 이하의 단구로 구성되어 있다. 분奔의 주체는 초인이고 "食而從之" 이하의 주체는 오인인데 주어를 과감하게 생략하고 있다. 이로 인해 가독성은 떨어지지만 대신 역동적인 효과를 거두고 있다. 형가荊軻가 진시황과 대치하는 장면을 묘사한 아래의 글 역시 2·3구 중심의 단구로 진행되어 호흡이 촉급하다. 여기에서도 소매가 끊기고 칼을 뽑는 등 연속적으로 이어지는 장면을, 구체적인 주어나 대상에 대한 명확한 정보를 생략한 채 이어나가고 있다. 두 인용문을 장구로 구성하였다면 문의文意가 보다 명료해지겠지만 대신 작품의 긴장은 떨어졌을 것이다.

단구의 운용으로 인해 연사連詞나 조사助詞 등 허사의 사용은 자연히 제약을 받게 된다. 두 인용문 모두 연속적으로 발생하는 사건 및 주고받는 동작을 표현하고 있음에도 구와 구를 이어주는 연사의 비중은 현저히 낮다. 물론 진한고문에서의 연사와 조사의 생략은 애초에 수사적인 목적을 수반한 것이라기보다는 아직 관련 품사가 충분히 발달하지 못한 어문적 환경에서 비롯한 것이라 할 수 있다. 한문 문장에서의 연사, 조사는 당대唐代 이후에 와서야 대폭 늘어나며 보다 적절하게 사용되었다.[2] 조사를 많이 사용하면 어기語氣를 부드럽게 하고 문장의 의미

2 王若虛는 「文辨」에서 한유가 문장에서 '然後'와 '之' 등 연사와 허자를 과용한다는 점을 병폐로 지적하였다. "退之原道云, 寒然後爲之衣, 饑然後爲之食, 木處而顚, 土處而病也, 然後爲之宮室. 三然後字慢却本意. 又云, 責冬衣裘者曰, 曷不爲葛之之易, 責饑之食者曰, 曷不

를 명확하게 전달하는 효과가 있다. 특히 의론적인 성격이 강한 산문에서는 문장종결사 및 인과관계를 설명해주는 전치사뿐 아니라 추상적인 개념을 보다 분명히 전달하기 위해 '也, 也者'와 같이 주어부에 붙는 후치사後置詞를 즐겨 사용한다.

그럼에도 후대 문장가들이 진한고문의 조사 생략을 학습하고자 하는 것은, 문장의 기세를 높이고 독자의 주의를 환기시키려는 의도에서 비롯한다. 『이택문설麗澤文說』에서 "전환처는 힘이 있어야 하니 조사에 기대지 않고 스스로 이어나가는 것이 좋은 방법이다"[3]라고 한 언급은 비록 전환[4]하는 곳을 중심으로 논한 것이기는 하나 조사 생략이 가지는 효과를 적절하게 지적한 것으로 볼 수 있다. 자구들 사이에 연결점을 생략하면 인과, 선후 등의 관계를 명시적으로 보여주는 흐름은 저지되는 대신, 이 공백을 격정적인 어기 혹은 이미지 등으로 대신 채워 이끌어나감으로써 문세를 강하게 하며 문외文外의 의미를 풍부하게 산출하게 된다. 독자는 골격으로 이루어진 문장을 통해 본질적인 메시지에 집중하는[5] 한편, 적극적인 의미 생산자로서의 텍스트에 개입하게 된다.

爲飮之之易, 葛之飮之多却之字." 최근 중국 연구자인 洪本建은 구양수에서의 허자의 빈도를 조사하였는데, 한유에 비해서도 두 배 가까이 많은 허자를 쓰는 것을 분석하였다. 이승신, 「歐陽修 居士集의 散文 文體 硏究」, 고려대 박사논문, 2003, 350쪽 참조.

3 呂祖謙, 『麗澤文說』. "轉換處, 須是有力, 不假助語, 而自接連者爲上."

4 전환은 轉折이라 하기도 한다. "轉折連詞는 反轉, 他轉, 急轉 세 종류로 나눌 수 있다. 反轉 중에서 전절의 뜻이 강하지 않은 것은 보통 '而', '顧', '抑' 등을 쓰며, 전절의 뜻이 비교적 강한 것은 보통 '然', '然而' 등을 쓴다. '但'은 절절의 뜻이 강한 것과 약한 것의 중간 정도이다. 이런 연사들은 주로 구와 구를 연결하는 데 쓰인다. 他轉은 A라는 말을 하다가 갑자기 B의 말로 이야기를 옮기는 것인데, '至于', '若夫' 등을 쓴다. 셋째로는 急轉이 있는데, 보통 '况', '矧' 등을 쓴다." 楊伯峻, 윤화중 역, 『중국문언문법』, 청년사, 1989, 150~152쪽 참조.

5 수사학에서는 접속사 생략법(asyndeton)의 전략적 기능이 수용자의 관심을 명사나 동

하지만 진한고문은 '간簡'하기만 한 것이 아니라 '번繁'한 요소도 함께 가지고 있다. 우선 자구의 길이를 가지고 본다면 당송고문에 비해 단구가 상대적으로 많을 뿐이지 진한고문에서 장구를 전혀 사용하지 않은 것은 아니다. 『춘추』의 문구는 긴 것은 30여 마디가 넘고, 짧은 것은 1마디에 불과하다고 하며,[6] 「단궁」에서는 장구와 단구가 모두 공존하는데 여기에는 각각 알맞은 법을 가지고 있다고 평가된다.[7]

앞서 인용한 「자객열전刺客列傳」의 앞부분에는 "秦王謂軻曰, 取舞陽所持地圖. 軻旣取圖奏之, 秦王發圖, 圖窮而匕首見. 因左手把秦王之袖, 而右手持匕首揕之, 未至身"이라는 장구를 연달아 씀으로써 긴박한 장면을 본격적으로 진행하기 이전에 완만한 어기로 호흡을 조절하고 있다. 사마천은 자구의 장단을 현장의 호흡에 결부시켜 자유자재로 운용한 결과, 사건을 생동감 있게 재현해내는 데 성공하였다.

또 앞서 조사의 생략과 제한적 사용을 진한고문의 특징으로 언급하였으나, 다른 한편으로는 조사가 과잉 사용된 사례 역시 적지 않게 발견된다. "南宮縚之妻之姑之喪(「단궁」)", "我弔也與哉(「단궁」)", "獨吾君也乎哉(『좌전』)", "而後乃今(『장자』)"은 조사를 중첩해서 쓰고 있는 대표적인 예이다. 심지어 "厲之人(『장자』)", "麗之姬(『장자』)"처럼 조사의 사용으로 오히려 문의를 해치는 경우도 있다. 당송고문은 조사를 통해 문장의 의미를 명료하고 완만하게 하는 반면, 진한고문에서의 조사는 어기

사 등 본질적인 것에 집중하게 하는 것에 있다고 하였다. Plett Heinrich F, 양태종 역, 『수사학과 텍스트 분석』, 동인, 2002, 138쪽 참조.

6 陳騤, 『文則』 卷上. "春秋文句, 長者踰三十餘言, 短者止於一言."

7 위의 책. "鶴脛雖長, 斷之則悲, 鳧脛雖短, 續之則憂. 檀弓文句, 長短有法, 不可增損, 其類是哉."

사語氣詞로서의 성격이 강하다. 이에 당송고문은 조사의 지나친 사용으로 문장이 평탄해진다는 지적을 받곤 했지만 진한고문에서는 오히려 문장의 기세를 높이는 효과를 가진다.

자구의 지나친 반복 역시 진한고문에서 지적되는 사항이다. "奚爲奚據. 奚避奚處. 奚就奚去. 奚樂奚惡(『장자』)"에서처럼 동일한 허사를 반복적으로 사용하는 것 또한 살펴볼 수 있는데 『문칙』에서는 이를 "유자類字"라고 칭하며 이 같은 반복은 문장의 기세를 높이고 글의 뜻을 넓히는 데 사용된다고 설명하였다.[8] 이는 허사뿐 아니라 실사에도 적용될 수 있는 논의이다. 앞서 인용한 「자객열전」에서는 짧은 문장 속에 '劍'이라는 글자가 3번이나 제시되어 있는데다가 "발검拔劍, 검장劍長"과 같이 연이어 사용하는 것도 꺼리지 않는다. 자구는 간결하나, 자구의 운용 방식을 세부적으로 살펴보면 간결하다고만 할 수 없다. 이러한 반복은 인물 간의 대화에서 더욱 두드러지게 나타난다.

> 문공이 세상을 떠난 후에 목공은 조문도 하지 않고 우리 임금을 멸시하고 우리 양공을 어리다고 무시하였다. 우리의 효지를 침범하고 우리와의 우호를 끊어버리고 우리의 보성을 토벌하고 우리의 비활을 멸망시켜 우리 형제국의 단합을 해체하고 우리의 동맹을 교란시켜 우리 국가를 전복시키고자 하였습니다.
>
> 文公卽世, 穆爲不弔, 蔑死我君, 寡我襄公. 迭我殽地, 奸絶我好, 伐我保城. 殄滅我費滑, 散離我兄弟, 撓亂我同盟, 傾覆我國家.
>
> —『左傳』「成公十三年」

8 위의 책 卷下. "文有數句用一類字, 所以壯文勢廣文義也." 『문칙』에서는 육경과 제자백가를 중심으로 類字에 해당하는 40여 개의 예를 나열하고 있다.

위 글은 진후晉侯가 보낸 여상呂相이 진秦과의 절교를 선언한 내용으로, 매 구절마다 '我'라는 글자를 반복적으로 배치하고 있다. 산문은 경제성의 원칙을 중시하기에 지나친 반복은 기피해야 하는 대상이다. 하지만 여기서 반복은 단순히 자구를 낭비하는 것이 아니라 억누를 수 없는 화자의 격정을 전달하는 역할을 담당하고 있다. 이 같은 반복은 정치적인 연설문에서 의도적으로 사용되는 수사법이기도 하다.[9] 유세가의 논설이 많은 비중을 차지하는 『전국책』 역시 "韓必德魏愛魏重魏畏魏, 韓必不敢反魏"에서처럼 반복을 통해 상대를 설득하고자 하는 수사법이 흔히 발견된다.

이외에도 동일한 자구를 얽어가면서 이치를 논하는 '교착체',[10] 다른 글자로 똑같은 의미를 거듭 사용하여 문세를 강하게 하는 중복표현법[11] 역시 반복을 이용한 수사법으로 볼 수 있다.

글자 차원을 넘어 동일하거나 유사한 구를 반복하는 '복구複句'도 이 시기 산문에서 특징적으로 나타난다. 어떤 복구는 단순한 반복을 넘어 작의作意를 드러내는 역할을 한다. 「혹리전酷吏傳」에는 "上以爲能", "天子以爲能"과 같은 표현이 전체 전에서 6차례나 반복해서 나온다. 사마

9 Reboul Olivier, 박인철 역, 『수사학』, 한길사, 1999, 77쪽 참조.

10 陳騤, 『文則』 卷上. "文有交錯之體, 若纒糾然. 主在析理, 理盡後已 (…中略…) 取莊子而法之則文斯鑿矣." 교착체는 심오한 이치를 설명하는 데 있어서는 유용하나 지나친 반복과 착종으로 인해 난해한 느낌을 준다. "有始也者, 有未始有始也者, 有未始有夫未始有始也者"(『莊子』 「齊物論」), "以指喩指之非指, 不若以非指喩指之非指也"(『莊子』 「齊物論」)와 같은 예가 대표적이다.

11 Reboul Olivier, 박인철 역, 앞의 책, 77쪽; "周徧咸"(『장자』), "吾無糧 我無食"(『장자』), "若棄魯而苟固諸侯"(『국어』), "往年殺彭越, 前年殺韓信"(『사기』)이 대표적인 예이다. 이를 교정해야 하는 衍文으로 보는 의견도 있지만, 진한고문은 지금과는 달리 중복을 피하지 않는 것으로 그대로 놔두어야 된다는 주장도 제시되었다. 于鬯, 『香草談文』 "國語魯語云, 若棄魯而苟固諸侯案, 旣言若, 又言苟, 此惟古法有之, 在今人必病其複."

천은 이러한 복구를 통해서 혹리가 득세하게 된 중요한 배경을 암시적으로 보여주려고 하였다.[12] 그러나 문장의 관건으로서 역할도 하지 못하면서 짧은 편장에서 지나치게 반복되는 예도 흔히 찾아볼 수 있다.

석태중이 죽자 적자가 없고 서자 여섯이 있었다. 누구를 후사로 삼아야 할지 점을 치자 점치는 자가, "목욕하고 패옥을 차면 조짐을 얻게 될 것입니다" 하였다. 이에 서자들 중 다섯 사람은 모두 목욕하고 패옥을 찼으나, 석기자는 "어버이의 상중에 목욕하고 패옥을 차는 이가 누가 있던가" 하고, 목욕하지도 않고 패옥을 차지도 않았다.

石駘仲卒, 無適子, 有庶子六人. 卜所以爲後者. 曰. 沐浴佩玉則兆. 五人者皆沐浴佩玉. 石祁子曰. 孰有執親之喪而沐浴佩玉者乎. 不沐浴佩玉.

—『禮記』「檀弓下」

외교를 선택해서 성공하면 백성은 안정될 것이요, 외교를 선택했는데 실패하면 백성은 종신토록 불안할 것입니다. 제나라와 진나라는 조(趙)나라의 두 적국이어서 그 때문에 백성들이 안정될 수가 없습니다. 진나라를 의지하여 제나라를 쳐도 백성이 안정되지 못하고, 제나라를 의지해 진나라를 공격해도 백성들은 역시 안정되지 못합니다.

擇交而得, 則民安, 擇交而不得, 則民終身不安, 齊秦爲兩敵而民不得安, 倚秦攻齊而民不得安, 倚齊攻秦而民不得安.

—『史記』「趙策二」

12 何家琪, 『古文方』. "複句作關鍵線索, 亦見作意. 如酷吏傳上以爲能, 天子以爲能是. 結句多用矣字以傳慨歎之神, 平準書可見. 要之, 以矜鍊爲主."

> 평원군이 "선생은 저의 문하에 머문 지 몇 년입니까?" 하자, 모수가 "이제 3년입니다" 하여, 평원군이 "뛰어난 선비는 세상에 처할 때 주머니에 든 송곳과 같아 그 끝이 밖으로 드러나기 마련입니다. 지금 선생은 저의 문하에 올해로 3년을 거처하였는데 주변에서 칭송하는 것을 듣지 못하였으니, 선생은 뛰어난 점이 없는 것입니다" 하였다.
>
> 平原君曰, 先生處勝之門下幾年於此矣? 毛遂曰, 三年於此矣. 平原君曰, 夫賢士之處世也. 譬若錐之處囊中, 其末立見. 今先生處勝之門下三年於此矣, 左右未有所稱誦, 勝未有所聞, 是先生無所有也.
>
> —『史記』「平原君虞卿列傳」

앞서 인용한 『좌전』과 「자객열전」에서 난독, 오독의 위험을 담지한 채 과감한 생략으로 빠른 전개를 추구하였던 것과 달리, 위의 인용문에서는 생략하여도 의미가 충분히 전달됨에도 불구하고 이미 나온 자구와 구문을 반복해서 사용하고 있다. '번용繁冗'[13]하다는 비판이 제기되기도 하였지만 송대 이후 문장 비평가들은 대체로 반복을 통해 문장의 힘을 굳세게 할 수 있다고 믿었다. 대표적으로 홍매洪邁(1123~1202)는 위의 「평원군우경열전平原君虞卿列傳」을 인용한 다음, 반복으로 인해 말이 천길 언덕을 달려 내려가는 것처럼 문세가 뛰어나다고 평하였다.[14] 즉 반복을 통해 의

---

13 王若虛, 『文辨』. "洪邁容齋隨筆云, 石駘仲卒, 有庶子六人, 卜所以爲後者, 曰沐浴佩玉則兆. 五人者皆沐浴佩玉, 石祁子曰孰有執親之喪而沐浴佩玉者乎? 不沐浴佩玉, 此檀弓之文也. 今之爲文者不然, 必曰沐浴佩玉則兆, 五人者如之, 祁子獨不可, 曰孰有執親之喪而若此者乎? 似亦足以盡其事, 然古意衰矣. 慵夫曰, 邁論固高, 學者不可不知. 然古今互有短長, 亦當參取, 使繁省輕重得其中, 不必盡如此說也. 沐浴佩玉字實多兩處. 夫文章惟求眞是而已, 須存古意何爲哉?"

14 洪邁, 『容齋隨筆』 卷5 「史記簡妙處」. "是此等重沓熟復, 如駿馬下注千丈坡, 其文勢正爾風行於上而水波, 眞天下之至文也."

미가 증폭되면서 기세가 강해진다는 것이다. 그런데 면밀히 따져본다면 이러한 반복은 인용문에서 보듯 대개 인물 간의 대화에서 나타나는 것으로, 현장을 좀 더 생생하게 담아내려고 한 작자 의식의 결과로 보아야 옳을 것이다. 당송고문이 대체로 작자의 숙고와 고도의 수사를 통해 정제된 언어 형식을 산출해내고 있다면 진한고문의 문체는 절제되지 않은 거친 형태이며 어떤 의미에서는 구어에 보다 더 가깝다고 할 수 있다.

이러한 특징은 자구와 문장의 배열에서도 나타난다. 진한고문의 문체 역시 일정한 규칙성이 존재하지만 이 규칙은 엄격하지 않으며 이에 대한 위반은 빈번하게 일어난다. 배비구와 대우구[15]의 발달은 변문駢文으로 촉진되어 당대唐代 이후 고문에 반영된 것으로 논해지기도 한다.[16] 하지만 진한고문은 대대로 입으로 전해져 내려오던 이야기를 원천으로 하는 경우가 많기에, 배비구, 대우구와 같이 일정한 규칙성을 추구하는 문형이 이미 발달하였다. 입으로 전해지는 과정 중에 말하는 자들이 성조를 사용하여 정조와 내용을 표현하였으며, 다시 낭랑한 느낌과 풍부한 풍치를 더하기 위해 의도적으로 시가의 특징을 흡수하게 되었다. 문자를 이용하여 이러한 이야기를 사책에 기록할 때, 언어 형식을 비교적

---

15 배비는 3개 혹은 3개 이상의 같은 혹은 유사한 구조로 어기가 일치하는 구나 문장을 사용함으로써 관련된 내용을 표현하는 것이며, 대우는 글자 수가 같거나 비슷한, 구조가 같거나 비슷한 의미가 관련 있거나 상대적인 두 개의 구나 문장을 대칭적으로 함께 배열하는 것이다. 나민구, 「용법이 비슷한 몇 가지 중국 수사법 분석」, 『중국연구』 28, 한국외대 중국연구소, 2001, 10~14쪽 참조.

16 "당송고문과 선진양한고문은 뚜렷한 차이를 보이는데, 양자의 차이는 당송고문이 병문의 대표적인 수사 기법인 대우를 적극적으로 활용하고 있다는 점에서 기인한다. 즉 대우와 배비구를 활용하여 산행에 음악성을 주는 것은 당송문이 변문을 거치면서 도달한 고도의 형식미이다." 강혜선, 앞의 책, 76쪽 참조.

자유로운 산문으로 바꾸었으나 여전히 음송되었던 흔적을 발견할 수 있다. 동시에 작가가 새로운 사실을 기록할 때에 의식적이건 무의식적이건 부송賦誦에 편리한 언어 형식을 모방하려는 경향이 있었다.[17] 그 결과 "罪疑惟輕, 功疑惟重"(『서경』), "水流濕, 火就燥"(『주역』), "危而不持顚而不扶"(『논어』), "見其生, 不忍見其死. 聞其聲, 不忍食其肉"(『맹자』)에서 보듯 본래 시적인 성향이 다분한 텍스트에서뿐 아니라, 일반적인 제자백가서에서도 배비구와 대우구는 흔히 찾아볼 수 있다. 여러 층위로 배비를 중첩시킨 복비複比 또한 진한고문에서 확인된다.[18] 『국어國語』의 경우 4자구의 우구偶句가 많아 변려문의 시초로 꼽히기도 하며,[19] 『전국책』 역시 유세가의 변론을 실어 놓음으로써 반복 나열·대구를 통해 자신의 주장을 강조하고, 기세를 높여 듣는 이를 압도하는 방법을 자주 사용하고 있다.

대구를 맞추는 과정에서 자연히 압운을 사용하는 경우도 보인다. 『서경』, 『주역』에서 압운은 흔히 발견할 수 있으며 『노자』의 경우는 운을 맞춘 것이 거의 절반 이상에 달한다. 조선 시대의 장유張維는 진한고문에서의 압운은 의도적인 결과가 아니라 장구章句를 놓는 법이 엄정하고 음절이 힘차게 전개되는 가운데 저절로 생긴 결과라 지적하였다. 그리고 한유와 유종원 역시 산문에 압운하는 경우가 많았는데 구양수와 소식 이

17 趙明, 『先秦大文學史』, 吉林大學出版社, 1993, p.574.

18 제자서에 나타난 배비구와 대우구는 鄭子瑜의 「論先秦諸子的修辭技巧」(『社會科學戰線』, 吉林省社會科學院, 1980)에서 자세히 언급한 바 있다.

19 陳衍, 『石遺室論文』 卷4; 『柳宗元資料彙編』 中華書局, 2004, p.554. "案國語多短句, 尤多四句, 卽騈儷所自來也." 이기훈, 「柳宗元 문장 『國語』의 淵源관계에 대한 歷代 인식 初探」, 『중국문학연구』 38, 한국중문학회, 2009, 11쪽 재인용.

후로는 이러한 법이 사라졌다고 하였다.[20] 이처럼 진한고문과 당송 특히 송대산문을 구분하는 변별점 중 하나로 압운을 꼽을 수 있다. 진한고문이 낭송과 변론의 흔적을 지우지 못해 운문적 경향이 여전히 남아 있음에 반해, 송대산문은 운문에서 벗어나 산문화되는 경향이 짙어진다. 물론 대구와 압운은 변려문에도 나타나기에 진한고문의 특징만으로 분류할 수 없다. 그런데 변려문이 4·6구의 배열과 평측平仄의 엄밀한 준수를 추구하되 진한고문의 대구는 보다 단순하며 그 법칙이 엄정하게 지켜지지 않는다는 점에서 차이가 있다. 장유의 표현을 빌리자면 진한고문의 대구와 압운은 '의도적이지 않은 결과(非有意爲之也)'라 할 수 있다.

대왕의 국가는 ①서쪽으로는 파·촉·한중의 이익이 있고, 북쪽으로는 군용에 쓸 수 있는 호의 맥피와 대의 좋은 말이 있습니다. 남쪽으로는 무산과 검중의 요새가 있으며, 동쪽으로는 효산과 함곡관의 견고한 요새가 있습니다. ②농토는 비옥하고 백성은 부유하여 전거 만승에 분격 1백 만 명이 있습니다. 비옥한 들이 천리 뻗어 있고 축적이 풍부합니다. 지세 또한 더없이 좋으니 이른바 천부라는 곳으로 천하의 웅장한 나라입니다. ③그러니 대왕의 현명함과 많은 백성들에다 군대를 일으켜 훈련만 잘 시키면 제후들을 겸병하고, 천하를 통일하여 제를 칭하면서 통치할 수 있습니다.

大王之國, ①西有巴蜀漢中之利, 北有胡貉代馬之用, 南有巫山黔中之限, 東有肴函之固. ②田肥美, 民殷富, 戰車萬乘, 奮擊百萬, 沃野千里, 蓄積饒多, 地勢

20 張維, 『谿谷集』 漫筆 卷1 「古文多有韻」. "古文多有韻者. 蓋其章句嚴整, 音節鏗鏘, 往往自協聲韻, 非有意爲之也. (…中略…) 老子老子, 有韻者過半, 下至莊列淮南太史公書, 往往協韻, 不可勝記. 韓柳文中亦多有之, 歐蘇以後, 此法微矣."

形便, 此所謂天府, 天下之雄國也. ③以大王之賢, 士民之衆, 車騎之用, 兵法之教, 可以幷諸侯, 呑天下, 稱帝而治.

—『戰國策』「秦策一」

인용한 문장은 소진蘇秦이 진혜왕秦惠王에게 유세하는 말로, 전체를 반복적인 대구로 구성함으로써 진나라의 위대함을 강조하여 청자를 설득하고자 하였다. 유세에서 반복과 대구, 나열이 얼마나 효과적인지를 단적으로 보여주는 예이다. 대구는 크게 3차례 이루어졌는데, 우선 ①에서 동서남북의 지리의 특성을 나열하고, ②에서 진나라의 풍요로움과 국방력에 대하여 총체적인 평을 한 다음, ③에서는 자신의 주장을 드러내었다. 그러나 여기서 배비구는 엄정한 격식을 가지고 있는 것은 아니다. 동서남북의 대구에서 서북남은 각각 8자로 대구가 정밀한 데 반해, 동쪽을 나타내는 구는 6자로 변화를 주어 균형을 깨트리고 있다. 제행齊行 속에 산행散行을 넣어 단조로운 리듬을 극복하는 동시에 독자의 주의를 환기시키는 효과를 산출하였다.

임치의 거리는 ①수레가 서로 부딪치고 길가는 사람들의 어깨가 닿고, ②옷깃이 이어져 휘장을 이루고, 소매를 들면 장막을 이루며, 땀을 뿌리면 비가 오듯 합니다. ③집집마다 부유하고 마음이 의기양양합니다.

臨淄之途, ①車車擊, 人肩摩, ②連衽成帷, 擧袂成幕, 揮汗成雨. ③家敦而富, 志高而揚.

—『戰國策』「齊策一」

4자구의 연속적인 배열 속에서 ①의 3자구 2개를 삽입하여 문장의 흐름에서 변화를 유도하고 있다. ①은 앞구의 복자複字 형태를 뒷구에서 계승하지 않아 대구를 엄밀하게 맞춘 문장이 아니다. ②의 대구 역시 3개의 구로 이루어져 전체 문장에 변화를 주고 있다. 『사기』 이후에는 한 마디로 말할 것을 두 마디로 말하며 3구를 반드시 4구로 만드는 현상이 일어났다고 논한 『사통史通』의 언급[21]을 참조할 때 3구로 구성된 대구는 2・4구로 이루어진 대구보다 덜 정련된 상태임을 알 수 있다.

하늘은 움직이는가? 땅은 멈추어 있는가? 해와 달은 자리를 다투는가?

누군가 주재하는 것인가? 누군가 보유하는 것인가? 누군가 무위에 머물며 밀어서 행하는 것인가?

혹 기운의 변화가 있어 멈추지 못하는 것인가? 아니면 굴러가서 절로 멈추지 못하는 것인가?

구름이 비가 되는 것인가? 비가 구름이 되는 것인가? 누군가 일으키고 멈추는 것인가? 그가 무위에 머물며 음락에 빠져 이것을 권하는 것인가?

天其運乎. 地其處乎. 日月其爭於所乎.

孰主張是. 孰維綱是. 孰居無事推而行是.

意者其有機緘而不得已耶. 意者其運轉而不能自止耶.

雲者爲雨乎. 雨者爲雲乎. 孰隆施是. 孰居無事淫樂而勸是.

—『莊子』「天運」

21 劉知幾, 『史通』 卷6 「叙事第二十二」. “自茲已降, 史道陵夷, 作者蕪音累句, 雲蒸泉湧. 其爲文也, 大抵編字不隻, 捶句皆雙, 脩短取均, 奇偶相配, 故應以一言蔽者, 輒足爲二言, 應以三句成文者, 必分爲四句, 彌漫重沓, 不知所裁.”

위 인용문에서 『장자』 역시 수사에 상당히 공을 많이 들인 글임을 확인할 수 있다. 우주의 법칙을 주재하는 존재에 대한 근원적인 의문을 연속적으로 쏟아내는 부분인데, 여기서 2·3구로 짝지어진 배비구를 층층이 겹쳐 쓰는 방식을 통해 독자들에게 강렬한 인상을 던져주고 있다. 또 '乎', '是', '耶' 등 결구에 오는 어조사를 동일하게 쓰는 데다가, 處·所, 張·綱·行, 已·止 등의 결구 앞에 오는 글자까지 압운하는 방식을 사용함으로써 시적 운율성을 획득하고 있다. 그러면서도 한 구를 구성하는 글자수나 배비구를 구성하는 구의 숫자를 자유자재로 안배함으로써 과감하게 규칙을 위반하고 있다.[22] 이 인용문은 바로, 진한고문이 규칙과 위반을 함께 운용함으로써 문세를 진작시키고 있음을 보여주는 대표적인 예라 할 수 있다.

이 밖에도 내용상 대우구를 써야 적합한 부분에 예상과 다르게 자구의 배열을 바꾸어서 문의文意를 어렵게 하는 경우도 어렵지 않게 발견된다. 이를 착종錯綜,[23] 요어拗語, 참차법參差法, 도법倒法이라고 한다. "后土爲社, 稷, 田正也"(『좌전』), "南夷之端, 見枸醬番禺, 大夏杖邛竹"(『사기』), "樂出虛, 蒸成菌"(『장자』)[24]가 구체적인 예이다. 나아가 "侈故之以", "室於怒 市於色"(『좌전』), "必我也爲漢患"(『한서』), "子耶, 言伐莒者"(『관자』) 등에서 보

22 이 인용문의 분석은 徐北文의 『先秦文學史』, 齊魯書社, 1981, p.177 참조.

23 "착종이란 정제되어 단조로울 수 있는 형식에 변화를 주는 수사법이다. 그 변화운용의 대상이 되는 형식은 단락 구성이나 서술 방식 등 편장법의 층위일 수도 있고, 규칙적인 반복, 대후, 배비 등 구법의 층위일 수도 있다. 더 넓게 보면 통상적 어순을 의도적으로 도치하거나 하나의 뜻을 여러 어휘로 바꾸어가며 다채롭게 표현하는 것 역시 착종의 범주에 넣기도 한다." 송혁기, 『조선 후기 한문산문의 이론과 비평』, 월인, 2006, 252쪽.

24 이상의 문장은 "后土爲社, 田正爲稷" 혹은 "社, 后土. 稷, 田正也", "南夷之端, 見枸醬番禺, 杖邛竹大夏", "虛出樂, 蒸成菌"으로 바꿔야 대구가 맞는다.

듯 일반적인 어순을 도치하는 경우도 흔히 확인된다.

이 같은 통사 구조는, 의미의 흐름을 분절·지연시킴으로써 작자 혹은 발화자의 의도를 보다 부각시키는 효과를 가진다. 하지만 기실, 착종 또한 문장을 치밀하게 구상한 결과라기보다 문어文語가 아직까지 구어口語에 가까우며 산문의 수사 기법이 충분히 발달하지 못한 환경에서 기인한 것이라 보아야 옳을 것이다. 그럼에도 문장가들은 착종을 통해 문세가 진작되는 효과를 인지하고 이를 학습하고자 하였다.[25]

문장의 규칙을 엄정하게 준수하지 않는 경향은 편장의 구성에서도 확인된다. 물론 후대 문인, 특히 당송고문가들은 진한고문에서 편장의 체계성과 유기성을 발견하고자 노력하였다. 김창협은 「신릉군전信陵君傳」과 「관부전灌夫傳」을 예로 들며, 사마천은 자신이 말하고자 하는 핵심 내용인 '안案'을 드러낸 다음 관절關節들을 안배하였다고 평하였으며,[26] 안석경은 『맹자』, 『사기』 등의 진한고문을 분석하면서, 강령綱領이 통솔하는 단락의 배치, 단락과 단락 간의 유기적 관계를 주목하였다.[27] 진한고문에서 나타나는 편장의 착종, 전환, 단속斷續 역시 작가의 의도하에 기획된 것으로 이해하려는 논의가 있었다. 예컨대 『사기』에서 형가와 진

25 陳繹曾, 『文說』 「造語法」. "莊子樂出虛, 蒸成菌, 不言虛出樂, 倒一字句法便健十倍."; 王構, 『修辭鑑衡』 卷2 「錯綜成文」. "韓退之, 羅池廟碑銘, 有春與猿吟兮秋鶴與飛, 如楚詞 吉日兮辰良, 蕙殽烝兮蘭藉, 奠桂酒兮椒漿, 盖欲相錯成文, 則語勢矯健耳."

26 金昌協, 『農巖集』 卷34 「雜識·外篇」. "馬史, 如信陵君傳, 敍迎侯生, 及灌夫傳, 敍罵坐等處, 曲折纖悉, 毫髮不遺. 弇州滄溟諸人作誌傳, 大抵皆摹倣此等, 而不知信陵君傳, 專以禮士下賢臨難得力爲案, 灌夫傳, 專以田竇兩家恩怨傾奪爲案. 迎侯生及罵坐處, 正其緊要關節, 故敍得愈詳愈妙, 推此例之, 史漢諸傳皆然. 若事無巨細緊歇, 皆欲纖悉敍次, 則豈復有體要乎."

27 윤지훈, 「18世紀 農巖季 文人의 文學論과 批評에 관한 硏究」, 성균관대 박사논문, 2008, 111~126쪽 참조.

시황이 대치하는 장면을 서술하다가 문맥을 끊고 진나라의 법에 관해서 말하는 부분, 『장자』「소요유」에서 붕새를 말하다가 시선을 옮겨 매미와 비둘기의 대화를 인용하는 부분은 갑작스러운 느낌이 들지만 신력神力이 있으며 작가의 논지에 부합하는 것으로 평가된다.[28]

그러나 진한고문은 당송고문에 비해 편장의 체계성과 유기성이 결여되는 것은 분명한 사실이다. 진한고문에서 편장의 결락이나 무의미한 착종은 흔히 발견된다.

[1] 왕께서는 하필 이로움을 말씀하십니까? 또한 인과 의가 있을 뿐입니다. 왕께서 어떻게 하면 내 나라를 이롭게 할까 하시면, 대부들은 어떻게 하면 내 집안을 이롭게 할까 하며, 사서인들은 어떻게 하면 나 자신을 이롭게 할까 하여 윗사람과 아랫사람이 서로 이로움을 취한다면 나라가 위태로울 것입니다. 만승의 나라에 그 군주를 시해하는 자는 반드시 천승을 가진 공경의 집안이요, 천승의 나라에 그 군주를 시해하는 자는 반드시 백승을 가진 대부의 집안입니다. 만승에서 천승을 취하며 천승에서 백승을 취함이 많지 않은 것은 아니지만, 의를 뒤로하고 이로움을 먼저 하면 빼앗지 않으면 만족을 모르게 됩니다. 어질고서 자기 어버이를 버리는 자는 있지 않으며, 의롭고서 자기 임금을 하찮게 여기는 자는 있지 않습니다. 왕께서는 인의를 말씀하셔야 할 따름이니, 하필 이익을 말씀하십니까?"

28 劉熙載, 『藝概』「文概」. "莊子文法斷續之妙, 如逍遙遊忽說鵬, 忽說蜩與鷽鳩斥鴳, 是爲斷, 下乃接之曰, 此大小之辨也, 則上文之斷處皆續矣, 而下文宋榮子許由接輿惠子諸斷處, 亦無不續矣."; 何家琪, 『古文方』. "如史記荊軻傳方敍荊軻刺秦王, 至始皇環柱而走, 忽用而秦法三字轉, 最有神力. 機軸轉折, 介甫最佳妙."

王何必曰利, 亦有仁義而已矣. 王曰, 何以利吾國, 大夫曰, 何以利吾家, 士庶人曰, 何以利吾身, 上下交征利, 而國危矣. 萬乘之國, 弑其君者, 必千乘之家. 千乘之國, 弑其君者, 必百乘之家. 萬取千焉, 千取百焉, 不爲不多矣, **苟爲後義而先利, 不奪不厭.** 未有仁而遺其親者也, 未有義而後其君者也. 王亦曰, 仁義而已矣, 何必曰利.

―『孟子』「梁惠王上」

2 내 듣건대 '지혜로운 자는 기회를 어겨 이익을 놓치는 일이 없으며, 용사는 죽음이 두려워 명예를 없애지 아니하며, 충신은 자신을 먼저하고 임금을 뒤로 미루지 않는다'고 하였습니다. 그런데 공께서는 하루아침의 분노 때문에 연왕이 신하를 잃게 되는 것을 생각하지 않고 있으니 이는 불충입니다. 몸을 죽여 요성을 멸하고도 위세가 제나라에 미치지 못하니 이는 용맹이 아닙니다. 공은 사라지고 명예는 무너져 후세에 일컬어짐이 없음은, 지혜롭지 못한 일입니다.

吾聞之, 智者不倍時而棄利, 勇士不怯死而滅名, 忠臣不先身而後君. 今公行一朝之忿, 不顧燕王之無臣, 非忠也. 殺身亡聊城, 而威不信於齊, 非勇也. 功廢名滅, 後世無稱, 非知也.

―『戰國策』「齊策六」

『맹자』의 경우 경서 중에서도 법도가 가장 엄밀하다고 평가받는다. 주희는 집주에서 『맹자』 문장에서 각 단락의 짜임새와 그것을 관통하는 논지의 흐름에 대해 자세히 분석하기도 하였다. 하지만 1에서 보듯, 『맹자』 역시 당송고문에 비해 그 짜임새가 치밀하지 않다. 인용문은 양혜왕梁惠王이 추구하는 이利에 대비하여 맹자가 인의仁義의 가치를 천명한 부분이다. 전반부와 후반부와 인과 의를 함께 논하는 데 반해 중반부에서는 의義에 관한 논의만 전개할 뿐 인仁에 관한 언급은 생략되어 있다.

[2]에서 노중련魯仲連은 지자智者, 용사勇士, 충신忠臣의 행동 양상에 대하여 열거한 다음, 이어서 이 글의 수신자인 연장燕將의 행위가 여기에 해당되지 않음을 조목조목 논하였다. 앞부분에서 배비구를 나열함으로써 글의 안정감을 도모하고 있는 데 반해, 후반부에서는 자구를 규칙적으로 운용하지 않아 변화를 주고 있다. 더구나 앞서 전개한 지智・용勇・충忠의 순서를 거꾸로 이어받아 충・용・지 순으로 열거하면서 서술의 흐름을 착종시키고 있다.

이 같은 편장의 결락과 착종에서도 작가의 의도가 개입되어 있는 것으로 해석하려는 견해가 제기되기도 하였다.[29] 그러나 진한고문, 특히 제자 산문은 대체로 사건과 인물의 언행을 세세하게 기록하는 데에 주안을 두었기에 편장의 배치를 치밀하게 구상하는 단계를 오랫동안 거치지 못한 결과로 이해하는 편이 보다 타당할 것이다. 단락의 조직과 배치에 대해 심혈을 기울여 구상하는 작업은 당송문장에서 본격적으로 구현되었다.

이상 살펴보았듯이 진한고문은 자구와 편장의 운용에서 간과 번, 규칙과 그에 대한 위반이 함께 공존한다. 유지기劉知幾(661~721)가 옛 문장은 번간에 의도하지 않고 물위에 부는 바람과 같이 자연스럽게 이루어진 것이라 하였듯이,[30] 번간을 운용하는 것은 철저히 작자의 주관과

29 윤지훈, 앞의 글, 83쪽 참조; 于鬯, 『香草談文』. "此以忠勇智, 承智勇忠, 是倒承文法"

30 顧炎武, 『日知錄』 卷19 「文章繁簡」. "劉器之曰, 新唐書叙事好簡畧其辭, 故其事多鬱而不

형세에 따른 것으로, 고정된 법칙이 있기 보다는 불규칙적이고 예측 가능하지 않다는 인상을 준다.

이 같은 진한고문의 글쓰기 방식을 계승할 수 있는 것이냐 하는 여부에 대해서는 문장가들의 견해가 나누어졌다. 당송고문론자들은 앞서 살펴보았듯이 진한고문의 편장 구조에서 당송고문에서 추구하는 유기적인 법칙을 '발견'하고 '확인'하려는 시도가 있긴 하였지만, 당송고문에 비해 진한고문이 체계적인 법이 없다는 인식은 일반적으로 공유하였다. 따라서 체계적이지 않고 쉽게 이해할 수도 없는 법칙을 함부로 모방하는 것 자체는 지양해야 할 일로 간주하였다. 당순지唐順之는 "한 이전의 글은 법이 없었던 적도 없고 법이 있었던 적도 없다. 법은 법이 없는 가운데 깃들어 있기에 그 법이라고 하는 것은 치밀하여 살펴볼 수가 없다"고 하며 진한고문을 함부로 모방하는 전후칠자의 글쓰기를 비판하였다.[31] 청초 고문가인 서린당徐鄰唐 역시 "사마천은 문법은 갖추어졌지만 체제는 갖추어지지 않았다. 한유, 유종원, 구양수, 소식 등에 와서야 체제가 갖추어졌다"[32]고 논하였다.

明, 此作史之病也. 且文章豈有繁簡邪, 昔人之論, 謂如風行水上自然成文, 若不出於自然, 而有意於繁簡則失之矣."

31 唐順之, 『明文海(黃宗羲 編)』 卷245 「董中峯文集序」. "漢以前之文, 未嘗無法, 而未嘗有法, 法寓於無法之中, 故其爲法也, 密而不可窺. 唐與宋之文, 不能無法, 而能毫釐不失乎法, 以有法爲法, 故其爲法也, 嚴而不可犯. (…中略…) 有人焉, 見夫漢以前之文, 疑於無法而以爲果無法也. 於是率然而出之決裂以爲體, 餖飣以爲詞, 盡去自古以來開闔首尾經緯錯綜之法, 而一種臃腫侶謚浮蕩之文. 其氣離而不屬, 其聲離而不節, 其意卑, 其語澁, 以爲秦與漢之文如是也, 豈不猶腐木濕鼓之音? 而且詫曰, 吾之樂合乎神. 嗚呼, 今之言秦與漢者, 紛紛是矣. 知其果秦乎漢乎否也?"

32 葉元塏, 『睿吾樓文話』 卷10. "商丘徐爾黃鄰唐曰 (…中略…) 馬遷之文, 法具矣, 體裁有未備也. 備之者, 其昌黎柳州廬陵眉山諸子乎."

이에 반해 진한고문론을 주장하는 문인들은 진한고문의 내밀한 법을 계승할 수 있는 것으로 여겼다. 전후칠자 중에서도 복고론을 철저히 표방한 이몽양은 옛 문장의 법도를 학습하고 창작을 통해 실현할 수 있다는 것을 굳게 믿었다.[33] 그러나 이들의 실현 방식이 진한고문을 반복적으로 독서한 다음, 그 미감을 직접 모방하거나 내재화하여 창작에 반영하는 과정으로 진행된 것을 본다면 이들 역시 직관적으로 인식했을 따름이지 어떠한 체계적인 법칙을 추출한 것은 아니라고 사료된다. 17세기 조선 문단에서 진한고문적 글쓰기를 추구한 조익趙翼[34]은 이몽양과 달리 진한고문에는 일정한 법칙이 없다는 것을 인정하고 '형세'에 따라 글이 이루어졌음을 강조하였다. 이러한 관점은 앞서의 당순지와 별반 다를 바 없어 보인다. 하지만 그는 오늘날에 있어서도 고정된 법칙보다 '형세'가 자구의 운용 방식 등 글쓰기에 있어 중요한 관건이 된다고 생각하고 실제 창작에서 진한고문의 글쓰기를 계승하려는 의지를 드러냈다는 점에서 당송고문론자들과 차이를 보인다. 이처럼 진한고문

33 李夢陽, 『文章辨體彙選』 卷62 「駁何氏論文書」. "古之工如倕如班, 堂非不殊, 戶非同也. 至其爲方也圓也, 弗能舍規矩何也? 規矩者, 法也. 僕之尺尺而寸寸之者, 固法也."

34 趙翼, 『浦渚集』 卷15 「上月汀先生書」. "天機之發爲辭, 辭有緩急長短者, 辭之勢也. 屬字離辭, 安有常則. 勢固有所必然. 當緩者不可急, 當急者不可緩, 勢之所必然者. 加之一字則衍, 削之一字則語斷而不成. 鶴長鳧短, 宜從其長短, 非所斷續也. 故古文或一字句, 或二字句, 或三字句, 或以至六七, 至數十字, 苟辭屬意連, 皆是一句, 此辭之勢也. 今必曰, 或七字爲句非法也, 則是緩急長短有常則也, 鶴之長可斷也, 鳧之短可續也. 夫相天下之馬, 遺其天機, 而徒以形容筋骨求之, 則幾乎失馬矣. 何獨以區區句字責哉? 假令翼之文必七字爲常, 則誠病之當矣. 乃偶一自然而然者, 何乃遺其大者, 而獨詳其細, 以不當病者爲病也? 必以是論之, 則是擧古今無全文也. 且古人豈好爲艱難哉? 勢不得已也. 翼之爲文, 亦非好爲艱難, 固勢也." 진한고문에 가까운 조익의 글쓰기에 대해 윤근수가 비판하자, 조익은 이상의 서신을 통해 자신의 글쓰기 방식이 고인의 자연스러운 법칙, 즉 활법을 내재화한 것이지 고정된 법을 억지로 준수하려고 한 것은 아니라고 해명하였다.

적 글쓰기를 추구하는 입장에서는 진한고문이 법이 있든 없든 간에 재현 가능한 대상으로 부각시키고 있음을 알 수 있다.

2) 높은 형상성과 문세의 추구

진한고문론에서 흔히 전범으로 설정하는 텍스트들은 서사의 비중이 높다는 공통점이 있다. 『좌전』을 비롯한 사체류 산문은 말할 것도 없고, 『논어』 역시 공자와 제자 등의 언행을 기록한 사체의 하나로 인식되기도 하였다.[35] 『장자』의 경우 심오한 철학을 담아낸 것이긴 하지만, 『논어』·『노자』·『맹자』와 같은 여타의 제자 산문에서 구현된 어록체 형태를 벗어나 다양한 인물을 통해 좀 더 복잡한 구조의 이야기를 풀어내는 방식을 시도하였다.

그런데 진한고문의 서사가 높게 평가받는 것은, 그것이 단순한 역사나 인물에 대한 기록에 그치지 않고 높은 형상성과 독자를 압도하는 문세를 수반하고 있기 때문이다. 간결한 장면의 제시, 생생한 묘사, 비유와 우언 등의 표현은 형상성을 제고시키며, 과장, 경책, 전환 등의 수사는 문세를 진작시키는 데 기여하였다.

전술하였다시피 진한고문은 자구상 간략하다는 인상을 준다. 그런데 이 간략함은 자구 차원을 넘어 전체 서사 차원에서도 논해진다. 특히 사서史書류 산문의 경우는 수많은 역사적 사건을 선별하고 그것을 압축적

35 『효경』, 『대학』, 『중용』 등 설리적인 성향이 강한 텍스트들은, 문학적으로 재현할 만한 문장으로 인식되지는 못하였다. 본서 120쪽 참조.

으로 독자들에게 보여주어야 한다는 과제가 있기 때문에 간략함이 무엇보다도 중요한 미감으로 제시된다. 「단궁」은 진한고문 중에서도 서사를 압축하는 기술이 가장 뛰어나다고 하며,[36] 『사기』 역시 사건을 잘 요약하여 100구, 200구를 1구로 만든다는 평가를 받기도 하였다.[37]

그러나 중요한 것은 단순히 잘 간추려서 서술하는 것이 아니라, 간략하고도 강력한 자구로 무수한 의미를 산출시킬 수 있어야 한다는 점이다. 유지기劉知幾는 이를 '회晦'라는 단어로 설명하고 있다. 회晦는 글자와 문장을 생략하면서도 구句밖에 일이 넘치는 것으로, 남김없이 다 말하는 '현顯'보다 우월하다 하였다.[38] 이를테면 『좌전』의 "배 안에 잘린 손가락이 두 손으로 움킬 정도였다(舟中之指可掬)"는 서로 배에 오르려고 다투다 죽은 군사들의 참상을, 『사기』의 "문밖에 참새그물을 설치할 정도였다(門外可設雀羅)"는 적공翟公이 관직에 물러난 뒤 사람이 찾지 않는다는 내용을 장면을 통해 압축적인 보여줌으로써, 번잡하게 서술하지 않고서도 독자들에게 장면을 유추할 수 있게 한다.

물론 간결성은 진한고문에서만 논할 수 있는 것은 아니다. 당송고문, 특히 송대문장은 가독성을 고양시키기 위해 장구와 조사를 다량 활용

---

36 예컨대 晉獻公때 驪姬가 太子申生을 모해한 일화는 『左傳』, 『穀梁傳』, 『國語』, 『史記』 등의 책에 모두 수록되어 있는데, 「단궁」이 제일 간략한 것으로 꼽힌다. "君非姬氏, 居不安, 食不飽. 我辭, 姬必有罪. 君老矣, 吾又不樂."(『좌전』), "吾君已老矣, 已昏矣. 吾若此而入自明, 則麗姬必死, 麗姬死則吾君不安. 所以使吾君不安者, 吾不若自死, 吾寧自殺以安吾君."(『곡량전』) 등의 번잡한 대화를 「단궁」은 "不可. 君安驪姬, 是我傷公之心也"라고 간략하게 말하고 있다. 여기서 '安'이라는 글자는 文眼으로 역할을 담당하고 있다. 李耆卿, 『文章精義』 "國語不如左傳, 左傳不如檀弓, 叙晉獻公驪姬申生一事, 繁簡可見."

37 李耆卿, 『文章精義』 "司馬子長文字一二百句, 做一句下, 韓退之三五十句, 做一句下, 蘇子瞻亦然."

38 劉知幾, 『史通』 卷6 「叙事第二十二」. "章句之言, 有顯有晦. 顯也者, 繁詞縟說, 理盡於篇中. 晦也者, 省字約文, 事溢於句外, 然則晦之與顯, 優劣不同, 較可知也."

하기에, 진한고문의 입장에서는 자구의 운용 방식이 '번煩'하다는 인상을 준다. 하지만 편장의 구성 측면에서는 '간簡'을 추구하였다. 구양수는 편장에서 '간이유법簡而有法'을 주장하였는데, 특히 그는 묘지명에서 대상 인물의 수많은 언행을 과감히 생략하고 평생의 '대절大節'만을 간략하게 기록하는 것을 선호하였다. 여기서 대절은 주로 과장이 없는 객관적인 언술로 구현된다. 범박하게 정리하자면 당송고문의 간략함은 편장차원에서 치밀하게 정리된 것으로 독자로 하여금 서술 대상을 일목요연하게 이해하는 것을 돕는 반면 진한고문의 간략함은 서술 내용을 강력한 자구로 압축하는 것으로, 독자로 하여금 유추하고 상상하게 함으로써 무궁한 의미를 환기시키는 효과를 거둔다.

이상의 간결하다는 평가와 달리, 진한고문, 특히 사체류 산문은 생동감 있는 묘사에 치중한 나머지 번잡하다는 평가를 피하기 어려웠다. 『좌전』은 『춘추』의 간명한 편년체 서술에 만족하지 않고 인물·사건을 상세히 묘사하는 데에 치중함으로써 미언대의微言大義 정신을 이미 위반하고 있다. 화려한 문체와 풍성한 내용이 글의 사실성을 해치고 있다는 비판이 제기되기도 하였다.[39] 왕약허王若虛(1174~1243)는 구체적인 예를 들며 『좌전』의 문장이 상물狀物과 논사論事에서 글자를 지나치게 번잡하게 쓴다고 평한 바 있다. 예컨대 경정慶鄭이 진후晉侯에게 정鄭나라 말을 타서는 안 된다고 간하는 부분에서, 그 말을 타면 잘 나아가거나 주선하지 못한다고 말하면 그만인데 굳이 "어지러운 기운이 사납게 움직이고 음혈이 일어나며 혈관이 팽창해 일어나서 겉으로는 강해 보이나 속은 기

39 楊士彦, 『春秋穀梁傳注疏』「序」. "左氏艶而富, 其實也巫."

운이 고갈되었다"라고 말의 특징을 구구절절 늘어놓는 것은 지나치다는 것이다.[40] 『사기』 또한 사건과 인물에 대한 묘사에서 지나치게 번다하다는 비판을 피하지 못하였다. 가령 형가와 진시황이 서로 대치하는 부분 등에서 보여주는 박진감 있는 묘사는 높은 문예미를 획득하였지만, 실증주의적 역사가들에게는 비판의 대상이 되고 번다한 서술로 인식되기도 한다.[41]

또 진한고문은 직접 화법을 많이 활용하여 생동감을 획득하고 있다. 제자백가서는 기본적으로 기언記言류 산문에 해당하는 데다가 사체산문 또한 군신을 비롯한 인물들 간에 나누는 대화가 큰 비중을 차지한다. 이러한 방식을 통해 극적인 효과가 커지며 독자는 인물의 내면과 정황을 더욱 구체적으로 알 수 있게 된다. 그런데 이들 대화는 작자의 상상력에 기댄 측면이 많다. 우언을 많이 활용하는 『장자』는 말할 것도 없고 사체산문 역시 대화를 구성할 때 오로지 사실에만 입각하지 않는다. 예컨대 개지추介之推가 죽기를 결심하고 모친과 은밀하게 나누는 대화(『좌전』), 홍문연鴻門宴에서 인물들 간에 나누는 대화(『사기』)와 같은 부분은, 사실 사관이 항상 옆에 붙어 있지 않는 한, 대화 내용을 사실 그대로 기록한다는 것은 불가능한 일이기에 작자의 상상력이 상당 부분 개입된 것으로 논해진다.[42] 이 때문에 한漢의 왕충王充은 『좌전』이 『논어』와는 달리 허구가 많다

40 王若虛, 『滹南集』 卷34 「文辨」. "左氏文章, 不復可議. 惟狀物論事, 辭或過繁. 此古今所知也. 如韓原之戰, 晉侯乘鄭駟, 慶鄭, 以其非土產而諫之, 言其進退不可周旋不能足矣, 至云亂氣狡憤陰血周作張脉僨興外彊中乾, 何必爾邪."

41 이승신, 「司馬遷과 歐陽修의 문장의 이동에 대하여—傳記文學 중심으로」, 『중국어문학지』 17, 중국어문학회, 2005, 114쪽 참조.

42 錢鍾書는 옛 사서에서 말을 기록하는 부분은 태반이 상상에서 비롯한다고 하였다("古史

고 지적하였으며,[43] 유종원도 "문채를 풍성하게 하는데 힘써 사실은 신경 쓰지 않은 데다가 이상한 내용을 덧붙이고 허황된 말로 과장하였다"[44]라고 하며 『국어』가 사실에 기반을 둔 역사 서술이 아니라고 비판하였다. 이처럼 지나칠 정도로 번다한 묘사 및 대화의 세세한 기록은 분명 사서로서의 결함으로 지적될 수 있지만 이로 인하여 높은 문예미를 성취하게 되었음은 부정할 수 없다.

비유와 우언은 형상성을 높이는 데 크게 기여한다. 선진 시대에는 비유, 우언을 가지고 자신의 주장에 대한 설득력을 높이거나 우회적으로 말하는 수법, 심오한 철학을 알기 쉽게 천명하는 방법이 발달하였다. 『전국책』, 『장자』, 『열자』가 대표적이다. 후대 문장가들이 경전을 끌어오는 방식을 선호했던 것과는 다르게, 선진 제자들은 말은 간결하나 뜻이 모두 들어 있으면서도 풍취가 풍부한 우언을 가지고 자신의 사상을 표현하는 것을 선호하였다. 이에 대한 원인으로 첫째, 현묘한 철학을 청자에게 전달하는 것은 어려운 일이지만 우언을 가지고 비유・기탁하면 언외지지言外之旨를 전달하기 용이하다는 점, 둘째, 당시 유세가들이 직면했던

記言, 太半出於想當然"). 예컨대 「항우본기」 중 홍문연의 장면에서 펼쳐지는 인물 사이의 긴박한 대화와 구체적인 동작의 묘사는 사료를 근거로 했다기보다는 사마천이 그들의 입장에 서서 대신 말한 것이라고 볼 수밖에 없다고 한다("馬遷設身處地, 代作喉舌而已"). 그는 이를 '代言'이라고 정리한다. 역사 인물의 독백이나 대화를 똑같이 기록한다는 것은 사실 불가능한 일로, 사가가 인물과 사실을 기록할 때 당사자의 내면과 사건의 상황으로 들어가 그 심리와 정황을 헤아려 누구나 납득할 수 있게 표현하는 것이 바로 代言이다("史家追敍眞人實事, 每須遙體人情, 懸想事勢, 設身局中, 潛心腔內, 忖之度之, 以揣以摩, 庶幾入情合理"). 안예선, 「史書의 春秋계승 의식과 문학성의 상관성－『史記』와 『漢書』를 중심으로」, 『중국문학연구』 43, 한국중문학회, 2011, 2쪽 재인용.

43 王充, 『論衡』 卷29 「案書篇」. "言多怪頗, 與孔子不語怪力, 相違返也."

44 柳宗元, 『柳河東集』 卷31 「答吳武陵論非國語書」. "務富文采, 不顧事實, 而益之以誣怪, 張之以闊誕."

상황은 직언을 하기에는 다소 위험하였다는 점, 셋째, 우언은 줄거리와 유머를 가지고 있어 현장에서 표현하면 더 효과가 있다는 점을 들 수 있다.[45] 우언은 상상력을 통해 허구적인 이야기를 창출해내기에 소설의 맹아로 평가되기도 하였다. 물론 우언의 경우는 유종원과 소식 등 당송고문가들도 널리 활용한 면이 있기 때문에 진한고문의 변별되는 특징으로 보기에는 어려운 면이 있다. 그러나 진한고문의 우언은 자신의 의론을 드러내지 않거나 간단한 언급으로 그 의미를 조명하는 것에 반해, 당송고문은 우언을 기반으로 서序·찬讚·평評을 통해 의론을 대폭적으로 확장하여 자신의 주장을 좀 더 직접적이고 적극적인 방식으로 드러내고 있다는 점에서 차이가 있다.[46]

한편, 과장, 경책, 전환 등의 수사는 진한고문의 문제를 진작시키는 데 기여하였다. 이는 백가百家가 쟁명爭鳴하고 열국列國이 대립하는 상황에서 자신의 주장을 더욱 돋보이게 하기 위해 발달한 수사법이었다.

> 발을 구르고 옷을 벗어젖히며 시퍼런 칼날에 맞서고 시뻘건 숯불도 밟으며, 앞에서 죽기를 결심한 것이 이미 이와 같습니다. 죽기를 결심하는 것과 살기를 결심하는 것은 같지 않습니다 그런데도 백성들이 이처럼 하는 것은 용맹을 떨치는 것을 귀하게 여기기 때문입니다. 그리하여 한 사람이 열 사람

45 陳平原, 「百家爭鳴與諸子遺風—秦漢散文論稿之二」, 『文學遺産』, 中國社會科學院, 1997.

46 권아린(「漢代 經學 발전이 寓言의 論說 방식에 미친 영향」, 『중국문학연구』 46, 한국중문학회, 2012)은 선진 시기 대체로 '주장+예시1, 예시2'라는 논설 방식을 운용하는 것에 비해 양한 시기에는 '가설(주장)+예시1, 예시2+결론(작가의 평론, 의론)+경전 구절'과 같이 좀 더 복잡해지고 전후 논리가 확실한 논설 방식이 활용되었다고 논하였다. 당송의 우언에서 앞뒤로 첨부되는 序, 贊, 評 역시 논설이 확대되는 경향을 반영한다.

> 을 이기고, 열 사람이 백 사람을 이기며, 백 사람이 천 사람을 이기고, 천 사람이 만인을 이기며, 만 사람이 천하를 이길 수 있습니다.[47]

인용문은 장의張儀가 진秦나라 사병의 용맹함을 표현한 부분으로, 전국 시대 유세가들의 과장된 수사법이 전형적으로 드러난 예이다. 우선, 칼날과 숯불이라는 강렬한 이미지를 가진 자구들을 배비구를 통해 표현하여 기세를 더하고 있다. 이어서 一, 百, 千, 萬, 天下로 이어지는 점층법을 사용하여 진나라가 강건한 나라임을 강력하게 주장하고 있다. 이상의 과장, 나열, 점층 등의 수사로 인해, 이 글은 청자와 독자를 제압하는 강한 문세를 유지할 수 있다.

『장자』와 『열자』 등의 제자 산문에서의 우언에서 과장하는 수법은 흔히 볼 수 있다. "장석이 도끼를 바람소리가 날 정도로 휘둘러 백토를 깎았는데 백토는 다 깎여졌지만 코는 다치지 않았다(匠石運斤成風, 聽而斲之. 盡堊而鼻不傷)"에서는 장석匠石의 뛰어난 솜씨를 허구적인 장면을 내세워 표현하였으며, 『장자』의 붕새와 『열자』의 초명焦螟에 대한 묘사에서는 각각 거대하고 미세한 세계에 대한 과장적인 표현으로 독자를 매료시키는 한편 상식적인 세계를 전복시키고 있다. 일반적인 사유방식을 뒤집는 언술 역시 확인된다. 오늘날의 의미로는 역설逆說에 가까운데 『장자』에서 "요절한 소년보다 더 장수한 이가 없고, 팽조가 요절했다고 할 수도 있다(莫壽乎殤子 而彭祖爲夭)"는 표현이 대표적인 예이다. 기존 관념

47 『戰國策』 卷3 「秦策一」. "頓足徒裼, 犯白刃, 蹈煨炭, 斷死於前者, 比是也. 夫斷死與斷生也不同, 而民爲之者, 是貴奮也. 一可以勝十, 十可以勝百, 百可以勝千, 千可以勝萬, 萬可以勝天下矣."

을 해체하고 독자의 기대에 역행하는 언술을 통해 생경함과 경이로움을 불러일으키는 역할을 한다.

돌출적인 발언은 독자를 제압하는 데 효과적인 방법이다. 이를 '경책警策'이라고 한다. 본래 경책은 말에 편책을 가하여 기세를 올리는 일로, 문장에 있어서는 한마디 요어要語를 놓아 기세를 치올리게 하는 것을 의미한다.[48] 경책구를 많이 쓰면 문장이 느슨한 느낌을 주지 않는다.[49] 『전국책』에서 이러한 수사법이 두드러지게 발달한 것으로 논해진다. 원의 진역증陳繹曾은 『전국책』의 9가지 법에 관하여 논하였는데, 그중 첫 번째가 '겸箝'으로 사람을 속박해서 반드시 듣게 하는 것이라 하였다. 이는 경책과 의미가 통한다.[50] 즉 일부러 기이한 말이나 사람을 놀라게 하는 말을 던짐으로써, 청자의 호기심을 자극하고 그 기회를 이용해 자신의 주장을 전달하는 것을 말한다. 번여樊餘가 서주西周를 위해 초왕楚王에게 유세하는 말의 처음에, "주나라는 반드시 망할 것입니다(周必亡矣)"라고 한 부분, 근상靳尙이 정수鄭袖를 설득해 장의張儀를 구하고자 하면서 "그대도 앞으로 왕에게 천시를 당할 것을 알고 있습니까(子亦自知且賤於王乎)"라고 하여 상대를 놀라게 하는 부분이 대표적인 예이다. 전국책을 학습한 것으로 알려진 소식 역시 경책구를 많이 쓰는 것으로 유명하다.[51]

48 심경호, 『한문산문의 미학』, 고려대 출판부, 1998, 110쪽.

49 張鎡, 『仕學規範』 卷35. "鋪叙處間架令新不陳, 多警策句, 則亦不緩."

50 陳繹曾, 『文章歐冶』. "戰國策善辭令, 其法有九. 一曰箝, 束縛定他人, 使之必聽也."

51 『懷古錄』에서는 "동파의 글이 전국책과 같은 것은 그가 捭闔을 잘하고 이익을 말하는 것이 비슷할 뿐 아니라, 起頭에서 사람을 놀라게 하는 것이 비슷하다. 『海外論武王』의 起句에서 "무왕은 성인이 아니다"라고 한 것이 이와 같다. 이는 문자의 一浪一派로 비유하자면

전환 또한 연설을 할 때 청자들의 주의를 환기시키는 효과가 있기에 유세가들의 문장에서는 자연히 많이 쓰이게 된다. 아울러 격렬한 전란을 표현하는 사체산문에서는, 단구를 쓰면서도 주체와 객체의 전환이 빈번하게 이루어지는 것을 살펴볼 수 있다. 『사학규범』에서 "의사가 새로 전환하는 곳이 많으면 자연히 완만하지 않기에, 잘 전환하는 자는 격렬하게 싸우는 것과 같아 두 행을 가지 않아 또 전환한다"[52]고 논하였듯이 전환이 많으면 자연스레 문세가 강해진다.

이상 살펴보았듯이 진한고문은 높은 형상성을 추구하며, 일상적인 언어와는 다른 격정에 가까운 언어로 조직되어 있다. 이는 당송산문, 특히 재도적인 성격이 강한 송대산문이 추구하는 온유돈후한 미감과는 사뭇 다르다. 『국어』는 쇠세衰世의 글, 『전국책』은 난세의 글이며,[53] 『장자』와 『국어』의 문자를 너무 많이 쓰면 정기正氣를 해친다는[54] 지적도 이러한 인식의 결과로 이해할 수 있다. 송대의 문예관에 비추어 이들 산문에 내재된 이데올로기뿐 아니라 기굴한 문체는 수용되기 어려웠던 것이다.

반면 진한고문을 문학적 전범으로 내세웠던 문인들은 진한고문의 높은 형상성, 그리고 강한 어감을 가진 언어에 대해 긍정적으로 인식하고

長江大河가 일어나 한 번에 쏟아 붓고 다시 또 한 물결이 일어나는 것과 같으니 이는 기복처가 기세가 크기 때문이다"라 하였다. 陳模, 『懷古錄』. "東坡文似戰國策者, 不特是善捭闔, 說利益似之, 至如其頭便驚人處亦似之. 如海外論武王起句云武王非聖人之類是也. 此乃文字一浪一派處, 譬如長江大河滾起, 一派方下, 又一浪起, 蓋其起伏處氣勢大."

52 張鎡, 『仕學規範』 卷35. "作文若意思新轉處多, 則自然不緩. 善轉者, 如短兵相接, 蓋謂不兩行又轉也."

53 朱熹, 『朱子語類』 卷139 「論文上」. "有治世之文, 有衰世之文, 有亂世之文. 六經, 治世之文也. 如國語委靡繁絮, 眞衰世之文耳. 是時語言議論如此, 宜乎周之不能振起也. 至於亂世之文, 則戰國是也. 然有英偉氣, 非衰世國語之文之比也."

54 柳宗元, 『柳河東集』 卷33 「與楊誨之第二書」. "用莊子國語文字, 太多反累正氣."

자신의 문장에 재현해내고자 노력하였다. 표면적으로는 문체를 계승, 재현하고자 한 논의라 하더라도, 문체는 그것이 담고 있는 내용과 사유에서 완전히 분리될 수 없기에 이 논의는 그 문체에 내재한 진한고문의 분방한 사유까지 포섭할 수 있는 가능성을 담지하고 있다.

2. 진한고문식 글쓰기의 계승과 변용 양상

1) 명대 전후칠자 산문의 문체적 특징

명대 전후칠자는 진한고문의 문체적 특징을 재현하고자 노력하였다. 물론 한유의 고문운동에서도 진한고문을 문장의 전범으로 부각시켰으며, 송대 문인들 역시 진한고문의 문학적 성과를 부정하지 않아, 이 시기에 등장하기 시작하는 전문적인 수사학 서적에서는 진한고문의 특질을 분석하고 이를 글쓰기 모범으로 제시하는 논의가 활발히 진행되었다.

하지만 단순히 전범으로 존숭·인용하는 것이 아니라, 이를 체화하고 구기口氣를 재현하고자 하는 논의를 담론적·실제적 차원에서 모두 피력하였던 것은 명대 전후칠자에 와서야 본격화되었다고 할 수 있다. 이는 명대 산문, 즉 당시의 금문今文에 위배될 뿐 아니라 당송고문의 문체적 특징과도 거리를 두는 것이었다. 당송산문이 가지고 있는 전범적 위치는 그야말로 확고한 것이어서 이를 부정하는 것은 드문 일이었다.

'문필진한文必秦漢'과 '고문망어한古文亡於韓'이라는 극단적인 발언은 진한고문으로 문체를 돌려야 한다는 전후칠자의 사명감이 그만큼 절실하였음을 반영한다.

그렇다면 전후칠자의 산문은 그들의 문학론을 어떻게 실현하고 있으며, 진한고문의 어떠한 면모를 계승·반영하고 있는가. 이에 대해 이몽양, 이반룡, 왕세정 등의 산문을 중심으로 문체적 특징을 개괄해 보도록 하겠다.[55] 우선 이반룡의 산문은 전후칠자 중에서도 진한고문에 대한 의존성이 강하여 전고를 많이 끌어오거나 글자 하나하나를 모방하려는 경향이 있는 것으로 지적된다.[56]

1 靑州는 옛날에 사방이 꽉 막힌 나라였다. 지금 그 백성들이 어찌해서 아직까지도 모두들 피리를 불고 거문고를 타며, 鬪鷄를 하고 走犬(개달리기

55 최근 중국 연구자들은, 전후칠자 문학에 대해 반근대·표절이라는 그간의 부정적 시각을 해소하고, 그들의 문학론이 현실 비판의식과 밀접한 관련하에 제출되었음을 주목하는 한편 공안파·성령파의 문학론이 산출될 수 있었던 토대로 역할하였다는 논의가 활발히 진행되어 왔다. 그러나 廖可斌이 「中國對明代複古派研究的曆史回顧和若干反思」(『제2회 동아시아한문학 국제학술회의 발표자료집』, 동아시아한문학연구소, 2013.12.7)에서 정리한 연구목록에 의하면, 이들 산문작품을 면밀하게 검토하여 진한고문의 문체적 특징을 어떻게 반영하고 있는지에 관해서 구체적으로 입증하는 연구는 중국 쪽에서도 아직 본격적으로 진행되지 못한 듯하다. 그나마 왕세정의 산문에 대해서는, 최근에 酈波가 『王世貞文學研究』(中華書局, 2011)에서 문학론에 부합하는 문체적 특징에 대해서 총체적으로 살펴보아 참조할 만하다. 또 국내에서 박경남이 「金昌協의 비판을 통해 본 王世貞 散文의 진면목—商賈 碑誌文을 중심으로」(『한국한문학연구』 46, 한국한문학회, 2010)에서 왕세정의 비지문을 중심으로 『사기』와의 연관관계를 밝히는 한편 왜 김창협에게 비판을 받아왔는지 검토하여, 전후칠자 산문의 구체적인 면모를 드러내는 데 기여하였다.

56 김창협은, 이반룡이 오로지 고인의 자구를 가지고 글을 짜깁기 하는 병폐가 있어 왕세정도 이러한 것을 문제로 지적하였지만 그 역시 똑같은 병폐에서 벗어나지 못한다고 지적하였다. 金昌協, 『農巖集』 卷34 「雜識·外篇」. "明文如李于鱗, 專取古人句字, 屬綴成文, 其陋甚矣. 元美亦嘗議此病, 而觀其自爲, 亦不免此."

경주)을 하며, 六博(장기의 일종)을 하고 蹹踘(공차기 놀이)을 멈추지 않는가. 또 임치의 거리에서는 어찌하여 아직까지도 수레가 서로 부딪치고, 길가는 사람들의 어깨가 서로 닿고 옷깃이 이어져 휘장을 이루고, 소매가 나란히 합쳐져 장막이 되는가. 이러한 것이 있으나 아주 좋은 이로움은 아니니다.

青州故四塞國也. 今其民, 豈猶無不吹竽鼓瑟鬪雞走犬六博蹹鞠者乎. 臨淄之途, 豈猶無不車轂擊人肩摩連袵成幃擧袂成幕者乎. 有之, 然利不在上也.

2 (…중략…)세 길의 창으로 오로지 맞서 싸우고자 하여 팔을 휘두르고 한 번 소리를 지르며 10길을 뛰어오른다. 당겼다가 다시 밀치기를 비바람을 이끌 듯한다. 급소를 잡기를 실끈처럼 하고 또한 고슴도치 털을 흔들 듯하며 칼날을 휘두르기를 바퀴 돌리듯이 하고 또한 고리를 쌓듯 한다. 담장을 이루어 나아가 화살이 빨라도 맞히지 못하고 검이 날카로워도 찌르지 못하게 한다. 軍令을 기다리지 않고 봉화보다 서둘러 세 길의 창이 마치 등림처럼 무성하게 모인다.

(…中略…) 三尋之矛, 唯敵是求, 振臂一呼, 超距十丈. 引而更却, 如曳風雨, 其搏秘如組, 亦如掉蝟. 其盤鋒, 如輪, 亦如積環. 堵牆而進, 矢疾, 不得加, 劍銛, 不得接. 不竢尺符, 捷於烽火. 三尋之矛, 若鄧林矣.[57]

인용문은 청주병비부사青州兵备副使로 부임하러 가는 왕세정에게, 청주의 역사를 장황하게 이야기한 다음 토호土豪의 극심한 횡포를 견제할 것을 당부하고 있는 글이다.

57 李攀龍, 『滄溟集』 卷16 「贈王元美按察青州諸郡序」.

우선 자구의 운용 방식을 살펴보면, [1]은 대개 장구로 이루어졌지만 조사를 제한한 채 실사와 실사의 조합으로 구성하여 가독성이 떨어진다. 이 구절은 같은 글에서 이후 "今其民見以爲無不吹竽皷瑟鬪雞走犬六博蹹鞠相樂也", "元美若能使臨淄之民無不吹竽鼓瑟鬪雞走犬六博蹹鞠相樂也"로 다시 반복되어 번잡하다는 인상을 가중시킨다. 한편 [2]에서는 4자구로 이루어진 단구를 나열하고 대우구를 연이어 사용함으로써 호흡을 촉급하게 만들어 긴장감을 형성시키고 있다.

또 이 글에서는 「고공기考工記」·『국어』·『전국책』·『사기』 등 진한 고문의 전고와 자구를 적극 활용하고 있는 것이 확인된다. 청주의 부유함을 형상화한 [1]의 강조된 부분은 『전국책』의 구절을 덩어리 채로 그대로 가져와 끼워 넣은 것이다. 여기서 전고는 전체 글을 압도하고 있어 전고로서의 의미, 즉 제한된 자구 안에서 핵심적이고도 함축적인 의미를 산출하는 역할을 제대로 수행하지 못하고 있다. 이를 통해 본다면, 이반룡이 옛글을 철습掇拾[58]하고 있다는 비난도 지나치다고 할 수만은 없다.

[2]에서는 청주의 민심이 호활豪猾함을 설명하는 부분으로, 비유, 나열, 과장의 수사를 사용하였다. 생생하게 인물의 동작 하나하나를 묘사하는 부분은 독자의 시선을 사로잡을 만큼 흥미진진하지만, 비유와 과장적인 수사를 많이 사용하여 허구에 가깝다는 인상을 준다. 청대에 황본기黃本驥는 이 글을 인용하여 전후칠자 문학에 대한 전반적인 비판을 가하였는데, 특히 '청주는 부유하다', '민심이 호활하다'는 식으로 간단

58 謝肇淛, 『小草齋詩話』. "于鱗鐃歌樂府, 掇拾漢人唾餘, 而謂日新之爲盛德也, 將誰欺乎!" 袁震宇 · 劉明今, 『明代文學批評史』, 上海古籍出版社, 1991, p.238 재인용.

하게 말할 부분을 지나치게 번잡하게 늘어놓는다는 것을 문제로 지적하였다.[59]

부임지로 떠나는 이에게 주는 송서送序는, 관리로서 임해야 할 자세와 그를 전송하는 작자의 감회에 관해 논하는 것이 일반적이다. 특히 당송작가들은 송서를 자신의 이론과 사상을 펼치는 장으로 활용하기도 하였다. 유종원은 「송설존의서送薛存義序」에서 지방관을 일꾼에 비유하여 관리로서 가져야 할 근본적인 자세를 논하였고, 구양수는 「송왕도서送王陶序」에서 문장 전체를 역상易象에 대한 의론으로 이끌어나감으로써 군자가 지녀야 할 자세를 부각시켰다. 이에 반해 이반룡의 글은 관리의 임무에 대해 원론적인 논의를 제시하는 것보다는, 전고를 나열하여 부임지의 역사를 재구하고 풍속을 세세하게 묘사하는 것에 보다 주력하였다. 본 작품은, 이반룡과 왕세정에 대해 "서사를 주로 하며 의론을 좋아하지 않는다"[60]라고 한 오규 소라이荻生徂徠(1666~1728)의 언급

59 黃本驥, 『讀文必得』. "滄溟之學, 必欲節去語助. 不可句讀以爲奧, 是求爲左史臧獲而不得者也. 昔人論貌古之病有二, 一曰減子法, 一曰換字法. 余謂務求減字法者, 必先工于換字. 其病雖異, 而病源則同也. 如滄溟送元美按青州序, 不曰青州饒富, 而曰青州故四塞國也, 今其民豈猶無不吹竽鼓瑟鬪雞走犬六博蹋鞠者乎, 臨淄之途, 豈猶無不車轂擊人肩摩連衽成幃擧袂成幕者乎, 有之然利不在上也. 非以吹竽鼓瑟等字, 換饒富字乎. 不曰民情豪猾, 而曰三尋之矛, 唯敵是求, 振臂一呼, 超距十丈, 引而更却, 如曳風雨, 其搏秘, 如組亦如掉蛸, 其盤鋒, 如輪亦如積環, 堵牆而進, 矢疾不得加, 劍銛不得接, 不竢尺符, 捷於烽火, 三尋之矛, 若鄧林矣. 非以此七十三字換豪猾字乎. 不曰青州多騎兵, 而曰漁陽之野, 何多韎韋之跗注君子也. 非以漁陽字換青州字乎, 非以韎韋字換兵字乎, 略擧一二以概其餘, 推究病源, 皆揚雄太玄法言等書有以誤之也. 余故歸獄于雄, 以爲貌古好異者戒, 使歸震川艾天傭復起, 當必不以爲深文苛論也."

60 荻生徂徠, 『徂徠集』 卷27 「答屈景山・一」. "紕辭, 故不能敍事. 夫明鬯是務, 欲瞭然乎目下者, 注疏之文非耶? 是以末流之弊, 語錄不啻也. 明李王二公, 倡古文辭, 亦取法於古, 其謂之古文辭者, 尙辭也, 主敍事, 不喜議論, 亦矯宋弊也. (…中略…) 六經皆事也, 皆辭也. 苟媢辭與事, 古今其如視諸掌乎!"

을 실증할 수 있는 좋은 예이다.

세세한 묘사로 이 글은 수신자가 부임지로 가서 마주할 상황을 구체적으로 보여주고 있다. 지나친 전고의 활용과 허구에 가까운 서술은 결함으로 지적될 수 있겠지만, 이반룡의 문장은 보편적 당위 규범을 설파하는 것이 아니라 실제의 삶과 구체적인 과제를 주목하고 있다는 점에서 그 의의를 부여할 수 있을 것이다.

전칠자의 영수로 꼽히는 이몽양은 이반룡보다는 절제된 문체를 사용하였다.

1 눈 오고 있을 때의 하늘은 온통 어둑한 구름이 낀다. 보통 구름들은 색깔이 다른데 유독 눈이 올 때만 똑같다. 『시경』에 "하늘에 똑같은 색의 구름이 낀다"라고 하였으니 바로 이를 말한 것이다. 눈 오고 있을 때의 산은 꼭대기는 바위가 드러나지 않고 계곡은 눈에 묻혀 얕아지며 샛길은 헷갈린다. 눈이 심하게 오면 나무꾼은 들어가지 못한다. 눈 오고 있을 때의 강은, 구름이 하늘과 같은 색이고 거룻배 하나가 하얀색인데 사람이 도롱이에 삿갓을 쓰고 있으면 수면이 드러나게 된다. 눈 오고 있을 때의 집은 처마가 곧게 보인다. 혹 창과 기둥이 분명히 보이도 하지만 띠인지 기와인지는 분별할 수 없다. 눈 오고 있을 때의 나귀는 아래를 보며 부들부들 떨며 굴에 다가서고 구덩이를 지나가는 듯이 한다. 눈 오고 있을 때의 사람은 시야가 넓어지고 정신은 모아지는데 어질어질 하얀 눈빛에 눈이 부시다. 눈 오고 있을 때의 나무는 헐벗어 있으면 겉껍질이 하얗게 되고, 꽃과 나뭇잎이 있는 나무에 눈이 오면 그 심지를 하얗게 만든다.

雪之天, 黯靄. 凡雲色異, 獨雪同. 詩曰上天同雲, 是已. 雪之山, 巓不骨, 谿壑淺, 蹊徑迷. 雪甚, 則樵不入. 雪之水, 雲同天. 一有舟篷白, 而人簑笠之, 則水見矣. 雪之屋, 簷直. 或明其囱柱, 然不見茅與瓦. 雪之驢, 下視, 凌競若臨窟蹈穴. 雪之人, 目曠而神歛, 眩眩然, 光奪之也. 雪之木, 枯則白其上皮, 花葉雪則皜其心.

[2] 눈에 바람이 불지 않으면 고르게 내린다. 이것을 그린다면 묘필이다. 고르지 않게 내리는 눈을 그리지 않는 것은 어째서인가. 형세가 그러하기 때문이다. 눈을 그릴 때의 형세는 거칠게 움직이는 것을 귀하게 여겨서 가까운 것을 상세히 그리고 먼 것을 대략 그린다. 정은 우아하면서도 함축하는 것을 귀하게 여기고 뜻은 줄이면서도 완만한 것을 귀하게 여기며 기는 호탕하면서 세찬 것을 귀하게 여기고 색은 엄숙하면서도 윤택이 나는 것을 귀하게 여긴다. 다섯 가지는 눈을 잘 그린 것이다.

雪無風則勻勻, 斯畫矣, 卽妙筆. 弗畫弗勻之雪, 何也. 勢使然也. 畫之勢貴粗盪, 近詳遠畧. 情貴雅而包, 意貴減而宛, 氣貴豪而洶, 色貴凜而潤, 五者雪之良者也.

[3] 내가 일찍이 그림을 논할 적에 田生이 말하기를, "오직 史癡뿐일 것이다. 江山一圖가 그에 가깝다" 하였다. 이 그림이 지금 우리 집에 오게 되어 내가 살펴서 보고 말하기를, "사치가 없었다면 내가 누구와 함께 눈에 대해서 말할 수 있었겠나" 하였다.

李子嘗論及畫事, 田生曰, 其惟史癡乎. 江山一圖近之矣. 是圖今落於吾家, 李子取而觀之, 曰微癡, 吾誰與言雪.[61]

61 李夢陽, 『空同集』 卷59 「題史癡江山雪圖後」.

이 글은 절제된 언어의 사용으로 산문에서도 시적 형상성을 획득할 수 있음을 보여주는 대표적인 예이다. 전체 글에서 4자구 이하의 단구가 차지하는 비중이 크며, 접속사 사용을 최소화하여 진한고문의 문체를 재현하고자 하였다. 이몽양은 분명한 의미망을 구축해 나가는 것보다 자구 자체가 가지는 본질적 의미를 부각시키는 것을 추구하였다. 1에서 '雪之天', '雪之山', '雪之水' 등으로 나열되는 자구들은 실상 한문 산문 문법체계를 어긴 것이지만, 수묵화의 절제된 필선과 같이 응축된 형태로 문외文外의 여운을 산출해 낸다. 또 "巓不骨"에서 '骨'을 동사형으로 쓰는 것이나 "花葉雪"에서 자구를 실사로만 구성한 부분은 진한고문의 자구 운용 방식을 재현한 것으로 이해할 수 있다. "雪之山"에서부터 "雲同天"까지는 3자구를 연속적으로 나열하여 낭송할 때 낭랑한 느낌을 조성하는 한편 고풍을 재현하고 있다. 3자구의 반복은 특히 『주역』·『예기』·『노자』 등의 선진고문에서 확인할 수 있는바, 산문 문체의 가장 원시적 형태라 할 수 있다.

또 2의 "情貴雅而包, 意貴減而宛, 氣貴豪而洶, 色貴凜而潤"는 동일한 구조와 글자를 반복하는 배비구를 사용하여 운율감을 조성하였다. 장구의 배비는 단구의 배비에 비해 문세가 약하며 단조로운 느낌을 주는데, 이몽양은 이에 앞서 "勢貴粗濫 近詳遠畧"의 구를 배치해 변주를 유도하였다. 3에서 사치史癡의 그림을 논평하는 부분 중 "其惟史癡乎"와 "微癡, 吾誰與言雪"에서는 의도적으로 『논어』의 문법을 사용하여 고기古氣를 재현하고 있다.

인용문은 응축된 자구로 간명한 이미지들을 나열하고, 이를 통해 독자에게 무궁한 의미를 환기시키고자 하였다. 특히 1에서 "雪之水, 雲

同天, 一有舟篷白, 而人蓑笠之, 則水見矣"는 마치 유종원의 「강설江雪」을 연상하게 할 만큼 시적인 응축력이 발현된 부분이다. 분명한 의미 맥락은 결여되어 있지만, 간결한 자구로 청아한 미감을 구축해내는 데 성공하였다.

편장의 짜임에서 살펴보았을 때 이 글 역시 간이유법簡而有法한 미감에서 벗어나고 있다. [1]은 눈 오는 풍경을 묘사한 단락으로 이 글 중 가장 많은 지면을 할애하였다. [2]에서는 '설도雪圖'를 그리기 위한 요건을 논한 다음, [3]에서는 그것이 바로 사치의 그림이라고 소개하였다. 이 같은 편장 구성 방식은 기존의 그림에 대한 서발문의 방식과는 상이하다. 회화물을 대상으로 한 서발제사는 그림의 작성 경위와 전승 과정, 그림에 대한 품평과 화가 또는 소장가의 인품, 학행, 사업 등에 관한 찬술을 담는 것이 일반적이다.[62] 그러나 인용문을 통해서는 독자들이 그림과 화가에 대한 어떠한 정보를 얻을 수 없다. 다만 [1]과 [2]를 통해 이러한 미감을 충족시키는 것이 사치의 그림이라고 추측할 뿐이다. 이는 작자의 관심이 풍경을 형상화하는 데 집중되고 있는 데서 기인한다.

한편 단구의 운용 및 나열, 묘사는 이몽양뿐 아니라 전후칠자 산문의 특징적 면모로 꼽을 수 있다. 전후칠자의 대표적 문인 왕세정 역시 각획刻劃, 즉 마치 실제로 보고 듣고 하는 것처럼 표현하는 데 지나칠 정도로 공을 들이는 것으로 평가된다.[63]

---

62 김우정, 「최립의 山水屛序와 유몽인의 無盡亭記를 통해 본 古文辭의 文藝美」, 『한문학논집』 23, 근역한문학회, 2005, 68쪽.

63 何家琪, 『古文方』. "刻劃. 如見如聞, 左史皆然. 宋人少精神, 弇州過妝點."

[1] 가벼운 구름 무성한데 바람이 놀라게 하지 않아 물결이 비단 주름처럼 잔잔하게 일렁이면서 하늘과 상하를 이루었다. 잠시 뒤에 동남쪽에 커다란 무지개가 일어나더니 銀橋처럼 하늘 끝까지 닿더니 꿈틀꿈틀 내려와 바닷물을 마셨다. 놀란 물결이 물을 급히 뿜으니 구슬과 조개 만 섬이 생겨나 날아오르며 쏘기를 마치 五金이 용광로에서 부글거리는 것과 같았다. 겉부분은 현란한데 시작하는 부분은 점점 사라져 이미 서서히 줄어들더니 바다로 다 들어갔다.

輕雲蒙籠, 風師不驚, 文淪若縠, 容裔滉漾, 與天下上. 俄而東南雄虹起, 亘空若銀橋, 蜿蜒而下飮於海, 驚流噴躄, 璣貝萬斛, 飛躍注射, 若五金之在鎔. 芒穎絢爛, 皆觸晴呟, 已徐徐縮, 入海旣.

[2] 한참 뒤에 鼉磯島, 大竹島, 小竹島 여러 섬을 살펴보니 구름기운이 갑자기 변하고 솟아오른 섬의 모습이 모두 바뀌었다. 어떤 것은 끊어지고 어떤 것은 이어지며, 어떤 것은 네모지고 어떤 것은 둥글며, 어떤 것은 솟고 어떤 것은 흐르며, 어떤 것은 두 번 겹치고 어떤 것은 한 번 겹치며, 어떤 것은 세 번 겹치고 어떤 것은 집과 같으며, 어떤 것은 좁고 어떤 것은 두 개 시루를 겹친 듯하며, 어떤 것은 물결과 합쳐지고, 어떤 것은 우뚝 꽂혀 은하수로 들어가며, 어떤 것은 새가 되고 어떤 것은 잠룡이 되거나 虎豹가 되어 한 가지 모양이 아니었다.

久之, 顧見鼉磯大小竹諸島, 雲氣驟變, 峰嶼盡改. 或斷或續, 或方或圓, 或峻或衍, 或英或坯, 或陟或密, 或隋或陳, 或漫滮波浪, 或斗揷入漢, 或爲鴡, 或爲伏蚪爲虎豹者, 不一.[64]

앞서 이반룡의 산문에서도 이미 확인한 바 4자구의 연속적 배열은 전후칠자 산문의 특징적 면모로 지적될 수 있다. 특히 ①의 "輕雲蒙籠, 風師不驚, 文淪若縠, 容裔滉瀁"이나 "下飮於海, 驚流噴蹙, 璣貝萬斛, 飛躍注射"와 같은 구절은 낭송하는 데 음률적인 효과를 노린 부분으로, 탕빈윤湯賓尹은 『엄주문선』에서 "黃鐘律呂 神仙品也"라고 평하기도 하였다.[65]

글자 하나하나를 단련한 것 역시 특징적인데 ②의 "或英或坯, 或陟或密, 或隆或隒"은 자의字意를 모두 『이아爾雅』에 근거해 쓴 것으로 고기古氣를 재현하려는 의도가 개입되어 있다. 이 부분은 우선 4자구를 바탕으로 한 반복적인 표현으로 리듬감을 주면서도 후반부에 자구 수에 변화를 주고 마지막에 수렴하는 부분을 '불일不一'의 짧은 단구로 처리하면서 문세를 강하게 응집시키고자 하였다.

이 같은 표현 방식은 바다의 물결, 무지개와 구름, 섬의 모습이 시시각각으로 변화하는 모습을 포착하는 데 유용하다. 왕세정은 풍경에서 고정된 미감을 뽑아내기보다는 역동적인 움직임을 파악하는 데 보다 주력하였다. 무지개가 바닷물을 마시러 내려오는 장면이라든지 파도가 거품을 품는 장면, 구름과 섬이 온갖 모습으로 변하는 모습을 생동감 있게 그리면서 온갖 사물과 동물로 비유하여 형상성을 높였다.

이처럼 왕세정의 유기는 마주하는 경물을 비유와 나열을 통해 핍진하게 묘사하는 데 장처를 지녔지만, 전체 여정을 서사적으로 풀어내는 데에도 굉장히 능하다. 『유장공동기遊張公洞記』가 대표적인 예로 이 글은 종유석 동굴을 탐방하는 장면을 생생하게 재현해내고 있다.

---

64 王世貞, 『弇州四部稿』 卷72 「海遊記」.

65 錢仲聯, 『王世貞文選』, 蘇州大學出版社, 2001, p.325 재인용.

1 물고기를 꿴 듯 줄지어 동굴을 내려가는데, 내려갈수록 점점 더 미끄러워졌다. 또 가파른 층계에는 제대로 발을 붙일 수 없어 뒷발은 앞발을 뗀 다음에야 비로소 뗄 수 있었으며 발이 몰리면 어깨로 보조하면 되지만 그 위쪽은 비좁아 또 어깨마저 제대로 들이밀 수 없었다. 이처럼 수십 개의 층계를 내려가는데 조금씩 앞에 가던 사람이 마치 안개 속의 새와 같이 보였다. 또 들리는 소리도 마치 항아리 속에서 말하는 것 같았다. 횃불을 들면 큰 탄성을 지르며 기절할 정도로 놀라니. 굉장히 많은 종유석들이 모두 아래로 드리워져 있었다.

魚貫而下, 漸下漸滑. 且峻級不能盡受足, 後趾俟前趾發乃發. 迫則以肩相輔, 其上隘, 又不能盡受肩. 如是數十百級, 稍稍覩前行人, 如烟霧中鳥, 又聞若甕中語者. 發炬, 則大叫驚絶, 巨萬乳皆下垂.

2 (…중략…) 아래로 드리워진 종유석은 더욱더 기이하게 오색창연하게 단청을 칠한 듯 반짝거리며 사람의 눈을 자극했다. 큰 것은 옥기둥과 같았는데, 혹 땅에까지 드리워져 땅과의 간격이 한자 가량 되기도 하였고, 혹 화가나 솟은 듯하여 천장과의 간격이 또한 한자 가량되기도 하였고, 혹 위아래의 서로 닿지 않은 것이 겨우 머리카락 한 올 간격이 되기도 하였다. 종유석의 모습들은 마치 잠긴 용 같기도 하고 뛰어오르는 용같기도 하며 달리는 사자 같기도 하고 쭈그려 앉은 코끼리 같기도 하며, 연꽃 같기도 하고 종과 북 같기도 하며 허공을 나는 신선 같기도 하고 호승같기도 하여 그 기괴함을 이루다 적을 수 없다.

(…中略…) 石乳之下垂者, 愈益奇, 爲五色自然, 丹雘晃爛刺人眼. 大者, 如玉柱, 或下垂至地, 所不及者尺所, 或怒發上, 不及者亦尺所. 或上下際不接者, 僅

一髮. 石狀如潛虯, 如躍龍, 如奔獅, 如踞象, 如蓮花, 如鐘鼓, 如飛僊, 如僧胡, 詭不可勝紀.[66]

앞부분에서 동굴을 탐방하기 전 날씨와 동행자에 대해 설명하고 왜 동굴의 앞쪽이 아니라 뒤쪽부터 탐사하게 되었는지 그 경위를 말한 다음 동굴을 탐방하는 과정을 추보식으로 구성하였다. ①에서 장구와 단구를 불규칙하게 운용하고 조사의 사용을 자제함에 따라 독서의 속도를 지연시키고 있다. "後趾俟前趾發乃發"과 같은 표현은 구어에 입각하면서도 어조사를 전혀 쓰지 않아서 일반적인 통사 구조를 위반하고 있다. 꺽꺽한 느낌의 불규칙한 구식은 동굴의 험난함과 호응하면서 더욱 생동감을 자아낸다. 동굴의 규모를 직접 설명하고 있지는 않지만, 힘겹게 한발 한발 떼는 모습, 점점 어두워져서 앞사람의 모습이 안개 속 새의 모습과 같으며, 동굴에서의 목소리가 항아리 속에서 말하는 듯 울리는 것과 같다는, 시청각적 이미지들을 총 동원하여 동굴의 규모와 모습을 독자로 하여금 유추하게 한다. 한편 "發炬"에서부터는 동굴의 경이로운 모습을 실제로 마주하는 장면으로 전환하고 있는데 어떠한 접속사를 사용하지 않은 채 돌연 단구로 전환함으로써 문세를 더욱 강하게 진작시켰다.

②에서는 종유석의 기괴한 모습에 대해서 상세하게 설명한 다음 각종 동식물 등에 대한 비유를 3자구로 나열하면서 그 형상을 구체화하였다. 이러한 방식은 「해유기海遊記」에 구름과 섬 모습을 형상화한 부분

66 王世貞, 『弇州四部稿』 卷72 「遊張公洞記」.

과 일치한다. 앞서 불규칙한 자구의 운용으로 지연되었던 문세가 치달리는 듯한 느낌으로 전환되고 있는 것이다.

이처럼 왕세정은 추보식으로 여정을 하나하나 재현해내면서 자구의 운용을 통해 문장의 호흡을 여정의 속도에 맞춰 자유자재로 조절하였다. 이는 앞서 「자객열전」에서 살폈던 사마천의 자구 운용 방식과 흡사하다. 독자는 인물들의 동작 및 감정과 밀착되면서 여정에 동참하는 듯 생생한 감동을 획득하게 된다.

또 왕세정은 인물전 및 비지문에서 『사기』의 정수를 얻어 대상 인물의 삶을 구체화하고 개성 있게 표현하는 것으로 평가된다. 이러한 과정에서 일화와 대화는 적극 활용된다.

중승 兪諫은 선생의 계부인 중승공과 동년배이다. 선생의 가난을 염려하고 선생을 아끼어 돈을 주려고 하였다. 말하기를, "그대는 아침저녁으로 괴롭지 않는가?" 하니, 선생이 말하기를, "아침저녁으로 죽이 마련되어 있습니다" 하였다 유공이 선생의 藍衫을 가리키며 "옷이 이토록 해졌단 말인가" 하니, 선생이 짐짓 모르는 척 하며, "비가 잠시 제 옷을 해지게 하였을 뿐입니다" 하여, 유공은 마침내 차마 돈을 주겠다는 말을 하지 못하였다.

하루는 선생의 처소를 지나는데 문 앞에 도랑이 진흙벌이었다. 유공이 돌아보며 말하길, "풍수가의 말에 따르면, 이 도랑을 터놓으면 급제를 하게 된다하네" 하니, 선생이 사양하며 말하기를, "공은 부디 도랑에 대해 신경 쓰지 마소서. 도랑을 터놓으면 옆에 사는 민가를 헐어야 합니다" 하였다. 훗날 유공은 스스로 후회하며 말하기를, "내 문생의 도랑을 터놓고자 하면서, 어찌하여 먼저 말했던고. 내 끝내 문생에게 은혜를 베풀지 못했구나" 하였다. 선생의 학업은 날로 정밀해졌으며 명성은 날로 중해졌다.

俞中丞諫者, 先生季父中丞公同年也. 念先生貧而才先生, 欲遺之金. 謂曰若不苦朝夕耶. 先生曰, 朝夕饘粥具也. 俞公故指先生藍衫曰, 敝乃至此乎. 先生佯爲不悟者曰, 雨暫敝吾衣耳. 俞公竟不忍言遺金事. 一日過先生廬, 而門渠沮洳. 俞公顧曰, 通此渠. 若於堪輿言, 當第. 先生謝曰, 公幸無念渠, 渠通, 當損傍民舍. 異日, 俞公自悔曰, 吾欲通文生渠, 奈何先言之, 我終不能爲文生德也. 先生業益精, 名日益重.[67]

「문선생전文先生傳」은 문인화가 문징명을 입전한 작품이다. 왕세정은 문징명의 일생을 재구하면서 그가 예술에만 뛰어난 것이 아니라 훌륭한 인품을 가지고 있음을 드러내는 데 주력하였다. 효孝, 염廉과 같은 덕목을 나열하여 인물의 미덕을 칭송하는 대신, 여러 일화를 나열하여 직접적으로 드러내는 방식을 선택하였다. 앞부분에서 부친의 상을 치른 일화와 여러 문인들과의 교유를 나열하여 그가 효성스럽고도 뛰어난 인물임을 부각시킨 다음, 유중승과의 문답을 실었다.

이 부분은 왕세정의 다른 산문과 달리 난이도가 높지 않은데, 전고를 나열하거나 벽자를 써서 고기를 재현하기보다는 절제되지 않은 자구의 운용으로 구어에 가까운 느낌을 재현해내고자 하였다. "念先生貧而才先生"과 "無念渠, 渠通"에서 자구의 반복을 꺼리지 않은 점과 "業益精, 名日益重"에서 대구를 맞추지 않은 것에서 보듯 여기에서 자구는 엄정하게 절제되어 있지는 않다. 또 두 인물 간에 주고받는 문답을 요약하

67 위의 책 卷83 「文先生傳」.

지 않고 그대로 실음으로써, 가난하면서도 부끄럽게 여기지 않으며 백성을 배려하는 문징명의 인품을 더욱 생생하게 부각시켰다.

왕세정의 인물전에서 대화가 많은 비중을 차지하고 있음은 「왕산인전汪山人傳」에서도 확인된다.[68] 이 작품은 왕세정이 평소에 잘 알지 못하였던 인물에 대한 전기로 왕산인이 생전에 자신을 찾아와 입전을 부탁했던 내용을 상세히 기록하고 사후 아들의 말을 통해 그의 생애를 구체화하는 방식을 사용하였다. 이 같은 방식은 사실 낯설지 않은데, 구양수 역시 자신의 부친에 대한 묘표인 「농강천표瀧岡阡表」에서 모친의 증언을 그대로 실어놓는 방식을 추구하였기 때문이다. 하지만 구양수가 간엄한 편법을 추구하여 부친의 효와 인을 부각시킬 수 있는 증언들을 체계적으로 배치한 데 반해, 왕세정의 「왕산인전」은 아들이 찾아오는 장면 및 아버지의 일생에 대한 그의 증언을 구구절절 싣고 있어 장황한 느낌을 준다.

이러한 차이가 묘표와 인물전이라는 장르의 차이에서 유래한 것이 아니라는 사실은 왕세정의 비지문을 심도 있게 살펴본 박경남의 연구에서 확인할 수 있다. 그는 왕세정의 비지문이 망자의 삶의 특징을 집중적으로 부각시키기보다는 다양한 측면을 총체적으로 보여주기 위한 병렬식 구조를 선택하며, 또 여러 가지 일상의 예화들을 상세히 기술하고 있는 점이 특징적이라고 하였다.[69] 이 같은 특징으로 '주제의 집중'과 그에 따른 '서술의 안배'를 중시하는 김창협은, "크고 작고 가볍고

68 王世貞, 『弇州續稿』 卷79.

69 박경남, 「金昌協의 비판을 통해 본 王世貞 散文의 진면목—商販 碑誌文을 중심으로」, 『한국한문학연구』 46, 한국한문학회, 2010.

무거움을 따지지 않고 모두 쓰고 실어 쓸데없이 번거롭고 자질구레한 것이 늘 한편의 작품을 가득 채웠다"[70]고 비판하기도 하였다. 구양수를 비롯한 송대고문이 일정한 담론을 중심으로 대상 인물의 삶을 분절하고 재조합하여 그의 삶을 의미화하는 데 집중하고 있다면 왕세정의 글은 인물의 삶에 관한 여러 정보들을 최대한 나열하여 재현하는 것에 집중하고 있다. 범박하게 논한다면 전자는 담론적 글쓰기, 후자는 재현적 글쓰기로 분류할 수 있다.

이러한 나열 방식은 작자의 감정을 확장하는 데에도 유용하게 쓰인다. 주지하다시피 전후칠자 산문은 기굴한 문세를 가지고 있는데, 그중에서도 특히 왕세정은 불우한 인생사와 반골 기질로 인해서 격정적인 언어를 많이 사용하였다. 「추여고헌부종자상서追與故憲副宗子相書」[71]는 억울하게 요절한 친구 종신宗臣에게 보내는 편지로 절제되지 않는 분노와 슬픔이 담겨져 있다. 이 글은 『황명이대가문초皇明二大家文抄』와 『명문각선明文各選』, 『명대가문초明大家文抄』(이화여대 도서관 소장본) 등 국내에 유통되고 필사된 왕세정 산문 선집에 빠짐없이 수록된 글이다. 죽은 자에게 보내는 서신이라는 파격破格의 글로, 조선의 이삼환李森煥은 죽은 벗, 한경빈韓景賓을 애도하면서 이러한 형식을 재현하기도 하였다.[72]

70 金昌協, 『農巖集』 卷34 「雜識 · 外篇」. "弇州不知古人提挈錯綜之妙, 而只欲以句字, 步趣摸擬, 故其爲碑誌敍事, 不問巨細輕重, 悉書具載, 煩冗猥瑣, 動盈篇牘."

71 『弇州四部稿』 卷119에는 종자상에게 보내는 서신이 총 15편이 있는데, 이 작품은 그중 마지막 작품으로 「又」라는 제목하에 수록되어 있다. 본서에서는 『文章辨體彙選』에 수록된 제목을 따랐다.

72 丁範祖, 『少眉山房藏(李森煥 著)』 卷6 「贈木齋李子木序」. "余友木齋李子木, 余少時, 得見其悼友人韓景賓之死, 而抵書柩前, 以告哀, 若王元美之哭宗子相者, 固識其有異於衆人."

이 밖에도 조선 문인들이 제문 등의 글에서 이 글을 전고로서 가져오거나 자구를 직접 끌어다 쓴 것을 많이 확인할 수 있어, 이 글이 조선 문단에서 크게 회자되고 읽혔던 것으로 추정된다.[73]

[1] 자상을 불러보지만 문득 고요하고, 남긴 서신은 찬란하지만 아름다운 목소리는 들을 수 없다. 내가 부친을 이어 화를 입게 되니 사무친 원한이 뼈마디를 찌른다. 도탄에 빠진 이래로 비록 근근이 숨 쉬며 명은 이어나갔지만 죽고 싶은 생각뿐이다. 자상은 살아있는 것 같고 나는 죽은 것이나 매한가지이니, 이승과 저승의 길이 갈리지 않아 억울한 마음을 그래도 말할 수 있을 것이다.

子相, 雖號就, 奄漠然, 而遺藻煜發, 英聲踔踸. 僕遘禍屬毛, 銜寃刺骨. 塗炭以來, 雖線息守魄, 而萬念蹈冥. 子相如生, 不佞猶死, 則幽明之軌未岐, 抑塞之衷, 尙可暴也.

[2] (…중략…) 자상이 신밀하고 단아한 것은 말할 것도 없지만, 나는 미쳐서 단속하지 않고 부친이 가시덤불 속을 출입하였던 것을 유독 유념하지 않

73 李濟兼, 『杜陵集』 卷2 「祭權通卿文」. "昔宗子相死近十年, 其友王元美移書, 道情素若平生, 良以幽明之軌雖異, 所不昧者故在也."; 元景夏, 『蒼霞集』 卷9 「祭李相國宜叔文」. "昔子相云亡, 元美移書, 欲以不白地上, 白之地下, 不佞每讀弇山斯書, 撫掌大噱."; 金龜柱, 『可庵遺稿』 卷13 「與鄭兼之」. "悠悠此恨, 將不免白之地下, 弇山之語, 古今同悲."; 姜欙, 『松西集』 卷9 「祭文(李秉遠)」. "於乎, 昔宗子相亡, 弇州爲書, 更結幽明之契."; 柳致游, 『櫟庵集』 卷3 「次南穉裕槐市書齋韻」. "子相今不在, 一書邈難脩, 擧擧工冶子, 盍益勉箕裘."; 이외에도 이 글에 나오는 "鳴雞絶袂", "浮鱉", "涕涔滔下", "線息守魄", "簧鼓牙舌", "指擿諱忌", "萬念蹈冥", "迅霆之濫", "擊蟄逮株", "不敢白之地上, 白之地下" 등의 구절을 끌어다 쓴 것을 조선 문인들의 산문에서 살펴볼 수 있다.

아, 엿듣는 자들에게 구실을 주었다! 또 문장을 짓는 것을 그만두지 않았으니 그 결과가 능히 지혜로운 자로 하여금 질투하게 하고, 어리석은 자로 하여금 싫증나게 하고, 약한 자로 하여금 참소를 올리게 하고, 유력자로 하여금 공격하게 하였으니 대체로 당연한 형세이다. 이와 같이 된 것은 동조하는 자는 사모하고 나와 다른 사람은 박대하며, 소원한 자와 친한 자를 바꾸고, 천한 데도 귀한 자를 넘고, 젊은 데도 長者에 앞서며, 더욱 방자해지고 게을러져 권세가를 등한시하고, 안부를 잘 전하지 않았으며, 술을 가까이하고 예의를 잘 지키지 않았기 때문이다. 이와 같은 몇 가지를 나는 불행히 자상과 함께 간혹 한 적이 있다. 그러나 저 크고 작은 長安의 人事는 마치 파리가 큰 하늘을 건너는 것 같아 어찌 우리 종자상의 눈 안에 들어왔겠는가?

(…中略…) 毋論子相愼密雅重, 僕卽狂不檢, 獨不念家大人出沒荊棘, 爲于垣累乎! 且爲文章不已, 其效能使智者妬, 愚者厭, 弱者獻讒, 力者出拯, 大抵勢當然耳. 其所以乃, 在慕同調, 薄異己, 疎易親, 賤陰貴, 少加長, 增敖益惰, 遺落富勢, 脫疎寒暄, 親暱麴蘖, 倦罷禮數. 此數者, 僕不幸與子相間有之, 彼長安人事大小, 如蠛蠓之度大空, 何挂吾子相目也?

③ (…중략…) 어찌 생각이나 했겠는가. 간교한 쇠파리가 흰색을 검다하고 몰아치는 번개가 자는 벌레를 연이어 내리칠지. 나는 망설임 없이 왼손으로는 척독을 받들고 오른손으로는 칼날을 잡겠다. 북궐의 아래에서 절을 마친 뒤에 슬프게 하루하루 연명해 나가는 까닭은, 일월이 다시 비치고 뇌우가 제때에 내리쳐 맹렬히 맞서는 것을 바라서이지 살아남기를 유익하게 여기기 때문이 아니다. 일의 본말은 오직 자상만이 알 것이다. 나는 오랫동안 울음을 참아왔다. 감히 지상에다 말하지 못하고 지하에다 말할 뿐이다.

(…中略…) 何圖靑蠅之巧, 變白爲黑, 迅霆之濫, 擊鷙逮株. 僕不憚左手奉尺牘, 右手握歐刀, 於北闕之下. 所以拜跪乞, 哀延旦夕之息者, 冀日月之廻照, 而雷雨之有時, 憤激暴伉, 非有益於生存故也. 事本末獨子相知之. 僕呑聲久矣, 不敢白之地上, 白之地下耳.

이 글에서 왕세정은 생전에 자상과의 추억, 엄숭嚴崇을 비롯한 권신權臣과의 갈등, 앞으로의 각오를 전개하였다. 제문이라는 양식 안에서는 그리움, 분노, 후회, 절망감 등으로 뒤엉킨 복잡한 감정을 이루 담아낼 수 없기에 왕세정은 서신이라는 장르를 선택할 수밖에 없었다. 부친이 사사된 이후에도 엄숭 부자와의 갈등 속에서 험난한 인생을 살았던 자신과 불우하게 요절한 종자상의 삶이 교차되며 억눌렀던 감정이 폭발적으로 분출되었다. 따라서 언어는 절제되지 않으며 내용은 정교하게 배치되어 있지 않아 각 문장과 단락은 응집성과 응결성이 결여되어 있다. 과거와 현재, 자상과 나로 이야기가 급격하게 전환되지만, 접속사는 거의 쓰이지 않아 어기語氣가 촉급하고 즉발적인 발화로 글이 진행되는 인상을 준다.

이처럼 격정을 한없이 쏟아내는 듯한 느낌을 자아내기는 하지만 자구의 운용 방식을 살펴보면 이 글은 한 번에 써내려간 글은 아님이 분명하다. 진인석陳仁錫(1581~1636)은 『명문기상明文奇賞』에서 이 글을 "말은 토하고 삼키며 뜻은 있는 듯 없는 듯하여, 마치 취해서 쓴 글 같지만 사실은 맨 정신으로 쓴 글이다"[74]라고 평하였다. 예컨대 ①의 "屬毛"과 ②의

74 "語在呑吐, 意在有無, 似醉筆, 實醒筆." 錢仲聯, 『王世貞文選』, 蘇州大學出版社, 2001, p.325 재인용.

"于垣"은, 각각 "不屬于毛 不離于裏", "君子無易由言, 耳屬于垣"이라는 『시경』의 구절을 가져와 압축하여 쓴 것 것이다. 또 유기遊記에서처럼 3·4구의 단구로 나열하는 방식을 사용하여 자신의 과오와 오만함이 종자상을 죽음으로 몰고 갔다는 후회와 절망감을 표출시켰다.[75] 이 같은 나열 방식은 작자의 감정을 증폭시키는 데 유용하게 사용되었다.

전후칠자 이후 속오자續五子, 말오자末五子로 칭해지는 문인들 역시 진한고문의 문체적 특징을 계승하고자 하였다.

연경에서는 面衣를 차고 황마를 탄다. 바람이 불어 먼지를 날리면 거리에 가득 찬다. 돌아와 말에서 내리면 양쪽 콧구멍이 굴뚝처럼 새카맣다. 사람과 말의 오줌에 모래흙이 섞여서 비가 지나가면 진흙탕이 되어 안장과 무릎까지 닿는다. 백성이 다투어 다리 저는 나귀에게 채찍질하다가 관인의 어깨와 서로 부딪쳐 대관이 불러오라고 전한다. 그러면 재빨리 숨어 골목으로 피하는데 미치지 못할까 정신없이 뛰어다니느라 땀이 발바닥까지 찬다. 연경에서의 정황은 이와 같다.

아득히 강촌의 석양을 생각해 보노라면, 고깃배가 포구로 돌아오고 석양이 숲속에 비치면, 모래가 빛나기를 눈과 같다. 꽃 아래 그물을 말리고 술집의 흰 사립짝과 푸른 깃발이 드리운 버들을 가리니, 노옹은 고기와 술을 가지고 사립문을 나온다. 이때 삼삼오오 좋은 벗과 함께 모래사장을 거니니, 장안에서 말을 타고 진흙탕을 달리는 것에 비하면 매우 좋다.

75 종신은 왕세정과 함께 엄숭의 政敵인 楊繼盛을 조문하였다가, 엄숭의 미움을 사 福建布政司左參政으로 좌천되었는데 얼마지 않아 그곳에서 병사하였다. 왕세정은 이 글에서 애초에 정치에 관심이 없었던 종신이 자신과 어울리다가 불우하게 죽었다는 죄책감을 드러내었다.

燕市, 帶面衣, 騎黃馬. 風起飛塵, 滿衢陌, 歸來下馬, 兩鼻孔黑, 如煙突. 人馬屎和沙土, 雨過淖濘, 沒鞍膝, 百姓競策蹇驢, 與官人肩相摩, 大官傳呼來, 則疾竄避委巷不及, 狂奔盡氣, 流汗至踵, 此中況味如此. 遙想江村夕陽, 漁舟投浦, 返照入林, 沙明如雪. 花下曬網罟, 酒家白板青帘, 掩映垂柳, 老翁挈魚提甕出柴門. 此時偕三五良朋, 散步沙上, 絶勝長安騎馬衝泥也.[76]

명말 소품가 중 한 명인 도륭屠隆은 왕세정의 문학론에 큰 영향을 받아 말오자 중 한 명으로 일컬어진다. 인용문은 짧은 편폭 안에서 일상에 대한 소소한 감회를 담아내고 있어 전형적인 소품문의 면모를 보인다. 그런데 자구의 운용과 나열과 형상화 방식에 있어서 전후칠자의 산문과 마찬가지로 진한고문적인 구기口氣를 감지할 수 있다. 연경의 삶을 표현한 부분에서는 실사 위주로 구성된 단구들을 나열하여 치달리는 느낌을 전달한다. 여기서 비유와 과장적인 수법을 사용해 연경의 풍경을 나열하는 방식은 이반룡의 산문을 연상하게 한다. 연경에서 강촌으로 시선을 옮기는 부분에서는 접속사를 사용하지 않고 "遙想江村夕陽"이라고 실사 위주의 구로 전환하여 문세를 높였다. 후반부의 강촌의 삶에서는 다소 장구의 비중을 높이되 여기서도 허사의 사용을 제한하여 시적인 청아한 미감을 드러내었다

이처럼 도륭은 강촌의 삶이 더욱 좋다는 의론을 직접 전개하는 대신, 더럽고 각박한 연경과 아름답고 여유로운 강촌의 삶을 이미지들을 나열하는 것을 통해 대조하는 방식을 선택하고 있다. 오승학吳承學은 이

76 屠隆, 『文章辨體彙選(賀復徵 編)』 卷265 「在京與友人」.

글을 분석하면서, 도륭이 벽자를 많이 사용하여 고삽힐굴苦澁詰屈한 미감을 드러내고 있기에 평이함을 추구하는 여타의 소품가와 비교하면 풍격이 완전히 다르다고 논하였다.[77] 이지와 원굉도 등의 공안파 소품이 조사와 함께 비속어, 백화문을 자유자재로 활용하여 당대 통용하는 구문口文에 보다 흡사한 문장을 사용함으로써, 당대 문인뿐 아니라 일반 시민까지도 독자층으로 아우르고자 하였던 방향으로 글쓰기의 변화를 이끌었던 것과는 그 양상이 다르다.

이상에서 살펴본 전후칠자의 글쓰기 양상을 범박하게 정리해 보면 다음과 같다.

첫째, 전범에 대한 의존도가 높다. 진한고문의 자구를 그대로 차용하거나, 전고를 적극 인용하는 방식을 추구한다. 물론 성현의 기록에 대한 존숭의 의미로 전범을 인용하는 방식은 전통적인 방법으로 전승되었다. 전고의 성공적인 운용은 언어의 표현력을 증대시킬 뿐만 아니라 작품의 예술 감화력을 크게 높일 수 있다.[78] 이에 전범의 인용은 당송고문론을 주장하는 입장에서도, 성현의 권위를 빌려와 독자를 설득하기 위해 필요한 것으로 인식하였다.[79] 하지만 이들 문인들이 전범을 인용하는 방식을 추구하는 데 반해, 전후칠자는 구기를 체화하고 자기 것으로 변용하는 방식이며, 전자가 전범에 경의를 표하는 방식이라고 한다면, 후자는 존숭하면서도 자신을 대입하는 방식이란 점에 차이가 있다.

---

77 吳承學, 『晩明小品硏究』, 江蘇古籍出版社, p.71.

78 성기옥, 「중국고전 시문속의 전고운용 고찰」, 『세계문학비교학회 학술대회』, 세계문학비교학회, 2010, 68쪽.

79 朴趾源, 『燕巖集』 卷5 「答蒼厓」. "文章有道, 如訟者之有證, 如販夫之唱貨. 雖辭理明直, 若無他證, 何以取勝, 故爲文者, 雜引經傳, 以明己意."

전후칠자의 전고 활용에 그 적절성이 지적되는 것도 이러한 맥락에서 이해할 수 있다.[80]

둘째, 자구 자체를 단련하여 고기古氣에 가깝게 하는 것을 추구하였다. 어조사를 최소화하거나 기존의 전고를 몇 글자로 압축하는 방식을 즐겨 사용한다. 또 익숙한 글자를 생경한 글자를 바꾸며 나아가 관명・지명 등 고유명사를 고문의 것으로 대체하기도 한다.[81] 단구의 반복 형태 역시 전후칠자 산문에서 자주 확인할 수 있는데, 그러면서 치밀한 대우는 피하고 변주를 주면서 문세를 강하게 유지하는 것을 선호하였다. 이 같은 방식은 어조사를 통해 어기를 완만하게 하고 문의를 분명하게 하는 것을 선호하는 당송고문론 계열의 문인에게 비판을 초래하였다.[82]

셋째, 추상적인 논의보다는 구체적인 묘사에 힘쓰며, 의론성보다는 서사성이 상대적으로 강하다.[83] 전후칠자는 송대의 설리적이고 의론적인 글쓰기에서 벗어나 구체적인 사물과 사건을 기술하는 진한고문식 글쓰기를 재현하고자 하였다.[84] 따라서 체계적으로 자신의 논지를 조

80 박경남, 앞의 글, 203쪽.

81 왕세정은 오늘날 관명이나, 지명 등이 雅馴하지 않다는 이유로 고문에 쓰기에는 부적절하다고 여겼는데, 이 점은 많은 비판을 초래하였다. 王世貞, 『弇州四部稿』 卷146 「藝苑巵言」. “嗚呼, 子長不絶也, 其書絶矣. 千古而有子長也, 亦不能成史記, 何也. 西京以還, 封建宮殿官師郡邑, 其名不雅馴, 不稱書矣, 一也.”; 顧炎武, 『日知錄』 卷19 「文人求古之病」. “以今日之地爲不古, 而借古地名, 以今日之官爲不古, 而借古官名, 舍今日恒用之字, 而借古字之通用者, 皆文人所以自蓋其俚淺也.”

82 金昌翕, 『三淵集』 卷15 「日錄」 三月初八日. “偶閱弇州文, 惜其用力苦刻而用意卑也, 其文只是減字換字.”

83 의론에 약하고 서사에 강하다는 것은 앞서 인용한 荻生徂徠(본서 198쪽 참조)와 함께, 유몽인 역시 지적한 바 있다. 『於于集』 卷4 「答崔評事書」. “大明文士有徵於宋文之弛緩, 空同先倡於左國, 弇州繼武於兩漢, 意欲一振宋元之頹瀾, 惟其長於文短於理, 果如足下之所云也”

84 박영희, 「언어와 문장 구성을 통해 본 ‘文必秦漢’說」, 『중국어문학지』 12, 중국어문학회,

직해나가는 의론문보다는 시간적으로 사건을 구성하는 인물전, 비지문, 추보식으로 따라가는 유기, 기문 등에서 강점을 발휘한다.

넷째, 일정한 규칙하에 자구와 편장을 구성하기보다는, 나열, 반복하는 방식을 선호하고 즉발적인 경향이 강하다. 왕세정을 비롯한 전후칠자의 산문은 자구를 단련하면서도 표현에 있어서는 나열하고 형상화하는 방식을 추구하고 있다. 그들의 언어는 로고스Logos적이기보다는 파토스Pathos적이다. 자구는 간략한 반면 그 운용 방식은 번잡한 면모를 보인다. 당송고문의 입장에서는 이러한 전후칠자의 문장은 바로 번간의 개념이 뒤집힌 것으로 인식되었다. 당순지는 전후칠자가 개합수미, 경위착종의 법을 모두 무시하고 있다고 지적하였으며[85] 김창협 역시 고인은 편법에 간략하였는데 명인은 자구에 간략하며, 고인은 대체에 상세하였는데 명인은 자질구레한 일에 상세하다고 비판하였다.[86]

정리하자면, 당송고문의 작가가 진한고문을 대상으로 편장을 구성하는 방식이라든지 단락과의 조응에 관하여 학습하려한 데 반해,[87] 전

2002, 365쪽 참조.

85 唐順之, 『明文海(黃宗羲 編)』 卷36 「董中峯文集序」. "有人焉, 見夫漢以前之文, 疑於無法而以爲果無法也, 於是率然而出之, 決裂以爲體, 飣餖以爲詞. 盡去自宋以來開闔首尾經緯錯綜之法, 而別爲一種臃腫窘澁浮蕩之文. 其氣離而不屬其聲離而不節, 其意卑, 其語澁, 以爲秦與漢之文如是也." 개합수미는 전반부에서 주제와 무관한 듯한 말을 서술한 다음, 후반부에서 주제를 말함으로서 앞에서 열어두었던 것을 뒤에서 다시 거둬들이는 기법을 뜻하고(윤지훈, 「18世紀 農巖季 文人의 文學論과 批評에 관한 硏究」, 성균관대 박사논문, 2008, 142쪽) 경위착종은 작자의 의도하에 문장과 단락의 배치를 뒤섞는 것을 말한다. 이러한 편장법은 글의 주제를 보다 효과적으로 전달하기 위한 것으로, 의론문에 적합한 방식이다.

86 金昌協, 『農巖集』 卷34 「雜識·外篇」. "古人之簡, 簡於篇法, 明人之簡, 簡於句字. 古人之詳, 詳於大體, 明人之詳, 詳於小事."

87 당송고문은 편장을 체계적으로 정리하는 것을 선호한다. 자구는 다소 번하게 하더라도 편장은 긴밀하게 조직하려 한다. 특히 작품을 구성하는 각 요소를 균형 있게 배치하여 작자가

후칠자의 산문은 진한고문의 자구 운용 방식에 관하여 보다 높은 관심을 가졌기에,[88] 각각의 글쓰기 방식은 상반된 미감으로 나타나게 되었다. 전후칠자의 글은 자구로 보나 편장으로 보나 맥락에 대한 관심이 결여되어 있어서 텍스트로서 가져야 할 응집성・응결성이 부족하다. 하지만 전후칠자의 산문은 그동안 추상적인 의론 형태의 산문이 담아내지 못했던, 실제적이고도 구체적인 사물과 사건을 세밀한 관찰력으로 재현해냄으로써 높은 형상성과 서사성을 획득해냈다는 점, 또 그간 재도적 산문이 추구하는 온유돈후한 품격에서 벗어나, 작자의 감정을 절제하지 않고 진솔하게 담아내고 있다는 점을 의의로 지적할 수 있을 것이다. 이 같은 전후칠자의 산문은 형이상에서 형이하로, 공적 담화에서 사적 담화로 글쓰기의 방향을 전환함으로써 이후 공안파와 같은 개성주의 문학이 산출될 수 있는 토양을 마련하였다.

드러내고자 하는 주제를 부각시키고 각 요소들이 하나의 체계를 형성하도록 미리 설계하는 것은 전후칠자의 산문과 구별되는 당송고문의 특질이다. 이들은 작품 구조의 외재적 질서뿐 아니라 내재적 질서와 맥락을 중시하였다. 김창협과 안석경이 대표적이다. 정우봉, 「삽교예학록의 散文修辭學 硏究」, 『한국한문학연구』 32, 한국한문학회, 2003.

88 왕세정의 경우, 篇句字법에 대한 언급을 하긴 했지만, 체계적인 논의라기보다는 인상적 차원의 언급에 불과하여, 章단위에 대해서는 언급을 하고 있지 않아 단락의 안배와 같은 문제는 크게 고려하고 있지 않음을 알 수 있다. 王世貞, 『弇州四部稿』 卷144 「藝苑巵言一」. "首尾開闔, 繁簡奇正, 各極其度, 篇法也. 抑揚頓挫, 長短節奏, 各極其致, 句法也. 點掇關鍵, 金石綺彩, 各極其造, 字法也. 篇有百尺之錦, 句有千鈞之弩, 字有百煉之金. 文之與詩, 固異象同則, 孔門一唯, 曹溪汗下後, 信手拈來, 無非妙境."

2) 18세기 이전 조선 문단의 진한고문식 글쓰기 양상

진한고문의 고기古氣를 재현하려는 움직임은 전후칠자의 문학론이 수용된 선조·광해 연간에 본격화되었다. 이 시기 진한고문 및 전후칠자에 대한 관심은 고조되었지만 실제적인 창작은 최립崔岦에 이르러 구현된다. 이후 유몽인柳夢寅, 조경趙絅, 허목許穆 등의 문인들이 진한고문에 대한 연찬을 통해 문예미를 고양시켰다.

이들 글 역시 전범에 대한 의존도가 높으며, 자구의 단련에 힘쓰며, 형상성이 높다는 특징을 지닌다. 이들의 시도는 평탄한 송풍 일색이었던 조선 문단에 균열을 가하면서도 전후칠자와 달리 편장의 체계적 구성에도 심혈을 기울여 진한과 당송을 절충하려는 경향이 있다고 논해진다.

우선 최립은 인용과 인유의 수법을 자주 활용하여 텍스트 의존적인 성향이 강하며 중층적 구조를 지니도록 하거나 일반적 상식을 전도하여 기발하고 새로운 의경을 창출해 나가는 특징이 지적되었다. 그러면서도, 자구의 선택과 구식의 조합, 그리고 전체적인 편장의 서술에 이르기까지 유기적으로 조직하는 면모를 보여 당송산문과의 영향이 크다는 논의가 제시되었다.[89]

유몽인 역시 진한고문의 역설적 표현 수법과 우언적 글쓰기 방식을 계승하였다. 직접 『전국책』과 『국어』, 『능엄경楞嚴經』 등 고문에 대한 직접적인 패러디도 시도하였다. 이들 책은 당대 문단에서 익숙한 전범이 아닐 뿐 아니라, 사상적으로 용인되기 어려웠던 텍스트로, 유몽인 산문

89 김우정, 『최립산문의 예술 경계』, 한국학술정보, 2006.

이 당대로서는 파격적인 성향을 가졌음을 짐작할 수 있다. 특히 『능엄경』은 왕세정에 의해 주요 전범으로 거론된 텍스트이기에 이에 대한 의작은 흥미롭다고 하겠다. 실제 수사에서 어조사를 생략함으로써 문장을 간결하게 하는 반면, 자구를 반복하고 착종하는 방식을 이용한 점은 진한고문의 구기口氣를 재현하려는 시도로 평가할 수 있다.[90]

최립과 유몽인이 진한고문을 인용하고 패러디하는 문체적 실험을 시도하였다면 조경과 허목의 산문은 진한고문의 글쓰기 양식을 좀 더 적극적으로 체화하는 양상을 보인다. 조경의 산문은 규범과 전범을 강조하는 성향을 보이며, 전절과 직접 화법을 많이 사용한다는 분석이 제출되었다.[91] 허목은 강한 어조의 어구와 명사들을 중첩하거나 병렬시켜 쓰며, 배비와 대우의 적절한 배치를 통해 전체적으로 운율감을 주면서 구조적 안정감을 획득하고 있는 것으로 논해진다.[92]

허목 이후 진한고문적 성향을 보이는 산문을 창작한 이로는 권유權愈, 민창도閔昌道, 이만부李萬敷, 이홍덕李弘悳(1667~1721) 등을 꼽을 수 있다. 그들은 당대 뛰어난 문재로 남인 문단을 주도한 것으로 평가되나 이인좌의 난 이후 남인들이 실권하자 이만부를 제외하고는 이들의 문장은 거의 전해지지 않게 되었고, 현재 연구도 많이 진행되지 못하였다. 본서에서

---

90 유몽인 작품에 나타난 수사에 관한 논의는 다음을 참조. 신익철, 「柳夢寅의 文學觀과 表現手法의 特徵」, 성균관대 박사논문, 1995; 송지영, 「於于 柳夢寅 散文 硏究」, 고려대 석사논문, 2004; 김홍백, 「유몽인의 經世 의식과 산문세계」, 서울대 박사논문, 2014.

91 신승훈, 「龍洲 趙絅 散文의 美學」, 『인문학논총』 25, 경성대 인문과학연구소, 2011.

92 허목의 문체 분석은 다음을 참조. 신승훈, 「眉叟 許穆 散文의 美學」, 『인문학논총』 14, 경성대 인문과학연구소, 2009; 이준규, 「許穆散文의 古文詞에 대하여」, 『동양한문학연구』 28, 동양한문학회, 2009.

는 18세기 이후 진한고문의 글쓰기 방식에 나타난 특징을 구체적으로 조명하기에 앞서, 바로 이전 시기라 할 수 있는 이들의 글쓰기 방식을 범박하게 살펴보도록 하겠다.

권유는 허목을 이어 구양수와 소동파 일색인 조선 문단에서 매우 이례적으로 삽벽험괴한 문체를 구사한 인물로, 그의 글은 구두를 끊기 어려울 정도로 난삽하다는 평가를 받았다.[93] 실제로 권유의 산문은 전범이 차지하는 비중이 높으며 일반적인 통사 구조를 무시하고, 감자減字, 환자換字하는 방식을 다량 운용함으로써 독자로 하여금 문의文意를 파악하기 어렵게 한다.

고시인 중에 명성이 지금까지 전해지는 자들을 보면 비록 성취한 바가 한 갈래가 아니고 風謠가 하나의 체가 아니더라도 대개 근거한 바가 있기 마련인데 그것에 제한을 받는 것이 대소의 차이가 구분될 뿐이다. 각각 역량에 따라 심원한 것에 감발되니 응집된 精氣가 材力이 미치는 바에 채워나가면 詞理와 문채가 볼만해진다. 가령 흠이 있는 것을 면치 못하더라도 큰 바다에 떠 있는 티끌과 같이 하찮게 여겨지니 모두 匠門에 기록될 수 있다. 이는 氣가 가득 채워지고 神이 쓰였기 때문이다.

觀古詩人之能葉語至今者, 雖步驟不一途, 風謠非一骨, 而蓋皆有所于灌輪之者, 而其所爲制, 區分大小異耳. 各循涯際, 感忽窈冥, 精氣之集, 接盈於材力之所

93 成涉, 『筆苑散語』 147칙. "我東方, 自國初至于今, 爲文章者, 皆歐蘇餘派也. 擧皆雅馴爲體, 理致爲主, 不爲鉤棘險僻之語, 而霞溪權太學士愈, 生於肅廟朝, 典一世文衡, 而其所作記序碑銘, 惟務戞戞難讀, 使人或不能句而其所劌心鉥目者, 澁僻險怪而止耳. 效其文而鼓其波者, 閔參義昌道, 而一時從遊之人, 大抵然矣. 可謂鬼窟荊棘之途, 而譬之蜉蝣之羽, 熠燿之光, 自起自滅而已."

如往, 而詞理色澤可觀. 假而不免有考纇, 視之由滄溟之芥, 而皆見錄於匠門, 以其氣爲之充而神爲之用也.[94]

다른 진한고문식 글쓰기에 비해 단구보다는 장구가 많은 비중을 차지하고 구와 구를 연결하는 접속사와 조사는 비교적 많이 쓰이고 있다. 하지만 이 같은 자구 운용 방식이 가독성을 높이는 데 기여하고 있는 것은 아니다. 예컨대, "而蓋皆有所于灌輸之者, 而其所爲制"에서는 한 문장 내에 '而'를 연이어 배치함으로써 연속적으로 글을 전환하고 있기에 어세가 결코 평탄하지 않다. 또 장구를 쓰고 있음에도 벽자와 전고를 다량 활용하고 있어 문맥을 파악하기 어렵다.

사실 이 글은 철저히 『회남자淮南子』에 근거해서 쓴 글이다. 표시한 부분은 모두 『회남자』에 나오는 자구들이다.[95] 심지어 '고뢰考纇'는 『회남자』의 자구들을 취합하여 새로이 만든 단어이다. 『회남자』는 왕세정이 문장 전범으로 부각시키긴 하였으나,[96] 조선 문단에서 단독으로 간행된 일이 없는 데다가 필독서로 인식되지도 않았다. 더구나 『회남자』에서 익히 알려진 전고가 아닌 자구 자체를 그대로 끌어와 쓰는 것은 드문 일

94 權愈, 『茶山集(睦大欽 著)』「茶山集序」.

95 「修務」, "稱譽葉語, 至今不休."; 「主術」, "天下之物無不通者, 其灌輸之者大, 而斟酌之者衆也."; 「俶眞」, "夫人之所受於天者. 耳目之於聲色也. 口鼻之於芳臭也. 飢膚之於寒燠也. 其情一也. 或通於神明. 或不免於癡狂者. 何也. 其所爲制者. 異也."; 「繆稱訓」, "說之所不至者, 容貌至焉, 容貌之所不至者, 感忽至焉."; 「俶眞訓」, "譬若鍾山之玉, 炊以爐炭, 三日三夜而色澤不變, 玉上的斑點或裂痕."; 「氾論訓」, "夫夏后氏之璜, 不能無考, 明月之珠, 不能無纇."

96 王世貞, 『弇州四部稿』 卷144 「藝苑巵言一」. "自今而後, 擬以純灰三斛, 細滌其腸, 日取六經周禮孟子老莊列荀國語左傳戰國策韓非子離騷呂氏春秋淮南子史記班氏漢書,　西京以還至六朝及韓柳, 便須銓擇佳者, 熟讀涵泳之, 令其漸漬汪洋."

이었다. 요컨대 권유의 산문은 17세기 후반에 문학적 전범으로서의 진한고문의 범위가 점차 확대되어 나가는 양상을 대변해 준다.

전대 최립과 유몽인 등이 진한고문을 비롯한 전범에서 끌어온 자구와 전고는 주제와 유기적인 관계가 있는 것이며, 독자들에게 작자가 근거한 전범을 의식하면서 읽어나가게 하는 데 반해, 권유의 글은 대상 글과 전범의 관련성이 약할뿐더러 어떤 텍스트에 근거했는지를 쉽게 파악하지 못하게 함으로써, 실상 의고擬古로서의 의의를 상실하였다. 권유가 "그가 지은 기서비명은 오로지 알기가 어렵고 사람들이 구두를 끊지 못하게 한다. 심장을 도려내고 눈을 찌르니 험벽험괴에 그쳤을 뿐이다"[97] 라는 비판을 받았던 것은 당연한 귀결로 보인다.

민창도는 권유 산문의 문체적 특징을 이어받은 것으로 논해진다. 그가 쓴 「백가유찬서百家類纂序」는 제자백가의 글이 비록 도에는 부합하지 않지만 학문의 길은 여러 가지이니 이 역시 살펴볼 가치가 있음을 피력한 글이다.

> 神明에서 도덕이 나오고, 도덕에서 문장이 나온다. 성인은 천지와 함께 하는 자이다. 문자가 생긴 이후 六經이 완성되었다. 말하는 자들은 "공자께서 육경을 산정하여 전수한 후에 오직 증자 자사, 맹자만이 폐단이 없었다. 이후 큰 법도가 괴리되었으니 어찌 제자까지 미치겠는가?" 하였다. 아! 저 제자는 어찌하여 모두 어긋나고 어찌하여 모두 잘못을 합리화하며 번지르르하게 꾸미고 또한 어찌하여 모두 화려한 문장에만 종사하여 지엽을 뜻으로 삼

97 본 장의 각주 93번 참조.

았는가. 周室이 나날이 쇠해지고 도술이 마침내 무너지자 학자는 대체를 보지 못하고는 대부분 일부분만을 보고는 스스로를 뛰어나다고 여겼다. 하지만 성인의 시대로부터 아직 멀어지지 않아 능히 세상을 초월한 채 高談을 하여 스스로 유파를 개척하여 모두 자신의 학술을 들어 천하 국가에 시행하고자 하였으니 이는 후대의 문인, 예사들이 공허한 말에 기대어 실용에 아무런 도움을 주지 않는 것과는 다르다. 이 때문에 반고가 말한 대로 현명한 군주를 만나 절충하고 보필하였다면 모두 고굉이 되는 뛰어난 인재가 되었을 것이다. 이에 내가 생각하기를 공자 문하에서 교화를 입었다면 70제자의 반열에 있지 않겠는가!

①**神明生道德, 道德生文章**. 聖人耶, 與天地並者. 解繩以來, 六籍底績. 說者, 謂刪授之後, 唯參也與伋軻, 無弊. ②**誕章乖離**, 何及諸子耳. 噫, 彼諸子豈皆③**規磨**, 豈皆④**順非而澤**, 亦豈皆⑤**從事華辭, 以支爲旨**. 周室而日卑矣, 道術遂裂, 學者不見大體, ⑥**多得一察焉以自好**. 然⑦**去聖未遠, 故能越世高談, 自開戶牖**, ⑧**皆將擧其術, 措之家國天下, 非如後世文人藝士苟依託空談亡裨實用. 是以班氏謂使遇明王, 折衷輔拂, 悉股肱之良材**. 乃余則以爲籍孔門陶鑄之化, 不當在七十子列哉![98]

민창도의 글은 권유의 글보다 한층 더 나아가, 온갖 전범에서 전고를 가져와 짜깁기 수준의 글쓰기 방식을 보여주고 있다. ①은 『백호통白虎通』, ②는 양웅楊雄의 「법언서法言序」, ③과 ④는 『순자荀子』, ⑤와 ⑥은 『장자莊子』, ⑦은 『문심조룡文心雕龍』, ⑧은 호응린의 「구류서론九流緖論」의 자구를 그대로 가져와 옮긴 것에 불과하다.[99] 변려문도 아닌, 일반 서문에서 전범

98 閔昌道, 『百家類纂』 「新刊百家類纂序」.

99 호응린은 末五子중 한 명으로 왕세정의 사상과 문학론을 전수한 인물이다. 제자서를 보아

의 자구를 이토록 많이 가져와 글을 구성하는 예는 찾아보기 어렵다. 물론 ①에서 ⑥에 해당하는 전범은 모두 『백가유찬』 서목에 포함된 전범으로, 그 자구들을 취합해 글을 구성한 것은 제자서의 가치를 부각시키는 한편, 문장 학습의 전범으로 활용할 수 있음을 시사하기 위한 일종의 장치로 마련했을 가능성도 배제할 수 없다. 하지만 ⑦과 ⑧의 경우에 있어서는, 표절의 혐의를 부정하기는 어렵다. 더구나 ⑧은 호응린의 "皆將擧其術措之家國天下故班氏謂使遇明王折, 輔弼悉股肱之材, 非如後世文人藝士苟依託空談亡裨實用者也"의 자구들을 재배열한 것에 불과하다. 인용한 부분 이외에도 이 글은 전체적으로 호응린의 글을 재조합하여 배열하고 있는 흔적이 곳곳에 발견되어 표절의 혐의가 짙다.[100]

인용 혹은 표절하지 않은 부분에서도 자구를 독특하게 운용하고 있는 양상을 확인할 수 있다. "解繩"은 '결승結繩을 풀다'는 의미로 문자가 창시된 이후를 함축하는 의미로 추정된다. "聖人耶, 與天地並者"는 일반적인 어순을 도치하여 어기語氣를 높였으며, "參也與伋軻"에서는 증자, 자사, 맹자 세 사람의 인명을 통일성 없이 나열하여 문의를 일부러 까다롭게 만들었다. 「신간백가류찬서新刊百家類纂序」가 일종의 공적인 목적을 가지고 지은 글임에도 이처럼 험벽하다면, 민창도의 다른 글들도 어느 정도일지 미루어 짐작할 수 있다.

한편 이만부는 이들과 달리 재야 도학자로, 남인 가운데에서도 보수

야 한다는 당위성을 제시하고 있는 『백가유찬서』에서 호응린의 글을 많이 취합한 것으로 보아, 민창도의 사유와 글쓰기 방식에 명대 문인이 영향이 컸음을 짐작할 수 있다.

100 '推原本始', '亡不引仲尼以自文', '夫學問之道, 千岐萬軌' 모두 호응린의 글에서 찾아 볼 수 있다.

적인 문학론을 견지한 인물이다. 그는 사서와 정주서程朱書에 힘을 썼으며 성인 도학 이외에는 진한이든 당송이든 문장은 외일 뿐이라고 하였다.[101] 그러나 그의 문집에 대한 발문에서 그의 종손 이경유李敬儒는 이만부가 육경을 근본으로 하되 『좌전』, 『국어』, 서한書漢의 문장으로 꾸미고 한유와 유종원으로 절충했음을 언급하였는데, 이는 그의 문장이 송대문장과는 차별성을 두고 있음을 의미하고 있다. 또 이만부의 문장이 허목과 짝을 한다고 하여 그가 남인 문단의 맥을 잇고 있음을 드러내었다. 특히 그의 산문 중 유기遊記는 유종원보다 뛰어나고 비지문은 한유와 우열을 가리기 어렵다는 평을 받기도 하였다.[102]

봉우리는 앞선 것, 뒷선 것, 나아가는 것, 물러서는 것, 바로 선 것, 기울여진 것, 교묘한 것, 중후한 것, 쪼그리고 앉은 것, 우뚝 선 것, 높으면서 엄한 것, 드러나 밝은 것, 정결하여 사랑스러운 것, 완만하게 아름다운 것, 유순하고 우아한 것, 기궤하면서도 스스로 즐길만 한 것, 엄하면서 남에게 오만한 것, 뛰어오르면서 가는 듯한 것, 재빨리 나는 듯한 것, 총총걸음을 지나가는 듯한 것, 날뛰며 마치 겁주듯 하는 것, 울울하게 근심에 찬 듯한 것, 강개하여 마치 탄식하는 듯한 것들이 있다.

峰有前者, 後者, 進者, 却者, 正直者, 欹側者, 巧妙者, 重厚者, 蹲踞者, 竦立者, 尊而嚴者, 耿著而明者, 脩姱而惠者, 婉娩而美者, 汋約而嫺者, 奇佹而自怡者,

101 송혁기, 『조선 후기 한문산문의 이론과 비평』, 월인, 2006, 157쪽 참조.

102 李敬儒, 『息山集(李萬敷 著)』 「息山集跋」. “文章本之六經, 文之以左國西京, 折衷乎韓柳, 而益彬彬焉, 世之文學之士, 咸曰, 東方之文, 唯與鹿峰相侔焉. 又曰, 山水諸記, 過於柳州, 碑誌之文, 殆與昌黎可上下, 此知言也, 不肖何贅焉.”

矯厲而傲物者, 騰踊若去者, 奮迅若飛者, 踥蹀若行者, 狂顧若驌者, 蹇産若憂者, 忼慨若歎者.[103]

이만부의 유기 중에서도 「금강산기金剛山記」는 문사가 위려偉麗하고 인유가 굉박竑博[104]하다고 극찬을 받는 작품이다. 그는 생동하는 듯한 자연의 모습을 세밀한 시선으로 포착하고 비유를 통해 형상화하는 방식을 추구하였다. 인용문에서도 활물의 이미지를 봉우리마다 투사하여 배비구로 나열하는 방식이 눈에 띈다. 자구의 반복과 변주로 마치 몰아치는 듯한 기세를 형성하지만, 여기서도 의식적으로 자구를 단련한 흔적이 보인다. 진한 글씨로 표시한 부분은 모두 『초사楚辭』에 근거하는 것으로, 자구를 통해 고풍古風을 재현해내려고 하였음을 알 수 있다. 이처럼 나열과 비유를 통해 경물을 형상화하면서도 고풍을 조성하는 방식은 이만부 유기에서 흔히 발견된다. 「금강산총기金剛山總記」의 후반부에서는 금강산의 일만이천 봉의 갖가지 형상을 『서경』, 『사기』, 『좌전』, 『장자』 등에 등장하는 인물과 사건 22가지를 끌어와 나열・비유함으로써 산수유기로서는 독특한 정취를 보여주었다.[105]

이러한 방식은 이미 왕세정 유기에서 확인된 바, 진한고문적 글쓰기에서 추구하는 방식과 분명 맞닿아 있다. 이만부의 산문이 진한고문을 추구하고 있음은 제자인 노계원이 언급한 바 있으며,[106] 이만부 스스로

103 李萬敷, 『息山集』 卷3 「金剛山總記」.

104 南漢朝, 『損齋集』 卷13 「金剛山小記」. “余嘗讀息山翁李萬敷金剛山記, 愛其文詞之偉麗, 引喩之竑博, 極天下之奇壯, 益知玆山之瑰偉絶特, 不可不一遊.” 김주부, 「息山 李萬敷의 山水紀行文學 硏究」, 성균관대 박사논문, 2010, 142쪽 재인용.

105 이에 대한 분석은 위의 글, 146쪽 참조.

는 재주도 미치지 못하고 원하는 바도 아니라고 일축하였지만 왕세정 문장과의 친연성은 이미 당시에 공공연하게 지적되었다.[107]

> 푸른 산세가 곱게 다듬어져 있고 금빛 절벽이 현란하여 오래토록 보아도 싫증나지 않았다. 이곳 산세는 깊고 험하여 새가 우짖거나 날짐승이 날아다니는 것도 끊어진 적막한 곳이었다. 우리가 지나온 곳을 되돌아보니 푸른 좁은 산길은 끊겨 있는 듯하여 다시는 세상 사람이 되지 못할까 걱정이었다. 서쪽으로 10여보를 올라가니 玉焦臺가 있었는데, 세 그루의 적송과 높은 돌무덤이 서늘한 그늘을 만들어 그곳에 머물러 떠날 생각이 없었다. 가벼운 구름이 무성하여 아래로 내리비치는 그림자와 어울려 아름다웠다. 사방의 봉우리들이 합쳐져 어느덧 자취빛을 이루었다.
>
> 翠鬟整儼, 金壁眴爛, 久看不厭, 地埶窒篠, 鳥噪禽翔亦絶, 回俯所由來, 蒼翠封而蹊徑絶, 疑不可復作世間人. 西上十餘步, 有玉焦臺, 三赤松礧砢淸陰, 逗不肯去. 輕雲蒙籠, 倒景相媚, 峰岀四合, 奄成紫翠.[108]

인용문에서는 4자구의 단구 형태가 많은 비중을 차지하고 있으며 어조사의 사용은 절제되어 있다. "三赤松礧砢淸陰"과 같은 부분은 실사로만 구를 이루어 시적인 흥취를 불러일으키는 부분이다. 이만부는 독자

106 盧啓元, 『息山集(李萬敷 著)』 附錄 「挽詞」. "英華發處著爲辭, 文章秦漢追前軌."

107 李萬敷, 『息山集』 卷6 「答金大集」. "蓋滄溟子所爲, 本出於文人浮誇之意, 自白雪樓時, 已非躬行君子之所必效. 況彼七人者, 乃天下文章巨擘, 又何能强取以充之, 必準其數也. 如陋拙, 平日未敢以辭翰鳴世自期, 而今乃攬引爲第一, 若欲與王元美爲對者然, 令人羞愧, 不覺面發赬. 以才則千不似萬不似, 以志則亦非所願, 何不諒耶."

108 李萬敷, 『息山集』 卷3 「金剛山記」.

로 하여금 작자의 동선을 따라 금강산의 그윽하고 신비로운 풍경을 직접 마주하게 한다. 여기서 발상, 자구의 운용, 표현은 모두 진부하지 않고 기발하다.

그런데 여기서 왕세정의 자구를 직접 취합한 부분이 확인된다. "蒼翠封而蹊徑絶"은 「선백부정암공산원기先伯父靜庵公山園記」의 "蒼翠四封 蹊徑殆絶"을 줄여서 만든 구절이며, "逗不肯去, 輕雲蒙籠, 倒景相媚"로 이어지는 문장은 각각 「엄산원기弇山園記 2」, 「해유기」, 「엄산원기 7」에 나오는 구절을 그대로 따다 만든 것이다. 이 역시 현대적 개념으로는 모방이라기보다는 표절에 가깝다.

실제로 이만부는 왕세정의 작품에 대한 표절이 비일비재하게 발견된다. 앞서 인용한 왕세정의 「해유기海遊記」을 다시 살펴보자면,

> 輕雲蒙籠, 風師不驚, 文淪若縠, 容裔滉瀁, 與天下上. 俄而東南雄虹起, 亘空若銀橋, 蜿蜒而下飮於海, 驚流噴甓, 璣貝萬斛 (…中略…) 或英或坯, 或陟或密, 或墮或隒.

"輕雲蒙籠"은 「금강산기金剛山記」에서 그대로 쓰였으며, "文淪若縠"과 "璣貝萬斛"은 「삼장동기三藏洞記」에서 "前臨大澗, 層層注壑, 遇石撞舂而下, 璣貝萬斛, 或涵爲深潭, 文淪若縠"으로, "或英或坯"과 "或墮或隒"은 「장암동기藏菴洞記」에서 "得巖砮英坯墮隒"로 변용되어 쓰였다.

이만부의 이 같은 글쓰기 방식을 이해하기 위해서는 재도론적 성향이 강한 그의 문학론보다는 차라리 그의 형 이만수李萬秀의 「독엄주문讀弇州文」을 참고하는 것이 유용하다.[109] 이만수는 이 글에서 조선 문인으

로는 이례적으로 왕세정을 배우는 것에 대하여 옹호하는 입장을 드러냈는데, 제시된 근거 중 하나가 왕세정의 글이 진한고문을 배우기 위한 하나의 수단으로 작용할 수 있다는 것이다. 이만부의 글쓰기는 이러한 의식을 실현한 것이라 해도 과언이 아니다. 조선 문단의 한 일각에서 왕세정의 글이 일종의 전범으로서의 위치를 획득하였음을 이만수 형제의 사례를 통해 알 수 있다.

이상에서 살펴본 권유・민창도・이만부의 글쓰기 방식은 당대에 많은 비판을 불러일으키는 것이었다. 물론 한문학에서 전범에서의 자구를 인용하고 전고로써 사용하는 방식은 낯선 것이라 할 수 없으며, 어떤 측면에서는 '표절'이 일종의 '경의敬意'의 한 방식으로 이해되어 오기도 하였다.[110] 하지만 대상 글이 전범으로서 당시에 공인되고 공유되었는지 여부, 그리고 작자가 해당 작품에 대한 모방・표절을 독자가 인식할 수 있게끔 하는 어떠한 장치를 작품 내에 노출하고 있는지 여부는, 이 표절이 '경의'의 한 방식으로 사용되었는지 판단하는 데 있어 중요한 관건이라고 생각된다. 특히 전후칠자의 글 자체가 이미 당시에 진한고문을 표절하고 있다는 비판을 무수히 받고 있는 상황에서, 이 표절의 혐의가 있는 텍스트를 다시 표절하는 것은 사서삼경과 정주학 서적, 당송고문을 표절하는 행위처럼 '경의'의 한 방식으로 이해되기에는 부적절하였다.

이처럼 17세기 후반에 진한고문식 글쓰기가 난삽함과 표절이라는 한

109 송혁기, 앞의 책, 49~52쪽 참조.

110 Anderson Judy, *Plagiarism, Copyright Violation and Other Thefts of Intellectual Property,* Jefferson, N. C. : McFarland&Co. Inc, 1998, p.3.

계를 노정하고 있었던 상황과는 달리, 이홍덕은 진한고문 문체의 특질을 내재화하여 뛰어난 문예적 성취를 이루면서 새로운 글쓰기의 가능성을 제시해주고 있다. 그는 왕세정과 최립보다 문장이 뛰어나다고 극찬을 받기도 하였다.[111] 아들 이인좌李麟佐로 인해 그의 문집은 거의 소실되어 전해지지 않는데, 백승호에 의해 이홍덕의 『잡람雜覽』의 일부가 소개되었다.[112] 그중 「강상열효녀전江上烈孝女傳」은 널리 전승되어 개작되었던 것으로 보인다. 이 글은 신유한이 선집하고 최천익崔天翼(1712~1779)이 비점을 찍은 『명문초明文抄』에 수록되어 있으며,[113] 이수봉 소장의 『팔역지八域誌』 뒤에도 합철되어 있다. 또 의성 김씨 제산霽山 종택에 소장되었던 문서에서도 확인되며, 성섭의 『필원산어』에도 그에 대한 비평이 남아 있다. 이후 유희柳僖(1773~1837), 성해응成海應(1760~1839), 심낙수沈樂洙(1739~1799), 유만주兪晩柱 등이 산문으로, 이광정李光庭이 시로, 임매任邁(1711~1779), 안석경安錫儆이 한문단편으로 개작하여 당시에 이 글에 대한 호응이 높았던 것을 알 수 있다.[114] 「강상열효녀전」의 전문을 인용해 본다.

111 成涉, 『筆苑散語』 121칙. "青泉嘗謂, 李紫霞文章, 不下於王弇山. 誦江上烈孝女傳曰, 此文今時所無, 而抑簡易之所不能不畏. 宣祖之世, 簡易以巨手獨步, 而若使紫霞當之, 則不宜屈膝. 蓋其許之太過也. 余觀紫霞所著宋五藏傳, 梅鶴軒記, 及其他雜文. 當在簡易之下, 而惟烈孝女傳, 則雖簡易亦畏之, 儘乎文章不在多作也."

112 수경실 소장 필사본 1책, 문헌과 해석 29호에 영인됨. 백승호, 「李弘悳의 『雜覽』 – '역적' 이인좌의 아버지」, 『문헌과 해석』 29, 태학사, 2004.겨울.

113 김영진 · 송혁기 외, 『18세기 영남 한문학의 전개』, 계명대 출판부, 2011, 37쪽 참조.

114 「강상열효녀전」 관련 작품에 대한 분석은 다음을 참조. 손혜리, 「18세기 서사 양식의 교섭 양상에 대하여 –「江上孝女를 대상으로 한 작품 중심으로」, 『한국한문학연구』 40, 한국한문학회, 2007; 이병직, 「강상효녀담의 창작의식과 소설로의 수용」, 『고소설연구』 33, 한국고소설학회, 2012.

1 열효녀는 어느 집 자식인지 모른다. 고 판서 정재희의 집이 동작강 남쪽에 있었는데, 숙종 35년(1709년) 겨울에 한 동자가 걸식을 행하다가 그 집에 이르렀다. 얼굴이 매우 예뻤고 나이가 11, 12살 되었다. 한 동자가 그를 따라다녔는데 나이가 1, 2살 더 많아 보였고 또 고왔다. 일족에 대해 물어보니 대답하지 않고 다만 말하기를, "부친이 노비를 추쇄하러 남방에 갔다가 한 상인과 더불어 돌아왔는데, 상인이 부친이 얻은 것을 탐하여 길에서 죽였습니다. 빈한한 저희가 의지할 곳이 없어 이 지경에 이르렀습니다" 하여, 정재희가 불쌍히 여겨 밤에 문간방에 묵게 하였다.

烈孝女, 不知誰氏子. 故判書鄭載禧, 家居在銅雀江南. 三十五年冬, 一童子, 行乞至其家. 貌甚姣, 年可十一二, 從一童子, 年亦差一二長, 而又纖好. 問其族, 不對. 但曰, 父以責逋奴南方, 與一賈爲歸, 賈利其得, 戕諸路, 寒兒遂無依至此, 因泣下. 載禧悲之, 暮舍諸門房.

2 밤이 이미 깊어, 벽 너머 한 노파가 잠들지 못하다가 두 아이가 소곤소곤하는 말을 듣고는 이상하게 여겨 곧 숨을 참고서 몰래 들어보았다. 조용히 오열하는 소리가 꽤 분명한 것은 아니었지만 대체로 모두 복수를 해서 원을 풀어야 한다는 내용이었다. 말이 끝나자 한 아이가 몰래 나가 잠시 뒤에 뒤에 돌아와, "흔적을 찾았습니다. 적이 지금 僧房店의 몇 번째 건물에 묵고 있습니다" 하니, 다른 한 아이가 크게 목이 멘 소리로 "3년 동안 절치부심하였는데 오늘에서야 비로소 만났구나" 하니, 다른 아이가, "낭자는 다만 울고만 있을 것입니까? 날이 장차 밝으려 합니다. 조금만 늦어도 지금 다시금 그를 놓치게 될 것입니다" 하였다. 곧 부스럭부스럭 짐을 싸는 소리가 들리더니 문을 열고 슬금슬금 나갔다. 이때 달이 낮처럼 환했다. 노파는 머리털이 다 곤두서

는 듯했지만 나이가 많고 둔한 나머지 두려워서 감히 쫓아가지 못하였다.

夜旣深, 間壁一嫗老, 無睡, 聞兩兒者昵昵語, 異之, 卽閉息潛聽. 幽嗚嗚咽, 不甚明白, 而大約皆要讐甘心. 語已, 而一兒若潛出, 移時返曰, 跡得矣, 賊今宿僧房店第幾舍. 一兒卽大哽塞曰, 三年腐心, 今始遇矣. 一兒曰, 娘子, 但泣已乎. 天將曉矣, 少緩, 今復失之. 卽倅倅有結束聲, 而戶開蹀蹀然. 時月白如晝. 嫗爲之髮盡竪, 而年老鈍劣, 懼不敢從.

3 날이 밝고 나서 승방점에 과연 어떤 자가 한 객상을 죽이고 사라졌다는 말을 들었다. 원근의 사람들이 모여 살펴보니, 칼이 가슴에 박혀 뽑히지 않았다. 칼로 네 군데를 찔러 그 머리를 길에다 내걸었는데 보는 사람마다 모두 두려워하며 떨었다. 노파가 정재희에게 이 사실을 고하자, 정재희가 매우 놀랐다. 잠시 뒤에 크게 한숨을 쉬고 눈물을 흘리면서 말하길, "연약한 한 명의 계집아이일 뿐이었는데! 그 계집종 또한 어쩌면 그리도 의열한가!" 하였다. 만나는 사람마다 그 일을 가지고 말하였는데, 마침내 어디로 갔는지 또한 알지 못하였다.

天旣明, 聞僧房店果有人殺一客商而逸, 遠近聚觀, 刀函胸不抽, 刀四射而首其街, 觀者無不悚然色戰. 而嫗以告載禧, 載禧大駭, 良久, 爲之太息流涕曰, 卽纖纖一嬌女乎, 乃其婢亦何義烈! 逢人輒以爲言, 竟亦不知所之.

4 외사씨가 말하기를, "아, 이러한 열효는 천고에 듣지 못한 것이구나. 이러한 열이 있고 이러한 효가 있구나. 그 나이에 이와 같은 일을 행한 이가 있었던가! 11살이나 12살이니 3년 전이면 그가 실로 10살도 되기 전인데 복수에 나섰던 것이다. 음식과 거처가 적당하지 못하였을 것이고 그 고난을

피한 것이 오래지 않았을 것이다. 아 이 어떤 사람인가. 소곤소곤 방안에서 한 말들은 천지가 찢기는 듯하였다. 그런데 주밀하게 마음을 잡고 민첩하게 기회를 노리고 용맹하게 손을 휘두르고 지혜롭게 자취를 없앴으니, 귀신에 가깝지 않은가. 벽을 사이에 두고 엿들은 노파 또한 '하늘이 발한 것입니다!' 라고 하였다. 혹자는 말하기를, '부자지간이야 천륜이라 그렇다지만, 그 노비는 더욱 기이하다' 하였다. 노비는 실로 기이하니 烈孝에 해당하지 않는데도 어찌 이러한 노비가 있을 수 있는가. 자신을 알아봐주고 은혜가 맺혀서 이러한 일을 취할 수 있었을 것이다. 칼로 네 번 찔렀으니 연약한 일개 소녀가 칼을 휘두른들 얼마나 잘할 수 있었겠는가. 온 몸을 기울여 힘을 낸 것이다. 아. 이 어떤 신령이 은혜를 베풀었는가. 어느 집 자식인지 모른 채, 강상에서 자취가 보였기에 강상열효녀라고 할 뿐이다" 하였다.

外史曰, 嗚呼, 烈孝其千古所未聞乎. 有若烈焉, 有若孝焉. 亦嘗有其年若是者乎! 卽十二一, 而前三年, 此固未十歲, 而卽戎者也. 將飢飽寒燠, 不自適, 而其違水火, 不久矣. 嗚呼, 此何人哉. 方其呢呢房中語, 天地爲裂, 而其處心之周, 投機之捷, 奮手之勇, 滅跡之智, 無殆鬼神乎! 而其漏聽於壁間嫗亦曰, 天所以發之歟! 或曰, 父子天性, 卽其婢益奇矣. 婢誠奇矣, 非烈孝, 顧安有此婢? 其鑒識恩結, 有以取之. 刀之四射, 何脆然一小女, 其於事刃, 能幾何. 將任一身, 以爲力. 嗚呼, 是何靈惠, 爲不知誰氏子, 而發跡於江上, 故曰, 江上烈孝女云爾.

아동에 의한 복수극이라는 기이한 소재와 작자의 뛰어난 문체는 이 작품이 활발하게 전승되는 데 기여하고 있다. 이 작품이 여타의 작품과 가장 변별되는 지점은 바로 철저히 관찰자적 시점에서 살인의 현장을 재구성하고 있다는 점이다. 두 소녀가 살인을 하는 장면을 구체화하는 대신 정재희, 노파, 그리고 작자 세 사람의 시선을 중첩시키면서 살인 사건의 전말과 그 의미를 복합적으로 제시하고 있다. 특히 [2]에서부터 노파를 위주로 시점을 옮겨 소녀의 말을 엿듣고, 그들을 좇아 살인 현장을 뒤늦게 찾아가는 장면을 제시한 부분은 절묘하다. 두 아이가 속삭이는 대화를 직접 인용한 부분에서는 마치 독자로 하여금 함께 숨죽여 듣게 하는 기분을 자아내게 하였다. '昵昵', '嗚嗚', '倅倅', '蹀蹀' 등의 의성어 역시 고요하면서도 긴장감 넘치는 분위기를 형성하는 데 일조하였다. [3]은 살인 현장을 구체화한 부분인데, 사건을 직접 형상화하는 대신 "刀函胸不抽, 刀四射而首其銜"에서 두 소녀가 온 힘을 다 쏟아 원수에게 칼을 꽂아 복수를 단행한 장면을 유추하게 하였다.

성해응은 이 작품을 개작하여 「강상효녀전江上孝女傳」을 남겼는데 두 글의 차이를 조명해 보면 이홍덕 문체의 특징적인 면모를 추정할 수 있다. 성해응의 문장과 비교할 때 이홍덕의 문장은 어기를 높이기 위해 어조사, 허사를 사용하며 3 · 5구 등으로 구성된 홀수구를 선호하는 양상을 보여준다. 또 [2]의 "卽倅倅有結束聲, 而戶開蹀蹀然"이나 [4]의 "亦嘗有其年, 若是者乎. 卽十二一, 而前三年, 此固未十歲, 而卽戎者也"에서 보듯, 이홍덕은 자구를 의도적으로 불규칙하게 운용하여 문세를 진작시키는 방식을 선호하였다.

보다 흥미로운 차이는 작자의 평론 부분이다. 이홍덕은 어린 아이가 온힘을 다해 성인을 살해하였다는 것에 대한 놀라움과 감탄을 연발하여 절제되지 않는 목소리를 내고 있다. 또 중간에 노파와 다른 혹자의 말을 직접 인용하여 마치 연극을 보는 효과를 조성하기도 하였다. 여기서 '嗚呼', '奇矣!'를 반복하는 것 역시 꺼리지 않았다. 격앙된 감정을 그대로 드러내고 마치 직접 말하는 듯한 장치를 두어 문장에 힘을 더하고 있는 셈이다. 이 점은 법률 제도에서 용인하기 어려운 두 소녀의 행위를 어떻게 정당화할 수 있는가 하는 문제에 대한 답을 논리적으로 개진하였던 성해응, 심낙수 등의 태도와는 차이가 있다. 이들은 어린 아이가 직접 살인을 행할 수밖에 없었던 이유와 그 효에 대해서 가치를 부여함으로써, 이홍덕보다는 절제된 사관史官으로서의 목소리를 내고 있다.

이홍덕의 글쓰기 방식은 『사기』와 같은 진한고문에서 보이는 박진감 있는 서사와 격앙된 감정을 노출하는 글쓰기 방식을 체화한 것이라 할 수 있다. 이 글은 직접적으로 진한고문의 전고나 자구를 끌어와 쓴 것은 찾아보기 어렵지만 진한고문의 높은 문세를 재현하고 유장한 의미를 산출하는 데 성공하고 있다. 이에 일반적인 글쓰기와 구분되는 독특한 미감을 획득하여 당대뿐 아니라 후인들에게 높은 호응을 이끌어낼 수 있었던 것으로 보인다.

이상 18세기 이전 조선 문단의 진한고문식 글쓰기 양상을 살펴보았다. 선조·광해 연간 이후 진한고문의 연찬을 통해 송대문학 일색이었던 조선 문단에 균열을 가하는 문체적 실험이 시도되었지만, 전후칠자와 달리 송대문학 특유의 유기성을 함께 추구하여, 진한과 당송을 절충하려는 경향도 확인되었다.

17세기 후반을 거치면 점차 진한고문이 뜻하는 전범의 범위가 확대되었다. 동시에 고문에 대한 의존도가 강해짐에 따라 험벽한 미감을 드러내거나, 심지어 고문뿐 아니라 명대 문인에 대한 표절도 빈번하게 확인되었다. 이런 상황에서 이홍덕은 진한고문의 표현과 기상을 충분히 내재화하여 단순한 모방을 넘어 높은 문예미를 창출해낼 수 있는 기량을 보여, 진한고문적 글쓰기의 새로운 가능성을 제시하였다고 평가할 만하다.

제5장

18세기 진한고문의 실현 양상

이 장에서는 18세기 진한고문적 성향을 보이면서 영남 · 남인 · 노론계 문단을 각각 대표할 수 있는 작가인 신유한 · 이용휴 · 유한준의 산문 작품을 구체적으로 살펴보도록 하겠다. 진한고문을 중심으로 독서하고, 그 문풍과 정신을 계승하려고 하였던 의지가 실제 산문에서 어떻게 발현되어 나가는지 고찰해 볼 것이다.

1. 신유한申維翰—기굴미奇崛美와 사체史體의 추구

신유한(1681~1752)의 산문에 대해서는 연구가 어느 정도 축적되었지만[1] 당시 문단에서 신유한의 산문이 가졌던 입지와 독특한 평가에 상응할 만큼 검토가 충분히 이루어진 것은 아니다. 그의 문장은 당대 문인들에게 큰 인상을 남겼으며 이에 널리 향유되었다. 신유한의 문집은 간행할 당시 너무 많이 인출하는 바람에 얼마 안 되어 목판이 닳아 훼손되었다고 한다.[2] 목판본뿐 아니라 현재 그의 문집을 초선한 필사본이 다수 남아 있는 것으로 볼 때, 그의 문장 중 수작을 직접 베껴 향유하고자 하였던, 보다 적극적인 성향의 독자층이 존재했던 것을 알 수 있다.[3]

---

1 이종호(「青泉의 現實認識과 思維方式」, 『안동대 논문집』 11, 안동대, 1989)와 송병하(「青泉 申維翰의 散文論과 作品世界」, 고려대 석사논문, 2005)는 신유한 산문의 전반적인 성향을 검토하였으나 주제 의식면에 초점을 맞추고 있기에 그의 문학론이 작품과 어떤 관련 양상이 있는지에 관해서는 논의가 미진하다. 이현호(「申維翰 산문의 擬古性과 『莊子』 패러디」, 『동양한문학연구』 20, 동양한문학회, 2004)는 「比鰍堂記」라는 한 작품을 통해 장자에 대한 패러디 양상을 천착하며 진한고문론이 어떻게 실현되어 나가는지에 주목하였다. 송혁기(「신유한 산문의 일고찰-記事의 문학성을 중심으로」, 『한국학논집』 39, 계명대 한국학연구소, 2009)는 신유한 산문의 지향이 사체에 있음을 주목하고 인물전을 중심으로 서술 방식에 관하여 살펴보았으나 '기사체'라는 장르가 가지고 있는 미감에 집중하여, 여타의 문인들과 구분되는 신유한 산문의 독특한 미감을 추출해내지는 못하였다.

2 成大中, 『青城雜記』 卷5 「醒言」. "李瀰爲嶺伯, 刊行其文集, 印者甚衆, 未久, 板爲之漫. 然佳者多漏, 忠原二絶, 及平海諸作皆然. 其祖墳在盈德, 筆峯對之."

3 『青泉雜言』(고려대 도서관 소장본)에는 「與任正言論文書」, 「答金靈巖書」, 「上俞鐵原書」, 「答沈佐郎」, 「答東萊伯洪公書」, 「與息山萬敷書」, 「寶盖山川祈雨文」, 「再次祭文」, 「三次祭文」, 「漣川縣社稷祈雨文」, 「祭厲神文」, 「祭古塚吉由文」, 「祭故友金天開文」, 「觀許相國恩居堂園記」, 「四美亭記」, 「奉贐任書狀赴燕序」, 「奉送冬至副使金參判燕序」, 「送李東望之燕序」, 「杜機詩選叙」, 「奉送通信正使洪公啓往日本序」, 「贈通信副使南公書」, 「祭堂姑文」, 「書僞鶴事」 등 23편의 산문과 시가 수록되어 있다. 이 중 「與息山萬敷書」는 『青泉集』에 수록되지 않은 것이다. 『青泉集抄』(한중연 D3B-1037)에는 「李子野字說」, 「自叙」, 「野城三江錄跋」, 「雜說」, 「與任正言論文書」, 「奉壽金護軍八十九序」, 「叙與尹太學士論文事」, 「祭古塚吉由文」, 「祭堂叔文」, 「祭故友金天開文」, 「答金靈巖書」, 「答沈佐郎」, 「答宗人書」, 「答三近族中」, 「與崔上庠」, 「答棃庵金鼎甫」 등 16개의 산문이 수록되어 있다. 『青泉集抄』(한중연 D3B 1037A)에는 「上李學士書」, 「與李季鷹書」, 「與崔士集書」, 「書與李仲晦, 與崔士集書」, 「答崔士集書」, 「答金靈巖書」, 「上俞鐵原書」, 「與任正言論文書」, 「答金麟蹄 書」, 「答李伯深書」, 「與芝山李斯文書」, 「與芝山李斯文書 二」, 「答李生敏德書」, 「追和崔士集別詩序」, 「送萬頃權使君莅任序」, 「送李東望之燕序」, 「念佛契序」, 「杜機詩選叙」, 「贈朴聖光 履坤」, 「奉送通信正使洪公往日本序」, 「贈鄭大哉序」, 「雲水菴記」, 「梧月樓記」, 「長延好會記」, 「新莅漣川縣記」,

따라서 신유한의 문장이 어떠한 측면에서 당대 문인들에게 적극적인 호응을 일으킬 만한 미감을 가지고 있는지 좀 더 섬세한 고찰이 요청된다. 덧붙여 『해유록海遊錄』은 그의 문장 중에서도 백미로 꼽히는데다가 집집마다 소장하고 애송하였을 정도로[4] 조선 후기에 활발하게 유통되었음을 생각해본다면, 신유한 산문의 문예적 미감을 규명하는 작업 속에서 함께 검토해 볼 필요가 있다.[5]

신유한의 문장은 조선 문단에서 사마천, 전후칠자의 문장과 흡사하다는 평가를 받았다. 특히 전후칠자에 비견되는 평가는 조선 문인들 중 어느 누구보다도 빈번하게 받은 것으로 추정된다. 그에 대한 만시輓詩에는 신유한의 문장을 이반룡, 왕세정에 비견하는 칭송이 거듭 나타난다.[6] 일본 사람들은 신유한의 문장을 칭송하며 이반룡의 기미氣味가 있다고 하였으며[7] 성해응成海應 역시 그가 왕세정과 이반룡을 배워 묘리를 터득한 자라 평가하였다.[8] 이와는 반대로 그의 문장이 전후칠자와 흡사한

「四美亭記」, 「紺岳山記」, 「新刻松雲大師奮忠紓難錄跋」, 「故西河任學士臨終詩贊」, 「洛巖大師碑銘」, 「祭鳳巖崔公守慶文」, 「讀金人銘後題」, 「書許生西漢文抄」, 「書鵝山桂石卷」, 「題李仲浩詩卷」, 「題士集秋響別詩後」 등 37개의 산문이 수록되어 있다.

4 李瀰, 『青泉集(申維翰 著)』 「青泉集序」. "至如海游錄, 家藏戶誦, 紙貴久矣."

5 신유한의 『해유록』 연구는 대부분 사료로서 접근해 왔다. 김태준이 『조선한문학사』에서 신유한에 대해 "기행문을 지어 성명을 불후에 전하고 있다. 『해행총재』에 실린 수많은 일본 기행문을 압도하고, 중국 기행문의 백미라고 하는 연암 박지원의 『열하일기』에 대립한 기행문자의 쌍벽이라 볼지니, 문장의 미묘함과 관찰의 세미하기가 족히 『열하일기』와 맞버틸 만할 것이다"라고 평가하였듯이 『해유록』 문장의 문예적 미감 역시 무시할 수 없다.

6 朴命熹, 『青泉集(申維翰 著)』 續集 卷12 「挽」. "文似滄溟氣作虹, 鴨東千古有豪雄, 瓊英玉珮鳴遐邇, 能使高名鼎呂同."; 任珣, 「挽」. "王李翩翩作者風, 青泉嗣響更稱工. 文窺腐史班椽後. 詩傚開元大曆中."

7 『承政院日記』, 英祖 27年 2月 2日. "啓禧曰, 日本人, 至今盛稱其文章, 以爲有白雪樓氣味, 對製述書記, 則輒問申學士平安否, 其見重於外夷如此矣."

8 成海應, 『青城雜記』 卷5 「醒言」. "維翰詩亦清警, 學王李而得其妙者也." 이외에도 金德五는

것을 비판의 근거로 삼는 논의가 제출되기도 하였다.[9] 윤순尹淳은 신유한의 문장이 전후칠자와 그 병폐가 동일하다며 수정할 것을 직접 요구한 바 있다.[10] 긍정적인 평가뿐 아니라 부정적인 평가에서도 그의 문장을 전후칠자에 비견하고 있기에, 앞서의 언급들은 의례적인 수사나 비판이 아니라 신유한의 문장이 실제로 전후칠자를 연상하는 지점이 있음을 시사해 준다.

이미李瀰(1725~1779)는 이 점에 있어서 좀 더 구체적으로 말한다. 신유한이 산문에 있어서는 왕세정, 시에 있어서는 이반룡, 부賦에 있어서는 노남盧柟(1507~1560)을 숭상하였기에 문장이 그들과 흡사하다는 세간의 평가가 있었으며, 그가 『좌전』, 『사기』와 함께 이반룡・왕세정의 문장을 줄줄 외는 것을 직접 목격하였다고 증언하였다.[11] 신유한 스스로도 어린 시절 육경과 진한고문만 읽고 당송산문은 싫어하던 차에 자신의 취향에 부합하는 이반룡・왕세정의 글을 보고는 기쁜 마음으로 심취하였다고 술회하였다. 그리고 자신의 문장이 이반룡과 흡사하다는

신유한에게 보내는 서신에서 그의 문장이 이반룡보다 뛰어나다고 평가한 바 있다. 金德五, 『癡軒集』 卷3 「與申周伯」. "足下文章, 曾於壽詩叙文瞯之矣. 辯而實, 奇而有法, 直帶古作者旨趣風格, 其視濟南家風, 不翅牙官矣."

9 李象辰, 『下枝遺集』 卷5 「書申周伯贈通信副使詩後」. "其變化馳騁, 若不可測, 而意靡靡主於奇. 大槩不過爲弇州滄溟之純臣, 較諸國朝簡易五山之徒, 亦瞠乎退舍矣."

10 申維翰, 『青泉集』 卷6 「叙與尹太學士論文事」. "吾意自古文章之士, 未嘗無學而能, 卽以皇明言之, 方遜志王陽明超然爲上乘, 彼濟南諸公躍而呼曰, 吾左吾史與漢而已. 其不至者, 與子同病, 病者能言其病則病可爲也."

11 李瀰, 『青泉集(申維翰 著)』 「青泉集序」. "世之品翁者, 皆以爲翁早悅山海經穆天子傳, 及得弇山稿讀之, 喟肰有並驅之意. 詩亦以李于鱗爲準, 尤力於楚辭, 讀之千萬遍. 而於賦又師盧次楩, 故其文章, 皆奇峻遒拔, 與三子者神會百代也 (…中略…) 余見翁貌古如世所畫羽人枯禪者, 碨磊之氣, 勃勃眉宇間, 口誦左馬滄弇如掇蜩也.

비판에 대해서도 원래는 진한고문을 배우려고 하였으나 잘 실현되지 않은 탓이라고 답하였다.[12]

실제로 신유한의 산문은 전범에 대한 의존도가 높고 일반적인 자구 운용 방식을 따르지 않는 점에서 분명 전후칠자의 글쓰기를 연상하게 하는 지점이 있다. 때로는 직접 전후칠자 문장에 근거한 작품도 확인된다. 대표적인 예가 「임서하집발林西河集跋」[13]이다. 이 글은 임춘林椿의 『서하집西河集』에 대한 발문으로, 여기서 신유한은 『서하집』을 얻게 된 경이로운 일화를 소상히 기록하였다. 운문사의 승려인 인담印淡이 꿈에 한 도사가 바위를 가리키며 그것을 들어내면 보물을 얻게 된다고 고하였고, 인담이 깨어나 시키는 대로 하였더니, 과연 동탑銅塔 안에서 『서하집』을 발견하게 되었다는 것이다. 이후 이하구李夏耈가 이 문집을 얻게 되었고, 신유한의 주선으로 임춘의 후손인 임재무林再茂가 간행하였다.

이 글은 발문이지만 서사적 진술 형태가 돋보인다. 최석정崔錫鼎(1646~1715)과 조태억趙泰億(1657~1728)의 서문이 임춘의 문학과 그 품격에 관하여 논할 뿐 이적異蹟에 관해서는 의도적으로 언급을 제한하고 있는 것에 반해, 신유한은 많은 지면을 할애하여 문집의 발견과 간행 경위에 대하여 시간적인 순서에 따라 상당히 자세하게 서술하고 있다. 반면 임춘의 삶에 대해서 직접적으로 논하는 부분은 전혀 나오지 않으며, 문장에 대해서도 "其光栗然, 其鋒凜然, 節族繆然, 其斯爲廣陵譜, 其斯爲象罔

12 申維翰, 『青泉集』 卷6 「叙與尹太學士論文事」. "盖余所見極狹而所好極偏, 雖古之斷章蠹簡如山海經汲冢書黃庭石鼓之類, 亦貨而求之. 不喜讀儒家菽粟語, 所以爲叙述之體, 往往學古文不至而入於于鱗, 政如刻鵠不成而反類也."

13 申維翰, 『青泉集』 卷5 「林西河集跋」.

得也"라고 비유적인 수사만 열거할 뿐이었다. 대신 신유한은 이 글의 마지막에 이 같은 이적을 어떻게 이해할 것인가 하는 문제에 대한 답을 첨부하여, 임춘 문학의 경지를 간접적으로 부각하는 방식을 선택하였다.

[1] 내가 태사공의 글을 읽어보니 그 자는 자신의 뛰어난 재주를 때문에 낙백하고 재앙에 걸려서 공언을 지어 명산대천에 글을 묻어두고자 하여 기필할 수 없는 경지를 바랐으니 그 글을 쓴 것이 얼마나 마음 아프고 뜻이 오활한가. 사람을 믿을 수 없었던 것이 이와 같았다. 자신이 직접 보지도 못하고 말해서 어찌하여 돌 틈 사이에 빛을 남겨 죽은 뒤에 명성을 사려하였는가.

不佞嘗讀太史公書, 夫夫固以彼其才, 落魄罹殃, 至欲述空言而藏之名山大川, 希覬夫不必然之境, 其叙致胡傷而志胡迂也. 夫人之不可恃如此. 吾不能及吾目而詔之, 奈何令幽竇中餘光買名聲於朽骨爲?

[2] 그러나 곰곰이 사색한 끝에 신묘한 경지로 들어가 은근하게 조물주와 그 권한을 함께 해 보았다. 밝고도 화려하니, 그대와 능함을 다툴 자 없고 그대와 더불어 전할 것이 없네. 갑자기 거두어 보관하고 혹 틈틈이 나와, 물에도 적시지 못하게 불에도 태우지 못하게 도척들도 살피지 못하게 하여, 모두 그 조화로 할 뿐이고, 더불어 알지 못하게 하였다.

然至覃精結思, 出神入玄, 隱然與宰物者同其權. 昭乎爛乎. 莫與汝爭能, 莫與汝爲郵, 忽卷而藏. 或闖而發, 水不能沉, 火不能焦, 盜賊不能窺, 咸使其造化而已, 不與知焉.

[3] 그리고는 곧 空山의 淨溪에 깊은 잠자는 선사의 꿈에 나타나 구구히 수

척의 동을 주어 홀로 인간에 전하지 않는 보물을 가지게 하였으니, 비바람을 무릅쓰고 긴 세월을 지나도 혹 망가지지 않은 것은 저 실로 선생에게 기댄 것이 아니며, 또한 선생의 뜻도 아니다. 그렇다면 이 문집의 발행은 선생이 태사공에 견주어도 더 나은 점이 있으니, 豊城 땅에서 발굴되어 중간에 사라졌다가 延平津에서 서로 합한 龍泉劍·太阿劍과, 孔子의 옛집 벽속에서 찾아 중간에 잃어버렸다가 뱃머리에서 볼 수 있었던 古文尙書가 모두 이러한 물건들이다. 만약 내 말을 믿지 못한다면 천지 귀신이 증명해 줄 것이다.

卽空山淨溪黑甛禪夢, 與夫區區數尺之銅, 獨得人間不傳之寶, 凌風雨閱年紀而莫或墜亡者, 彼固無待於先生, 而亦非先生意也. 然則斯集之成, 先生視太史猶賢, 豊城之掘而胥合於延津, 魯壁之藏而載見於舫頭者, 皆是物也. 如吾不信, 有天地鬼神在.[14]

이 글의 화두는 「태사공자서太史公自序」의 "藏之名山, 副在京師, 俟後世聖人君子"라는 문장에서 비롯한다. 신유한은 이 문장에서 사마천이 품었던 세상에 대한 절망과 욕망을 읽어낸 다음, 『서하집』의 발간 경위와 비교하여 임춘의 문학적 경지에 대한 높은 평을 이끌어내고 있다.

이 글은 전반적으로 장구의 비중이 높음에도, 자구를 불규칙하게 배치하는데다가, 대상을 적시하거나 의미를 보완해 줄 수 있는 자구들을 많이 생략하기에 독자들에게 결코 친절한 문장이 아니다. ①에서는 설의법을 연달아 써서 의론을 시작하는 초반에 문세를 강하게 진작시켰

---

14 『西河集』과 『청천집』의 글을 비교할 때, 자구의 출입과 異字가 많다. 이 작품은 신유한 나이 34세인 1714년에 창작된 글로, 이후 수정한 작품이 『청천집』에 다시 수록된 것으로 보인다.

다. “吾不能及吾目而詔之” 부분은 ‘吾’가 지시하는 대상이 구체적으로 무엇을 가리키는지 명시하지 않아 오독의 위험을 안고 있다. ②에서도 임춘 혹은 서하집을 명시하는 자구를 전혀 노출시키지 않고, 태사공에서 임춘으로 내용을 전환시키고 있다. 의론을 진행하다가 ‘曰’이나 ‘以爲’와 같이 대화를 시작하는 지표가 전혀 없는 상태에서, “莫與汝爭能, 莫與汝爲郵”라고 한 부분은 더욱 당혹스럽다. 이 문장은 실상 『서경』의 문체[15]를 끌어다 쓴 것으로, 조물주가 임춘, 혹은 『서하집』에 명하는 장면을 형상화한 것으로 보아야 한다. 또 ③에서 실사로만 구를 구성하거나(“空山淨溪黑甛禪夢”), 풍성이 보검을 발견하고 고문상서가 우연히 발굴된 전고들을 나열하여 『서하집』의 가치를 부각시키는 방식 역시 가독성을 떨어트리는 데 기여하고 있다.

그런데 신유한의 이 글은 왕세정의 「육씨백중집서陸氏伯仲集序」와 많은 부분 겹친다.

태사공이 스스로 自序를 써서 그 책을 명산대천에 숨기고자 한 것은, 명산대천은 불후한 것인데 어찌 그토록 깊이 막고 오랫동안 막아서 土石과 같이 만들고자 해서이겠는가? (…중략…) “내 생각을 귀신과 통하였는데 세속에서는 깨닫지 못하고, 내 문장은 金石처럼 아름답지만 제 값에 팔리지 않네. 내 이 세상에 알려지는 것을 직접 보지 못하였으니 쓸쓸하게 천백세 이후 알려지기를 구할 뿐이다”고 하며 산천에 보관하여, 기필할 수 없는 자에게 妄想을 발한 것이다. 이 일은 극히 오활하고 그 뜻은 매우 안쓰럽다. 그 격한 마

15 『書經』「大禹謨」. “汝惟不矜, 天下莫與汝爭能, 汝惟不伐, 天下莫與汝爭功.”

음을 헤아릴 수 있다.

及至太史公自敘欲**藏其書於名山大川**, 夫名山大川, 卽不朽, 何至深閟而長閼之, 使等於土石然. (…中略…) 吾思通於鬼神而俗不曉, 聲等於金石而價莫售, **吾不能及吾目**以自致其知於世, 而欲涼涼焉求千百歲已, 藏之山川, 而發之**希覯於必不可測之人**而使之知此, 其事極迂而其致極憯, 激可念也.[16]

이 작품은 육초손陸肖孫과 육상손陸象孫 형제의 문집에 대한 서문으로, 아우인 상손이 자신의 문집을 간행할 때 죽은 형의 문집을 함께 간행한 일을 부각시켜, 아우가 형을 드러나게 하였음을 높게 평가한 글이다. 세상의 인정을 받지 못했던 사마천의 불우했던 삶을 끌어와, 이들 형제의 삶이 사마천보다는 낫다는 논리를 피력하고 있다. 신유한의 글은 진한 글씨로 표시한 부분에서처럼 왕세정의 글에 나오는 자구를 그대로 쓰고 있다. 또 지나치게 긴 장구를 운용하고 설의법을 사용하는 등 수사법에 있어서도 두 글은 유사하다. 무엇보다도 「태사공자서」의 짧은 문장에서 사마천의 좌절과 욕망을 추적한 다음, 이를 통해 사마천과 서문의 대상자를 비교하여 후자를 추켜세우는 전개 방식이 거의 흡사하다고 하겠다. 결국 신유한의 「서하집발」은 왕세정의 글을 염두에 두고 창작한 것이 분명하다.

그럼에도 신유한의 글은 왕세정의 글을 통해 발상의 단서를 얻어 자신만의 독창적인 작품으로 승화시켰다고 평가할 수 있다. 후반부인 ②, ③에서는 신유한의 작가적 역량이 분명하게 드러난다. 신유한은 상상력

16 王世貞, 『弇州四部稿』 卷65 「陸氏伯仲集序」.

을 발휘하여, 조물주가 왜 동탑에다가 『서하집』을 남겨두었는지에 대한 해답을 이끌어내고 있다. 자신이 조물주의 마음이 되어 그의 말을 인용하는 방식은, 소설적인 상상력에 가깝다. 그러면서도 '藏'을 문안文眼으로 삼아, 사마천과 임춘을 함께 거론할 수 있는 맥락을 확보한 다음 양자 간의 차이를 조명하여 임춘 문학의 경지를 평가하고 있기에 의론문으로서 갖추어야 하는 유기성 역시 간과하지 않았다. 즉, 사마천의 '藏'은 스스로가 의도한 것이지만 임춘의 '藏'은 조물주가 관여한 것이라고 논하여, 후자의 문학적 경지를 상대적으로 부각시키고 있다. 따라서 다른 이에게 인정을 받았는지 여부를 가지고 사마천과 육초손의 경우를 단순히 비교한 왕세정 글에 비해, 신유한의 글은 사마천의 고사를 보다 더 적절하게 활용하고 있다고 평가할 수 있다.

「추회부서抽懷賦序」[17] 역시 단순한 모방을 넘어 독자적인 문예적 성취를 이룬 작품으로 함께 살펴볼 만하다. 이 글은 신유한의 문학적 지향과 그 실현을 음미할 수 있는 작품인데도 기존 연구에서 주목을 받지 못하였다. 전문을 인용해본다.

> [1] 용문생이 어릴 적 향인과 함께 예학에 노닐었는데, 그가 칭하는 것은 공자와 육경이요, 그가 저술하는 것은 옛 성왕들에 관하여 것이며, 그가 입을 놀릴 때에는 고인을 거론하여, 반드시 최고의 경지에 비견되려고 하였다. 향선생이 그에게 자리를 주며 말하기를, "이 아이는 박식하면서도 우직하니 어찌 세상에 한 번 쓰이지 않겠는가" 하였다.

17 申維翰, 『青泉集』 卷3 「抽懷賦」.

龍門生, 少與鄕人, 爲籩豆之游. 其稱仲尼六籍, 其論著古先喆王, 其駕舌而當古人, 必以上駟方之. 鄕先生予之坐曰, 是兒博而愚, ①闔胡嘗試於世.

2 자라서 진사에 합격하여, 서울에서 서울 사람과 名聲에 노닐었는데, 그가 말하는 것은 국가의 옛 제도이요, 그가 따랐던 것은 예악 형정이며, 그가 그물을 펼치면 남은 이익을 거두었다. 세금과 군사에 관한 것이 아니면 문서를 작성하는 일을 맡았으니, 점점 귀와 눈에 익숙하게 되었다.

及長而擧進士, 京師與國人, 爲名聲之游. 其說國家掌故, 其法禮樂刑政, 其設網而漁遺利. ②非錢谷甲兵, 則刀筆筐篋, 卽稍稍耳慣而目親之.

3 당시에 경대부가 그에게 온화한 안색을 보이며 말하기를, "이 자는 엄숙하고도 사리분별을 잘한다. 그러나 그 용모가 파리하니, 고향에 대한 그리움이 있다. 부질없이 말을 묶어 두었고, 새를 모시어 잔치를 베풀었구나. 돌아가 쉬게나 자네여. 자네의 거처가 매우 깨끗하고 편안하니 자네의 이름이 깨끗하게 될 것이네. 만약 좋은 보화가 있더라도 누가 그것을 살 수 있겠는가" 하니, 용문생은 깜짝 놀라 마침내 저자에서 신발을 신고, 들에서 고삐를 잡고 열흘 만에 고향으로 돌아왔다.

時則卿大夫賜之色曰, 是人肅而辨, 然厥容癯, 有山澤想. ③芒芒乎繫馬而止也, 御鳥而觴也. 歸休乎子, 子之居甚淨而逸, 其名嚼如也. 藉令鍾鼎乎爾, 寧詎能賈彼, ④門生洒然異之, ⑤遂屨及於市, 轡及於野, 十日而返於其鄕.

4 형제처자는 베를 짜 옷을 입었고 채소 음식도 싫증내지 않았다. 그러나 그는 스스로 고인의 서적을 좋아하는 것이 날로 심해져 책을 끼고 옛 역

사가를 스승 삼고는 집 뒷산을 이름하기를 '용문'이라하고 자신의 호를 산인이라 하였다. 남들이 산인이라고 부르면 웃으며 대답하고, 그때마다 말하기를, '글이 여기에 있다' 하였다. 이윽고 멀리 있는 자들은 듣다가 짜증을 냈고 가까이 있는 자는 입으로는 네네 하고는 문을 닫고 욕을 하였다. 하루에 그런 말들이 세 번이나 이르렀지만, 당시에 산인은 대꾸하지 않았다.

兄弟妻子緶繿而衣, 蔬食不厭, 然其自喜古人書日甚, 挾卷而師舊史氏, 卽以命舍後山曰龍門, 而自號爲山人, 人呼之山人則笑而應, 輒曰文在是矣. 旣而遠者憎於耳, 近者絀於口, 閉室而詬之. 一日而響三至, 當是時, 山人未有對.

5 마을에 손중자가 있었는데, 홀로 풍모를 추향하여 기뻐해서 폐백을 앞세워 문인의 예를 청하며 말하기를, "지난번 제가 산인이 도읍에서 일을 할 때 도읍의 인사들이 모두 입을 모아 뛰어나다고 하였지만 더 애쓰지 않았다고 들었고, 지금 제가 온 마을 사람들이 모여서 비웃는데도 산인께서는 실망하지 않는 것을 보았습니다. 사람들이 거하면 같이 거하고 사람들이 취하면 같이 취해야 하니, 거만하게 구는 자는 결국 부응하는 자를 이기지 못합니다. 저는 산인 밑에서 공부하고 싶지만, 용문에서 무엇을 취할 수 있겠습니까. 옛날 사마씨는 남쪽으로 禹穴을 찾고 북쪽으로는 秦城을 다 둘러보아 천하의 아름다움이 그에게 있었고, 나와서 문장이 되었으니 그 문장이 천하에 있습니다. 지금 산인께서는 이에 국한해서 보아서 이름을 흉내 내는 것도 부족해서 그 말을 스승삼고, 그 말을 스승삼는 것도 부족해서 야트막한 언덕 하나에 살면서도 그 거처를 모방하였습니다. 가령 용문이 저 사마천에 있어서도 저가 의지하는 바가 있는 것인데, 산인도 저 사마천을 의지하고자 하는 것입니까?" 하였다.

里中有孫仲子, 獨傃風而喜, 以脩脯先, 請執門人禮曰, 曩吾聞山人有事于都邑, ⑥**都人士幷舌而賢之, 而不加勸, 今吾見闤闠之集笑也, 而山人不少沮. 人居與居, 人取與取, 睢盱者卒不能勝鹽之者.** 余不佞願爲山人役, 然龍門奚取焉. 昔司馬氏南探禹穴, 北極秦城, ⑦**以天下之美盡在己**, 出而爲文章, 其文在天下. 今山人局觀於斯, 貎其名不足, 而師其言, 其言之不足, 一培婁而像其居. 侵假龍門在彼, ⑧**彼且有待也, 而山人欲待彼也耶.**

6 말이 끝나자, 산인이 기뻐하지 않으며 말하기를, "속담에 있지 않은가, 구멍에 사는 벌레가 둥지에 사는 새를 보고 저보다 큰 것이 없다 한다. 이 말은 그대와 같다. 나는 일찍이 논하는데, 사해의 안이 중국이 되는데 하후씨가 공법을 쓰고 장해가 걸을 수 있는 곳이니 탄환처럼 작다. 발해의 바닷가에 새가 있는데 그 등이 몇 천리인지 모르고 그 날개는 천하의 반이 된다고 한다. 또 물고기가 있는데, 7일이면 그 머리를 만나고 10일이면 꼬리를 만난다니, 그 길이가 비슷하지만 일찍이(새와 비교하면) 그 사이에 좁쌀도 되지 못한다. 중리가 박식한데도 남겨두고 의논하지 않은 것은 이 때문이다.

語卒, 山人不豫曰 ⑨**野語有之**, 穴蟲見巢禽, 以爲莫此高. 其言猶女也, 吾嘗論四海之內爲中國, 卽夏后之所貢, 章亥之所步, 彈丸乎眇矣. ⑩**渤澥之涘, 有鳥焉, 其背不知幾千里, 其翼當天下之半. 有魚焉, 七日逢頭, 十日逢尾, 其脩似之,** 而曾不能芥其間. 仲尼之博而存之不議者是已.

7 날마다 내가 동해에 처하며 無何之游를 일삼으며 나의 집에 내가 거처하고 나의 거처에 내가 노닐며 아무도 없는 곳에서 소요한다. 이 때 풍이가 노를 맡고 해약이 밧줄을 맡아 봉래에 올라 부상을 둘러보아 경쇠를 치는 아

름다움과, 마고의 집과 황제의 옛 뜰을 보았으니 내 인생이 날로 넓어지고, 내 용모가 날로 펴지며, 정신이 날로 방대해졌다. 돌아와 사마씨에게 비교하니 사마씨는 방내에 노니는 자이고 나는 방외에 노니는 자이다. 사마천은 한계가 있고 나는 한계가 없다. 이제 좁은 우혈과 작은 읍인 진성을 가지고 사마씨를 따르는 것은 지금 자네에게나 어울리네. 들은 것은 많지만 생각은 좁으니, 문제로다. 이에 대해서 믿지 못하겠거든 나를 따라 노닐어 보도록 하라" 하였다. 이에 추회부를 꺼내어 그 정신을 읊으니, 손중자가 세 번 북을 쳐서 울렸다. 일어나 대답하기를, "이런 말을 尙友라 합니다. 백천만 년 뒤에 다시 사마씨와 같은 자가 나온다면 산인을 알아볼 수 있을 것입니다" 하였다.

日吾處於東海, 爲亡何之游, 我屋我居, 我居我游, 逍遙乎無人之野. 于時也馮彝備楫, 海若司維, 登蓬萊歷夫桑, 觀於擊磬之休龐姑之室黃帝之故園, 吾天日廣, 吾貌日胖, 而神日益放. 反而求之司馬氏, ⑪**司馬氏游方之內者也, 吾游方之外者也, 彼以其有涯, 吾以其亡涯.** 方且以禹穴之偪側而秦城之小邑, 邑於司馬氏, 今吾子匹之. 侈於聞而儉於思, 病矣夫. 其斯之不信, 請且從我而游, 乃作抽懷之賦, 以奏其神. 仲子三皷而風, 作而對曰, ⑫**是其言也, 其名爲尙友**, 卽百千萬年, 復有如司馬氏者出而知山人矣.

인용문은 자신을 '용문생'이라는 3인칭으로 칭하며 지나온 인생을 반추하고, 자신의 삶과 문학적 지향을 피력한 글이다. 전반부인 [1]~[4]까지는 자신의 삶을 요약한 다음, 이후 실제 자신의 문도이기도 한 손수현孫壽玄과의 문답을 인용해서 자신이 다른 사람의 비웃음을 사면서까지 굳이 사마천의 삶과 문학을 추숭하는 것에 대해 그 이유를 설명하고 있다. 세상과 부합하지 못하는 자신의 삶을 변호하는 방식은 동방삭東方朔

의 「답객난答客難」, 양웅楊雄의 「해조解嘲」, 한유韓愈의 「진학해進學解」 등 문답식 자술문학 전통에서 유래한 것이다.[18] 저자가 관찰자의 시점으로 자신의 삶을 축약적으로 보여주고 다른 인물과의 대화를 확장해서 수록하고 있기에, 이러한 형식의 글에서는 기본적으로 문예적인 성향이 강할 수밖에 없다. 유한준에게서도 이와 비슷한 양식의 글이 발견되는바, 문답식 자술문학이 진한고문론을 주장하는 문인들 사이에 공통적으로 향유되었던 점은 주목할 만하다.

이 글에서도 불규칙한 자구 운용 방식과 빈번한 전고의 활용을 살펴볼 수 있다. [1]에 "其稱仲尼六籍, 其論著古先喆王, 其駕舌而當古人, 必以上駟方之 (…中略…) 其說國家掌故, 其法禮樂刑政, 其設網而漁遺利"의 경우 매 구절마다 '其'라는 글자를 반복적으로 배치하면서도, 뒤에 오는 자구의 수는 불규칙하게 배치함으로써 독자의 예상에서 벗어나는 글쓰기를 하였다. [5]의 "貌其名不足, 而師其言, 其言之不足, 一培婁而像其居" 역시 연쇄적인 수사법을 사용한 부분이면서도 일반적인 배비구를 사용하지 않아 구두를 끊기가 용이하지 않다. 가독성을 중시하는 글쓰기에서는 "一培婁" 앞에 접속사 '而'나 '故' 혹은 '以'를 넣어주는 방식을 선택하였을 것이다. 또 어조사를 아주 안 쓰는 것은 아니지만, 구와 구를 이어주어야 하는 부분에서는 오히려 제한하고 있어 문맥을 파악하기 어렵게 한다. 예컨대 [7]의 "于時也, 馮彝備楫, 海若司維, 登蓬萊歷夫桑, 觀於擊磬之休痲姑之室黃帝之故園, 吾天日廣, 吾貌日胖, 而神日益放, 反而求之司馬氏, 司馬氏游方之內者也, 吾游方之外者也"에서 구와 구를 이어주는 접속사는 '而

18 박경남, 「16, 17세기 程朱學的 道文一致論의 균열과 道文分離的 경향」, 『고전문학연구』 35, 한국고전문학회, 2009, 62쪽.

神日益放' 외에는 쓰지 않고 있다. 연속된 행동과 그 결과를 표현한 부분인데, 인과관계를 명시적으로 보여줄 수 있는 접속사는 제한하고 있는 것이다. 이러한 신유한의 글쓰기는 오늘날뿐 아니라 당대 독자들에게 난해한 인상을 주었다. 당시 문인들은 신유한이 송대의 절실하고 곡진한 문장을 쓰지 않고 일부러 껄껄하게 읽기 어려운 문장을 쓰는 것을 노골적으로 비판하기도 하였다.[19]

무엇보다도 이 글이 난해한 이유는 신유한은 현실에 부합하는 직설적인 언어로 자신의 삶과 그 지향을 그대로 기록하기보다는, 옛 고인의 삶과 그 지향을 끌어와 자신에 대입하고 변호하는 방식을 선택하고 있기 때문이다. 인용문 중 표시한 부분은 모두 고문에서 자구를 가져오거나 전고를 인용한 것인데 그중 『장자』의 비중이 가장 높다. 한유의 문장과 『한서』를 인용한 ②, 『좌전』을 인용한 ⑤를 제외하고는 모두 『장자』에 나오는 자구와 전고를 활용한 것이다. 특히 손중자의 발언을 기록한 5에서는 장자의 「소요유逍遙遊」, 「우언寓言」, 「추수秋水」, 「제물론齊物論」의 문구를 연속적으로 가져와 쓰고 있다. 자신의 유람이 가지는 의미에 대해서 논하는 6과 7에서는 「소요유」, 「대종사大宗師」의 논의를 원용하여, 사마천의 유람은 한계가 있으나, 자신의 정신적 유람은 한계가 없다는 주장을 뒷받침하였다. 결국 이 글은 『장자』를 통해 자신의 삶과 그 지향을 재구한 것이나 다름없다. 이 같은 작품은 『장자』의 문체뿐 아니라 그 사유에 대한 깊은 경도가 전제되어 있지 않으면 실현되기 어렵다. 『장자』의 인용은 「추회부」뿐 아니라 서간문을 비롯한 여

19 孫命來, 『昌舍集』 卷5 「論申周伯文章說」. "世之疵申君之文者曰, 是何不爲歐蘇之切實委曲, 而故爲是戛乎其難讀者乎."

러 산문에서 흔히 발견되는데, 신유한은 『장자』를 통해 무한한 세계에 대해 은유하거나 자신의 불우한 삶을 묘사하는 방식을 빈번하게 사용하고 있다.[20]

이처럼 『장자』를 비롯한 고문에 대한 의존도가 높음에도 불구하고, 이 글은 무의미하거나 유희적인 의고擬古에서 벗어나 독자에게 감동을 전달하는 데 성공하고 있다. 그것은 바로 신유한이 고문의 언어와 사유를 소화하여 자신의 것으로 전환시켜 배출하고 있기 때문이다. 예컨대 ⑤는 『좌전』의 "屨及於窒皇, 劍及於寢門之外, 車及於蒲胥之市"의 장면을 가져와 급히 고향으로 돌아갔음을 표현한 부분이지만, 자신의 실제 경험에 부합하도록 자구를 변용시켜 관습적인 인용에 전락하지 않게 하였다. 또 대인大人의 높은 경지를 상징하는 붕새의 이야기에서 역으로 천하가 거대하다는 깨달음을 끌어오고(⑩), 세속의 체제 및 규범을 이탈한다는 의미의 방외方外를 우주의 경계를 넘나들며 정신적 유람을 하는 것으로 확대하여(⑪), 장자의 언어와 사유를 그대로 끌어오는 것이 아니라 자신의 일정한 논지하에 적절하게 변용시키고 있다. 요컨대 신유한은 독자로 하여금 고문을 연상하게 하는 장치를 곳곳에 마련해 두면서도 자신이 말하고자 하는 논지에 집중하게 하였다.

이상의 「서하집발」과 「추회부」에서 신유한이 단순한 모방을 넘어 세심한 관찰력과 뛰어난 상상력을 발휘하고, 자신의 삶과 논지에 맞게 변용시킴으로써 독자적인 작품으로 승화시키고 있음을 확인할 수 있다.

---

20 「上李學士書」에서는 자신을 「소요유」에 나오는 뱁새로 묘사하면서 어떻게 하면 붕새를 만나 멀리 날아보겠냐고 하면서, 경화 문사들의 인정을 요구하였다. 「비추당기」에서도 상대를 붕새로, 자신을 뱁새로 비유하여 서로의 경지가 다름을 비유하였다.

한편 직접적인 모방의 흔적을 노출시키지 않고 진한고문의 표현과 기상을 내재화하여 높은 문예미를 획득하고 있는 작품도 살펴볼 수 있다. 진한고문 중에서도 '사체史體'의 '모사입신模寫入神'을 문장이 추구해야 할 목표로 삼았던[21] 그는 사건, 인물, 풍경 등을 묘사할 때 진부한 표현을 자제하고 생동감 있게 묘사하는 데 큰 공력을 들였다.

1 밤에 구름과 안개가 산에 가득하여 달을 볼 수 없었다. 집사자는 향사 5인인데 유의를 입고 헤진 신발을 신고 먼저 갔다. 나와 子聞(任瑢)은 밖으로 나와 남여에 올랐는데, 횃불이 형형하게 길에 모여 있었다. 남여마다 앞부분을 양쪽으로 끈을 묶은 다음 건장한 남자 두 명을 택하여 당겨서 앞으로 나가게 하였다. 가마 메는 중은 그 다음에 위치하였고 남여를 에워싸는 자들이 그들을 도왔다. 모두 소리치고 대답하기를, "조심하라" 하였다.

①**夜雲霧漫山**, 不見月. 執事者鄕士五人, ②**儒衣帶縰履先行**. 余曁子聞出就藍, 炬熒熒簇路, 每藍首紲兩綆, 擇兩健夫挽而前, 舁僧次之, 環擁者翼之, 皆號呼相應曰小心.

2 산의 형상이 우뚝 서있었는데 높이가 몇 천 길이 되는지 알 수가 없었다. 큰 돌이 모여 있어, 마치 처마 같고 바퀴 같고 가마솥과 같으며, 서린 용, 화난 사자, 엎드려 있는 호랑이 같은 것이 차례로 사람의 발에 밟혔다. 얼음이 웅크려 있고 눈이 엎드려 있어 얼마 되지 않은 길도 미끄럽고 넘어질 것 같았다. 걸음걸음마다 흙을 밟지 못하여, 끈을 잡아당기는 자는 힘을 낼 수

21 申維翰, 『靑泉集』 卷3 「與任正言論文書」. "始信文章正脉, 在史而不在他. 又就儒家所習四書, 獨喜誦論語, 以爲是洙泗門人善記夫子一動一靜, 模寫入神, 故其文得史家之體."

가 없고 가마 드는 자들은 발이 미끄러져, 목숨이 터럭 한 올 같다고 생각하였다. 그러자 사람마다 스스로 용기를 내어 땀이 비오는 듯하였다.

山形削立, 高不知幾千仞, 而大石鱗鱗, ③如屋角如車輪如釜鬲, 爲盤虬怒獅伏虎者, 以次受人趾. ④氷蹲雪伏, 尺滑寸陷, 步步不踐土, 挽綆者不力, 與舁者足趺, 覺性命如一髮. 卽人人自賈勇, 驟汗雨瀉.

[3] 정상에 이르니, 사옥의 봉위판이 있었다. 옥 아래 壇場을 설치한 것에 향부자가 깼는데 넓이가 10여척이 되었다. 4경에 향례를 행하였다. 매서운 바람이 불고 비가 와서 옷소매가 축축이 젖었지만 잠시도 정체할 수 없었다. 횃불과 등불은 비바람에 명멸하여 사방이 온통 어두웠다. 생각건대 이 산 밖 수백천리에 있는 바다, 산림, 강물이 감히 내 눈을 피할 수는 없겠지만 모두 玄虛에 맡겨두었다.

至絶頂, 有祠屋奉位版, 屋下設壇場被莎, 方廣十餘尺, 四更行享禮, ⑤厲風吹雨至, 衣袖淋濕, 頃刻不可淹. 炬燈以風雨明滅, ⑥四望昏黑. 度在是山外數百千里海山林瀆, 亡敢逭吾目者, 而皆屬之玄虛.[22]

1742년 2월 당시 연천 현감이었던 신유한은 대축大祝으로서 제향을 올리기 위해 감악산에 갔었고, 돌아와 이 여정을 기문에 담았다. 세수歲首에 대축으로 임명되어 제수를 마련하여 떠나는 장면을 시작으로, 승려를 만나 남여를 준비하고([1]) 산을 힘겹게 올라([2]) 정상에서 제향을 올린 다음([3]), 다시금 힘겹게 내려오는 장면을 추보식으로 하나하나 구성

22 위의 책 卷4 「紺岳山記」.

하였다. 이 작품이 당대 문인들에게도 특별하게 인식되었음은 홍경모洪敬謨(1774~1851)를 통해서도 짐작할 수 있다. 「감악산기紺岳山記」에 나오는 표현을 그의 작품인 「구월산기九月山記」와 「삼성사기三聖祠記」에서 그대로 표절하고 있기 때문이다.[23]

「감악산기」는 신유한의 다른 작품과 마찬가지로, 자구 운용 방식에 있어 결코 평범하지 않은 모습을 보여준다. ①, ②, ⑤와 같은 구절에서 신유한은 조사를 제한하고 실사들로만 구를 구성하여, 자구 하나하나에 힘을 부여하고 있다. 옷차림과 신발을 표현하거나("儒衣帶縰履"), 바람이 불고 비가 오는 장면을 묘사할 때("厲風吹雨至") 대구를 사용하는 것이 일반적인데, 신유한은 자수字數를 불규칙하게 배치하여 균형을 깸으로써 생경한 미감을 조성하고 있다. 특히 '縰履'의 경우 『장자』에 나오는 구절로, 신유한은 이를 통해 가난한 향촌 선비들의 모습을 함축적으로 표현하였다.

하지만 무엇보다도 이 글에서 주목해야 하는 것은 신유한이 감악산에 올라가는 여정을 어떻게 표현했는가 하는 부분이다. 개인적인 유람이 아닌데다가 감악산이 특별히 풍경으로 유명한 산도 아니었기에,[24]

23 신유한의 「감악산기」와 자구가 동일한 부분을 표시하자면 다음과 같다. 洪敬謨, 『冠巖全書』 冊19 「九月山記」. "行十里得四仙臺, 臨溪壁立, 高數丈, 層岩怪磴. 水汩汩緣厓鳴, 臺亦桓因雄諸仙之所遊賞云. 僧以藍筍前曰路險莫騎馬, 整立分隊, 令曰毋敢慢. 每藍首紲兩綆, 擇兩健夫挽而前, 舁僧次之, 環擁者翼之, 皆號呼相應曰小心. 山形削立, 高不知幾千仞, 而大石鱗鱗, 如屋角如車輪如釜鬲, 爲盤虬爲怒獅者, 以次受人趾. 遇陡絶處則叫, 遇屈曲處則叫, 當岩曰岩, 當磴曰磴, 譁然之聲不絶. 綆者舁者步步又相呼曰毋放心, 人人自賈勇, 流汗雨瀉, 如是而上入東門. (…中略…) 翌朝偕巡使殷守登四王峯頂, 頗廣可坐數十人, 俯視山外數百里, 海山林濆 亡敢逭吾目者, 而目力所窮, 但見蒼蒼者正色而已."; 「三聖祠記」, "鄕士五人, 儒衣帶縰履先行, 執事者也."

신유한은 고정된 산수의 아름다움을 관습적으로 그려내고 있기보다는, 그곳을 지나는 인물들의 행동에 시선을 두는 방식을 선택하였다. [1]에서는 여러 가마꾼이 함께 힘을 모아 조심하는데도 눈과 얼음으로 뒤덮인 길에서 어쩔 수 없이 미끄러지는 모습을 세밀하게 묘사하여, 겨울철 험한 산을 올라가는 힘든 여정을 상상하게 하였다. 바위를 사물과 여러 가지 동물의 모습으로 비유, 열거하는 방식(③)은 왕세정, 이만부의 산문에서 이미 확인하였듯 낯설 것이 없다. 그러나 "以次受人趾"라고 하여, 주객을 전도하여 바위들이 사람들의 발에 차례차례 밟혀나가는 것으로 표현한 방식은 무척 신선하다. 이 표현을 통해 앞서의 관습적인 비유가 생명력을 얻게 되었다. 이어 눈과 얼음마저도 마치 생물체처럼 표현한 것(④) 역시 뛰어난 형상성이 돋보이는 부분이다. [3]에서는 마침내 정상에 올라가 제향을 올리는 장면을 기록한 것이다. 여기서 촉각과 시각적 이미지를 동원하여 독자로 하여금 비바람이 몰아치는 가운데 향사를 올리는 장면을 생생하게 연상하게 한다. 또 주체와 객체를 전도시키는 발상은 ⑥에서도 구현되어 사방의 온갖 경물들이 내 시선을 피하지 못한다는 표현으로 생경하면서도 강렬한 미감을 전달한다. 이처럼 「감악산기」는, 평소 문장은 인물화를 그리는 것처럼 형색을 닮을 뿐 아니라 정신을 조화하여 생동하는 기백氣魄의 참됨을 얻어야 한다고 하였던 신유한의 문장론을 충실히 반영한 작품이라 하겠다.[25]

그런데 이 기문을 통해서는 정작 감악산의 형상에 대해서는 자세한

---

24 申維翰, 『青泉集』 卷4 「紺岳山記」. "是山也石勢崚嶒, 無飛泉噴玉, 又無大木碩草."

25 위의 책 卷3 「與任正言論文書」. "譬之善畫者摹寫人物, 亡論形色惟肖, 必以造化精神, 得其生動氣魄之眞, 然後斯合神品."

정보를 획득할 수 없으며, 더구나 여정을 통해 의론을 전개하는 부분은 거의 찾아볼 수 없다. 반면 산에서 힘겹게 걸음을 옮기는 ①의 장면은, 제향을 올린 뒤 하산하는 장면에서도 다시 구체화되고 있다.[26] 여정을 치밀하게 재구성하는 방식 때문에 이 글은 다소 번잡한 인상을 주기도 한다. 이를테면 신유한은 자신의 경험을 분절하고 체계화하거나 의미화하는 방식보다는, 소소한 경험을 하나하나 역동적인 필체로 그려내는 데 주력하고 있는 셈이다.

이상의 「감악산기」는 신유한이 평소 추구하였던 기사紀事와 기물紀物의 글쓰기가 훌륭하게 구현된 작품이라 할 수 있다. 여기서 기사와 기물은 곧 '사체史體'를 의미한다. 그는 평소 사체류 산문을 선호한 나머지, 한유, 증공의 글뿐 아니라 제자산문에 대해서도 좋아하지 않았다고 한다.[27] 하지만 그가 말하는 사체의 의미는 역사서에 국한되지 않는다. 한유 이후에 창출된 서序, 기記, 서독書牘, 지명誌銘, 전찬傳贊, 논변論辨 등의 글까지 모두 기사紀事, 기언紀言, 기물紀物의 법에서 나온 것으로 사체史體라고 논하였다.[28] 그가 의미하는 사체는 즉 구체적인 대상과 사건, 말을 보다 세밀하고 충실하게 기록하는 것으로 이해된다.

---

26 "前挽者從而後, 復以綆縶藍尾, 執如膠立如竿, 垂垂若懸空而下. 雨蕭蕭不已, 石頭益滑, 前者足汰而躓, 後者陵兢而躡之, 衆足蹣跚若蟹螯. 火微則喝, 氷見則叫, 綆者舁者相呼曰毋放心, 譁然之音又倍, 余故怵焉屛息, 恃藍如舟."

27 申維翰, 『青泉集』 卷2 「雜說」. "余於古文, 不喜讀諸子, 於唐不喜昌黎, 於宋不喜南豐. 此皆古今人學文章者, 取以爲宗師, 膾炙之所同嗜, 而余獨不然. (…中略…) 嘗自謂有文字以來, 尙書爲鼻祖, 春秋魯國史也, 論語闕里史也, 左丘公穀馬遷班固, 皆可稱素王家臣, 此外古文之變正, 如墨絲揚歧."

28 위의 책 卷3 「與任正言論文書」. "自是而降, 有唐韓退之始立操觚家集卷門戶, 所作篇目, 各有制度, 曰序曰記曰書牘曰誌銘曰傳贊論辨, 設名雖殊, 同出於紀事紀言紀物之法則皆史體也."

한문산문의 다양한 장르의 글들을 모두 사체로 이해하는 태도는, 각 장르에 속하는 문체의 특징을 엄정하게 구별하고 이에 맞게 글을 쓸 것을 요구한 농암계 문인의 입장과는 다르다.[29] 실제로 기문이나 인물전 외에도 추상적인 개념을 설명하거나 자신의 이념을 피력해야 하는 의론문에서까지 기사, 기언, 기물의 방식이 발휘된다는 점에서 신유한 산문은 그 특이점이 있다.

> (朴聖光이) 스스로 자신의 뜻을 말하기를, "어려서 글을 알고 커서는 글을 좋아하였으니, 입에 올린 글들이 이미 많습니다. 다만 육경 이하를 보니 백가가 고슴도치 털처럼 일어나 각각 長處를 세워 천하로 하여금 스스로 택하여 따르게 하습니다. 기이한 것, 오묘한 것, 통달한 것, 변화하는 것들이 性情이 다르고 형색이 다르고 步驟가 다르고 法度가 다릅니다. 강처럼 넘실대고 산처럼 우거지며, 봄꽃처럼 아름답고 古鼎처럼 질박하며, 높기가 九霄를 넘고 멀기가 六合을 넘습니다. 이와 같은 부류가 분분해서 그 단서를 모르겠으니 그대는 나에게 무엇을 하고, 무엇을 버리고, 무엇을 택하고, 무엇을 따르게 하여, 나를 크게 키워 나아가 丘山과 河海처럼 될 수 있게 하겠습니까?" 하였다.
>
> 自言其志曰, 齔而知書, 壯而好書, 書之役吻者已衆. 但見六經以下, 百家如蝟毛而起, 各標其長, 使天下自擇而從之. **①奇者奧者達者易者**, **②性情異形色異步驟異法度異**. **③水之洋洋, 山之矗矗, 春華之孌, 古鼎之樸, 高而凌九霄, 遠而彌六合**, 若此類紛紛, 莫知其端倪. **④子以我奚爲奚去奚擇奚從**, 而尺寸吾尋丈吾, 進而可以丘山河海者乎.[30]

29 송혁기, 앞의 책, 229~238 참조.

30 申維翰, 『靑泉集』 卷4 「贈朴聖光贈序」.

신유한은 자신의 문도인 박성광과 함께, 무엇을 문장의 전범으로 삼아야 할 것인가 하는 주제로 나눈 문답을 이 글에 그대로 실었다. 반복, 나열, 비유 등 진한고문의 특징적인 수사법을 활용하여 신유한 특유의 '變化馳騁'[31] 하는 문체가 드러난다. ①, ②, ④에서는 각각 '者', '異', '奚' 등의 글자들을 반복적으로 사용하였는데, 진한고문에서 문장의 기세를 높이고 글의 뜻을 넓히기 위해 유자類字를 사용하는 방식과 동일하다. 특히 ④는 바로 장자의 "奚爲奚據, 奚避奚處, 奚就奚去, 奚樂奚惡"의 구법을 그대로 재현한 것이라 할 수 있다. 아울러 ③에서 역대 문장가들을 강·산·꽃·고정古鼎에 연달아 비유하여 나열한 부분 역시 동일한 4자구를 나열하면서도 통사 구조에 변화를 줌으로써 단조로운 리듬을 탈피하였다. 또 촉급한 느낌의 입성入聲으로 압운(촉矗, 박樸, 합合)을 하여, 절주감을 주면서 동시에 문세를 강하게 진작시켰다.

이처럼 그는 직설적이고도 논리적인 언어로 자신의 논지를 전개하기보다는 반복, 나열, 비유 등의 수사로 자신의 논의를 강조·과장하는 방식을 선호하였다. 장자와 공자의 경지, 사마천의 문장에 대해서 평가하는 부분에서도, 해와 산, 바다의 이미지를 끌어와 나열하는 방식[32]이

31 본서 242쪽, 각주 9 참조.

32 申維翰,『青泉集』卷6「莊子盜跖篇後題」. "槩觀其書, (莊子－인용자 주) 以天地爲塵垢, 以萬物爲糠粃, 方且騎日月而翱翔, 方且御風雲而敖游. 其稱方域也人羣也, 山川謠俗, 必在六合之外窈冥之鄕, 五帝之所不能格, 三王之所不能漸焉, 夫豈眞有是哉. (…中略…) 夫子之六經, 如揭日而中天. 天以大陽照臨萬方, 萬方陶陶然仰而就之, 厥或濯爵者升焉, 溟濛者集焉, 乾坤晦山岳廢萬象改. 其於日乎, 若甚凌焉, 然而日固無損也, 彼亦無意也. 至若乘造化出變怪, 爲霧雨爲霹靂, 爲六雪花爲五色虹. 其氣滃然, 其音砉然, 其光華燁燁然. 人卒觀之, 相與皷舞而歌 夫亦何傷乎就日 吾以適觀而已矣."; 「書鑿龍門卷末」. "夏后之治洪水, 水激於龍門之險而汎濫方割, 呑淮泗蹴江漢而莫之能禦, 於是乎集羣神風雷之斧, 劈巑岏疏蕩潏, 河始滔滔出盟津而東矣. 余眂司馬文章, 猶禹之治水, 方其沛然而往, 天地無礙."

확인된다. 이 같은 글쓰기 방식은 정밀하고 섬세한 논의를 진행하는 데에는 다소 방해로 작용하지만 격정적인 언어로 독자를 제압하여 몰입하게 하는 효과가 있다.

무엇보다도 이 글이 증서문贈序文에 해당하는 글임을 상기해 볼 때, 신유한 산문의 특징적인 면모를 다시금 확인할 수 있다. 당송고문에서 증서문은 수신자에게 작자의 논지를 전달하는 글쓰기로, 대체적으로 의론성이 강하다. 신유한은 당송고문에서 규정한 장르적 특징에 부응하기보다는, 그가 주장한 대로 '기언記言', 즉 제자와의 문답을 그대로 기록하는 방식으로 글을 전개하고 있다.

인물 간의 문답을 통해 의론을 전개하는 방식은, 여타의 산문에서도 흔히 살펴볼 수 있다. 특정 서책에 대한 제발문에서는 제자들과 대상 서책을 둘러싸고 주고받았던 문답을 싣는 방식이 반복적으로 활용된다.[33] 이밖에도 이미 살펴본 바 「추회부서」에서는 자신의 삶의 지향을 제자와의 문답을 통해 이끌어내고 있으며, 「송만경권사군이임서送萬頃權使君莅任序」에서는 객과의 반복되는 문답을 통해 수신자인 권상일權相一의 인물됨을 논증하는 방식을 전개하였다. 「이가재기二可齋記」와 「비추당기比鰍堂記」 등의 기문에서도, 건물 소유주의 덕성을 찬미하거나 건물의 명칭에 대해서 의론하는 기존의 기문의 양식에서 벗어나, 기문을 요청하는 이와의 대화를 그대로 기록하였다.

신유한은 대화뿐 아니라 장면을 구체화하는 방식도 선호하였다. 「증정유관서贈鄭幼觀序」에서도 『시경』과 『서경』을 읽어야 하는 이유에 대해,

33 「書孫仲深史記抄」, 「書許生西漢文抄」, 「書鑿龍門卷末」, 「書鵝山桂石卷」 등을 예로 들 수 있다.

대상 인물과의 문답을 그대로 싣고 있다. 아울러 시서詩書를 읽으라는 신유한의 권유에 정생鄭生이 불쾌해하며 거부하자, 그의 소매를 다시금 꽉 잡고 설득하는 장면을 보여주면서 대화에 생동감을 부여하였다.[34] 연경으로 떠나는 이주태李柱泰(1674~1730)에게 주는 서신에서는 중국의 백성들에게 반청의식을 이끌어내라는 임무를 수신자에게 부여하였는데, 여기서 신유한은 이주태가 옛 노래를 불러 형가의 정신을 이끌어내는 장면을 구체적으로 묘사하였다.[35] 한편 「제려신문祭厲神文」에서는 여제문厲祭文의 일반적이고 의례적인 수사에서 벗어나, 여귀를 이爾라고 반복적으로 지칭하고, 그가 생전에 어떤 고통을 당했는지를 열거한 다음, 귀신이 되어서도 제대로 대접받지 못하는 상황을 구체적으로 묘사하는 데 집중하였다. 이를 통해 독자는 당시 그들이 느꼈을 고통에 대하여 깊이 공감하게 된다.[36]

이상에서 살펴본 바 신유한의 산문은 전고와 자구의 운용으로 고기古氣를 재현하는 한편, 사체의 추구로 높은 형상성을 획득하고 있다. 이 점은 그의 『해유록』에도 반영되어 기존의 통신사문학과 변별되는 성과

34 申維翰, 『青泉集』 卷4 「贈鄭幼觀序」. “鄭生恚曰, 彼其蒼蒼而峙者, 路脩遠而幽險, 吾無馬之良車之駛, 又不得王良造父爲吾先後. 夫使我五官憧憧兩踵刦刦, 形動而火馳, 卒未踐古人一迹. 計吾甲子, 乾策已准, 長老譙呵, 朋友姍笑. 吾今進退行休, 將若之何. 於是握鄭生袂曰.”

35 위의 책 「送李東望之燕序」. “子其摩金臺而集於市, 如遇擊筑者, 卽以我語呼之, 一呼而不應二呼而不應, 三出而歌曰, 秋風酸易水寒. 彼都人士, 脩劒如竿, 函中圖血, 糢糊咄嗟. 慶卿竪子魂有無, 歌竟, 彼必有聞其聲而泣數行下者.”

36 위의 책 卷5 「祭厲神文」. “吾不知爾姓爾族, 爾家何居, 而均之爲我聖王赤子, 則爾與我同一化育矣. 爾自不吊于天, 水旱風霜, 蕩爾田廬 去爾鄉國, 挈爾婦孺, 罹霧露觸寒暑, 跋履山川, 飢渴熬其內, 毒痡攻其外, 安能不底於死乎. 吾見爾扶携蓬累, 涉吾境而屯如邅如, 什百爲羣, 而不見其歸也, 則爾死而溝瀆爲坎, 苫土爲衣, 固其所也. 何生之苦而何命之薄也. 緊今野麥登場, 園瓜滿, 而爾不食新矣. 甘雨郊原, 婦子饁馌, 而爾不與饗矣, 嗚呼傷哉.”

를 거두었다. 『해유록』에서 신유한은 일본을 지나면서 만나는 풍경, 인물, 사건에 대해 소상한 기록을 남겼다. 그의 세밀한 관찰력과 감정의 노출은 이전의 통신사문학에서는 살펴볼 수 없는 것이다.

기존의 통신사문학에서는 여정 및 이국의 경물과 풍습 등을 기록할 때, 이에 대한 간략한 정보, 그리고 당시의 상황을 객관적으로 기록하는 것이 대부분이었다. 아름다운 풍경에 대해 묘사하거나 개인적 감회를 드러내는 것은 시를 통해 별도로 구현되었다. 일례로 조선 문인들이 마주했을 가장 놀라운 풍경 중 하나인 부사산 역시 17세기까지는 산의 형상과 규모에 대한 사실적 기록이 대부분으로, 사행 업무를 보고하는 통신사문학의 목적성을 충실히 이행하고 있을 뿐이다.[37] 물론 17세기 중엽 남용익南龍翼(1628~1692)의 『부상일록扶桑日錄』에서는 경이로운 부사산의 경치를 묘사하고 그에 대한 감회를 표출하고 있어 달라진 양상을 보여주지만 관습적인 표현을 크게 넘어서지는 못하고 있다.[38]

반면 『해유록』은 시에서는 관습적인 표현을 쓰고 있는 데 비해, 그의 산문은 세밀한 묘사를 쓰고 있다고 평가된다.[39] 예컨대 부사산에 관한 기록에서 간략한 정보 전달의 성격을 가진 기존의 사행문학과는 달리, 신유한은 왜인과의 만남, 소소한 대화, 그리고 부사산을 올라가며 마주하는 장면을 하나하나 섬세한 필체로 그려내면서 구체화시키고 있다.

---

37 黃戾의 『東槎錄』, 金指南의 『東槎日錄』, 曺命采의 『奉使日本聞見錄』, 趙曮의 『海槎日記』를 대표적인 예로 들 수 있다.

38 南龍翼, 『扶桑日錄』, 9月 26日. “仰見富士山, 壓臨馬首, 一帶白雲, 遍藏腰下. 頂上則白雪皚皚, 上下光景, 無非活畫明鏡 令人洒然.”

39 이혜순, 「충격과 조화–신유한의 해유록 연구」, 『동방문학비교연구총서』 2, 한국동방문학비교연구회, 1992, 825쪽.

우삼동雨森東이 가마꾼을 염려하여 남여를 타지 않고 헐떡이며 산을 오르는 장면, 담장로湛長老를 우연히 마주하고 반가운 마음이 들었지만 서로 말이 통하지 않아 손바닥에 글자를 써서 대신하는 장면은[40] 부사산에 대한 기록에서 꼭 필요한 부분이 아니지만, 이러한 장면을 통해 자신의 여정을 더욱 입체적이고 흥미롭게 재현할 수 있었다. 『해유록』은 신유한이 평소 추구하였던 기사, 기언, 기물의 법이 훌륭히 구현된 결과물이라 할 수 있다.

> 소나무, 삼나무, 단풍, 대나무가 울창하게 푸르렀고, 떨어지는 노을과 날아가는 새는 가을 물결과 함께 아름다움을 다투었다. 고깃배는 아득하게 하늘 끝을 왔다갔다하는 것 같았다.
>
> 松杉楓竹, 鬱然靑蔥, 落霞飛鳥, 與秋波爭媚, 漁艇杳渺, 若從天際來往.[41]

『해유록』은 여정을 기록하고 이국에 대한 정보를 전달하는 목적을 수행하고 있기에 신유한의 다른 산문에 비한다면 크게 까다롭지 않고 다소 평이하다는 느낌을 준다. 그럼에도 인용문에서처럼 자구를 치밀하게 선택하고 배치하여 문예적 미감을 돋우는 양상을 살펴볼 수 있다. 상근호箱根湖의 아름다움을 표현하기 위해 신유한은 4자구의 단구를 중심으로 나열하는 방식을 선택하였는데, 이로 인하여 표현은 극도로 절

---

40 申維翰, 『海游錄』, 9月 24日. "輿中見雨森東下馬步行, 余笑問何爲作白頭拾遺, 東云此嶺奇險, 以馬則恐傷我, 以輿則恐傷人, 莫如自勞. 如是作四十里而到上頭. 適見湛長老停輿於路傍, 禪儀侍立, 見余而噪曰, 學士過矣. 長老喜而出, 余亦出, 但與相揖, 而時無通事, 不得發語. 各於掌中, 指劃數字, 以示繾綣之意."

41 위의 책, 9月 24日.

제되면서 담박한 시적 정취를 이루고 있다. 상근호를 둘러싼 울창한 나무들을 나열하고, 시선을 상하로 두어 가을 호수 위에 떨어지는 노을과 날아오르는 새의 모습을 포착하였다. 끝으로 시야 밖으로 아스라이 움직이는 고깃배의 모습들을 묘사하면서, 상근호의 아름다운 풍경을 지극하게 표현하였다. 세밀한 관찰력으로 실경을 묘사하고 있기에 진부한 느낌을 벗어나고 있다.

일본의 풍습을 기록한 부분에서도 생동감 넘치는 필체가 돋보인다.

가을이 한창이었는데 아직 추수를 하기 전이어서 벼가 들어차 있었고 색깔은 모두 희었다. 목화가 가장 아름다워 구름처럼 화사했다. 벼를 베는 사람들이 각기 논 가운데에다 큰 장대를 쌍으로 세우고, 장대 하나를 그 위에다 가로 질렀는데 높이가 1길 남짓이었다. 벼를 두 갈래로 나누어 묶어 빗긴 장대에다 거꾸로 달았는데 그 이삭은 모두 패어 있었으며 쪼이고 말리었다. 목화를 따는 사람은 목화를 대바구니에 담아서 나누어 싣고 돌아갔다. 籃轝에 앉아서 농사짓는 광경을 보며 탄식하며 馬少游의 말을 떠올릴 뿐이었다.

秋熱未穫, 穲稏盈疇, 稻色皆白. 木綿花最美, 爛熳如雲. 刈稻者, 各於田中, 立雙大竿, 上橫一竿, 高丈餘, 束禾而歧之, 倒着橫竿, 其穎皆秀, 以曝以乾. 摘綿者, 盛之竹篝, 分載而歸. 藍輿中, 坐瞰農野, 慨然憶馬少游言耳.[42]

문장은 대개 3, 4자의 단구를 위주로 이루어져 있는데 이 같은 단구의 사용은 연속적으로 움직이는 물상을 포착하는 것에 유리하다. 벼를 베

42 위의 책, 9月 11日.

고 목화를 따는 동작이 단구의 사용으로 인해 더 생동감을 획득하게 되었다. 운율감을 조성하기 위해 '曝乾'을 "以曝以乾"으로 늘여서 표현하기도 하였다. 자구의 운용을 현장의 호흡과 결합시키는 방식은 앞서 사마천의 문장에서 확인한 바로, 신유한은 이국의 풍습을 묘사하는 데 있어 사체의 특징적 수사법을 효과적으로 활용한 것으로 평가할 수 있다.

진한 글씨로 표시한 부분은 농가의 풍경을 관찰하다가 작자의 감회를 표하는 것으로 내용이 전환하는데도, 접속사를 사용하거나 주어를 명시하지 않고 돌연 "藍輿中"이라는 단구를 배치함으로써 문세를 강하게 하고 독자의 주의를 환기시키는 수사를 활용하였다. 이 글에서도 신유한은 풍경을 묘사하는 가운데 자신의 감정이나 의론을 늘어놓기보다는 "慨然憶馬少游言"라는 구로 압축적으로 감정을 드러내는 방식을 사용하였다. 마소유의 말은 바로 "선비로서 한 세상을 사는 데는 의식衣食이 충족하고 하택거下澤車를 타고 관단마款段馬를 몰고 군郡의 연리掾吏가 되어 선영先塋의 분묘墳墓나 수호하고 지내면서 향리에서 선인善人이라 칭하면 족하다"[43]라고 했던 발언을 뜻한다. 통신사 제술관으로 고된 여정을 수행하다가 평화로운 농가의 풍경을 마주하고는 자신의 고향에 대한 그리움이 자연히 떠올랐음을 전고를 통해 함축적으로 드러내고 있다.

> 운집한 돛대는 바다를 뒤덮고 군악은 하늘을 진동하였다. 끝없는 바다를 둘러보니 마음과 몸이 날아오르는 듯하였다. 바다 가운데에 이르자 바람이 점점 맹렬해져 눈 깜짝할 사이에 수백 리를 달렸다. 조금 날이 저물자 더더

43 『後漢書』 卷24 「馬援傳」. "士生一世, 但取衣食足, 乘下澤車, 御款段馬, 爲郡掾史, 守墳墓, 鄉里稱善人, 斯可矣."

욱 바람이 강해져 흰 물결이 하늘에 솟구치고 우르르 쾅쾅 뇌성소리가 울렸다. 앉아서 옆의 배를 보니 솟구쳐 올라가는 것은 바로 하늘에 꽂히고, 굽어져 내려가는 것은 돛대가 파묻히는 것 같았다. 파도가 배를 쳐 板屋이 찢어지려 하자 배 안의 사람들이 모두 멀미가 나 누워서 구토를 하였으니, 노 젓는 사람과 왜통사들까지 모두 그러하였다. 일어날 때마다 붙들거나 잡아당겨야 가만히 있을 수 있고, 그렇게 하지 않으면 바로 넘어졌다. 내가 선실 속에 들어가 잠시 누우려 하였는데, 네 모퉁이의 板壁마다 흔들려서 부서질 것 같은 것을 보고는, 일어나 柁樓에 올라가 걸터앉아 하늘에 노을을 바라보았더니 조금 상쾌해졌다. 잠시 뒤 산봉우리 끝이 털끝만큼 드러나더니 눈 깜짝할 사이에 산에 나무와 인가를 모두 분간할 수 있게 되었다.

①**雲帆蔽海, 鼓吹震天. 四顧洸洋, 形神飛動. 旣及洋中, 風頭漸猛**, 一瞬而踔數百里. 稍晩, 更益烈, 白浪掀空, 砰訇作雷霆吼. 坐看隣船, 有騰而上者, 直挿雲霄, 俯而下者, 沒盡帆竿, 波頭蹴篷底, 板屋欲裂. 船中悉眩臥嘔吐, 櫓工與倭通事盡然. ②**起輒扶擁攀援, 可定, 不爾, 立顚倒**. 余就屋中, 欲少臥, 覩四隅板板欲盪搖若將破壞者, 起上樓頭, 箕踞望天際雲霞, 差快. 少頃, 得山尖露一髮, 不竟眄, 而峰樹人家皆可辨.[44]

대마도를 떠나 일본으로 향하는 바닷길을 생동감 있게 재현한 부분이다. 시시각각 변하는 풍랑과 배의 움직임, 그리고 배 안에 탄 사람의 모습 등을 세밀한 관찰력으로 하나하나 포착하고 있다. 순탄하게 배가 잘 출발하다가 점차 풍파가 맹렬해져 배가 마구 흔들려 배 안에 탄 사

44 申維翰, 『海游錄』, 7月 19日.

람들이 괴로워하는 장면, 그리고 서서히 일본 땅에 도착하는 과정을 시시각각 잘 재현해내고 있다. 여기에서도 단구와 불규칙한 자구의 운용으로 문세가 강하게 진작되며 생생한 느낌을 전달하였다. ①에서는 4자구를 연속적으로 배치하는 것과 함께, '洋', '動' '中', '猛'으로 운을 맞춰 리듬감을 자아내고 있으며 ②에서는 짧으면서도 불규칙한 자구의 사용으로 급박한 현장의 호흡을 생생하게 재현해내었다. 멀미를 해소하기 위해 타루에 올라 바다를 조망하는 부분도 흥미롭다. 멀리 있던 사물이 점차 또렷해지는 장면으로 배가 육지에 가까워지는 것을 표현한 것에서, 신유한의 남다른 관찰력과 필체를 확인할 수 있다.

불규칙한 자구의 운용으로 기굴奇崛한 미감을 재현하는 한편, 사체의 추구로 높은 형상성을 획득하고 있는 신유한의 문장은 『해유록』에 잘 구현되어, 생동하는 물상을 잘 포착하고 역동적으로 표현하는 데 강점을 발휘하였다고 논할 수 있다. 안인일은 『해유록』이 사마천의 전신傳神하는 필치를 훔치고 왕세정의 환골換骨하는 기술을 이용했다고 평하기도 하였다.[45] 그러나 기굴하면서도 형상성이 높은 그의 문체는 정확한 정보를 담아내거나 논리적인 의론을 진행하는 데 있어서는 결점으로 작용하였다. 정약용이 그의 『해유록』에 관하여 정밀하지 못함을 비판한 것[46]에는 이 같은 문체를 추구한 데서도 기인할 것이다.

45 安仁一, 『竹北文集』 卷1 「題申靑泉海遊錄後」. "靈境深藏造化精, 天公會事敎公行, 會偸太史傳神筆, 暫被弇州換骨醽."

46 丁若鏞, 『與猶堂全書』 第一集 卷22 「申靑泉聞見錄評」. "申公詩人也, 唯吟風詠月以自雄. 一朝使於異國, 茫然不知六合之所相維, 而被人欺瞞. 嗚呼, 其可歎也已."

이상 신유한의 산문을 살펴보았다. 그의 산문은 전범에 대한 의존도가 높고 불규칙한 자구 배열과 접속사 생략으로 문세를 강하게 하여 고기古氣를 재현하면서도, 뛰어난 관찰력과 상상력을 발휘하여 독자적인 문예미를 성취하고 있다. 또 진한고문 특히 사체史體의 수사와 미감을 내재화하여 사건, 인물, 풍경 등을 묘사할 때 진부한 표현을 자제하고 생동감 있게 묘사하는 데 능하였다. 산수유기에서 고정된 산수의 아름다움을 관습적으로 그려내기보다는, 그곳을 지나는 인물들의 행태에 시선을 두고 경물들을 역동적인 필체로 그려내는 데 주력하였다. 이러한 표현 방식은 의론문에서도 적용되어 논리적인 단계를 거쳐 자신의 주장을 입증하는 것 보다는 비유와 나열을 통해 강조하거나, 장면을 통해 구체화하는 방식을 즐겨 사용하였다. 이 같은 그의 문장은 『해유록』에 잘 구현되어 이전 시기 정보 전달 위주의 통신사문학을 극복하고 뛰어난 문예적 성취를 거둘 수 있었던 것으로 판단된다.

2. 이용휴李用休—고기古氣의 재현과 교시敎示

이용휴(1708~1782) 산문에 관한 기존 연구는 그동안 소품적 성향 및 공안파 문학과의 관련성에 초점이 맞추어졌다. 사유의 혁신성을 주목하면서 그의 격고格古, 합고合古론에 부합하는 산문에 대한 조명은 충분히 이루어지지 않았다.[47] 이용휴 산문에서 소품문이 차지하는 비율이 그렇게 크지 않다는 것, 그리고 중년과 말년 시기 산문의 미감이 확연히 차이난다는 것에 동의하면서도 기존 연구는 대체적으로 말년의 담박한 소품문을 중심으로 진행되어 왔다.[48]

---

47 이용휴 산문은 안대회(「李用休 小品文의 美學」, 『동아시아 문화연구』 34, 한양대 한국학연구소, 2000), 조현덕(「惠寰 李用休의 思惟樣式과 小品體 散文 硏究」, 고려대 석사논문, 2001), 김영진(「朝鮮 後期의 明淸小品 수용과 小品文의 전개 양상」, 고려대 박사논문, 2003) 등에 의해서 소품적 특성을 중심으로 조명된 바 있다. 박동욱(「惠寰 李用休의 文學硏究」, 성균관대 박사논문, 2006)은 혜환의 문학을 형식 특성과 창작 수법, 주제 특성으로 나누어 총체적으로 연구하면서, 혜환의 문학이 반의고적인 것이 아니라 통합적 실현이라는 주장을 제기하기도 하였다. 또 그의 산문의 특징 중 散行이 많은 것은 의고파와 유사하다고 부분적으로 언급하였지만, 전후칠자와의 관련성이 규명되려면 좀 더 체계적인 논의가 보완될 필요가 있다.

48 일례로 이용휴의 산문을 선집한, 안대회의 『나를 돌려다오』에서는, 이용휴 나이 30대에서 50대까지의 시기의 작품인, 권11 · 12 산문이 단 한편도 수록되지 않았다. 최근의 연구도(이은봉, 「조선 후기 문풍의 변화와 이용휴의 글쓰기」, 『동양고전연구』 48, 2012; 김경, 「조선 후기 산문에서의 奇—李用休 산문을 중심으로」, 『민족문화연구』 58, 고려대 민족문화연구원, 2013) 이 시기 작품에서 벗어나지 못하고 있다. 비록 그의 젊은 시절 작품이 많이 일실되긴 했지만, 권11 · 12의 작품이 상당량 남아 있음에도, 60대 이후의 작품에만 집중하는 것은 분명 연구에 있어 균형을 잃고 있는 것이다. 더구나 그의 士人의식 및 格古, 合古에 관한 논의를 간과해서는 안 된다는 지적이 이미 나왔으면서도, 이러한 의식 및 문학론이 그의 산문에서 어떻게 실현되고 있는지에 대해서는 아직 충분히 입증되지 않았다.

이에 따라 이용휴 산문은 결과적으로 전대 한문산문과의 연속성을 단절한 혁신적인 성향을 가진 것으로 평가되어 왔다. 하지만 이용휴 산문에 대한 당대의 평가를 살펴보면 오늘날 연구자와는 그 견해가 사뭇 다름을 발견할 수 있다.

1 俗弊인 科場의 문장은 古法을 날로 어기고, 그렇지 않은 자들은 자기 마음대로 하여 황당무계하였다. 仲父는 손으로 옛 법도를 잡고 일시에 바로잡아 分寸을 헤아렸으니 長短을 속이기가 어려웠다. 그 법도는 무엇인가. 黃鍾管을 90개로 나누어 하나를 1분으로 삼은 것이다. 글자는 簡易함을 숭상하고 문장은 순탄한 것을 귀히 여겼다. 무식한 자들은 仲父의 문장을 많이 괴이쩍게 여겼지만, 속인들의 안목 따위야 무슨 상관하셨겠는가? 선진양한에서 隆慶·萬曆까지 넓게 함축하여 그 장점을 다 가지셨다.[49]

2 오동이 역산의 북쪽에서 枯死했으니, 뉘라서 깊이 감춘 太古音을 알리오?[50]

3 이용휴의 글은 奇古하여 근세 문장가들이 따를 수 있는 것이 아니다.[51]

4 그 문장이 기굴하고 신교하여 결코 전겸익이나 원굉도의 아래에 있지 않다.[52]

---

49 李森煥, 『少眉山房藏』 卷3 「祭仲父惠寰先生文」. "俗弊程文, 古法日渝. 其不然者, 師心無稽. 手執古尺, 一是正之. 劑分量寸, 長短難欺. 其尺維何? 黃鍾之管, 九十其分, 一爲一分. 字尙簡易, 文貴從順, 少見多怪, 何恤俗眼. 先秦兩漢, 降及隆萬, 弘含廣蓄, 盡有其善."

50 趙運道, 『月下文集』 「挽李惠寰用休」. "梧桐枯死嶧山陰, 誰識深藏太古音." 李用休, 조남권·박동욱 역, 『혜환 이용휴 시전집』, 소명출판, 2002, 재인용.

51 李克誠, 『螢雪記聞』 "文章奇古, 非近世操觚者, 所可及也." 위의 책, 재인용.

1에서 이삼환은 이용휴의 문장이 고법을 지키지 않거나 완전히 근거 없이 자기 마음대로 글을 쓰는 당대 문인과는 달리, 법도를 엄격하게 준수하고 있는 점을 부각하였다. 또 진한고문에서 명대 문장까지 다 섭렵하여 역대 전범의 장점들을 두루 취하였다고 칭송하였다. 2는 이용휴가 상고적인 문풍을 가지고 있음을 비유적으로 표현하였으며 3은 이용휴 문장의 풍격을 '기고奇古'로 요약하였다. 이상의 평가들은 모두 이용휴의 문장이 당대 문장과 다른 풍격, 즉 고풍에 가까운 미감이 있음을 지적한 것이라 하겠다.

한편 정약용의 평가(4)는 그의 산문에 공안파의 영향이 자리한다는 논의의 근거로 활용되기도 하였다.[53] 그러나 우선 '不在……下'라는 표현이 그와 곧 동일하다는 것이 아님은 분명하고, 무엇보다도 '기굴奇崛' 이란 평어가 사마천, 한유뿐 아니라 왕세정, 최립, 허목, 그리고 본서에서 주요 작가로 다루고 있는 신유한, 유한준 등 진한고문적 성향이 강한 작자들을 주로 대상으로 한다는 점을 유념해야 한다.[54] 이덕무가 과장科場에서는 기굴한 문장을 금하니 유기적으로 잘 조직된 문장을 써야

52 丁若鏞, 『與猶堂全書』 第一集 卷15 「貞軒墓誌銘」. "其爲文奇崛新巧. 要不在錢虞山袁石公之下."

53 강명관, 『공안파와 조선 후기 한문학』, 소명출판, 2007, 289쪽.

54 대표적인 예는 다음과 같다. 丁範祖, 『海左集』 卷19 「虞山文抄序」. "彼不知獻吉元美莽宕奇崛之氣, 汪洋博大之體."; 正祖, 『弘齋全書』 卷161 「文學」. "眉叟記言, 酷好古文, 蓋其八十年讀書, 未嘗讀秦漢以後文, 故其文奇崛宏肆."; 南公轍, 『金陵集』 卷13 「金知縣農政書跋」. "兪文章奇崛, 而闊於事務, 朴雜以俚語, 頗可厭."; 許薰, 『舫山集』 卷15 「弇州文抄序」. "其文漭宕奇崛, 博大奫深, 具衆體役萬象, 如列禦御風."; 林光澤, 『雙柏堂遺稿』 卷4 「書青泉子海遊錄後」. "余嘗讀簡易翁文, 愛其遒勁奇崛, 別一機軸, 未嘗不歎美之." 원굉도의 산문을 '기굴'이라는 평어로 논하고 있는 경우는 찾아보기 어렵다. 그의 문장은 진솔하다는 것이 특징적 미감으로 지적되며 이에 경박하고 문란하다는 비판을 받기도 하였다. 본서 87쪽, 각주 172 참조.

한다고 논한 것이나,[55] 허훈許薰의 묘갈명에서 그가 예전에 진한과 당대唐代 고문을 좋아하다가 사서삼경으로 돌아온 이후 문장이 웅건하고 기굴하였던 것이 점차 순정하고 평이해졌음을 지적한 부분에서, '기굴'이 '평이함'과 상반된 의미를 가진 평어임을 알 수 있다.[56] 정리하자면 기굴이 뜻하는 바는 문기文氣가 강하며 고풍을 지니고 있는 문장을 대상으로 한 평어라 하겠다. 정약용은 이러한 기굴함과 함께 신교함을 이용휴 문장의 특징적인 미감으로 부각시킴으로써, 이용휴가 고법을 획득하고 있으면서도 새롭고 기발한 면모를 가지고 있음을 평가한 것으로 이해된다.

이용휴의 청장년기 산문은 고법을 획득하였다는 평가를 반영하고 있다. 현재 이용휴의 산문은 자료의 일실로 인해, 대부분 60대 이후의 작품이 큰 비중을 차지하고 있는데, 그나마 권11・12의 경우 30대에서 50대까지의 작품으로 구성되어 있다. 짧은 편폭 안에 담박한 정서를 평이한 언어로 조직한 후기 산문과는 달리, 초기 산문은 의도적으로 고풍을 재현하는 것을 시도하는 흔적이 보인다.

이 점은 우선 자구에서 확인 가능하다. '無' 대신 '亡'을("亡自我傷, 是亡它, 居亡何, 亡以見亡夫於地下故"), '不' 대신 '弗'을("亡弗究搜, 弗爲所奪, 弗足願也, 弗可弗知, 弗通弗止"), '何'보다는 '胡'를("弗專胡獲, 胡以無獻一言賀之也, 胡弗少爲子孫計"), '由' 대신 '繇'를("繇是以進, 繇京地, 繇達者觀") 사용하는 습관이 눈

55 李德懋, 『靑莊館全書』 卷16 「內弟朴稚川」. "君之科義, 果是斤兩文字, 而粵聞先覺攸訓, 科文奇崛爲禁忌, 只纚纚收拾, 毛皮上過去."

56 金道和, 『舫山集(許薰 著)』 卷23 「墓碣銘」. "少嘗留意於文章, 馳騁乎左國班馬之書, 泛濫乎董賈韓柳之文, 或取其風神矩矱, 或探其結構機軸, 而卒乃反之於四子三經, 字究句索, 得其無味之味. 始之雄健者, 漸至醇正, 奇崛者, 漸就平易."

에 띈다. 이러한 습관은 사소하기는 하지만 당대當代에 상용하는 자구를 고문에 나오는 자구로 대체하면서, 독자로 하여금 시각적으로도 고풍을 감지하게 하는 효과를 산출해내고 있다. 또한 익숙한 글자라 하더라도 일반적으로 사용하는 글자의 의미 대신에 고문에서의 의미를 사용하는 경우가 있다. 예컨대 "삼촌 또한 이 때문에 네가 이 원고를 오랫동안 보물로 여기지 않으리라는 것을 예상하겠다(叔亦以是卜而之不久寶是稿也)"[57] 에서는 '而'를 2인칭 대명사로 사용하여 오독의 여지를 남기고 있다. 흥미롭게도 일부러 글자를 고어에 가깝게 사용하는 습관은 30~40대 산문에 집중되고 만년의 산문에서는 찾아보기가 어렵다.

또 진한고문적 성향을 가진 다른 작가들과 마찬가지로 3·4구 위주의 단구가 차지하는 비중이 크다는 것도 이 시기 산문의 특징으로 꼽을 수 있다.

1 또 몇 해 뒤에 내가 남쪽으로 충청도 伊山을 찾았다가 지나는 길에 홍수재의 집에 들렀다. 土床과 대나무 발에 벼꽃이 울타리를 둘러 있었다. 초가처마 아래에 서로 이끌고 앉았다. 시골 술을 사다가 魚菜를 먹으면서 담소하며 즐기었다. 장차 작별하려 할 적에 그의 아버지가 歌詩를 지어서 송별하라고 명하였다.

又數歲, 不佞南尋湖之伊山, 過造焉. 土床簷簾, 稻花環籬. 引相坐, 茅簷下, 沽村酒, 啖鮭菜, 笑談爲樂. 將別, 尊大人命爲歌詩贐.[58]

57 李用休, 『惠寰雜著』 卷11 「題吉甫文稿」.

58 위의 책, 「送洪秀才讀書山房序」.

2 매번 늦가을이 되어 서리가 내리면 밤송이가 다투어 갈라져 새벽에 일어나면 수많은 밤알이 불그스름해져 있다. 내버려 두어 다람쥐들에게 맡기니, 오르락내리락 친한 듯 굴면서 놀래지도 않았다. 장난삼아 다람쥐를 잡아다 아이들에게 주고는 기뻐서 떠들썩하게 노는 모습을 즐겼다. 피곤하면 그루터기에 앉아 그윽이 흐르는 샘물 소리를 듣고, 돌아가는 구름을 전송하였다.

每秋晏, 霜滋, 栗苞競副, 晨起, 萬顆赬然. 迸委鼯鼬. 上下若狎, 弗駭. **戱取賦羣稚**, 玩其驩噪. 倦坐樹根, 聽幽泉, 送歸雲.[59]

1의 경우 인물의 행동과 풍경을 절제된 단구로 표현함으로써 담박한 미감을 드러내는 한편 리듬감을 조성하고 있다. 특히 진한 글씨로 표시한 부분에서 3자구의 연속적인 운용은 『주역』, 『예기』, 『노자』 등의 선진고문[60]에서 확인할 수 있는바 산문 문체의 가장 원시적 형태라 할 수 있다. 이러한 문체를 의도적으로 쓰는 것은 고풍을 재현하려는 의지의 일환으로 이해된다. 그러나 지나친 단구의 사용은 문장의 의미를 불분명하게 만들 위험을 내포하고 있다. "土床籧篨, 稻花環籬"에서는 조사의 사용을 절제한 채 실사만 나열하고 "引相坐"와 "命爲歌詩軆"은 각각 주어와 명을 받는 대상을 생략함으로써 문의를 까다롭게 하고 있다.

2는 압축된 언어로 높은 형상성을 획득한 작품이다. 신유한처럼 많은 자구를 연달아 늘어놓는 과장된 수사를 직접 사용하지는 않지만, 간

59 위의 책, 「栗園幽居記」.

60 『周易』「乾卦・文言」. "水流濕, 火就燥, 雲從龍, 風從虎."; 『禮記』「曲禮上」. "毋不敬, 儼若思, 安定辭, 安民哉."; 『老子』. "言善信, 正善治, 事善能, 動善時."

명한 자구로 시적인 정취를 높이는 한편 문외文外의 무한한 의미를 산출하고 있다. 여기에서도 '而'나 '之'와 같은 조사는 찾아 볼 수 없다. "戱取賦羣稚"의 경우 오로지 실사로만 구성되어 있어 평탄한 느낌을 주지 않는다. 또 아이들이 다람쥐를 가지고 노는 장면에서 나른하게 앉아 쉬는 장면으로 시선을 이동하는 부분은 일종의 전환에 해당하는데, 접속사의 힘을 빌리지 않아 문세가 진작되고 있다.

> 이용휴의 문장은 매우 괴상하다. 문장에서는 전혀 之, 而 글자를 사용하지 아니하고 시에서는 전혀 之, 而 글자를 기피하지 않았다. 혜환은 결단코 일반 문인과는 다른 모습을 가질 것을 요구하였다. 이것은 분명 병통이나 그의 기이한 면이기도 하다.[61]

유만주의 언급은 이 시기 이용휴의 작품들을 주로 염두에 두고 나온 것으로 보인다. 문장에서 어조사를 생략하는 방법은, 앞서 살펴보았듯 전후칠자가 고기古氣를 재현하기 위한 수사법으로, 문장의 가독성을 중시하여 어조사의 적절한 사용을 선호하는 당송고문과는 크게 변별되는 특징 중 하나이다. 당송고문을 선호하는 문인들은 이 같은 어조사 생략에 대해 비판적인 인식을 보였다.[62] 그럼에도 유몽인,[63] 신유한[64] 등 진

61 兪萬柱, 『欽英』, 甲辰年 正月 十三日條. "此人文章極怪, 於文則全不使之而字, 而於詩則全不避之而字, 決要殊異於衆. 此固一病而亦一奇也."

62 본서 212쪽 참조.

63 柳夢寅, 『於于集』 卷5 「答年兄林公直書」. "夫文者, 言之精也. 古人不蘄一時, 必蘄千萬世. 故雖名言格語, 苟涉古人之陳, 猶不屑, 況乎今之文哉. 試觀今之文, 以之而其於乎也以屬辭, 一句三用語助, 使人讀之也, 其句讀流於脣吻. 用是捷巍科, 華一國者, 何限. 雖然其施於一時

한고문적 성향이 강한 문인들은 어조사 생략이 고풍에 가깝게 하는 동시에 문예적 미감을 획득할 수 있는 유용한 방법이라 인식하였다. 스스로 선진양한에서 명말까지 고문으로 유명한 문인들의 글을 읽어 태자汰字와 연구鍊句의 방식을 학습하였다고 말했듯이,[65] 이용휴 역시 젊은 시절 자구 학습에 공을 들여 고문에 가까운 글쓰기를 추구한 것으로 보인다.

또 배비구를 활용해 가독성을 높이는 방식 대신, 착종을 통해 대구의 균형을 깨트려 문장의 힘을 가중시키는 수법도 살펴볼 수 있다.

> 대저 기름 바른 머리에 분바른 얼굴로 눈웃음을 치며 교태를 부리면, 마음이 움직이지 않을 자가 없다. 술에 취하면 그 天和를 해치게 되고 志業은 곧 무너지니, 性命을 잃는 자가 많다.
>
> ①夫油頭粉面, 眄睞嬌憨 而心弗蕩者亡有, ②麯糵酣昏, 殃其天和, 志業卽圮損, 性命殤折者多矣[66]

인용문은 여색과 술이 건강에 끼치는 악영향에 대해서 논하고 있는 글이다. 문장을 크게 둘로 나눌 수 있는데 ①은 여색, ②는 술에 해당한다. 일반적인 한문산문에서는 병렬식 대구를 사용하여 양자의 폐해를

則得矣, 其如傳世壽後何. 今僕坐廳事受辭訟也, 滿庭魚貫而入者, 皆持簡牘. 乃令吏胥讀之, 其文章亦流於脣吻, 將以是傳世壽後可乎."

64 申維翰, 『青泉集』 卷3 「與任正言論文書」. "必用之乎者也等字得力, 使天下家行戶踐, 如菽粟水火, 是聖人設教之言, 而非吾所謂文也."

65 李用休, 『惠寰雜著』 卷11 「題吉甫文稿」. "求先秦兩漢, 下逮皇明之季, 以古文著者, 朝夕諦繹, 則稍解其排按闔張, 汰字鍊句之法, 年皆已三十矣."

66 위의 책, 「愼齋記」.

강조하는 방향으로 글을 전개하였을 것이다. 인용문 역시 언뜻 보면, 서두에서 각각 2개의 4자구로 시작하는 것이나 마지막을 '亡有'와 '多矣' 2글자로 맺어 문세를 강하게 응집시키는 구조가 반복된다. 그러나 면밀하게 따져보면 ②에서는 구가 하나가 더 배치되어 있어 병렬식 대구에 부합하지 않는데다가, 각각 위치상 대구가 되어야 할 '粉面'과 '酣昏', '眄睞嬌憨'과 '殃其天和'가 품사적으로도 호응하지 않아 문맥을 까다롭게 만들고 있다. 이 같은 문장 역시 의식적으로 자구를 단련한 결과로 볼 수 있다.

온갖 전고를 인용하고 나열하는 습관 또한 이 시기 산문의 특징 중 하나로 거론될 수 있다. 「대제문주필代祭文走筆」에서는 현자賢者의 성명을 일일이 나열한 다음, 부모가 살아있고, 양처良妻가 있으며 자손이 대대로 이어지는 평범한 삶이 현자들의 삶보다 훨씬 우월하다는 논리를 펼쳤으며[67] 「율원유거기栗園幽居記」에서는 『시경』, 『장자』, 『사기』, 그리고 이몽양의 산문에 나오는 자구를 가져와 율원의 주인인 이함휴李咸休(1698~1770)의 경지를 함축적으로 드러내었다.[68]

덧붙여 이용휴의 청장년기 산문에서는 "腐令", "健匕箸", "制科義", "群耳目屬之矣", "勿察淵魚, 勿事鉤距"[69] 등에서처럼 왕세정이 조어造語한 자

67 위의 책, 「代祭文 走筆」. "有父母在, 榮於少孤之丁蘭, 良妻理家, 賽過老鰥焦先, 而生男子子紹序, 匪陵穆扈累諸往哲所企逮."

68 위의 책 「栗園幽居記」. "歎謂林居, 樂考槃之亂(『시경』), 實先獲矣. 今吾雖矮屋(缺)蝸, 足庇妻子, 鷄柵豚圈, 以供歲臘. 公家租調, 則絲布荳麻, 心亡所累, 寢蘧然, 作蠕然也.(李夢陽, 『空同集』 卷47 「明故封翰林院編修文林郎賈公墓志銘」. "寐也蘧然, 動也蠕然") 且窮達命, 囮地已定爾, 吾安能脊鞲鞠(『사기』), 候人鼻氣, 而僥倖冀其腥腐之餕, 以敗吾天倪哉(『장자』)."

69 이상을 표로 나타내면 다음과 같다.

구를 그대로 끌어다 쓴 것이 자주 보인다. 왕세정과는 자구의 단련에 대한 인식을 공유하였기에, 이 같은 껄끄러운 느낌의 조어를 거부감 없이 쓸 수 있었던 것으로 이해된다. 이언진을 통해 간접적으로 알려진 왕세정에 대한 애호를 확인할 수 있는 지점이다.[70]

한편 이용휴는 젊은 시절 편장법에 관해서도 큰 공을 들였다. 그는 고문을 통해 배안합장排按闔張과 태자연구汰字鍊句를 학습하였다고 말했는데,[71] 후자는 앞서 확인하였듯 자구의 단련과 관련성이 있으며, 전자는 편장의 구성을 의미한다. 그중 배안排按은 단락의 배치를, 합장闔張은 개합수미開闔首尾를 뜻한다. 이용휴의 산문 중 「봉송순흥사군김공서奉送順興使君金公序」[72]는 편장 구성에 심혈을 기울인 대표적인 작품으로 거론할 수 있다. 단락별로 내용을 요약하면 다음과 같다.

이용휴	왕세정
「石竹說」, "腐令之纂史, 而聃非同傳."	「七扣」, "腐令盲史" 외 7건
「騣董穀語」, "俱無恙健匕箸"	「上林苑蕃牧署丞見巖王君墓表」, "太夫人八十餘, 然尚健匕箸." 외 12건
「洪囿和詠」, "然未能充其才, 制科義奪之也."	「沈理先生傳」, "少工制科義游太學" 외 6건
「洪囿和詠」, "每入圍, 群耳目屬之矣."	「累封中憲大夫太僕寺少卿若齋朱公墓碑」, "進講周折, 不失尺寸, 羣耳目屬之矣."
「送家從弟醇叟之任萬頃序」, "願下車之後, 勿察淵魚, 勿事鉤距, 務爲寬緩簡闊也."	「送崇明令浦南李侯特召入朝序」, "不察淵魚, 不事鉤距, 其民之就蘇也."

70 정민, 「『동사여담』에 실린 이언진의 필담 자료와 그 의미」, 『한국한문학연구』 32, 한국한문학회, 2003; 이춘희, 「明 王世貞의 문학사상과 李彦瑱의 한시」, 『열상고전연구』 27, 열상고전연구회, 2008 참조.

71 李用休, 『惠寰雜著』 卷11 「題吉甫文稿」. "而叔年十七八時, 爲文嗜對儷, 稍長看之, 面赧然不能從篇, 去之. 師宋元諸子, 人頗賞之, 亦自多也已. 復取看, 則曼脆小骨, 不足以言作家, 又去, 而求先秦兩漢, 下逮皇明之季, 以古文著者, 朝夕諦繹, 則稍解其排按闔張, 汰字鍊句之法, 年皆已三十矣."

72 위의 책 卷12.

1 孝宗, 顯宗 때의 관리들은 치적을 베풀었다고 하는데 지금은 다투어 백성을 괴롭히니, 옛 관리를 다시 얻기를 희망한다.[73]

2 辛酉年 겨울 金公(金得大)이 順興의 수령에 제수되니, 공이 바로 옛 관리에 해당하는 인물이다.[74]

3 공은 인품이 훌륭하였으며 맡은 임무마다 잘 수행하였다. 郡邑에서 甘奉을 잘하지 못해서 파면되어도 백성들이 떠난 후 비를 세워주었다.[75]

4 순흥은 옛 유풍이 있는 고을이니, 공이 수령으로 나감에 성과가 있을 것이다.[76]

5 그러나 고을 수령의 일은 번잡하고 어려워서. 조금이라도 어긋나면 폐단을 낳는다. 너그러움(寬), 청렴(廉), 신의(信)을 갖추어 다스려야 한다.[77]

6 공의 증조인 觀察公이 嶺南에 훌륭한 정사를 행하여 지금까지 칭송된다.[78]

---

73 "不佞, 昔處湖西, 日從遊鄕之諸長老. 諸長老爲語孝顯時事頗詳云. 盖當時士大夫, 務爲緩厚恢濶. 雖州縣吏, 政刑以爲功課, 差次者, 率存大體, 恥用一切操束而治裕如也. 近稍風易, 或明者, 好鉤其伏, 而剛者, 恒騺其律. 巡按官若繡衣使者, 見其一時小工偏技之可喜, 論奏其績, 便自詑大謂, 昔之人, 弗己若也. 然騙僞競作, 閭庶有呻吟者矣. 不佞, 每慨然思得數三循吏如孝顯時者, 以少謝吾同胞也."

74 "乃當宁之十七年, 辛酉冬, 順興守缺, 選部以漢城庶尹慶州金公名上, 批報可, 公卽其人也."

75 "公坦直恬曠, 亡城府, 亡町畦. 樂善好德, 出於天授宿根. 凡諸苛急刻深之事, 非惟平生弗一作, 偶遇見之, 輒竟日弗怡. 以故, 人亦以君子長者歸之, 而望日隆. 朝家選文學, 則公嘗爲東宮屬僚, 朝家重財賦, 愼刑獄, 則公嘗於度支爲員外, 司寇爲郎中, 而各稱其職. 婁典郡邑, 時以弗善甘奉, 罷還而民輒有去後思也."

76 "今又繇京地, 出守興, 興固嶺名府, 安文成之鄕, 人物習尙有古, 沂魯之遺焉. 得公爲宰, 可謂遇矣, 其必有成也與."

77 "雖然, 不佞則聞之, 千室之邑爲之政者, 于吏有君臣之義, 于民有父子之道. 衆務群責, 叢輳一己. 晨起坐堂皇, 梏盈庭, 票牒累案, 軍伍胥吏之補遞, 緡鈔糧粟之徵輸, 以逮芠藁樵炭塩麵酒漿魚蟹鷄鴨之至, 細猥者, 莫不雜呈於吾目, 而交投於吾心, 少有差焉, 政病民望, 縱有間世之聰明材力, 亦惡能一一理辨哉. 然是有要焉, 不過寬以馭物, 信以與人, 廉以律躬, 而廉又其本也. 三者備而事亡不擧矣. 不爾者, 果猛如徐武功, 敏察如馬文莊, 而尙爲豪民之所持, 胥魁之所賣, 至今以爲笑, 矧其下者乎."

7 慶生이, 집안의 생계를 도모할 것을 권하자, 공이 집안을 더럽힐 수 없다며 술이나 가져오라고 답했던 일화가 있다.[79]

8 공 역시 자만하지 말고, 증조의 마음을 배우길 바란다.[80]

이 글은 증서류에 속하는 산문으로 이용휴 작품으로는 상당히 긴 분량을 가지고 있다. 증서문은 여행이나 부임, 귀향과 같은 여정을 앞둔 상대에게 여정의 목적을 서술하거나, 혹은 여정에 대한 개인적인 감회 및 상대에 대한 칭송과 격려를 담는 것이 일반적이다. 이용휴도 이 글에서 목민관으로 가져야 할 덕목을 제시하며 부임지로 떠나는 상대를 격려함으로써 증서문으로서의 역할을 충실히 수행하고 있다.

윗글에서는 의론과 서사가 착종되어 진행된다. 1에서는 옛 관리와 지금 관리의 차이에 대해서 일반적인 논의를 펼치고 있어 대전제 역할을 한다. 2에서는 공이 바로 옛 관리의 성품에 해당될 수 있는 인물임을 적시하고 있다. 이같이 일반론을 거쳐 구체적인 대상을 지적하는 형태는 이용휴의 다른 산문, 특히 소품체에서 흔히 살펴볼 수 있는 방식인데, 대상에 대해 기대감을 높이면서 독자의 주목을 끄는 효과를 거둔다.[81]

---

78 "公之先曾大父, 觀察公, 嘗有遺惠於嶺南, 輿人毋論, 讀書有識, 雖田父野孺之微, 聞公之來, 躍然起色, 皆願觀公之貌, 而承公德以吪也. 公莅官, 則將緩威罰, 任貳屬, 省賸濫, 而大興學校, 與諸鄉紳共講, 所以布改宣風之宜, 冀勿墜前人烈焉. 暇日則乘笋輿, 從一平頭豎, 遊於原隍圃疇之間, 于以問俗而勸農. 凡民願欲屈寃之情, 弗待抱狀而愬, 已瞭然周悉, 施設命令, 咸厭其意, 則此視古卓子康黃次公, 又何遠哉."

79 "乃公之客慶生某則言, 其父曾隨公之潭州, 暨歸槖枵亡南物, 從容謂官人, 家素寠, 年且老, 胡弗少爲子孫計. 公卽掀髯笑曰 吾家, 世有淸白, 吾金氏之謂, 何今遽以糞土, 而壞其氷蘗哉. 亟取我酒來, 因共飮酩酊而罷云."

80 "嗚呼. 是古人事, 今亡有也. 於公幸一見爾. 然公居恒弗爲嶒嶒之行, 故悅公者, 雖衆, 知公者, 盖鮮也. 不佞, 特擧著焉, 亦願公之毋以是自滿, 而惟終始此心也."

3에서는 김공의 임명 과정 및 이전의 치적에 대해서 나열하였고, 4에서는 앞으로의 기대가 크다는 것을 서술하였다. 5에서는 억양법을 써서 고을 일이 생각보다 쉽지 않음을 논한 다음 다시 수령에 대한 일반론을 전개하였다. 이를테면 소전제 역할을 하는 단락이다. 6에서는 공의 증조의 치적을 말하고 7에서는 좀 더 구체화된 문답을 인용하여 그 치적을 입증하고 있다. 일종의 삽필揷筆[82]로서의 기능을 담당하고 있는 부분이다. 8에서는 공이 이러한 증조를 본받기를 격려하면서 글을 마무리하였다. 여기서도 억양법을 사용하여 공이 고인의 일을 본받을 수 있는 인물이긴 하나 항상 청렴한 행동을 하는 것은 아니니 더 힘쓰라고 권하였다.

이러한 글쓰기 방식은 개합수미와 단락의 착종 방식을 학습해서 반영한 결과로, 당송고문 작가들이 추구하는 편장법과 흡사하다. 그런데 옛 관리를 본받아야 한다는 논지를 일관되게 전개하면서도 중간부에서 크게 전환을 주고, 억양법을 거듭 사용하여 문세가 결코 평탄하다는 느낌을 주지 않는다. 더구나 인물의 이력 및 관리가 해야 할 임무를 세세하게 나열하고 일화와 대화를 크게 확장시키고 있는데, 이를 통해 형상성을 높이고 생동감을 획득하는 대신 지나치게 번잡하다는 인상을 피

81 대표적인 사례를 들면 다음과 같다. 「題畵龍」에서는 용의 덕목을 이야기 다음, 이에 부합하는 자가 나와 塾翁이라고 말하였으며, 『題霞思稿』에서는 신이한 이야기들을 나열한 다음, 李亶佃의 시집을 보고 앞서 들었던 이야기가 황당무계한 것만은 아니라고 하며 이단전 시가 가지고 있는 뛰어나면서도 독특한 미감을 높이 평가하였다.

82 삽필은, 서술 중간에 잠시 주요 사건의 전개를 중단하고 주요 사건과 상관된 인물 혹은 사건의 서술이 개입되는 것으로, 『좌전』, 『사기』 등 사체류 산문에서 많이 쓰이는 기법이다. 박성진, 「古文의 敍事기법에 대한 전통시기 文人의 분류 고찰–『左傳』을 중심으로」, 『중국문학연구』 46, 한국중문학회, 2012, 16쪽 참조.

하기는 어렵다. 특히 3, 6, 7에서 인물의 정보를 확대한 부분은, 차라리 인물전을 축약하였다는 느낌을 준다는 점에서 왕세정의 송서 방식과 흡사하다.[83]

인용문 외에도 이용휴의 산문에서는 인물에 대한 묘사와 나열이 눈에 띈다. 「신재기愼齋記」에서는 건물에 대한 정보가 거의 나오지 않고 대신 기문의 요청자인 이종준李宗俊에게 외조부의 가르침을 인용하여 약한 체질을 극복하고 건강을 유지할 것을 당부하는 내용이 중심이 된다. 여기서 이종준이 병을 앓고 난 뒤에도 여전히 병마를 두려워하는 모습을 비유적으로 나열, 묘사한 부분이 흥미롭다.[84] 「송홍수재독서산방서送洪秀才讀書山房序」에서도 서두에 수신자와의 온갖 인연을 일일이 나열한 뒤에 그가 거주하였던 호서의 풍경을 묘사한 다음 앞으로 머물게 될 산사에서 문장의 이치를 깨치기를 권하였다.

이외에도 문답을 활용하여 인물의 특징을 이끌어내는 방식도 능숙하게 쓰고 있다. 「해서개자海西丐者」[85]에서는 걸인과의 대화를 전면에 확장시키고, 이를 통해 그의 일생을 역으로 재구성하는 방식을 사용하여 기존의 인물전과는 다른 면모를 보였다. 대화의 확장은 신유한에게서도 이미 확인한 바 진한고문적 글쓰기의 특징적인 지점으로 지적할 수 있다.

---

83 일례로 「送比部吳峻伯江西恤刑序」(『弇州四部稿』 卷56)에서는 천자가 임명하는 과정과 수신자의 지난 이력을 소상히 소개한 다음, 恤刑의 직무에 대해 장황하게 설명하면서 상대를 격려하는 방식으로 글을 구성하고 있다.

84 李用休, 『惠寰雜著』 卷11 「愼齋記」. "不佞, 觀子朝疾新可, 其心懍懍, 如從羅刹國逃來. 鱗身牛首, 諸怖惡怪物, 縣縣然尙在目中者, 若溺而得濟. 魘得醒, 其探捄驚呼之聲, 耳如聞也."

85 위의 책.

그 아버지가 바로 달려와 유인을 보고 말하기를, “내 열 명의 자식 중에 오직 너만 남았는데, 네가 죽고 나면, 나는 누굴 의지하겠는가. 죽는 것이 비록 네가 원하는 것이라 하더라도 너는 어찌 너의 아비가 너를 길렀을 때의 辛苦를 생각지 아니하는가. 부디 죽지 말고 다만 나를 따라 돌아가 의원에게 가서 병을 낫게 하는 것이 어떻겠니?” 하니, 유인이 말하기를, “아, 백년이 길다하겠습니까? 죽는 것은 매한가지입니다. 하물며 집안에 궤연이 있어 지아비가 살아있는 듯하니, 제가 어찌 바로 떠날 수 있겠습니까. 저는 죽는 것이 소원이니 대인께서는 다시 말씀하지 마소서” 하고 마침내 떠나지 않았다.

其父, 卽馳往見孺人, 語之曰, 吾十子, 唯而在, 而則亡, 吾疇依. 死雖汝欲爾, 汝獨不念而父育汝時辛苦邪. 幸勿死, 第從我還以就醫醫疾則如何. 孺人曰, 嘻, 百年謂長邪, 等亡耳. 况室有几筵, 猶夫在也. 兒安得輒去. 此兒死所願, 大人勿復言. 遂不行.[86]

「열부유인한씨전烈婦孺人韓氏傳」은 죽음을 각오한 열녀와 이를 만류하는 아버지의 대화를 부각시켰다. 이 글 역시 “吾十子, 唯而在, 而則亡, 吾疇依”에서처럼 3자구를 연속적으로 나열하고, ‘而’, ‘疇’와 같이 고풍에 가까운 글자를 사용하며, ‘就醫醫疾’, ‘此兒死所願’ 등 일반적인 문언문의 통사 구조를 위반하는 방식을 통해 독특한 미감을 형성하고 있다. 구어에 입각한 듯하면서도 고어에 가까운 언어로 조직된 이 기묘한 대화를 통해, 죽음을 향한 열녀의 결연한 의지를 생생하게 부각시키는 한편, 열녀의 형상을 은연중에 고인의 형상과 겹치게 하는 효과를 산출하

86 위의 책 卷12 「烈婦孺人韓氏傳」.

고 있다. 옛 언어로 소환되고 재현된 열녀 한 씨의 삶과 죽음은 보다 큰 울림으로 증폭된다.

이상 논하였듯 자구의 운용 방식 및 구성 방식으로 인해, 이용휴의 청장년기 산문은 문세가 높은 반면, 가독성이 떨어지고 난해한 특징을 가지고 있다. 또 진한고문을 선호하는 다른 작가와 마찬가지로 산문에서의 높은 형상성과 서사성이 돋보인다. 이에 반해 이용휴의 만년 산문은 의도적인 고어 사용 습관도 수정되고, 조사와 배비구를 적극 활용하여 가독성을 높인 결과 평담하다는 인상을 준다. 또 짧은 편폭 속에서 구조를 보다 단순화하였다. 최근 연구자들이 이용휴 산문이 평이하다고 평가하는 것[87]은 대체적으로 후기 산문을 주로 검토한 결과이다. 평이한 산문과 단순화된 구조 속에서도 이용휴 산문은 기존의 사유방식을 전복하는 기발한 발상을 펼치고 있기에, 조선 후기 산문 중에서도 분명 개성적인 색채를 가지고 있음은 부인할 수 없다.

하지만 그의 산문에 나타나는 자구 운용 방식에 있어서는 전대 고문과 완전히 독립된 것으로 보기 어려운 지점도 있다. 전반적으로 평이한 자구를 사용하고 있지만 그 운용 방식에 있어 평범하지 않은 면모를 보인다. 우선 지적할 수 있는 점은 지나친 반복이다. 이용휴 만년의 소품은 짧은 편폭에서도 동일한 글자를 반복하는 것이 특징적으로 확인된다.

1 이 거처는, 이 사람이 사는 이곳이다. 이곳은 바로 이 나라 이 고을 이

87 안대회, 『나를 돌려다오』, 태학사, 2003, 25쪽; 김경, 「조선 후기 산문에서의 奇－李用休 산문을 중심으로」, 『민족문화연구』 58, 고려대 민족문화연구원, 2013, 308쪽.

마을이다. 이 사람은 나이가 젊으나 식견이 높으며 古文을 좋아하는 기이한 선비이다. 만약 그를 찾고 싶으면 마땅히 이 記文 안에서 찾아야 할 것이니, 그렇지 않으면 비록 무쇠 신발이 다 닳도록 대지를 두루 다니더라도 끝내 찾지 못할 것이다.

此居, 此人居此所也. 此所, 卽此國此州此里. 此人, 年少識高, 耆古文, 奇士也. 如欲求之, 當於此記. 不然, 雖穿盡鐵鞋, 踏遍大地, 終亦不得也.[88]

2 편안하게 여기면 무엇이든 편안하고, 불안하게 여기면, 무엇이든 불안하다. 무엇이든 편안하기에 焦孝然은 오두막집에서 袁夏甫는 土室에서 평생 거처했어도 매우 편안하게 여겼다. 무엇이든 불안하기에 王鉷과 高駢은 누대와 정자를 金玉으로 장식하여 화려함을 다 하지 않고는 그만두지 않았다. 다만 후인들은 초효연과 원하보를 뜻 높은 어진 이로 받들고, 왕홍과 고변은 역사에 내쳐지니 그 끝이 어떠한가. 그렇다면 이 집이 비록 누추하기는 해도 어찌 편안하지 않겠는가.

安之, 無不安, 不安之, 無不不安. 無不安, 故焦孝然蝸廬, 袁夏甫土室, 終身處之, ①**甚適**. 無不不安, 故王鉷高駢, 金玉飾臺榭, 不窮極侈麗, ②不已. 第後人以③**高賢獻焦袁**, **錮鉷駢**於靑史, 其究何如. 然則是齋, 雖陋, 盍安之.[89]

3 鄭逸士는 작년에 서쪽으로 유람할 적에 九月山을 유람하고는 기이하게 여겨서 가슴속에 구월산이 있었더니 妙香山을 유람하게 되자 구월산은 없어지고 묘향산만이 있게 되었다. 이제 또 동쪽으로 유람하여 楓嶽山을 유람하면

88 李用休, 『惠寰雜著』 卷6 「此居記」.

89 위의 책 卷8 「盍安齋記」.

반드시 묘향산은 없어지고 풍악산만이 있게 될 것이며 만약에 몸을 돌려 북으로 유람하여 白頭山을 유람하면 풍악산이 없어지고 백두산만이 있게 될 것이니, 어째서인가. 그 경치가 뛰어날수록 안목이 높아지기 때문이다. 장차 후일을 기다려서 백두산이 없게 된 뒤에야 다시 逸士와 더불어 유람을 말하리라.

鄭逸士, 往年西遊, 遊九月, 以爲奇, 胸中有九月, 及遊妙香, 無九月, 有妙香. 今又東遊, 遊楓嶽, 必無妙香, 有楓嶽, 若轉北遊, 遊白頭, 無楓嶽, 有白頭, 何者? 以境愈勝而見愈高也. 將俟異日, 無白頭而後, 復與逸士語遊矣.[90]

세 인용문 모두 이용휴 소품 중 대표적인 작품으로 주목받은 바 있다. 글을 살펴보면 청장년기 때 산문과 달리 크게 난삽한 글자는 눈에 들어오지 않는다. 또한 조사를 자유자재로 활용하여 문장을 읽어 내려가는 데 무리가 없게 하였다. 물론 [2]에서 결미를 단구로 맺어 문세를 강하게 응집시킨다거나(①, ②), 의도적으로 착종을 이용하여 문장의 배열을 흩뜨려놓는 방식(③)은 이전 시기 글쓰기와 거리가 멀지 않다.

무엇보다도 이들 글에서 공통적으로 확인되는 자구의 반복은 인상적이다. [1]에서는 짧은 편폭 안에 '此'를 반복적으로 사용하고 있으며 [2]에서도 교착체를 사용하여 '安'이 가지는 의미를 가중시켰다. [3]에서는 '遊'와 '有', '無', 그리고 산명山名을 계속 반복해서 쓰는 한편, 점층적인 수법을 사용하여 문세를 강화하고 있다. 이상의 문장에서 '此', '安', '遊' 등은 각각 문안文眼으로서의 역할을 담당하고 있다.

이 같은 글쓰기는 문세를 강화하고 의미를 강조하기 위해 '유자類字'

90 위의 책, 「送鄭逸士遊東北名山序」.

를 사용하는 진한고문 글쓰기 방식을 연상하게 한다. 또 짧은 편폭의 산문에서 동일한 글자를 반복적으로 배치하고 있는 점은 이전 시기 허목의 산문[91]과도 유사하기에 이용휴 산문이 전통적인 글쓰기 양식에서 완전히 독립했다고 보기는 어렵다.

이용휴는 만년 산문에서도 여전히 단구를 활용한 글쓰기를 선호하는 것이 확인된다. 대체적으로 문장의 서두에서 그러하다.

1 서울의 경내는 시끌시끌하여 성문을 수많은 사람이 오가는 데 오는 사람은 있어도, 가는 사람은 없다. 혹시라도 가는 사람이 있다면 좌천당하거나 쫓겨나는 경우이다.

長安境熱, 城門萬屨, 有來者, 無去者. 一或有去, 非貶則黜.

— 권6 「奉送知中樞李公歸仁州序」

2 고을이 아홉 개 있는데 그 여덟 곳을 지났으니, 하늘이 전부를 사람에게 주지 않으려 한 것이다.

州有九, 涉其八, 天不欲以全與人也.

— 권8 「送鄭逸士遊東北名山序」

3 기름진 음식을 먹은 뒤 야채를 먹거나, 세속의 풍악소리를 들은 후 계곡 소리를 들으면 입과 귀가 한결 새로워진다. 내가 여러 문집을 보다가 이

91 許穆, 『記言』 卷9 「寫影自贊」. "貌有形, 神無形, 其有形者可模, 其無形者不可模. 有形者定, 無形者完, 有形者衰, 無形者謝, 有形者盡, 無形者去."; 卷67 「喜怒之戒」. "妄喜, 恥隨之, 妄怒, 詬隨之. 喜怒者, 恥詬之媒, 愼戒必敬."

군의 시를 읽으면 또한 이와 같았다.

膏膩後, 食野蔌, 箏篴後, 聽澗溜, 口耳爲之一新. 余閱諸行卷餘, 讀李君詩, 亦若是也.

— 권6 「槐谷遺稿序」

④ 뜻이란 형태가 없는 것이니 어떻게 빨 수가 있겠는가. 뜻이라는 것은 마음이 향하는 것이다. 하지만 『周易』에 "마음을 씻는다[洗心]" 고 했으니 뜻도 씻을 수 있는 것이다. 그렇지만 씻는다면 어떻게 해야 하겠는가.

意無質, 何以浣? 意者, 心之所嚮. 而易曰洗心, 則意亦可浣. 雖然洗之, 當如何

— 권8 「浣意說」

⑤ 일 중에 무엇이 중요한가? 사신이 중요하다. 대저 책은 경전보다 엄한 것이 없고, 경전은 또 『春秋』보다 엄한 것이 없다.

事孰重? 使爲重. 夫書莫嚴於經, 經又莫嚴於春秋.

— 권6 「送李學士赴燕序」

⑥ 남쪽을 향했지만 문을 세운 데가 없으니 공은 곤궁하였고 벼루는 뚫어지려하는데 과거에 급제하지 못하니 공은 끝났구나.

方有南而無所置門, 公其窮矣. 硯欲穿而賓龍不躍, 公其已矣.

— 권6 「龜巖遺稿序」

이용휴는 단구들을 서두에 배치해서 앞으로 논할 명제를 선명하게 제시하거나, 일반적인 논의를 전제한 다음 이후 그가 논할 대상이 이와는 다르다는 것을 부각하기 위한 전단계로 활용하기도 하였다. 이러한 단구는 경책구로서의 역할을 수행하여, 문장의 기세를 높이는 데 효과를 거두고 있다. 또 4와 5처럼 단형의 문답으로 시작하기도 한다. 이와 같은 서두를 문기問起라고도 하는데, 『공양전公羊傳』에서 이러한 방식을 전체적으로 사용하였다.[92] 6에서는 장구로 시작하고 있지만, 도치를 사용하고 있기에 문세가 높기는 마찬가지이다. 이러한 서두는 간명한 언급으로 충격을 줌으로써 독자를 제압하는 효과가 있다.

이용휴의 산문은 만년으로 가면서 점차 단형화되는 한편 파격적인 성향이 강해진다. 그는 일반적인 산문의 장르 개념과 그 장르가 가져야 할 글쓰기 요건에 대하여 크게 개의치 않았다.

1 參以는 三以이다. 어찌하여 三以인가. 취한 뜻이 세 가지여서이다. 세 가지는 무엇인가? 省墓에 편하고, 독서에 마땅하고, 농사일을 구경할 수 있는 곳이다.

參以, 三以也. 曷爲三以? 所取之義以三也. 三者何? 便省墓也, 宜讀書也, 可觀稼也.

2 주인은 墓田의 옆에다 땅을 얻어 묘막을 지었다. 아침저녁으로 拜謁하니, 어렴풋이 뵙는 듯하고, 탄식하는 소리가 들리는 듯했다. 별일 없이 한가하게 거처하며 밝은 창 아래에서 책을 꺼내어 예전에 의심스러운 것을 연구하고, 새롭게 얻은 것을 기록해 둔다. 사립문 밖에는 벼가 논에 가득하고 차

92 來裕恂, 『漢文典·文章典』, 章法篇, 第一章起法, 第六節 問起. "問起者, 設問以發端也. 公羊傳發端全用此體."

조가 이삭을 드리워서 사람에게 豳郊에 있다는 생각이 들게 한다.

主人得地於墓田之旁, 營丙舍焉. 晨夕展拜, 僾然如見, 愾然如聞. 閑居少事, 明窓對卷, 繹舊疑而箚新得. 柴門之外, 罷亞盈疇, 芑垂穎, 令人有豳郊想.

③ 대저 사람이란 것은 반드시 근본으로 돌아가는 것이니 무덤이란 것은 죽은 후에 의지하는 곳이다. 여러 聖賢들의 글이 비록 많으나 그 요체는 모두 사람에게 효도하기를 권하는 것이니 읽는다는 것은 이것을 알려고 하는 것이다. 논밭의 곡식이 이미 여물면 妻子를 배불리 먹이거나, 손님과 벗을 대접할 뿐 아니라, 장차 粢盛에 이바지해야 한다. 그렇다면 그 뜻은 비록 셋이지만 그 결과는 하나이다.

夫人必歸本, 丘墓, 是畢命之依也. 羣聖賢之書, 雖多, 其要, 率皆勸人爲孝, 讀之欲知此也. 田稼旣登, 不惟飽妻子而燕賓友, 將以供粢盛也. 然則其義雖三, 其歸一也.

④ 어찌하여 記를 짓는가. 그 일을 기록하려는 것이다. 어찌하여 기를 지어 그 일을 기록하면서 그 경영하는 위치는 기록하지 않는가. 주인의 뜻이다.

曷爲記? 記其事也. 曷爲記記其事而不記其經營位置? 主人之意也.[93]

이 작품은 1771년 이용휴 나이 63세를 전후한 시기에 지어진 글로 추정된다.[94] 여기에서도 단구의 문답으로 서두를 시작하여 독자의 시

93 李用休, 『惠寰雜著』 卷6 「參以齋記」.

94 이 글은 『惠寰雜著』 권6에 수록되었는데, 이후 수록된 「奉送知中樞李公歸仁州序」, 「祭表從趙處士春卿文」 등의 글에서 연도를 추정할 수 있다.

선을 사로잡은 뒤 '삼이'의 의미에 대해서 정의함으로써 대전제를 먼저 제시하였다. ②에서는 이 공간이 구체적으로 효와 독서, 노동을 수행하기에 알맞은 장소임을 말하였는데 4자구를 나열하여 장면을 구체화하였다. ③을 기점으로 논의에 전환이 이루어지는데, 문장의 호흡을 장구를 사용하여 늦추고 있다. 독서와 노동도 효를 위한 행위이기 때문에 결과적으로 하나의 뜻이라고 논하였다. ④에서는 앞서의 문답 방식을 답습하여 문세를 다시 한번 올려놓은 다음 마무리하였다.

그런데 이 글은 ③의 소전제에 부응하여 구체적인 논의를 전개하는 단락이 생략되어 있어 이전 시기의 편장 구성과 비교할 때 소략해진 인상을 준다. 실제로 이 글에서 삼이재가 누구의 소유인지, 또 어디에 위치하였는지는 정확히 알 수 없지만, 이용휴는 이에 대해서 애당초 거론할 필요가 없다고 말한다. 작자가 자신의 이데올로기를 독자에게 전달하려는 목적성이 강화되면서 기문이나, 증서류 산문에서 수행해야 하는 전통적인 역할, 즉 인물에 대한 기본적인 정보나 서적에 대한 정보조차 축약된다. 이전 시기 구체적인 장면이나 인물 묘사에 치중하던 글쓰기 방식과 비교해도 상이하다.

아울러 ①과 ④에서 문답식 구조가 호응을 이루면서 일종의 개합수미의 편장법을 구현하고 있는 양상은 흥미롭다. 여기서 자문자답의 연쇄와 "曷爲" 등의 표현은 『공양전』의 구조 · 어법과 유사하다.[95] 간략한 의문과 이에 대한 단정적인 답을 반복적으로 제시하면서 담박하면서도 강

---

95 다음의 예를 들 수 있다. 「隱公 1年」, "曷爲先言王而後言正月? 王正月也. 何言乎王正月? 大一統也. 公何以不言卽位? 成公意也."; 「莊公 9年」, "洙者何? 水也, 浚之者何? 深之也. 曷爲深之? 畏齊也."

렬한 느낌을 제시하고 있다. 이러한 수사법은 독자들에게 가르침을 전달할 때 유용하다. 요컨대 이용휴는 단형화된 구조 내에서 『공양전』의 어법을 앞뒤로 배치하면서 자신의 메시지를 분명하게 전달하는 것을 도모하고 있다.

이처럼 이용휴의 산문은 세월을 거치면서, 구체적인 대상을 주목하고 재현하는 것에서 자신의 논지를 간명하게 전달하는 것으로 그 목적성을 변화시키고 있다. 그의 의론은 체계적이고 유기적인 단계를 거쳐 진행되는 것이 아니라, 수신자와 독자를 향한 교시적인 성향이 강하다. 자신의 삶과 경험을 바탕으로 독자에게 가르침을 전달하고자 하는 것은 노년의 자연스러운 변화이다. 그가 이 시기에 다수의 잠명 형식의 작품을 창작하였던 것 역시 이러한 맥락으로 이해할 수 있다. 자신이 세계를 바라보는 시각 및 처세의 방법 등을 후세에게 전달하고자 하는 욕구가 강해진 것이다.

이 점은 바로 이용휴 소품이 공안파 소품과 가지는 변별점으로 지적될 수 있다. 실상 공안파의 문학은 명말의 경제 발달로 인한, 소비적 오락적 분위기를 배경으로 하여 세속과 격리된 심오한 철학적 의미나, 불우한 작가의 목소리 대신 발랄하고 산뜻한 문장으로 자신의 정감을 자연스럽게 표현하는 것이 주요 특징으로 지적된다.[96] 반면, 이용휴는 깊은 학식에서 우러나오는 진지한 목소리를 유지하되, 복잡한 의론과 논증의 과정을 거치지 않고 간단명료한 말을 던짐으로써 삶의 자세 및 교훈을 독자들에게 강렬하게 제시하고 있다. 이용휴 소품을 명청 소품과

96 강경범, 「袁宏道 散文 研究」, 성균관대 박사논문, 2000, 87쪽.

굳이 비교한다면, 공안파 소품보다는 차라리 진계유의 소품을 비롯한 청언소품과 그 미감이 흡사하다.[97]

이 시기 산문은 때로 『논어』, 『노자』의 어법을 효과적으로 활용하기도 한다.

> 백성은 본래 선하니 격발시키지 말고 스스로 선하게 하라. 백성은 본래 즐거워하니 괴롭히지 말고 스스로 즐기게 하라. 백성은 본래 신의가 있으니 속이지 말고 스스로 신의를 지키게 하라. 백성은 본래 부유하니 빼앗지 말고 스스로 잘살게 하라. 백성들은 본래 장수하니 병들게 하지 말고 스스로 장수하게 하라.
>
> 民本善, 勿激之, 使自善. 民本樂, 勿苦之, 使自樂. 民本信, 勿欺之, 使自信. 民本富, 勿奪之, 使自富. 民本壽, 勿病之, 使自壽.[98]

부임지로 떠나는 신우상申禹相(1730~1799)에게 주는 증서문으로, 이전 시기의 글과 달리 신우상에 대한 구체적인 정보는 생략된 채 자신의 논지를 확대하여 관리로서의 임무를 선명하게 전달하는 방식을 선택하였다. 우선 관리로서 임무를 잘 수행한 역대 인물들의 전고를 나열한 다음, 신우상에게 무위無爲의 정치를 실행할 것을 권유하는 내용을 3언구

97 신주리는 진계유의 산문을 분석하면서, "그가 지식을 생경하거나 논쟁적으로 다루지도 않았으며 특히 잠언이나 경구와 같은 느낌의 조목은 생활의 수칙이나 미덕이 될 만한 것을 대구와 반복의 수법을 사용해 감각적으로 각인시키면서도 도덕적인 논조를 잃지 않고 있다"고 논하였다. 신주리, 「16~17세기 江南의 周邊部 文人 硏究」, 서울대 박사논문, 2012, 78쪽 참조.

98 李用休, 『惠寰雜著』 卷7 「送申使君善用之任高興序」.

로 반복되는 문장에 담았다. 이미 기존 연구에서 지적하였듯이, 인용문에 내포된 수사법은 『노자』에 그 근원이 있다.[99] 비슷한 문형의 3언구를 반복하면서 수신자에게 가르침을 보다 명확하게 전달하는 한편, 독자로 하여금 자연스레 『노자』를 연상하도록 유도하고 있는 것이다. 이 글에서 표방하는 정치 이념 역시 『노자』의 사유에 부합하는 바, 이 같은 글쓰기는 독특한 문체적 미감을 형성하는 것을 의도하였을 뿐 아니라, 글쓰기의 근원에 위치한 전범과 그 사유에 대한 주목을 환기시킨다.

제자諸子산문에서 흔히 발견되는 문답의 연쇄도 후기 산문에서 자주 활용된다. 「송권사군지임옥산서送權使君之任玉山序」[100] 역시 부임지로 가는 상대에게 주는 증서문인데, 상대의 독백을 가정하여 글을 전개하는 파격의 글이다. 짧은 편폭의 안에서, 역대 훌륭한 관리의 치적을 실행할 수 있는가 하는 자문자답의 반복을 실어놓으면서 수신자의 훌륭한 자질을 부각시키고 있다. 이 글에서 나타나는 자구의 반복과 문답의 연쇄는 『논어』를 비롯한 제자산문의 글쓰기 방식을 연상하게 한다. 이러한 문답의 적극적인 활용은, 기문의 청탁자를 노출하는 대신 외손과의 문답을 기록하여 청탁자의 인품을 간접적으로 제시하는 「화암기和菴記」에서도 확인할 수 있다.

내가 칠순 넘은 나이에 다시 눈병을 앓게 되어 의원의 처방대로 고약을 붙이고 있었다. 외손 허질이 말하기를, "어떤 객이 뵙고자 청하였습니다" 하여, 내가 병으로 사양하자, 잠시 뒤에 다시금 청하여 아까처럼 사양하였는

99 조현덕, 「惠寰 李用休의 思惟樣式과 小品體 散文 硏究」, 고려대 석사논문, 2001, 49쪽.
100 李用休, 『惠寰雜著』 卷7 「送權使君之任玉山序」.

데, 잠시 뒤 다시 또 청하여 또 아까처럼 사양하였다. 인하여 허질에게 묻기를, "바라는 것이 있던가?" 하니, "菴記를 구하였습니다" 하여, 내가 말하기를, "사람 마음이란 한번 보고자 청해서 거절되면 슬퍼하고, 두 번 거절되면 서운하고, 세 번 거절되면 발끈 일어나 떠난다. 지금 객은 이와 반대이니 지극히 和한 것이다. 얼굴을 보지는 못했지만 和氣가 다른 이에게 미치니, 그 거처를 '和'라고 이름 짓도록 하라" 하니 허질이 말하기를, "이미 和菴이라고 이름 지었다고 합니다" 하여, 내가 웃으며 말하기를, "그러면 됐다. 어찌 쓸데없는 말로 기문을 부연할 필요가 있겠는가" 하니, 허질이 대답하기를, "객의 행동거지가 단정하고 말투가 공손하여 세속 사람이 아닌 듯합니다" 하여, 내가 이르기를, "그렇다면 화하면서 예가 있는 자로구나" 하였다.[101]

「화암기」 또한 이용휴의 대표적인 소품으로 익히 소개되어 왔다. 이 글이 주는 즐거움은 청탁자에 대한 어떠한 정보를 노출하지 않은 채, 인물 간에 주고받는 대화로 청탁자의 인물됨을 추측하게 하는 기발한 설정에서 나온다. 제목에서 기문을 표방하고 있지만 기문이 갖추어야 할 요소들을 전혀 갖추고 있지 않다. 인물 간에 대화를 통해 충분히 그 뜻이 구현되었기 때문에 의미를 부연하여 기문을 지을 필요가 없다고 하였다.

단형의 편폭 안에서 대화가 일어나는 상황을 간략하게 소개하고, 다

101 위의 책 卷10 「和菴記」. "余旣耋老, 復苦眼, 醫方點膏藥. 外孫許瓆言. 有客請見. 余辭以疾, 頃之復請, 辭如前. 頃之又復請, 辭又如前. 因問瓆曰, 有所求乎? 曰, 有求菴記. 余曰, 人情一請見不得則悵, 再則慍, 三則勃然起而去, 今客則反是, 和之至也. 未見面, 卽和氣襲人, 是宜顔其居曰和. 瓆曰, 已名以和菴矣. 余笑曰, 得之矣, 安用剩語演爲記也. 瓆復曰, 客擧止端恪, 言辭恭謹, 似非俗人. 余曰, 然則和而有禮矣."

른 인물과의 연쇄적으로 일어나는 문답을 기록하는 방식은 『논어』, 『맹자』 등 제자 산문의 구조와 흡사하다. 마치 대화를 그대로 기록한 것과 같은 느낌을 주지만 여기서 대화는, 상대와 주고받는 대화가 아니라 수신자와 독자를 향해 가르침을 전달하려는 대화로서의 성격이 강하다. 따라서 반복되는 대화는 현장을 생생하게 재현하기 위한 목적보다는, 작자의 논지를 점차적으로 부각시키려는 목적성을 가지고 있다. 인용문의 글쓰기 방식 역시 앞서의 신우상에게 보낸 송서와 마찬가지로, 주제와 밀접한 관련을 매고 있다. '和'와 '禮'의 관계는 『논어』의 "禮之用, 和爲貴. 先王之道斯爲美, 小大由之"의 논의와 맥락을 함께 한다. 화하면서도 예를 갖춘 청탁자의 인물됨은 예와 화를 겸비하라는 『논어』의 가르침에 부합한다.

그동안 소품은 진한고문에 상대된 개념으로 논의되어 왔다. 소품의 대표적인 작가군인 공안파 문인들이 전후칠자들의 모방·표절에 반박하는 논의로 자신들의 문학론을 전개해 왔기 때문이다. 이러한 관점에서 이용휴의 소품, 진한고문의 글쓰기 양식과 그 사유를 재현한 소품은 어떻게 해명될 수 있을까. 본서는 소품과 진한고문을 대립적 개념으로 이해하는 것은 오늘날 연구자들의 관점일 뿐 실체를 반영하는 것은 아니라고 생각한다. 소품과 진한고문을 글쓰기 양식에 제한할 때 양자는 오히려 더 친연성을 가진다. 단형의 편폭 그리고 문예적 미감이 있다는 관점에서 진한고문 역시 소품의 범주 안에서 살펴볼 수 있다는 논의도 제기되었다.[102]

---

102 錢穆은 「中國文學中的散文小品」(『錢賓四先生全集』 45, 聯經, 1998)에서 『논어』가 단형의 편폭 안에 풍부한 문학적 정취가 있다는 이유로 중국의 소품의 시초로 논하였다. 이

실제로 진한고문을 패러디한 작품은 여타의 소품 작가들에서도 찾아볼 수 있다. 박지원은 『산해경』을 패러디해 「산해경보山海經補」를, 이옥李鈺은 불경을 패러디해 『연경烟經』을 창작하였다. 하지만 이들의 글쓰기 방식이 기존의 고문의 권위를 비틀어 내면서 대상과 표현 방식의 불일치 속에서 나오는 즐거움을 전달하는 방식이라면, 이용휴의 소품은 문체뿐 아니라 그 권위를 존중하고 차용하는 방식이며, 나아가 사유까지 진지하게 계승하려는 의식을 보이고 있다는 점에서 그 차이가 있다. 요컨대 이용휴의 산문은 선진양한 텍스트 중에서도 짧은 단형의 문구로 가르침을 제시하는 『논어』·『노자』·『공양전』의 어법과 구조를 활용하여 담박하면서도 고아한 분위기를 형성하고 있을 뿐 아니라 그 안에 내재된 사유까지 적극적으로 계승함으로써 당대 소품문 중에서는 독특한 미감을 드러내고 있는 것으로 평가할 수 있다.[103]

이상에서 이용휴 산문을 시기별로 나누어 살펴보았다. 이용휴의 청장년기 산문에서는 의도적으로 고풍을 조성하려는 시도가 돋보인다. 고문에서 쓰이는 자구와 그 의미를 선호하고 단구를 많이 사용하였으

논의는 소품의 의미를 폭넓게 잡아 초역사적 장르로 규정하였다는 점에서 문제가 제기될 수 있겠으나, 명청의 청언 소품문과 『논어』나 『노자』 등의 격언 형식의 문장이 관련성이 있다는 지적은 연구자들 사이에 공유된 논의로 보인다.

103 소품이 진한고문적 글쓰기와 완전히 결별된 형태가 아니라는 점은 도륭, 진계유의 소품을 통해서도 살펴볼 수 있다. 도륭은 어조사를 절제한 기굴한 문체를, 진계유는 진지한 士人의식을 소품이라는 체재에 담아냄으로써 공안파 소품과 변별되는 미감을 드러내었다. 최근에 酈波(『王世貞文學硏究』, 中華書局, 2011)는 왕세정 산문 중 유기와 제발문, 척독 등은 짧은 편폭, 그리고 자신의 감정을 자유롭게 담아냈다는 점에서 소품적 특징이 포착된다고 논하였다. 필자는 이러한 맥락에서 소품은 명청 시기 유행한 다채로운 글쓰기 양식으로 보아야 하며, '소품' 자체를 공안파와 같이 특정한 문학적 지향을 담지한 '논의'로 간주하는 것은 곤란하다고 생각한다.

며, 대구의 균형을 깨뜨려 문장의 힘을 가중시키고 온갖 전고를 인용·나열하는 양상이 이 시기 산문에서 특징적으로 나타난다. 편장을 체계적으로 조직한 산문에서도 전환과 억양법으로 문세를 강하게 하고, 일화와 대화를 크게 확장하여 형상성을 높이는 방식을 사용하였다. 이에 반해 만년 산문은 의도적인 고어 사용 습관도 수정되고 조사와 배비구를 적극 활용하여 평담하다는 인상을 준다. 그럼에도 이 시기에도 자구의 반복과 점층적 수사, 3자구 내외의 단구를 빈번하게 활용하고 있는데, 이는 이전 시기 자구 단련 결과를 반영한 것으로 보인다. 또 만년 산문은 소품적 경향이 강해지는 가운데 수신자나 독자에게 가르침을 직접 전달하는 교시적인 성향이 돋보인다. 복잡한 의론과 논증의 과정을 거쳐서 진행하는 것보다는, 간단한 말을 던지거나 반복되는 문답을 통해 삶의 자세 및 교훈을 드러내는 방식을 선호하였는데, 이때 선진 산문의 글쓰기 및 그 사유를 계승하고 있는 산문을 확인할 수 있었다.

3. 유한준俞漢雋 – 진한고문의 문예미와 정신의 계승

유한준(1732~1811)의 산문에 대한 연구는 김건우가 작품 전반을 검토한 이래, 이현호와 박경남에 의해 구체적인 분석이 시도되었다. 하지만 기존 연구는 대체로 그의 문학론과 사유에 중심을 맞추었으며, 진한고문에 대한 의존도가 높은 의작擬作형 작품은 관심을 받지 못하여 그의 전체 산문 안에서 '의고擬古'가 가지는 위치와 그 의미에 대해서는 충분히 규명되지 못하였다.[104] 본서에서는 고古의 지향이 분명하였던 유한준의 문학론이 실제 창작에서 어떻게 실현되는지를 구체적으로 살펴보고자 한다.[105]

유한준은 노론계에서 박지원과 함께 당대에 최고의 문인으로 거론되었는데, 남공철南公轍(1760~1840)은 '유한준은 기굴하여 사무에는 오활하며 박지원은 비속한 말을 섞어 싫증난다'[106]라고 하며, 그들의 문장이

104 이현호(「俞漢雋 散文 硏究」, 한국정신문화연구원 석사논문, 2003)는 「姜弘立傳」과 「忘解」 등을 중심으로 진한고문적인 수사가 이루어진 측면을 부각시키긴 하였지만, 정작 진한고문에 대한 의존도가 높은 작품은 충분한 검토가 이루어지지 않았으며, 박경남(「16, 17세기 程朱學的 道文一致論의 균열과 道文分離的 경향」, 『고전문학연구』 35, 한국고전문학회)은 자기서사 작품인 「自傳」, 「右閭問數」와 다채로운 인물의 삶을 조명하였던 「柳馨遠傳」 등 인물전을 중심으로 살펴보았는데 여기서 산문 수사나 기법에 관한 것은 주된 논의 대상이 아니었다.

105 유한준은 70대 이후 진한고문에 침잠하였던 자신의 과거를 후회하고 이전 시기 피력했던 '도문분리론'을 수정하게 된다(박경남, 「俞漢雋의 道文分離論과 散文세계」, 서울대 박사논문, 120쪽 참조). 본서에서는 '진한고문적 글쓰기'에 주목한 결과, 주로 청장년 시기의 창작된 작품을 대상으로 분석하게 되었으며 만년의 산문은 두루 포괄하지 못한 점을 미리 밝혀둔다.

106 南公轍, 『金陵集』 卷13 「金知縣農政書跋」. "世稱俞蒼崖, 朴燕巖之作爲最著, 俞文章奇崛,

서로 상반된 미감 및 결함을 가지고 있다고 평가하였다. 속俗, 금今에 근거한 박지원의 문장과는 달리 유한준의 문장은 높은 문세를 가지고 있으면서도 실제 현실과는 괴리되어 있음을 지적한 것이다. 박종채朴宗采(1780~1835)가 『과정록過庭錄』에서 유한준의 문장은 모의로 명성을 얻었다고 한 것[107]은 개인적인 반감이 전제되어 있기에 공정한 평가로 볼 수는 없겠지만, 유한준 문장의 특질이 금今에 근거한 것이 아니라는 인식은 남공철과 일치한다.

물론 유한준 산문의 전반적인 문체를 살펴보면 그가 속한 노론계 문인들이 지향하는, 송대문장 특유의 평이하고도 논리적인 수사가 중심을 차지하는 것은 부정할 수 없다. 본격적인 산문론을 담은 「문결文訣」에서 유한준은 문장의 법도를 준수하며 내용과 형식의 조화를 강조하는 한편, 산문의 주제와 단락 간에 접속되는 연관 구조에 대해 심도 있는 논의를 펼쳤는데[108] 이는 문장에 있어 짜임새 있게 구성된 편장자구를 통해 '의意'가 조화롭게 포치布置되는 양상을 선호하였던 당송고문론의 입장에서 크게 벗어나지 않는다.[109]

특히 수신자 혹은 청탁자가 있는 산문의 경우, 즉 서발, 기문, 제문, 비지문 등에서 이러한 입장이 잘 반영되어 있다. 유한준은 이들 산문에

而闊於事務. 朴雜以俚語, 頗可厭, 俱不如叔度之明且確也."

107 朴宗采, 『過庭錄』 卷3. "初漢雋, 少時以模擬爲文, 盛爲先輩推詡." 박지원과 유한준 간의 대립과 갈등 양상은 김명호, 「朴趾源과 兪漢雋」, 『韓國學報』 12, 일지사, 1986 참조.

108 유동재, 「「문결」의 創作論과 그 문론사적 의의」, 『한국한문학연구』 38, 한국한문학회, 2006, 325쪽.

109 박은정, 「17c 말 18c 전기 農巖 계열 문장가들의 古文論 연구」, 한양대 박사논문, 2005, 28쪽 참조.

서 기승전결이 완벽하게 짜인 구조를 추구하고 분명한 의론을 삽입하기를 선호하였다. 예컨대 이사구李士久의 청탁으로 이루어진 「사일재기四一齋記」는 처음부터 이사구를 주主로 구양수를 객客으로 설정하여, 객을 통해 주를 부각시키는 이객형주以客形主 방식으로 의론을 진행하였다.[110] 또 억양법을 활용하여, 이사구가 사일四一로 자호自號한 것은 비웃음을 받을 일이기는 하나 꼭 그렇지만은 않다는 것을 치밀하게 논하였다. 박사석朴師錫(1713~1774)의 시집에 대한 서문인 「판관박공시고서判官朴公詩稿序」에서도, 조단우晁端友의 뛰어난 시재詩才를 미처 알아채지 못하였던 소식蘇軾의 일화가 문장 전체의 논의를 이끌어나가는 핵심적인 역할을 한다. 박사석과 조단우의 삶과 문학에 대한 논의가 주객으로 교차되면서 박사석의 시재에 대한 높은 평가를 유도해내고 있다. 이처럼 이들 산문은 송대문장 특유의 짜임새 있는 편장법을 준수하고 있을 뿐 아니라 자구의 운용에 있어서도 긴 호흡을 가진 장구와 조사의 비중을 확대하여 가독성을 높이고 있다.

이러한 산문 작품에도 불구하고 당대 노론계 문인들의 그의 문학적 지향을 '고'로 인식하고 있는 것은 그의 작품에서 기존의 송대산문이나 당대 소품문과는 변별된 미감을 제시하는 산문이 적지 않은 비중을 차지하고 있기 때문이다. 우선 박종채가 '의고'라고 적시하였듯이 유한준의 문집에서 진한고문을 학습한 의작형 문장을 비교적 많이 발견할 수 있다는 사실 역시 간과할 수 없다. 그가 고문을 학습·창작해 나가는 과정에서 진한고문의 특징적 미감을 획득하고 자신의 산문 내에서 재생산하려

110 주객법은 정우봉의 「한문수사학 연구의 한 방법—주객법의 이론과 그 활용을 중심으로」(『어문논집』 49, 민족어문학회, 2004) 참조.

는 의지를 감지할 수 있다. 물론 한문학에 종사하는 문인들이 의작형 시문을 창작하는 것은 낯선 일이 아니다. 그러나 대체로 유년기에 과체를 비롯한 공식문서의 문체를 학습하기 위해 역사적 인물이나 작품에서 소재나 주제를 취하여 표전류表箋類와 조고류詔誥類 장르의 글을 많이 창작하는 데 반해,[111] 유한준의 의작은 문장이 어느 정도 이루어진 30대 중후반 이후에도 지속되며 과체와 무관한 진한고문을 모의한다는 점에서 그 특이점이 있다.[112] 그는 『서경』, 『전국책』, 『사기』, 『한시외전韓詩外傳』 등 다양한 진한고문을 바탕으로 하여, 자구 운용 및 표현 방식, 편장법 등을 두루 모방의 대상으로 삼았다. 여기서는 우선 「송원왕귀宋元王龜」, 「잡설雜說」, 「번오기보전樊於期補傳」, 「제고帝誥」 등 의작형 산문의 창작 양상과 그 동기를 살펴본 다음, 유한준의 다른 산문과 어떤 관련성을 가지고 있는지를 고찰해 보고자 한다.

「송원왕귀」는 유한준이 선진고문을 직접 학습한 흔적을 보여주는 대표적인 작품이다. 이 글은 온전한 창작물이라기보다는 『사기』의 「귀책열전龜策列傳」 문체를 재편집한 것에 불과하다. 원래 「귀책열전」은 사마천의 작품이 아니라 저소손褚少孫이 태복관太卜官에게 거북점에 관한 이야기를 듣고서 저술한 작품으로 알려졌다. 『사기평림史記評林』에서는 이 작품이 운어韻語를 쓰고 있다는 점에서 선진전국 시대의 문풍이 있다고 평하였다.[113] 신귀神龜를 놓아줄 것인가 죽일 것인가 하는 문제를 놓고 위평

111 우지영, 「擬作의 창작 동기와 창작 양상에 대한 一考-韓信 소재 擬作 작품을 중심으로」, 『동방한문학』 41, 동방한문학회, 2009.

112 「雜說」은 20대 때 한대 우언을, 「歌謠補逸」은 30세 때 일실될 옛 가요를, 「帝誥」는 35세 『서경』을, 「樊於期補傳」은 38세 때 『사기』를 근거로 지어진 작품이다.

衛平과 송원왕宋元王이 주고받는 대화와 4언의 운어韻語는 『사기』의 문체보다는 한대 이전의 문학 전통에 분명 가깝다.[114] 그런데 「귀책열전」은 전체적으로 4언을 쓰기는 하였지만 약간의 장단의 출입이 있으며, 평론 부분에 해당하는 "故云" 이하 부분은 4언체 형식을 벗어나고 있다. 유한준은 이에 전체 골격은 그대로 유지하면서 모두 4언으로 통일하는 시도를 하였다.[115] 결국 「송왕원귀」는 유한준이 고문을 통해 4언구를 학습해

113 凌稚隆, 『史記評林』 卷128. "宋元王殺龜事, 連類衍義三千言, 皆用韻語, 又不似褚先生筆, 必先秦戰國文所記, 亦成一家, 不可廢也."

114 伏俊璉, 「『史記』中保存的一篇先秦俗賦」, 『西北成人教育學報』, 西北師范大學繼續教育學院, 2008.

115 兪漢雋, 『自著』 自著著草 「雜錄」. "漢元成間褚少孫, 以宋元王與衛平問答之說, 補太史公日者傳, 其文畓拖, 余約之爲四言, 以便觀覽." 예컨대 "人有所貴, 亦有所不如. 何可而適乎, 物安可全乎, 天尙不全, 故世爲屋, 不成三瓦而陳之, 以應之天. 天下有階, 物不全乃生也"라는 원문을 "人有所貴, 亦有不如, 何可以適, 物安可備, 天尙不全, 屋陳三瓦, 旣神其知, 又保其軀, 惡能兩全, 元王之龜"로 변환하였다. 「송원왕귀」에서 또 주목할 만한 점은, 원문에서의 불필요한 반복 형태에 대해서는 전혀 수정하지 않았다는 것이다. 예컨대 「귀책열전」에서 왕의 꿈에 거북이 나타나서 하는 말과, 이후에 왕이 위평을 불러 꿈 이야기를 하는 대목은 거의 똑같이 반복하고 있는데, 「송원왕귀」에서도 이를 그대로 반영한 것이다.("宋元王時, 江使神龜, 通使於河, 泉陽過之, 漁者豫且, 擧網得龜, 囚之籠中. 一日夜半, 龜夢元王, 曰我爲江, 通使於河, 至於泉陽, 幕網當路, 泉陽豫且, 得我以囚, 我不能去, 身在患中, 王有厚德, 故來訴衷. 元王乃惕, 覺而異之. 召博士平, 陳其所疑. 昔寡人夢, 覯一皓夫, 長頭凹頸, 衣繡乘輜, 曰我爲使, 通使於河 至於泉陽, 幕網當路, 豫且得我, 我不能去, 身在患中, 莫可告語, 王有德義, 故來告訴.") 유한준은 자구의 장단이 일치하지 않는 것에서만 번잡하다고 여겼지, 내용상의 불필요한 반복은 문제 삼지 않았다. 짧은 편폭의 글에서도 동일한 문구의 반복을 절제하지 않는 것은 당송고문과 구별되는 진한고문의 특징적인 양상 중 하나이다. 이 점은 「우려문수」에서도 그대로 재현되어 전반부에서 자신의 가난한 삶과 전선생의 능력을 묘사한 부분은 우려공보가 전선생에게 말하는 부분에서 그대로 반복된다.(兪漢雋, 『自著』 卷27 「右閭問數」. "右閭公父, 旣窮居不得意, 居於右閭之里. 右閭之里人, 莫有知右閭公父者. 右閭公父, 三年一褐, 三日一食, 無田於野, 無錢於橐, 出無乘, 居無席, 凍餒其妻子, 咨愿其僮僕. 濩兮落, 牢兮騷, 忡兮悒, 慄兮慘, 悄兮怲, 愴兮悅, 凄兮寒, 曠兮莽, 右閭公父, 形色黧黫, 神心沮憊, 自愿自咎, 自嘆自謂. 聞東郭瞽師田先生, 明於天地之理, 察於陰陽之位, 而辨於五行之克生, 而差次日月五星之緯經. 論寒暑之運行, 知別人賢知愚不肖, 猶燭瞳决壅.

나가는 과정을 보여주는 자료라 할 수 있다.

그렇다면 유한준이 4언구를 주목하게 된 까닭은 무엇인가. 비록 시에 관한 논의이긴 하지만, 「가요사언서歌謠四言序」는 참고할 만하다. 그는 '四序', '四極', '四肢', '四靈'과 같은 예에서 보듯, 4라는 숫자가 가장 근원적이며 안정된 형태라고 주장하였다. 자연스러운 감정에서 발로된 가영歌詠에서도 4언 형태가 저절로 많을 수밖에 없다고 여겼으며, 이에 『시경』은 시에 있어 가장 이상적인 형태라고 보았다.[116] 그가 산문에서 4언구를 주목하게 된 것도, 이 형태가 가장 이상적인 고문에 가까운 것이라고 여겼기 때문으로 유추할 수 있다. 이미 살펴보았듯 4언구는 『서경』, 『노자』, 『국어』, 『전국책』 등의 고문에서 흔히 나타나는 형식이며 명대 전후칠자의 산문에서도 특징적으로 재현된다. 안정적이면서도 짧은 호흡으로 인하여 운율감과 함께 장중한 미감을 구현할 수 있으며, 반복되는 구조를 가지고 있기에 연속적으로 변화하는 물상과 사건을 묘사

而以其生年月日時而推之於窮達貴賤貧富夭壽吉凶禍福, 百發百中, 逆其人所爲何事何所欲何所不欲, 百不失一二, 不失尺寸, 不錯毫氂. 人有問, 田先生曰可, 卽利合, 田先生曰不可, 卽敗以違. 先見之神, 前知之眞, 殆嚴君平, 司馬季主不如也. 右閭公父, 於是齋三日, 之東郭市中, 訪田先生, 時九月, 天氣淸. 田先生主壁坐, 弟子三四人侍, 方論說天地之理, 陰陽五行之紀, 人事之休咎, 見右閭公父, 而中其說, 召弟子迎. 右閭公父, 再拜謁就坐. 坐已定, 田先生曰, 客何爲者, 今何爲來. 右閭公父, 獵纓整襟而對曰, 鄙人聞先生盛名之日久矣. 鄙人聞先生明於天地之理, 察於陰陽之位, 辨於五行之克生, 通於日月之緯經, 知人賢不肖, 猶燭瞳決壅. 而以其生年月日時, 而推之於窮達貴賤貧富夭壽, 百發百中, 逆其人所爲何事何所欲何所不欲, 百不失一二. 凡有問, 先生曰可, 無不利, 先生曰不可, 無不敗, 先見之神, 前知之眞, 卽嚴君平司馬季主不如也. 鄙人窶之人也, 敢來問數焉.")

116 위의 책 卷3「歌謠四言序」. "天有四序, 地有四極, 人有四肢, 物有四靈. 竝形協左右之各偏, 數齊三五之不方, 造化設意. 由玆可覰, 夫其詠歌也, 易出於率尒適然之間, 故音轉而止於廉, 響流而格於稜, 忽而湊之而四字之言形焉. 斯所以詩官採謠, 樂盲被律, 多取於四言, 而姬朝列義, 宣尼措筆, 偏富於四言也.

하는 데에도 유용한 문체이다. 「귀책열전」의 4언구 형식은 「우려문수右閭問數」, 「나산책羅山策」 등의 산문에서도 특징적으로 재현된다.

또 다른 의작형 산문인 「잡설」과 「번오기보전」은 진한고문의 유세적, 우언적 글쓰기 방식 및 인물, 사건에 대한 생동감 있는 묘사를 학습해나가는 과정을 보여준다. 20대에 창작한 것으로 추정되는 「잡설」은 언용論勇, 호사好士, 읍어泣魚로 구성되어 있다. 각각은 『한시외전』, 『설원』, 『전국책』의 인물과 사건을 기본으로 하되, 허구를 가미하거나 문체를 변형시키는 방식을 사용하고 있다.

동해 용사 치구흔이 서쪽으로 조나라에 노닐다가, 길에서 공양유를 만났다. 화를 내며 말하기를, "내 유자가 하는 말을 들으니, '①지자는 의혹되지 않으며 용자는 두려워하지 않는다' 하였다. 그대는 유자의 무리이니 나를 두려워하지 않을 수 있겠는가." 마침내 검을 빼 공양유의 목을 잡고 죽이려 하였다. 공양유가 말하기를, "그대는 참으로 용사니 내 실로 죽으리다. 그러나 청컨대 그대와 용맹을 논한 이후에 죽어도 되겠는가?" 하니, 치구흔이 "그렇게 하라" 하자, 공양유가 말하기를, "②무릇 용맹은 상중하 세 개가 있다. 그대는 上勇을 원하는가, 中勇을 원하는가, 下勇을 원하는가?" 하니, 치구흔이, "상용을 원한다" 하였다. 그러자 공양유가, "그렇다면 ③그대는 칼을 집어넣게나. ④곤궁해도 운명으로 알고, 형통해도 때를 잘 만나 그러한 것임을 알며, ⑤부귀가 그 마음을 더럽히지 않고, 빈천이 그의 지조를 바꾸지 않으며 위무가 그 지조를 굽히지 않게 하는 것 이를 일러 상용이라고 한다. ⑥위로는 만승국가를 유지하고 아래로는 감히 필부에게도 오만하게 굴지 않으며 밖으로는 표절을 세우고, 안으로는 잔혹함을 금하는 것 이것을 일러 중용이라 한다. ⑦긴 것으로 짧은 것을 누르고 강한 것으로 약한 것을 능멸하고 많은 것으로 적은 것을 포악하게 굴고, 큰 소리로 빠르게 소리 지르며, 시정 가운데 사람을 두려워하여 물에 들어가고 산에 올라, 가까운 데에서 위엄을 행하는 것을 이것을 하용이라고 한다. 이 때문에 사람을 죽일 때 상용의 선비는 붓으로 사람을 죽이고, 중용의 선비는 혀로 사람을 죽이고, 하용의 선비는 검으로 사람을 죽인다. 지금 그대가 검으로 나를 죽이려면 거의 하용에 가까우니, 상용의 선비가 아니다. 어찌 족히 용맹에 대해 말할 수 있으리. 치구흔이 이에 그 말을 듣고 크게 놀라 칼을 던지고 재배한 뒤에 떠나, 끝내 감히 다시 용맹을 말하지 않았다. 군자가 말하기를, "의리의 말은 족히 사람을 굴복시킬 수 있다고 하였으니, 이와 같구나." 『시경』에 이르기를, "말하는 것이 부드러우면, 백성이 안정된다"고 하니, 공양유를 말한 것이다.[117]

논용論勇은 엄밀하게 말하자면 '勇'에 대해 논하는 의론적 성향의 작품인데 유한준은 우언이라는 방식을 통해 접근하고 있다. 그는 용맹에 대해 논하면서 『한시외전』의 인물인 치구흔과 「공자세가孔子世家」에서 공자의 제자 중 용맹한 인물로 꼽혔던 공양유를 등장시켜 서로 대화를

117 위의 책 卷27 「雜說」. "東海勇士菑丘訢, 西游於趙, 遇公良孺于塗. 奮曰, 吾聞儒者之稱, 曰 ①仁者不憂, 智者不惑, 勇者不懼. 子儒者之徒, 能不懼我乎, 遂拔劒騎良孺項, 且殺之. 孺曰, 子誠勇士, 吾固死. 然請與子論勇而後死, 可乎? 訢曰, 可. 公良孺曰, ②夫勇有上中下三. 子欲爲上勇乎中勇乎下勇乎. 訢曰, 願爲上勇. 孺曰, 然則③子內劒矣. ④知窮之有命, 知通之有時, ⑤富貴不能淫其心, 貧賤不能易其操, 威武不能屈其志, 此之謂上勇. ⑥上攝萬乘, 下不敢傲于匹夫, 外立標節, 內禁殘害, 此之謂中勇. ⑦以長掩短, 以强凌弱, 以衆暴寡, 大聲疾呼, 恐人於市井之中, 入水登山, 行威於咫尺之間, 此之謂下勇. 是故凡殺人, 上勇之士筆殺人, 中勇之士舌殺人, 下勇之士劒殺人. 今子欲以劒殺我, 殆所謂下勇, 非上勇之士也. 夫何足以語勇哉. 菑丘訢, 於是聞此言也而大驚, 投劒再拜而去, 終身不敢復言勇矣. 君子曰, 義理之言, 其能足以服人也如是夫. 詩曰, 辭之懌矣, 民之莫矣, 公良孺也."

하는 허구적인 설정을 하였다. 그런데 이 부분은 『한시외전』에서 공손연公孫悁과 자하子夏가 용맹에 관하여 서로 문답하는 구조와 그 내용이 매우 흡사하다.[118] 텍스트를 세부적으로 구성하는 문장과 자구 역시, '勇'과 관련된 각종 고문의 글에서 끌어온 것으로 마치 콜라주를 연상하게 한다. ②는 『논어』, ④는 『장자』, ⑤는 『맹자』, ③, ⑥, ⑦은 각각 『한시외전』에 그 출처가 있다.[119] 또 결미에는 『시경』, 『서경』의 말을

118 『韓詩外傳』 卷6 第二十章. "衛靈公晝寢而起, 志氣益衰, 使人馳召勇士公孫悁, 道遭行人卜商. 卜商曰, 何驅之疾也? 對曰, 公晝寢而起, 使我召勇士公孫悁. 子夏曰, 微悁, 而勇者若悁者可乎?, 御者曰, 可. 子夏曰, 載我而反. 至, 君曰, 至子召勇士, 何爲召儒? 使者曰, 行人曰: 微悁, 而勇若悁者可乎? 臣曰, 可. 卽載與來. 君曰, 諾, 延先生上. 趣召公孫悁. 俄而悁至, 入門杖劍疾呼, 曰, 商下! 我存若頭. 子夏顧叱之, 曰, 咄! 內劍. 吾將與若言勇. 於是君令悁內劍而上. 子夏曰, 來! 吾寒暑假與子從君而西見趙簡子, 簡子披髮杖矛而見我君. 我從十三行之後, 趨而進曰, 諸侯相見, 不宜朝服. 君不朝服, 行人卜商將以頸血濺君之服矣.』 使反朝服而見吾君者, 子耶我耶? 悁曰, 子也. 子夏曰, 子之勇不若我一矣. 又與子從君而東至阿, 遭齊君重絪而坐. 吾君單絪而坐. 我從十三行之後, 趨而進曰, 禮, 諸侯相見, 不宜相臨以庶. 揄其一絪而去之者, 子耶我耶? 悁曰, 子也. 子夏曰, 子之勇不若我二矣. 又與子從君於囿中, 於是兩寇肩逐我君, 拔矛下格而還之者, 子耶我耶? 悁曰, 子也. 子夏曰, 子之勇不若我三矣. 所貴爲士者, 上不攝萬乘, 下不敢敖乎匹夫, 外立節矜而敵不侵擾, 內禁殘害而君不危殆, 是士之所長而君子之所致貴也. 若夫以長掩短, 以衆暴寡, 凌轢無罪之民, 而成威於閭巷之間者, 是士之甚毒而君子之所致惡也, 衆之所誅鋤也. 詩曰, 人而無儀, 不死何爲! 夫何以論勇於人主之前哉! 於是靈公避席抑手曰, 寡人雖不敏, 請從先生之勇. 詩曰, 不侮矜寡, 不畏强禦. 卜先生之謂也."

119 그런데 이 조각들을 이어가는 문장은 어조사와 규칙적인 배비구를 구사하여 난이도가 그렇게 높지 않다. 이를테면 우언+논평이라는 한대 고문의 형식을 차용하고, 온갖 전고를 끌어다 쓰고 있지만, 문체상으로는 송대산문의 평이한 글쓰기를 사용하고 있다. 이러한 고문의 개작 양상은 '泣魚'에서 보다 두드러진다. 이 작품은 『전국책』의 내용을 그대로 옮긴 것에 가깝다. 원래의 내용은 다음과 같다. 男色 취미가 있는 魏王이 자기가 애호하는 龍陽君과 함께 배를 타고 낚시질을 하다가, 용양군이 갑자기 눈물을 흘리자 위왕이 그 까닭을 물었다. 이에 그가 "처음에 물고기를 잡았을 때는 매우 기뻤으나 뒤에 또 그보다 더 큰 물고기를 잡고 보니 앞에 잡았던 물고기는 버리고 싶어졌다"고 하면서, 이 세상에 미인들이 매우 많은데 그들이 왕에게 나아오면 자기도 앞에 잡은 물고기 신세가 되지 않겠느냐고 대답을 하니, 위왕이 앞으로 미인에 대해서 감히 말을 꺼내는 자는 滅族의 형을 가하겠다고 명령을 내렸다는 것이다. 유한준은 이상의 내용을 그대로 가져오되, 독해에 용이하지 않은 전국책의 문법을 모두 송대산문으로 전환하였다. 이를테면 앞서 인용한 문장인

인용하여 자신의 주장을 드러내는 방식을 취하고 있는데, 이는 「잡설」의 나머지 두 작품에서도 동일하게 반복된다. 고문을 말을 인용하여 논평을 마무리 짓는 구조는 바로 『한시외전』, 『회남자』 등의 한대 이후의 우언과 일치한다.[120] 결론적으로 이 글은 한대 우언의 내용과 구조적 틀을 차용하고 그 안에 각종 고문을 배치하는 양상으로 이루어진, 철저히 의고적인 텍스트라고 할 수 있다. 이 글은 허구적인 설정을 통해 '勇'의 본질적 의미를 보다 친근하게 천명해 나가는 한편, 독자들로 하여금 원텍스트인 각종 진한고문을 의식하며 중층의 독해를 수행하도록 하는 희작적 성향이 강한 글이다.

그러나 이 글이 무의미한 희작에 머물지 않았다는 사실은 유한준 나이 31세 때의 작품인 「엽계獵誡」를 통해 파악할 수 있다. 「엽계」는 용인龍仁의 이운기李云奇라는 사냥꾼이 직접 경험한 일화를 소개한 글이다. 호랑이가 자신이 잡은 멧돼지를 노리는 표범을 죽였는데 어느 사냥꾼이 이를 보고 호랑이를 쏘아 잡았다. 그런데 그 사냥꾼을 또 다른 사냥꾼인 김철몽金鐵蒙이 죽여서 고기를 빼앗았다. 이를 목격한 이운기가 이욕 때문에 사람을 죽이는 것을 안타까워하여, 김철몽을 죽였다는 내용이다. 이익을 쫓아 서로의 목숨을 노리는 상황을 연쇄적으로 그려낸 것이다. 실

"臣之始得魚也, 臣甚喜, 後得又益大, 今臣直欲棄臣前之所得矣"를 "臣與大王遊於方澤, 惟恐不得魚, 幸得魚矣, 惟恐再不得魚以爲王之樂也. 幸再得魚矣, 臣直欲棄前所得魚. 夫前所得魚一, 而今所得魚十, 是十魚間, 一魚反之於臣, 臣類前所得魚於王矣. 是以感, 是以泣"라는 식으로 『전국책』의 어법을 좀 더 가독성 있게 풀어나가고 있다. 이처럼 「잡설」에서 유한준은, 자구 운용 방식 보다는, 고문의 형식과 유세적, 우언적 글쓰기를 학습하고자 한 흔적을 남기고 있다.

120 권아린, 「漢代 經學 발전이 寓言의 論說 방식에 미친 영향」, 『중국문학연구』 46, 한국중문학회, 2012.

제 지명과 인명이 거론되고 있는바,[121] 『장자』의 내용을 모의하였다기보다는[122] 실화를 옮겼을 가능성이 높다. 글의 문체도 중간 중간에 단구를 사용하여 기세를 높이긴 하였지만 전반적으로 평이한 형태의 송대산문에 가깝다. 이 글에서 흥미로운 부분은 바로 결미 부분이다. 이운기가 이러한 경험을 하고서는 다시는 사냥을 하지 않았다고 일화를 마무리하면서, 『전국책』과 출처 불명의 군자君子의 말을 덧붙이고 있다. 앞서의 '우언+고문 인용'이라는 고정된 체제를 보여준 「잡설」과 그 구조가 일치하고 있다. 결국 「엽계」는 자신이 들은 이야기를, 한대漢代 우언의 체제하에 재구성한 것으로 보아야 한다. 유한준은 이 글에서, 의미 있는 일화에 대한 교훈을 작자가 직접 장황하게 논하는 송대산문의 방식보다는 기존의 고문을 인용하여 자신의 논지를 간접적으로 드러내는 한대 방식을 선택하였던 것이다.[123]

---

121 김철몽은 유한준의 고시 「虎食僧」에서도 영동의 명포수로 등장하고 있다. "嶺東金鐵蒙, 甲山裴次臼, 百斤大鳥銃, 裝藥林中候, 刺汝之心胸, 欝欝實其簍."

122 기존 연구에서 이 글이 장자의 「山木」를 모의하였다고 한 것으로 논의되었는데, 연쇄적인 먹이사슬이라는 모티브는 유사하나 실제 일화를 소개하는 설정으로 되어 있는 만큼 꼭 『장자』에 대한 의고로 보아야 하는지는 의문이다. 더구나 이 모티브는 「諺記」에서도 곡식-쥐-고양이-개-호랑이-포수의 관계로 형상화된 바 있어서 『장자』에만 국한되기에는 어렵다. "鼠穴藏而窺瓮中之粟也, 不知夫猫在其後, 猫注睛而方卒發也, 不知夫犬襲其尾. 犬呀口而方肅伺也, 不知夫虎及其背. 虎磨牙而欲決驟也, 不知夫砲者持火藏藥. 候已于深木之陰, 故貪利而不顧後者, 其身必殃."

123 굳이 한대 우언의 방식을 차용하지 않더라도 우언을 통해 상황을 설명하거나 상대를 설득하는 방식을 여타의 산문에서 익숙하게 볼 수 있다. 「答或人書」에서 갈대밭에 내려온 새와 阿閣에 둥지를 지은 새에 관한 이야기로 자신과 상대의 처지가 다름을 비유하였고, 「送判中樞府事閔公赴燕序」에서는 호랑이, 기린, 봉황의 관계를 통해 조선과 청이 처한 상황, 그리고 閔公에게 기대하는 역할을 이야기하였으며, 「答李季亮書」에서는 대학 서문만 외울 줄 아는 눈먼 점술사의 일화를 통해 자신의 문학 수준을 비유하여 설명하기도 하였다. 장황한 의론 대신에 흥미로운 이야기를 제시하여 논지를 압축적으로 제시함으로써 보다 높은 문예미를 획득하고 있다.

진한고문 중에서도 담론성이 강한 글쓰기에 관심을 가지고 이를 차용하여 자신의 의론을 조직하는 양상은 진한고문적 글쓰기를 선호하는 여타의 문인들과 구별되는 유한준만의 특징이라 할 수 있다. 또 그는 『사기』에서 사마천의 평론 부분을 따로 모아 『사기단사史記斷辭』를 편찬하기도 하였는데 의론보다는 기사를 중시한 신유한과는 달리, 의론이 가지는 역할과 의미를 중시하였음을 알 수 있다. 이는 그가 속한 노론계 문단의 선호도를 계승한 것으로 이해된다.

한편 「사기열전」에 대한 의작은 유한준의 인물전이 가지고 있는 특징적인 미감과 관련하여 주목된다. 38세 때의 작품인 「번오기보전樊於期補傳」은 치밀한 계고를 통해 허구를 창출해 낸 작품이다. 번오기는 『사기』에 남아 있는 열전은 없고 다만 「자객열전」에서 형가가 태자太子 단丹의 명을 받아 진시황을 죽이러 갈 때 진시황에게 의심받지 않으려고 진나라에 죄를 짓고 망명해 온 그의 머리를 요구하여 가지고 갔다는 기록만 있다. 유한준은 번오기가 진시황에게 지었던 죄가 무엇인지에 대해 의문이 있던 차에 『열국지列國志』의 기록을 보게 되었고, 이에 『사기』 체제하에 번오기 열전을 재구성하였다. 이 글의 전반부는 「여불위전呂不韋傳」을 그대로 요약한 다음 번오기의 일생을 서술하여 완연히 『사기』의 내용과 어우러지게 하였다.[124] 이 과정에서 유한준은 『사기』의 인물 및 사건에 대한 역동적이면서도 허구에 가까울 정도로 핍진한 묘사를 학습·재현해 나갔다.

유한준은 자신의 인물전에서 『사기』에 대한 연찬의 결과를 반영하였다. 인물전은 유한준의 산문 중에서도 많은 비중을 차지하며, 어떤

124 일실된 옛 문장을 보완하려는 의지는 역대 문헌에 제목만 남아 전하는 가요를 창작한 「歌謠補逸」에서도 표출된다.

장르보다도 심혈을 기울인 것으로 보인다.[125] 그는 생동감 있는 인물 묘사와 장면 중심의 빠른 전개 그리고 대화의 직접 인용에 능하였다. 특히 인물들 간에 반복되는 문답을 그대로 기록하면서 인물들 간의 긴장 국면을 보여주기도 하며 때로는 생동감 있는 장면의 재현을 위해 구어에 가까운 수사를 직접 쓰기도 하였다.

(羅崇坤이) 몸을 묶은 줄을 풀고 속이며 말하기를,

"공의 재주와 지혜로 오늘 나를 따르면 내일 곧 부귀해질 것이니, 어찌하여 하급관리 일에 탐하여 스스로 고달프게 하는가. 공의 죽고 사는 것은 내 칼에 달려있으니, 공은 잘 생각해 보라."

이술원이 웃으며 말하기를,

"너는 뭐하는 놈이냐. 내 나이 50세이니 부귀에 마음이 휘둘려 너희들을 따라 나라를 저버리고 구차히 살겠는가."

하니, 숭곤이 말하기를,

"네가 만약 따르지 않으면, 칼이든 솥이든 스스로 택하리라."

하자, 이술원이 노하여 꾸짖어 말하기를,

125 이는 그의 문집의 편차를 살펴보아도 알 수 있다. 『자저』는 저자가 생전에 자편한 것으로 일반적인 문집의 목차와는 다르다. 정조의 명으로 간행되어 가장 모범적이고 대표적인 사례를 보여주는 체제공의 문집의 경우 시에서 문의 순서로 구성되며, 또 각각은 공식적 목적에 의한 창작에서 사적인 창작 순으로 배열된다. 그런데 『자저』는 시의 경우, 賦, 가요, 고시, 율시 순으로 수록되어 있으며, 문의 경우에는 傳, 序, 記, 跋·銘·贊·頌, 書, 祭文, 哀辭, 狀誌, 雜著, 榜狀으로 수록되어 있다. 시에서 절구가 없는 한편 가요와 고시가 큰 비중을 차지하는 점도 그렇지만 문에서 일반적으로 잡저에 속하는 傳이 따로 분리되어 제일 앞에 수록된 점은 특이하다고 하겠다. 유한준이 傳을 가장 상위에 위치시킨 것은, 그만큼 작자가 높은 의미 부여를 하고 있음을 반영한다.

“머리는 벨 수 있어도 뜻은 벨 수 없으며, 몸은 삶을 수 있어도 절개는 삶을 수 없다.”

하였다. 이어 북쪽을 향해 눈물을 쏟으며 말하기를,

“신이 살아서는 충성을 바치지 못하였으니, 죽어서는 려귀가 되어 이적을 죽여 나라에 보답하기를 바랍니다.”

하니, 숭곤이 끝내 뜻을 꺾을 수 없음을 알고, 정희량에게 말하기를,

“이술원이 꿋꿋하니, 참수하여 무리에게 보여 명령을 따르지 않는 자들을 두렵게 해야 한다.”

하고는 곧 검을 휘둘러 이술원의 가슴을 찔러 칼이 수촌까지 들어갔다. 이술원이 다시 크게 욕하며 말하기를,

“臊羯狗야, 네가 나를 죽일 수 있더라도 나의 충의지심을 죽일 수 있겠는가.”

하니 숭곤이 마침내 그 눈과 코를 베고, 그 머리뼈를 부셔 죽였다. 죽음에 이르러도 안색이 변하지 않고, 욕을 더욱 심하게 하였다. 수염을 떨치고 눈을 부릅뜬 모습으로 시신이 땅에 엎어지지 않았다.[126]

이술원李述原(1679~1728) 역시 신도비명神道碑銘을 비롯해 많은 기록이 전해지는 자이다.[127] 유한준은 기존 자료를 기반으로 하여 그의 열

126 兪漢雋, 『自著』 自著著草, 「李述原傳」. “解其縛, 啗之曰, 以公才智, 今日從我, 明日卽富貴, 何乃乾沒一功曹以自苦也? 公之死生在吾劒, 公熟計之, 述原嘻曰, 而何爲者? 吾年五十矣. 顧爲富貴所動, 從汝等負國而偸生乎. 崇坤曰, 汝若不從, 刀劒鼎鑊其自擇. 述原怒叱曰, 頭可斷, 志不可斷, 身可烹, 節不可烹. 因北向雪涕曰, 臣生無以效忠, 願死爲厲鬼, 殺此賊以報國家. 崇坤知終不可屈, 謂希亮曰, 李述原崛强, 宜斬以徇, 以威不從令者. 卽拔釰刺述原胸, 刃入數寸. 述原復大罵曰, 臊羯狗, 汝能殺我, 能殺我忠義之心乎! 崇坤遂鑿其眼鼻, 破其頭顱而殺之, 比死顔色不變, 罵益厲, 奮髥張目, 屍不仆地.”

127 무신란에 대항해 충절을 바친 인물로 노론계 문인들에게서 그의 죽음을 기리는 작업이

행烈行을 더욱 구체화시켰다. 그는 이전 기록과 달리 인물 간의 내밀한 대화를 조명하고 그가 죽음에 이르기까지의 긴장된 국면을 재구성하였다. 대화 부분에서는 장구로 호흡을 느리게 하여 독자에게 인물 간의 갈등 국면에 집중하게 한다, 그러나 "卽拔釰刺述原胸, 刃入數寸"에서는 어떠한 어조사도 쓰지 않은 채 서사의 속도를 빠르게 하여 죽음에 이르는 긴박한 상황을 고조시켰다.[128] 이어 "臊羯狗"라고 외치는 부분은 안고경顔杲卿이 안녹산安祿山을 향해 꾸짖었던 말로, 독자로 하여금 자연스럽게 안녹산의 난과 무신란을 동질의 사건으로 인식하게 하는 연결고리로 쓰이고 있다.

마치 옆에서 지켜 본 것처럼 소상히 진술하고 있는 이 부분은 사실상 엄격한 역사의 기록이라 할 수 없다. 이술원은 바로 사망하였고 정희량과 나숭곤 역시 난이 진압된 이후 바로 처단되었기 때문에, 그들 간의 대화, 심지어 이술원의 독백을 직접 들었던 이는 존재하지 않는다. 사마천이 「사기열전」에서 자신의 상상력이 많은 부분 개입시킨 것처럼 유한준의 인물전 역시 허구성이 강하다. 이 점은 「검객기문劍客記聞」에서도 마찬가지로 확인되는 바, 이에 그의 인물전이 소설적인 경사가 있다는 논의가 제기되기도 하였다.[129] 이러한 생동감 있는 묘사와 생생한

대대적으로 진행되어 왔다. 李箕鎭, 『牧谷集』 卷8 「贈大司憲李公墓誌銘」; 李希齡, 『藥坡漫錄』 卷93; 黃景源, 『江漢集』 卷18 「贈嘉善大夫司憲府大司憲李公墓誌銘」; 李敏輔, 『豊墅集』 卷6 「李侯遇芳孝子門小記」; 宋煥箕, 『性潭集』 卷18 「褒忠祠廟庭碑」; 兪彦鎬, 『燕石』 冊7 「贈參議李公墓碣銘」; 宋穉圭, 『剛齋集』 卷8 「彰忠祠事蹟碑」; 成海應, 『研經齋全集』 卷56 「李述原, 愼溟翊, 田興道」; 沈魯崇, 『後吾知可』 卷5 「李述源傳」; 宋秉璿, 『淵齋集』 卷32 「贈吏曹判書忠剛李公神道碑銘」; 장효현, 「심능숙 문학에 나타난 歷史意識-節義觀을 중심으로」, 『어문논집』 69, 민족어문학회, 2013, 237쪽 참조.

128 송병선은 이 부분을 '拔劒而刺胸'라고 좀 더 가독성 있게 수정한 바 있다.

대화의 기록은 『사기』를 비롯한 진한고문에 대한 연찬을 통해 획득할 수 있었던 것으로 평가할 수 있을 것이다.[130]

앞서 논한 「송왕원귀」와 「잡설」, 「번오기보전」이 원텍스트의 형식과 내용을 크게 바꾸지 않은 상태에서 시도된 의작이라면, 35세 때 창작된 「제고帝誥」[131]는 유한준의 문집에서 거의 유일한 설리說理적인 성향을 가진 글로, 의작 중에서도 적극적으로 진한고문을 변용한 패러디에 가까운 작품이다.

> 상제가 말하기를, 心아. 너는 性의 외성이다. 이 몸을 주재하여 虛明純一하여 이 사람으로 하여금 지각하게 한다. 너는 비록 작은 체이나 衆理가 갖춰진 것은 오직 너로 인해서이고 이용해서 萬事가 응하는 것도 오직 너로 인해서이다. 네가 혹 천리에, 잘못 나오면 물욕에 가려지니, 이 성이 무너지면 사람이 사특하고 미혹해진다.
>
> 帝曰, 心, 汝惟性之郛. 主厥躬, 虛明純一, 俾時人知覺. 汝雖小軆, 而具衆理, 惟汝, 用而應萬事, 惟汝. 汝或罔出于天理, 爲物慾攸弊, 厥郛用壞, 人乃邪惑慝.

인용문에서 보듯 「제고」는 철저한 의고문이라 할 수 있다. 『서경』의

129 박희병 · 정길수 외, 『기인과 협객』, 돌베개, 2010.

130 이술원이 죽기직전 나숭곤과 내밀한 대화, 그리고 처절한 죽음에 이르는 장면의 묘사는 유한준 이전의 작품에서는 찾아보기 어렵다. 야담집인 『약파만록』에서조차 축약적으로 그의 업적과 죽음을 서술하고 있을 뿐이다. 그런데 유한준 이후, 성해응, 심노숭, 송병선의 글에서 유한준의 傳과 비슷한 내용과 대화 구조가 반복적으로 확인되어 이들이 유한준의 작품을 바탕으로 하여, 재창작했을 가능성이 있다.

131 兪漢雋, 『自著』 卷26 「帝誥」.

문체를 답습하고 있을 뿐 아니라, 자구를 그대로 쓰고 있는 양상까지 곳곳에 확인된다. 그러나 이 글은 무의미한 의고를 넘어 하나의 독창적인 작품으로 평가할 만하다. 「제고」의 내용은 본연의 성性을 상제로 의인화하고 "所以爲人之理"와 "所以爲人之道"를 그가 명하는 것으로 가설한 것이다.[132] 이러한 의인화 방식이 낯설지 않은 것은 우리 한문학사에 천군가전이라는 전통이 있기 때문일 것이다. 그러나 일반적인 가전체와는 달리 「제고」에는 인물 간의 구체적인 갈등 양상이라든가 역동적인 서사가 나타나지 않으며, 오로지 상제가 심心, 정情, 지志, 의意, 인의예지仁義禮智 등에게 명하는 발언을 중심으로 구성되어 있다. 인용문은 소옹邵雍(1011~1077)의 『격양집擊壤集』 「자서自序」에 "심은 성의 외곽이니, 심이 상하면 성 역시 상한다(心者性之郛郭也, 心傷則性亦從之矣)"라는 말에 근거한 것이다. 요컨대 이 글은 『서경』이라는 텍스트의 틀을 유지하면서 성리철학에 근본하여 각각의 심오한 개념들을 문예적으로 형상화하는 데 힘쓴 결과물이라 하겠다.

고문의 형식을 빌려 추상적인 의론을 구체화하는 방식은 「문결文訣」에서도 확인된다. 이 글 역시 『서경』의 「홍범洪範」의 체제를 활용하여 자신의 문학론을 피력한 작품이다.[133] 유한준이 송대문장이 도를 말하는 것에만 급급하여 문예적 가치가 낮을 수밖에 없음을 안타까워했던 것을 생각해볼 때, 이 같은 시도는 자신의 의론을 전달하는 동시에 높은 문예적 미감을 획득하려는 의식의 소산이라 판단된다. 형이상학적

132 兪漢雋, 『自著』 卷26 「帝誥」. "帝上帝也, 誥猶誥勅也. 所以爲人之理, 與夫所以爲人之道, 雖近在於人身, 而實則若上帝諄諄然命之也, 故假上帝之命, 設爲辭以成此篇."

133 구체적인 분석은 유동재, 앞의 글 참조.

논의를 구체적인 사건과 사물을 주목하는 진한고문의 글쓰기 양식을 빌려 실음으로써 이들 글은 생경한 미감을 산출하고 있다.

이와 함께 주목할 만한 것은 유한준이 『서경』을 경서經書로만 간주하지 않고 그 문체를 적극 수용하고 있는 '태도'이다. 육경을 문장 학습을 위한 기본 텍스트로서 인식하였던 양웅의 견해에 동조하였던바,[134] 「문결」과 「제고」는 바로 이러한 인식을 반영한 작품이라 할 수 있다. 이 점은 분명 이전 시기 도학자들과 문장가들이 육경을 인식하는 태도와는 변별된다. 육경의 텍스트가 가지는 권위는 절대적이어서, 이에 대한 직접적인 모방은 용납되기 어려운 일이었다. 일례로 『주역』과 『논어』의 문체를 모방한 양웅의 『태현경』이나 『법언』은 성인의 도를 지니고 있지 않으면서 그 글을 함부로 모방하였다는 이유로 주희 이후 문학사에서 지속적으로 비판을 받아왔다. 물론 유한준이 『서경』을 모방한 것에는, 이데올로기 혐의를 따질 만한 부분은 없고 육경의 존엄성을 빌려와 자신의 논리를 돋보이기 위한 의도가 전제된 것으로 보아야 옳을 것이다. 그러나 육경을 재현할 수 있는 하나의 문체로 간주한다는 점에서 이전 시기와 그 인식을 달리하는 것은 분명하다. 흥미롭게도 이러한 경전의 패러디는 다음 세대인 홍석주와 홍길주의 글쓰기에서도 살펴볼 수 있어 당송고문론을 고수하는 노론계 문인들에게서 새로운 변화를 감지할 수 있다.[135]

134 본서 109쪽 각주 54 참조.

135 홍석주의 『紀里經』과 홍길주의 「皐津經傳」, 「甘誓」, 「武成」은 각각 『공양전』과 『대학』, 「서경」의 문체를 패러디한 것이다. 박무영은 홍석주의 작품이 경전의 문체가 지니는 엄숙성이 여전히 '태도'로 반영되고 있는 데 반해, 홍길주의 작품은 경전을 완전히 탈권위화하는 태도가 감지된다고 분석하였다. 박무영, 「경전 패러디와 기호 조작의 세계—홍길주(洪

진한고문의 모티브를 차용하면서도 새로운 창작물을 생산하고 있는 양상은 「우려문수」를 통해서도 살펴볼 수 있다. 이 글은 자신을 '우려공보右閭公父'라고 칭하며, 점괘를 보았던 일화를 통해 자신의 불우한 삶을 고백하고 자신의 욕망을 드러내고 있는 글이다. 점을 봤던 구체적인 시기가 기록되어 있고, 「자전自傳」[136]에서도 요약해서 다시 수록하였기에 실제 경험을 바탕으로 창작된 작품으로 추정된다. 그럼에도 실제 경험을 그대로 반영하였다기보다는 고문의 글쓰기 양식과 전고 및 자구를 원용하여 자신의 경험을 문예적으로 가공하려고 한 흔적이 보인다. 우선 객과의 문답을 통해 불우한 자신의 삶을 변호하고, 세대를 비판하는 강렬한 시각을 투영하는 방식은 앞서 살펴보았던 신유한의 「추회부서抽懷賦序」와 마찬가지로 「답객난答客難」, 「해조解嘲」, 「진학해進學解」 등의 문답식 자술문학의 전통과 유사하며,[137] 유능한 점술가이면서 세상에 대해 비판적인 자세를 취하는 동곽고사東郭瞽師의 이미지는 『사기』의 「일자열전日者列傳」의 사마계주司馬季主를 연상하게 한다. 그는 이상의 전범에 나오는 문구를 그대로 가져와 씀으로써 독자들에게 원텍스트를 의식하게 하는 장치를 마련하기도 하였다.[138]

이 글은 모티브뿐 아니라 자구를 운용하는 면에서도 진한고문과 흡사한 성격을 가지고 있다. 전체적으로 조사의 사용을 절제한 압축된 자구의 사용이 돋보인다. 특히 자신의 비참한 삶을 나열하는 부분에서는

吉周) 작, 「皐津經傳」과 「甘誓」, 「武成」의 작품론으로」, 『한문학보』, 우리한문학회, 2008.

136 兪漢雋, 『自著』 卷14 「家傳」.

137 박경남, 「兪漢雋의 道文分離論과 散文세계」, 서울대 박사논문, 2009, 62쪽.

138 '卑疵孅趍'(「日者列傳」), '子來前'(「進學解」) 등을 예로 들 수 있다.

3·4언구를 통해 운율적인 효과를 가중시키고 있다. 4언구의 나열은 이후 우려공보가 자신의 삶을 전선생에게 말하는 부분, 그리고 전선생이 점괘를 내는 부분 등에서도 반복된다.

그렇지만 「우려문수」가 표면적인 의고에만 머문 것은 아니다. 「답객난」을 비롯한 문답식 자술 문학이 가상의 객이 하는 비난에 대해서 작가의 변론으로 문답이 진행되는 데 반해, 「우려문수」는 자신의 삶의 불우함을 작자인 우려공보가 직접 자문하는 부분이 확대되어 있으며, 전선생의 답은 그의 삶의 방식을 합리화해 주는 역할을 한다는 점에서 그 차이가 있다. 그들은 가난하면서도 올바른 삶에 대해서 서로 공감하며 세태를 함께 질타하고 있다. 그만큼 자신의 삶에 대한 고민이 깊으며 현실의 병폐가 치유하기 힘든 상황에 이르렀음을 보여준다고 하겠다. 이들의 목소리는 분명 고문을 연상하게 하지만 실제의 삶과 현실에 밀착되어 있다. 유한준은 기존의 전범들에서 모티브를 가지고 오고 그와 유사한 언어를 구사하지만, 전범을 장악하여 자신만의 고유한 작품을 산출하고 있다고 평가할 수 있다.

이상 유한준의 의작형 작품과 그 미감이 반영된 작품을 아울러 살펴보았다. 앞에서 논한 바 유한준의 산문은 송대산문의 짜임새 있고 논리적인 문체가 돋보이기 때문에 진한고문을 직접 모방하거나 그 구기를 재현하고자 한 작품은 사실상 전체 산문 중에서 큰 비중을 차지하지는 않는다. 그러나 진한고문의 미감을 내재화시켜 발현한 흔적을 적지 않게 찾아볼 수 있다. 우선 자구의 운용 방식의 경우, 장구의 비중이 높은 경우에도 일정한 규칙으로 배열하여 안정감을 주는 방식보다는 변주를 주어 문세를 높이는 방식을 선호하여, 앞서 살펴보았던 신유한·이용휴 산문과 비슷한 면모를 발견할 수 있다.

세상이 말세가 되었다. 사대부는 임기응변과 권모술수로 서로 겨루고, 아름다운 인물을 서로 좋아하며, 속임수를 서로 힘쓰고, 꾀로 서로 다루어, 능히 이를 하는 자는 유능하고 현명하게 여기고, 그렇지 않으면 물리치니, 모두 술에 취한 것이다. 한번 깨어난 자에게는 이것이 지켜야 할 법도가 되기에 부족하다.

世季矣. 士大夫, **機辯權術以相雄**, 相悅以態色, 相劘以巧僞, 相御以智能, **能是者爲能爲賢**, 否則黜, 皆醉也. 一醒, 不足以爲操軌.[139]

이 글의 서두에서 유한준은 "世季矣"라는 단구를 먼저 제시하여 문장의 기세를 높였다. 『전국책』에서 흔히 볼 수 있는 이른바 '경책구'의 역할을 담당하고 있는 셈이다. 이어 사대부들의 옳지 못한 행동 방식을 4가지로 나열하고 있다. 똑같은 형태를 반복하고 있는 3개의 구의 앞에 "機辯權術以相雄"라는 구식이 변화된 장구를 배치함으로써 규칙적인 흐름을 깨뜨리고 있다. 4언구에서 일반적으로 배비 형태를 유지하는 것과는 다르다. 또 이상의 행위를 잘하는 자와 못하는 자에 대한 평가를 대조하는 부분 역시 일반적으로 사용할 수 있는 배비구 대신에 장구와 단구를 교대로 배치함으로써, 글의 안정감을 획득하기보다는 기세를 높이는 방법을 선택하였다.

장황하게 나열하고 반복하는 수사도 특징적으로 나타난다. 그중에

139 兪漢雋, 『自著』 自著準本 「從兄通德公墓表」.

서도 의문형을 반복적으로 나열하여 문장의 기세를 높이는 방식이 주목된다. 「여심사상서與沈士常書」에서는 전체 글 중 거의 절반을 '何以'와 '乎'로 표현된 의문문으로 이끌어 나가고 있다. 관북 지방에 감시어사監市御史로 떠난 심풍지沈豊之가 어디에서 어떻게 무슨 생각을 하며 지내고 있는지에 대한 10여 개의 질문을 연속적으로 쏟아내어 대상에 대한 무한한 그리움을 격정적으로 드러내었다.[140] 또 「여모서與某書」에서는 형수와 갈등이 빚고 있는 수신자를 설득하면서 '況於'로 시작하는 8개의 구를 연쇄적으로 배치하면서 그의 행동이 잘못되었음을 강하게 논박하였다.[141] "기력을 숭상하여 말을 몰 듯 거침이 없다"[142]는 당대의 비판 역시 이러한 작품에서 유래한 것으로 보인다.

4언구의 활용 및 사물에 대한 역동적인 묘사 역시 유한준 산문에서 특징적으로 나타난다.

> 詩道는 物에 비유하고 부류를 끌어오는 것이니 구름과 유사하다. 雲은 運이다. 구름이 무성하게 온통 푸른 만리 허공에서 일어나다가, 순식간에 별안

140 兪漢雋, 『自著』 卷20 「與沈士常書」. "送後之日, 其長如年, 而實則未二十日矣, 已不禁絓結, 況玆向後十倍已往, 戀其可堪耶. 悠悠旆旌, 方何爲住, 二摩之間乎. 七寶之下乎. 到面剛風, 何以敵之. 彈蹄利石, 何以驅之. 日日趲趕乎. 在在留連乎. 飮食無減損而形神不騷動乎. 豈揮鞭倚劍而快活乎. 將度隴穿塞而愁絶乎. 君親之念, 固自深矣, 朋友之思, 亦復有之乎. 山川荒哉. 有賦乎無賦乎."

141 兪漢雋, 『自著』 卷20 「與某書」. "與婦人言, 彼雖百曲, 我雖千直, 性褊難化者婦人也, 故本不宜相難, 不宜相難. 況可相抗. 況於在下者. 況於在己之事, 未必皆當. 況於同室之內. 況於兄歿寡居之丘嫂. 況於以其身承祀父母之人. 況於年長以倍, 在君當一心母事之地. 況於割所愛相與之間. 乃有此擧措, 君其思之."

142 兪漢雋, 『自著』 卷14 「家傳」. "當是時, 文章之士, 甚衆, 而大抵皆質致儒雅體裁淘洗, 溫溫有大雅君子之風. 獨漢雋尙氣力驅駕爲能, 或曰子於文章無所畏忌, 何不殺繁絃而雅歌是就乎."

간 있다가 갑자기 없어지고 없다가 갑자기 있게 된다. 물처럼 촉촉하다가 솜처럼 흩어지다가, 상서롭게 채색구름이 되고, 영롱하게 삼색구름이 되며, 비가 올 적에는 뭉게뭉게 피어오르며, 눈이 올 적에는 하늘과 온통 같은 색이 되며, 산 위의 구름은 풀덤불 모양이고, 물 위의 구름은 고기비늘 모양이니, 그 형상이 만 가지로 다르며 그 형태가 백가지로 변한다. 이와 같이 운행하므로 허공을 다니면서 방해를 받지 않는다.

詩道, 比物引類, 則近乎雲. 雲運也, 雲泱然起於萬里一碧之虛空, 尋常之間, 指顧之頃, 有而忽無, 無而忽有, 其潰如水, 其撒如絮. 瑞而爲卿, 瓏而爲靄, ①雨而爲油, ②雪而爲同, ③山而爲草莽, 水而爲魚鱗. 其形萬殊, 其態百變. 盖其運如此, 故能行於空中而不礙.[143]

시를 구름에 비유하여, 변화무쌍한 구름의 형태와 같이 다양한 시체를 구사할 줄 알아야 할 것을 주장한 글이다. 구름을 직접 관찰하여 묘사한 듯 생생한 느낌을 주지만, 실제로는 『맹자』(①), 『시경』(②), 『회남자』(③) 등 고문의 자구를 가져와 그 형상을 함축적으로 표현하면서 고문을 연상하게끔 하는 방식을 선택하였다. 이와 함께 4자구의 나열을 통해 사물의 다양한 형상을 보여주는 한편 고기古氣를 재현하고 있다. "雲泱然起於萬里一碧之虛空"이라는 지나치게 긴 장구를 먼저 제시하여 호흡을 가다듬은 다음, 순식간에 변화하는 구름의 4자로 된 배비구를 연속적으로 나열하면서 표현하고 있는 것이다.[144] 무엇보다도 이

143 위의 책 「雲窓詩稿序」.

144 4언구는 풍속을 묘사·나열하는 데도 유용하게 사용되어, 「與或人書」에서는 주색과 도박에 빠져 인생을 망치는 젊은이의 행동을(卷20 「與或人書」. "厖雜浮淫, 無賴之徒, 日相與招

글은 작시법을 일반적인 의론 산문에서 하듯이 논리적으로 구사하기보다는 구름에 대한 비유를 통해 역동적으로 묘사하고 있는 점이 특징적이다. 이러한 방식은 「송성근서送成近序」에서 가행지법歌行之法을 용과 물, 칼 등의 비유를 통해 설명하고 있는 데서도 확인된다.

앞서 유한준이 한대 우언 양식을 모방하는 가운데 경서를 가져와 자신의 논지를 강화하는 방식을 재현하는 것을 살펴볼 수 있었다. 체제와 문체는 다르지만 전범에 대한 높은 의존도는 여타의 산문에서도 확인된다. 물론 전고의 인용은 한문 글쓰기의 관습 중 하나이기에 특별할 것이 없다. 유한준 문장의 의고성에 반박한 박지원조차도 전고는 독자를 설득하기 위해 필요하다고 주장한 바 있다.[145] 그러나 유한준의 산문에서의 전고는 너무나 빈번하게 그리고 상당한 비중을 차지하고 있다는 데에서 그 특이점이 있다.

> ①矍圃의 모임에서 한번 활을 잡고 두 번 잔을 들자 떠난 사람이 반이었다. ②노국의 법에 둥근 관을 쓰고 네모난 가죽신을 신었지만 유자는 한 명의 인사뿐이었다. 그러므로 쉽게 말할 수 없다. 세속의 선비들은 밖은 거창하면서도 안은 비어 ③큰 도포를 입고 띠를 느슨하게 차고 위로 쳐다보며 ④크게 기침하고 허풍치고 위태롭게 행하며, ⑤망령되게 서로 모욕을 준다. 그런데도 '士'

聚徵逐, 呼盧擲梟, 竄逐幽隱, 倏閃晦明, 走死地如狂. 大則亡家, 小則亡身, 雖其事殊, 其終也, 與酒色同.") 「樸廬記」에서는 태평스러운 상고 시대의 풍습을 반복적인 4언구를 통해 표현하였다(自著準本 「樸廬記」. "夫惟樸, 道能生之, 德能畜之, 質能包之, 順能衛之. 至德之世, 民緜緜盻盻, 于于居居. 實亦不聚, 名亦不附, 生亦無爵, 死亦無謚, 頹乎其樸而已).

145 朴趾源, 『燕巖集』 卷5 「答蒼厓」. "文章有道, 如訟者之有證, 如販夫之唱貨. 雖辭理明直, 若無他證, 何以取勝, 故爲文者, 雜引經傳, 以明己意."

라는 이름을 차지하고 있음은 부끄럽게 여기지 않으니, 아, 위태롭구나. 이자심이 자신의 집을 '사실'이라고 이름하였다. 실을 사로 이름하였으니, 이자심은 장차 어떻게 실제로 거처하겠는가? 이자심의 집안은 가난하고, 그 집은 풍우도 가리지 못한다. 그러나 그 사람됨은, 의를 행하는데 뜻을 주저하지 않고, 몸은 세상의 이욕에 자신을 아첨하도록 하지 않을 것이다. ⑥공자가 유자의 일을 17개의 행실로 나누었는데, 그중 하나의 행실이 一畝의 집에 거처하는 것이고 의심하지 않고 아첨하지 않는 것이니, 반드시 공자의 말과 같이 한 이후에 '士'라고 할 수 있을 것이다. 이자심은 이에 가깝도다. 내 이 때문에 자심을 사실거사라 부르고 기문을 짓는다.

①矍圃之會, 一執弓, 二揚觶, 而去者半席. ②魯國之令, 冠圓冠履方屨, 而儒者一人士, 故不可以易言矣. 世俗之士, 袞外枵內, ③逢衣淺帶, ④上視廣欬, 逈言危行, ⑤妄以相詬病. 然而不恥居士名, 吁嗟乎, 其殆矣. 李子深名其室曰士室. 室以士名. 李子深將何實以居之哉. 深家貧, 其室風雨不蔽焉, 然其爲人也, 不疑志於行義, 不諂身於勢利. ⑥孔子列儒事十七行, 其一行曰居一畝之宮, 不疑不諂, 必如孔子之言然後乃士也. 李子深其庶矣乎. 吾故呼子深爲士室居士而爲之記.[146]

인용문은 「이자심사실기李子深士室記」의 전문으로, 기문으로서는 그 분량이 짧다. 이 글은 "李子深名其室曰士室"을 기준으로 크게 두 부분으로 나눌 수 있다. 전반부는 본격적인 기문에 앞서 옛날과 오늘날의 선비의 행동에 대해 대비하여 설명하였으며, 후반부는 이자심이 옛 선비의 도에 합당한 인물임을 논하였다. 그런데 전반부는 거의 『예기』(①, ④, ⑤), 『장

146 兪漢雋, 『自著』 卷18 「李子深士室記」.

자』(②), 『순자』(③)에 근거한 전고와 자구로 점철된 것이나 마찬가지이다. 후반부에 이자심의 행실을 논하는 부분에도 예기의 「유행儒行」에 입각하여 서술하고 있다. 결국 이 글은 적어도 『예기』를 보지 않으면 독해할 수 없는 글로, 전범에 대한 의존성이 강하다. 이외에도 「창하창수록서倉下唱酬錄序」에서는 도연명의 고사를, 「송이정여남귀서送李靜汝南歸序」에서는 『시경』과 이태李邰의 고사를 전반부에 장황하게 끌어와 설명하고 있다.[147]

유한준의 전고 인용의 또 다른 특징은 이데올로기에 크게 구애받지 않는다는 점이다. 그의 주된 전고의 출처는 『노자』, 『장자』, 『법언法言』 등 기존에 이데올로기 측면에서 문제시되었던 텍스트들이다.

> 장자가 말하기를, "일단 그 몸을 받으면, 만물과 부대끼며 죽을 때까지 고달프게 힘들게 일에 지치면서도 돌아갈 곳을 모르니 애달프지 않은가" 하였다. 옛날 선왕이 사민을 사농공상으로 제정하여, 사는 효제를 닦고 농은 농사에 힘쓰며, 공은 기용을 만들며 상은 화재를 통용하여 각각 돌아갈 바를 두었다.[148]

인용문은 귀향하는 김가회金嘉會를 전송하는 송서이다. 이 글의 문안文眼인 '歸'는 전체 글을 이끌어 나가는 역할을 한다. 서두에서 『장자』의

147 단순 인용을 넘어 표절에 가까운 모의도 눈에 띈다. 「蘇文忠公尺牘選錄序」가 바로 그것인데, 왕세정의 「凌玄旻赫蹶書序」의 문장을 그대로 가져다 쓴 것으로 분석되었다. 배미정, 「朝鮮 後期 尺牘文學의 流行과 그 背景」, 한국정신문화연구원 석사논문, 2003, 27~30쪽; 이현호, 「兪漢雋 散文 硏究」, 한국정신문화연구원 석사논문, 2003, 30쪽 참조.

148 兪漢雋, 『自著』 卷16 「送金嘉會大歸洪州序」. "莊周云, 一受其成形, 與物相靡, 終身役役, 薾然疲役, 而不知其所歸, 可不謂哀邪. 昔者先王制四民士農工商, 士以修孝悌, 農以務稼穡, 工以作器用, 商以通貨財, 使各有所歸焉."

글을 가져와 '歸'의 의미를 조명한 다음 이어서 사농공상士農工商의 의미에 대해 논하여 사士로서 가져야 할 정체성을 밝히고 있다. 글의 전체적인 논지는 유가적 이데올로기를 반영하고 있는데 이 글의 서두를 다름 아닌, 『장자』의 글로 시작하고 있는 것은 흥미롭다. 여기서 장자가 논하는 '歸'와 사농공상이 돌아가야 할 귀착점으로서의 '歸'에 대해 그 층위를 동일하게 여길 수 있는지는 의구심이 든다. 장자와 유가가 각기 추구하는 도가 일치하지 않기 때문에 이 귀착점을 동일하게 볼 수는 없을 것이다.

이처럼 유한준이 전고를 광범위하게 사용하고 있긴 하지만 원텍스트에서의 의미를 진지하게 따져보는 작업은 다소 결여되어 있다. 박지원이, 그가 인용하는 전고가 적절하지 못하다[149]고 지적한 것 역시 이러한 맥락에서 이해 가능하다. 하지만 이 점은 유한준이 이데올로기적 선을 분명히 긋지 않고 유가와 함께 노장, 불교 등 폭넓은 사유를 포섭하려는 태도를 가지고 있음을 역설적으로 설명해 준다. 때로는 유가적 가치의 보편성과 절대성을 훼손할 만큼 위험 수위를 가진 『노자』와 『장자』의 말을 거리낌 없이 인용하기도 하는데[150] 이는 유한준의 진한고문에 대한 경사가 비단 문체에 국한된 것이 아니라 그의 전반적인 사유 구조와 연관되어 있음을 시사해 준다.

이러한 관점에서 유한준이 중인과 백성의 삶을 주목하고 재현하는 것을 높은 가치로 생각하였던 것 역시 이해 가능하다. 그는 이들을 대상으로

149 朴趾源, 『燕巖集』 卷5 「答蒼厓」. "寄示文編, 漱口洗手, 莊讀以跪曰, 文章儘奇矣, 然名物多借, 引據未襯, 是爲圭瑕, 請爲老兄復之也."

150 대표적으로 「何我齋記」가 있다. 자세한 분석은 박경남, 「16, 17세기 程朱學的 道文一致論의 균열과 道文分離的 경향」(『고전문학연구』 35, 한국고전문학회, 2009, 93쪽) 참조.

한 인물전을 많이 남겼는데, 이러한 작업에 「사기열전」의 창작의식이 동기를 부여해 준 것으로 지적된다.[151] 그는 사마천이 의협지사들을 비롯한 여항인이 세상에 알려지지 못함을 슬퍼하여 그들의 삶을 역사에 길이 전하게 하고자 하였던 의식에 크게 동조하며, 자신도 미천한 지위에도 불구하고 진정한 삶의 가치를 실현하였던 검객(「검객기문劍客記聞」), 의사(「여의홍익만전㾴醫洪翼㬂傳」), 열사(「이열사전李烈士傳」, 「이술원전李述原傳」), 열녀(「선산이열녀善山二烈女」) 등의 삶을 생생하게 증언하는 것에 힘썼다.

52세 때 지은 「삼탄교기三灘橋記」는 열전은 아니지만, 지배층의 무능함 속에서 오히려 진정한 지도층으로서의 능력과 덕성을 보여준 백성의 일화를 소상히 기록한 자료로서 그 의미가 깊다. 공사公私의 물자가 오고가는 삼탄에서 익사자가 계속 발생하자 조정에서 내놓은 대책은 고작 삼탄을 건너지 말고 육로로 둘러서 가라는 것이었다. 그러나 육로로 가게 되면 변보邊報가 하루 만에 도착하지 못하게 되자 궁여지책으로 삼탄을 지키는 군대를 만드는 대안을 내놓았다. 그러나 인근의 농민을 군인으로 징집하자 농사를 짓지 못하게 되어 결과적으로 그들의 부모자식이 굶주리는 폐단이 발생하였다. 결국 이러한 국면을 타개한 것은 장성태張聖台와 장호익張虎翼 부자였다. 이들의 출신에 대해 어떠한 정보도 없는 것을 볼 때 애초에 신분이 그리 높지 않았을 것으로 추정된다. 유한준은 장성태 부자가 온갖 고생을 하며 사방을 돌아다니며 자금을 모은 끝에 네 개의 배를 구입하고, 이 배들을 겨우 고정하여 다리로 만들게 된 과정을 하나하나 추적하였다. 이들 덕분에 백성들이 삼탄

151 兪漢雋, 『自著』 卷16 「太史公之意贈申翁」. "余讀太史公書, 至其悲世之卑論儕俗者, 浮沉取榮, 而閭巷之俠無稱, 未嘗不太息也." 박경남, 앞의 글, 143~146쪽 참조.

의 거센 물살을 건널 수 있게 되었을 뿐 아니라 기존에 징집되었던 사람들을 고향에 돌아갈 수 있었다는 것이다. 유한준은 이 글에서 이들 부자의 공덕을 선양하는 한편, 무능하면서도 이들의 공덕조차 외면하는 조정에 대해 은근히 비판적인 시선을 표출하였다. 이 글에서 역시 고어와 전고가 활용하여 고기古氣를 재현하려는 시도가 부분적으로 이루어지지만 이러한 것은 장성태 부자의 훌륭한 삶을 생생하게 묘사하는 데 방해로 작용하지 않을 뿐 아니라 고인古人과 두 부자의 삶을 잇는 매개 역할을 하면서 장성태 부자의 업적을 보다 선양하는 데 효과를 발휘하였다.[152]

백성의 삶에 내재한 진정성과 그 능력을 주목하고자 하는 시선은 나아가 속담이나 민간의 풍경 속에서 진실성을 포착하려는 시선으로 확대된다.

> 지극히 비루하나 일은 진실되고 지극히 촌스러우나 뜻은 참되다. 세상에 허위가 극심하니, 이 때문에 들에서 구하노라. (짚신을 짜다)
>
> 영웅호걸은 늘 은거하길 좋아하여 짚신 짜는 일에 은거하고 통 만드는 일에 은거한다. 혹시 이 대장간에 嵇康이 있는지는 알 수 없는 일이다. (대장장이)
>
> (…중략…) 새참 가져온 자 돌아가니 밭 매는 자 움직이는데 어떤 한 사

152 예컨대 조정을 唐代의 宮名인 '大明宮'이라고 표현하였는데, 이는 한시 외에 산문에서는 용례를 찾아보기 어렵다. 또 백성들이 강을 건너기 어려웠다는 표현으로 『맹자』의 '病涉'를 가져와 써서, 다리를 건설하면 백성들을 일일이 도와주지 않아도 강을 건너는 것을 걱정하지 않게 된다고 하였던 맹자의 가르침을 떠올리게 하였고, 장성태가 돌아다니며 기금을 마련한 부분에서는 '胼其足'이라는 표현으로 우임금이 치수를 하느라 발에 굳은살이 생겼던 전고를 연상하게 하여, 장성태의 노고를 보다 선양하는 효과를 발휘하였다. 『史記』 卷87 「李斯列傳」. "禹鑿龍門, 通大廈, 疏九河, 曲九防 (…中略…) 手足胼胝, 面目黧黑."

람 지팡이 짚고 밭에 물소리 듣는다. 내 처음에는 도연명인줄 알았는데 다시 보니 아니었다. 어찌 도연명이 아님을 알게 되었는가. 머리 위에 물체가 속되었기 때문이다. (김매는 것을 보다)

목마른 자 돌아가고 배고픈 자 달려간다. 또 누군들 사람을 구제하는 공이 버들 강변 화로 앞 노파에 있다는 것을 알리. (길가 객사. ○'脫'은 '歐脫'의 '脫'이다.)[153]

짚신 짜는 사람, 대장장이, 목동, 방게 파는 처녀, 어부 등의 모습을 묘사한 풍속화를 바라보며 유한준은 그 안에 내재한 진정성을 포착하고자 하였다. 허위가 극심한 세상에서 '진실'을 이들에게서 발견할 수 있다는 믿음에서였다. 그런데 여기서 진정성은 민중의 활발한 생명력, 발랄함으로 환원되는 것은 아니다. 유한준은 민간의 풍경 속에서 허행許行, 혜강嵇康, 도연명 등 고인의 삶을 떠올리며 그들의 삶이 지녔던 진정성을 발견하고자 하였다. 그가 속俗과 진眞, 고古를 서로 이질적인 가치로 인식하고 있지는 않음을 인용문을 통해서 알 수 있다. 고풍의 문체는 이러한 의식을 보다 선명하게 부각시키는 효과를 산출하였다. 예컨대 "垂柳溪邊當爐婆"는 장구이지만 실사로만 구성되어 있어 시적인 응축성을 가지고 있는 부분이고, "道傍脫"에서 『사기』에서의 '脫'의 의미를 가져와 의식적으로 고기를 느끼게 하였다.[154]

---

153 兪漢雋, 『自著』 卷19 「題俗畫八幅」. "至卑矣而事却實, 至野也而意則眞, 世僞極矣, 是以求諸野. (織屝) 英雄豪傑常喜隱, 隱於網屨, 隱於箍桶, 或者此爐邊有嵇叔夜者, 在不可知也. (爐冶) (…中略…) 饁者歸而耘者動, 有人焉倚杖聽田水, 余始以爲淵明也, 諦視之, 非也. 何以知其非淵明也? 頭上之物俗. (觀耘) 暍者歸之, 饑者逃焉. 又孰知濟人之功乃在垂柳溪邊當爐婆? (道傍脫 ○脫歐脫之脫也.)

속俗에서 진정성을 발견하려는 유한준의 시도는 고문으로 회귀하려는 정신과 배치되지 않는다. 선진양한의 고문으로 돌아가려는 의식은, 아雅와 속俗 모두가 진정성을 담지하고 있던 시대로 회귀하여 그 진정성을 회복하려는 것을 지향하고 있으며, 나아가 아雅가 무너진 오늘날에 대신 속俗에서 진정성을 발견할 수 있다는 믿음을 수반하기 때문이다. 이러한 시선은 속담을 기록한 「언기諺記」에서도 확인할 수 있다. 그는 옛 성인이 미미한 일상의 사물을 폐하지 않았다는 사실을 근거로, 속담이 지극히 비루한 것이긴 하지만 신神과 기機가 흐르고 움직이기에 그 가치를 절하할 수 없다고 주장하였다.[155] 이처럼 진한고문의 정신, 나아가 상고 시대의 진정성을 계승하고자 하였던 유한준에게 속俗에서 진眞을 발견하려는 작업은 자연스런 귀결이다.

이상에서 살펴보았듯이, 유한준은 진한고문에 대한 의작을 통해 자구의 운용, 체제, 표현 기법에 대하여 학습・재현하였으며, 나아가 고

---

154 의도적으로 각종 고어와 고지명을 사용하는 방식은 유한준의 작품에서 흔히 확인된다. 대표적으로 「廣韓賦」에서는 각종 고어를 사용한 다음 따로 각주를 첨부하는 형태가 빈번하게 보이며, 산문에서도 인용문에서처럼 고어를 사용하거나 邵城(인천), 桂陽(부평), 韶州(함흥)과 같이 일부러 고지명을 쓰는 경우를 살펴볼 수 있다. 박지원은 이 점을 유한준 문장의 병폐로 지적하였다. 朴趾源, 『燕巖集』 卷5 「答蒼厓」. "寄示文編, 漱口洗手, 莊讀以跪曰, 文章儘奇矣, 然名物多借, 引據未襯, 是爲圭瑕, 請爲老兄復之也 (…中略…) 官號地名, 不可相借, 擔柴而唱鹽, 雖終日行道, 不販一薪. 苟使皇居帝都, 皆稱長安, 歷代三公. 盡號丞相, 名實混淆, 還爲俚穢. 是卽驚座之陳公, 效顰之西施, 故爲文者, 穢不諱名, 俚不沒迹. 孟子曰, 姓所同也, 名所獨也. 亦唯曰字所同, 而文所獨也."

155 兪漢雋, 『自著』 卷27 「諺記」. "龍火風雷, 何與於吉凶之故, 而易以之象. 草木鳥獸, 何與於性情之出, 而詩以之興. 神姦鬼怪, 何與於褒刺之寓, 而春秋以之用, 故比物連類, 聖人不廢, 推小喩大, 古訓攸記. 東方之諺衆矣, 散在街衢閭巷之口, 至俚也而神未嘗不流, 至野也而機未嘗不動, 逼理妙切事情, 配道常依物則, 托微之君子, 不能捨也."

문의 모티브를 차용하면서도 자신의 주제와 상황에 부합하도록 적극 변용하여 새로운 의미와 미감을 창출해내는 작업을 시도하였다. 유한준의 일반적인 산문에서는 송대산문의 비중이 높으나 자구의 운용 및 전고의 활용, 역동적인 표현 등에 있어서 진한고문적 성향을 살펴볼 수 있었다. 정리하자면 유한준은 송대산문의 전통 속에서도 진한고문의 성과를 수용하여 보다 높은 미감을 산출하고자 한 것으로 보인다. 이는 그와 교유관계가 있었던 심익운에게서도 확인되는 바,[156] 18세기 노론계 문단의 변화의 한 측면으로 평가할 수 있을 것이다. 아울러 진한고문에 대한 연찬은 비단 문체에만 그 영향이 국한되지 않고 사유에도 반영되어 있음을 확인하였다. 그는 노장의 사유까지 폭넓게 수용하였으며 『사기』를 비롯한 진한고문의 정신을 계승하여 민중의 삶에 내재한 진정성을 주목하고 그에 대한 기록을 남기고자 하였다.

156 김우정, 「沈翼雲의 說文과 산문세계」, 『한문교육연구』 35, 한국한문교육학회, 2010.

제6장
18세기 진한고문론의 문학사적 의의

이상에서 전개한 논의를 바탕으로 18세기 진한고문론의 문학사적 의의를 정리해 보겠다.

첫째, 진한고문론은 18세기 이후에도 경색된 이데올로기 틀을 유지한 채 공리공론에 치닫는 정주학 담론에 균열을 가하는 역할을 하였다. 진한고문론은 표면적으로는 당송에서 진한으로 문학 전범을 교체할 것을 주장하는 논의이지만, 그 기저에는 정주학적 패러다임에 균열을 일으킬 만한 이데올로기적 지향성이 깔려 있다. 문장 전범의 설정과 독서의 순서에 관한 논의에서부터, 그리고 애초에 '문필진한'을 주장하였던 전후칠자의 사유에 이르기까지 진한고문론은 정주학의 영역 안에 포섭되지 않는다.

실제로도 진한고문론을 주장한 문인들을 고찰해 보면, 당송고문론을 주장한 문인들에 비해 사상적 스펙트럼이 넓었다. 선조・광해 연간 때 전후칠자의 문학론을 국내로 들여오고, 활발하게 독서・유통시킨 주역인 신흠, 허균, 장유 등은 모두 양명학까지 수용할 만큼 개방적인 사유를 가진 것으로 논해진다.

그런데 17세기 말엽부터 성리학이 오히려 더 경색되면서 이단에 대한 경계가 커졌다. 주자의 교리에서 벗어나 육경에 근본하여 새로운 해석을 시도한 윤휴와 박세당이 연이어 사문난적으로 몰리며 목숨을 잃는 상황 속에서 18세기는 시작하였다. 이러한 상황에서 진한고문론은 문학론을 표방하면서도 문예를 넘어 기존 사유에 대한 은근한 비판을 수행할 수 있었다.

본서에서 중점적으로 살펴본 문인들은 정주학에 대응하는 상고주의 세계관을 기본적으로 가지고 있는 한편, 제자백가 등 다채로운 사유에 대해서는 유연한 태도를 보이고 있다. 신유한은 유가적 세계관에서 벗어나 불가와 도가까지 통섭하는 자유로운 사유 구조를 보였으며[1] 이용휴는 양명학뿐 아니라 서학에 이르기까지 다양한 사상을 섭취하였다. 유한준 역시 노장의 사유를 적극적으로 수용하였으며 당파에 얽매이지 않고 남인인 유형원의 사유까지 인정하는 태도를 보였다. 이들은 다양한 사유가 혼재한 선진양한 시대의 텍스트를 직접 전범으로 내세우면서 기존의 성리학적 사유의 틀로 이들 텍스트를 재단하는 과정을 경시하였다. 이러한 성향으로 진한고문에서 국한되지 않고 보다 폭넓은 텍스트와 그 사유를 흡수할 수 있는 가능성을 지녔던 것으로 판단된다.

둘째, 문학의 독자성을 강조하고, 문예의 수준을 고양시키려는 '작가'로서의 주체적 의지를 반영하였다. 진한고문론을 주장하는 문인들은,

1 심경호, 「申維翰의 통섭적 사유방법과 문학세계」, 『한문학논집』 28, 근역한문학회, 2009.

진한고문에 제기되는 이데올로기 문제를 불식시키기 위해, 문과 도의 관계 설정에서 도에 대한 의미를 보다 폭넓게 파악하거나, 문도文道 양자의 관계를 분리하여 문학의 영역을 따로 설정하는 방향으로 논의를 전개해나갔다. 이에 기존의 성리학적 재도론에서는 협소할 수밖에 없었던 문학의 역할을 넓히고, 독자적인 가치를 강조하는 경향성을 확인할 수 있었다.

또 문장이 추구해야 하는 목표를 보다 높게 설정하는 진한고문론의 논의는, 조선이라는 지역적 · 시대적 한계를 극복하고 최고의 문예미를 성취하고자 하는 작가의 욕구를 반영한다. 당송고문론은 오늘날과 가깝고 통용할 수 있다는 현실적인 이유로 전범을 당송에 둠으로써, 결과적으로 문장이 도달할 수 있는 목표를 제한하게 되었다. 이러한 상황에서 신유한, 김상정, 이언진 등은 당송을 넘어 진한으로 문장의 목표를 높게 잡을 것을 반복적으로 촉구하였다. 여기에는 문장이 추구할 수 있는 최고의 경지를 성취하겠다는 작가의 의지가 반영되어 있다.

셋째, 평탄한 문체와 의론을 중시하는 문풍을 극복하고 기굴하면서도 서사성 · 형상성이 돋보이는 산문을 창작하여, 한문산문의 범주를 넓혔다. 김택영은 우리나라 산문사를 의론과 기사로 양분하여 개관한 바 있는데, 그는 신라 · 고려 시대의 글은 기사에 능한 대신 의론에 약하고, 조선 시대의 글은 의론에 능한 대신 기사에 약하다고 하였다.[2] 의론이 강한 문장은 바로 주소체를 비롯한 송대문장의 특징이기도 하다.

---

2 金澤榮, 『金澤榮全集』 2 「雜言」. "新羅高麗之文, 長於記事而短於議論. 朝鮮之文, 長於議論而短於記事." 송혁기, 「신유한 산문의 일고찰–記事의 문학성을 중심으로」, 『한국학논집』 39, 계명대 한국학연구소, 2009, 17쪽 재인용.

신유한은 조선이 유교를 숭상하기에 평탄한 송문이 지속적으로 영향을 미쳤다고 하였다.

송대 문풍이 만연한 문단에 대한 자각과 반성은 이미 선초부터 제기되었으며, 이에 전후칠자의 문학론이 국내에 큰 호응을 일으킬 수 있었던 것으로 보인다. 하지만 지속적이고 전반적인 변화가 이루어졌는지 여부는 회의적이다. 전후칠자의 영향을 받았다고 하는 신흠과 장유는 산문이 올바른 의론을 주로 해야 한다는 당위성을 여전히 천명하였다. 이들의 문학론은 성리학적 재도론에서 벗어나지 않았으며 산문의 독자적인 문채미에 대한 인식은 크게 드러나지 않았다.[3]

17세기 후반부터 김창협·이의현을 중심으로 형성된 한구정맥론이 문단의 주류를 형성하게 되었으며 조정에서도 통치 이념에 부합하면서도 재도적 목적에 충실한 문장을 선호하자, 문단에서 송풍宋風이 차지하는 위치는 더욱 굳건해졌다. 당시 문인들은 대체로 성리학적 도학관에 합치되는 문장을 추구하여, 자구를 단련하기보다는 체계적인 논리하에 성인의 뜻에 부합하는 산문을 창작하여, 평탄하면서도 온유돈후한 미감을 가진 산문이 주류를 차지하게 되었다.

18세기 진한고문론을 피력하였던 문인들은 이러한 조선 문단에 대해 일제히 비판적 목소리를 높였다. 성인의 뜻을 설명하기 위해 어쩔 수 없게 평탄하고 번잡하게 된 것으로 보아, 주소체를 문학의 범주에서 배제시키고 나아가 송대산문에 대한 비판적 인식을 확대하였다. 그러면서 『전국책』, 『사기』 등의 사체 문장을 문학 전범으로 적극 수용하였

3 정우봉, 「朝鮮 後期 散文理論의 展開와 그 性格 (1)」, 『한국문학연구』 1, 고려대 민족문화연구원 한국문학연구소, 2000, 150쪽.

다. 이들의 문학론은 실제 작품을 통해 실현되었음을 본서에서 확인할 수 있었다. 진한고문의 기굴한 문체를 재현하였으며 구체적인 사물과 사건을 생동감 있는 필체에 담아내어, 기존의 산문 작품과 변별되는 미감을 구현해낼 수 있었다.

넷째, 천기天機, 이고離古, 자득自得에 관한 논의를 통해 이전 시기 모방·표절 차원의 문학론을 극복하였으며, 실제 창작에서도 이에 부응하는 작품을 산출해내었다. 18세기 진한고문론을 피력한 문인들은 전후칠자들과 17세기 권유, 민창도 등 조선 문인들이 봉착한 모방·표절의 한계를 인식하였다. 이에 그들은 진한고문을 반복적으로 독서하여 고기古氣를 완전히 체화시키되, 문체만을 모방하는 것이 아니라 그 정신을 이어받을 것을 주장하였으며 나아가 작자의 독자적인 의장意匠을 거쳐 새로운 작품을 산출할 것을 주장하였다.

실제 산문을 검토한 결과, 자구의 안배에 심혈을 기울이고 전고를 가져와 고풍을 재현하고자 하는 태도는 여전하였지만, 이전 시기의 산문에서 발견되는 표절에 가까운 글쓰기 행태는 많이 감소하였다. 또 무의미하고도 관습적인 인용을 넘어 작자가 표현하고자 하는 상황 및 주제 하에 전고를 적절히 운용시켜 보다 독자적인 의미를 획득하고, 진한고문의 문체를 체화하여 기굴하면서도 유장한 의미를 산출하며, 나아가 문체뿐 아니라 진한고문에 내재한 정신에 깊이 공감하고 계승하려는 시도를 확인할 수 있었다. 이러한 글쓰기는 진한고문론이 추인한 의미 있는 방향으로 평가할 수 있을 것이다.

끝으로 18세기에 소품과 같은 새로운 문예 양식이 부상하는 가운데 진한고문론이 가지는 위치와 그 의미는 무엇인가 고찰해 보겠다.

이에 앞서 소품문은 글쓰기 양식으로 볼 때 진한고문과 상대되는 개념은 아님을 명시하고자 한다. 소품과 진한고문을 '글쓰기 양식'에만 제한하여 논할 때, 양자는 친연성을 가진다. 단형의 편폭 안에서 문예적 미감을 표출한다는 점에서 진한고문을 소품의 범주 안에서 살펴보고자 하는 논의가 중국에서 일찍이 제출된 바 있다. 본서에서는 명의 도륭, 진계유, 그리고 조선 후기 이용휴의 산문이, 단형의 소품 형태를 가지고 있으면서도 진한고문의 특징적인 미감을 잘 활용한 양상을 주목하였다.

소품을, 대표적인 작가군인 공안파 문인들이 제출한 '문학론'에 국한하여 이에 비교한다면, 18세기 진한고문론이 가지는 의미는 다음과 같다. 공안파의 문학은 명말의 경제 발달로 인한, 소비적·오락적 분위기를 배경으로 하여 세속과 격리된 심오한 철학적 의미나, 불우한 작가의 목소리 대신 발랄하고 산뜻한 문장으로 자신의 정감을 자연스럽게 표현하는 것이 주요 특징으로 지적된다. 또 전아한 문체가 아닌 금문今文 및 구어체를 사용하여 격식에 구애되지 않는 모습을 보이기도 하였다.[4]

세상에 대한 울울한 정서를 지닌 채, 진지한 경세 의식을 견지해 나간 문인들에게는 '천박한' 공안파의 문학은 공감하기 어려운 면이 있었다. 오광운은 작시作詩에서 천박하고도 자잘한 시어를 금하였으며,[5] 이용휴는 문장이 불가의 수련처럼 깊은 성찰로 이룰 수 있는 것이지, 천박한 마음이나 일시적인 감정에서 나올 수 있는 것은 아니라고 하였

4 강경범, 「袁宏道 散文 硏究」, 성균관대 박사논문, 2000, 87쪽.

5 吳光運, 『藥山漫稿』 卷11 「詩指」. "詩有六戒, 俚俗也噍急也幽怪也纖細也多引事也喜咏物也."

다.[6] 이 같은 발언에는 문학은 진정성과 깊은 울림을 담아내야 한다는 의식이 내재되어 있다. 이처럼 진한고문론은 소품이라는 '자오自娛'의 문학이 산출되는 시점에서도, 별개의 흐름을 형성하며 선진양한 시기의 문학이 가졌던 진정성과 문학이 가져야 할 역할을 끊임없이 상기시키는 역할을 하였다.

이와 함께 공안파의 소품이 유행하는 가운데 진한고문론이 지속될 수밖에 없었던 이유로 공안파의 논의가 온전히 실현되기 어려운 국내 문단의 특수한 사정을 들 수 있다. 이지李贄(1527~1602)나 원굉도가 주장하는 대로 금문今文, 나아가 구어체인 백화문白話文까지를 문장에 반영하는 것은 조선 문단에서 실현되기 어려운 논의였다. 한자문명권에 속하면서도 언문이 일치되지 않는 환경에서는 한문산문을 창작하는 데 있어 '학습'과 '모방'의 과정이 중국보다도 중시될 수밖에 없었다. 중국 본토에서 이미 유실된 문장 학습서들이 정작 우리나라와 일본에서 상당량 확인되는 것은, 이러한 사실을 방증한다. 작가가 자신의 사유를 말하는 대로 글을 쓴다는 것은, 조선과 일본 문단에서 자국어 문학을 선택하지 않는 이상 사실상 불가능한 일이었다.[7] 조선에서 '금문'이, 당대 통용하는 문장이 아니라 당송문을 지칭하며 소품문에 능했던 박지

6 본서 115쪽, 각주 70 참조.

7 18세기 일본에서 오규소라이를 중심으로 古文辭派가 유행한 것 역시 이러한 측면에서 이해가능하다. 조선과 일본의 진한고문론의 비교 연구는 다음을 참조. 이효원, 「許穆과 荻生徂徠의 尙古主義 문학사상 비교연구」, 서울대 석사논문, 2007; 노경희, 「조선과 에도문단의 중국 시문집 출판형태와 향유층 비교」, 『명청사연구』 42, 명청사학회, 2014; 노경희, 「조선 후기 한문학과 일본 고문사파(古文辭派) 문학 연구의 접점과 방향」, 『한문학논집』 47, 근역한문학회, 2017; 하지영, 「18세기 조선과 일본 문단에서의 상고적 문학론의 배경과 그 추이」, 『고전문학연구』 48, 한국고전문학회, 2015.

원이 고문가로 분류되기도 한 것은 이러한 상황을 반영하고 있다. 결국 조선 문단에서 전범을 통해 문체를 학습하는 과정은 필수적이었으며, 전범으로 무엇을 선택하느냐 하는 것은 한문학에 종사하는 문인들에게 끊임없이 대두될 수밖에 없는 문제였다.

18세기 진한고문론은 기축적이고 토대적인 혁신이 진행되지 않았던 시대에, 오래되고 숙고된 지적 산물이 여전히 유효성을 지니고 있음을 시사해준다. 진한고문론과 진한고문적 글쓰기는 18세기 조선이라는 시점에서, 최선·최고의 담론과 글쓰기로 평가할 수는 없을 것이다. 그러나 이들이 가장 근원적인 기축으로 회귀하였던 것은 당대의 삶과 문학에서 새로운 돌파구를 찾는 것을 목표로 한 것임은 간과할 수 없다. 이들은 고古에 근거하면서도 금今을 직시하였고, 기존의 사유와 글쓰기를 뒤흔드는 힘을 내장하고 있었다.

참고문헌

한국 원전 자료

姜樸, 『菊圃集』, 한국문집총간 70.

姜世晃, 『明文各選』, 규장각 소장본.

姜橒, 『松西集』, 한국문집총간 속114.

權近, 『陽村集』, 한국문집총간 7.

權文海, 『草澗集』, 한국문집총간 42.

權萬, 『江左集』, 한국문집총간 209.

金龜柱, 『可庵遺稿』, 한국문집총간 속98.

金樂行, 『九思堂集』, 한국문집총간 222.

金德五, 『癡軒集』, 한국문집총간 193.

金相定, 『石堂遺稿』, 한국문집총간 속85.

金聖鐸, 『霽山集』, 한국문집총간 206.

金履萬, 『鶴皐集』, 한국문집총간 속65

金正國, 『思齋集』, 한국문집총간 23.

金鍾厚, 『本庵集』, 한국문집총간 237~238.

金昌協, 『農巖集』, 한국문집총간 161.

金昌翕, 『三淵集』, 한국문집총간 165~167.

金昌熙, 『石菱集』, 한국역대문집총서 488.

金春澤, 『北軒集』, 한국문집총간 185.

南公轍, 『金陵集』, 한국문집총간 272.

南克寬, 『夢囈集』, 한국문집총간 209.

南有容, 『雷淵集』, 한국문집총간 217.

南漢朝, 『損齋集』, 한국문집총간 속99.
睦大欽, 『茶山集』, 한국문집총간 83.
朴慶家, 『鶴陽集』, 한국역대문집총서 1024 · 1025.
朴趾源, 『燕巖集』, 한국문집총간 252.
徐居正, 『四佳集』, 한국문집총간 11.
徐宗泰, 『晚靜堂集』, 한국문집총간 163.
成大中, 『(국역)青城雜記』, 민족문화추진회, 2006.
成大中, 『青城集』, 한국문집총간 248.
成涉, 『筆苑散語』, 『중국어문학』 1~2호 영인게재, 영남중국어문학회.
成俔, 『虛白堂集』, 한국문집총간 14.
孫命來, 『昌舍集』, 한국문집총간 속54.
宋時烈, 『宋子大全』, 한국문집총간 115.
申暻, 『直菴集』, 한국문집총간 216.
申光洙, 『石北集』, 한국문집총간 231.
申國賓, 『太乙菴集』, 한국문집총간 속88.
申大羽, 『宛丘遺集』, 한국문집총간 251.
申維翰, 『青泉集』, 한국문집총간 200.
申維翰, 강혜선 역, 『조선 선비의 일본견문록—대마도에서 도쿄까지』, 이마고, 2008.
______, 『青泉雜言』, 고려대 도서관 소장본.
______, 『青泉集抄』, 한국학중앙연구원 소장본.
申翊聖, 『樂全堂集』, 한국문집총간 93.
申最, 『皇明茅鹿門王弇州二大家文抄』, 규장각 소장본.
申弘遠, 『石洲集』, 한국역대문집총서 1333 · 1334.
愼後聃, 『河濱先生全集』, 亞細亞文化社, 2006.
沈翼雲, 『百一集』, 규장각 소장본.
安錫儆, 『霅橋集』, 한국문집총간 233.
______, 『霅橋集』 下, 亞細亞文化社, 1986.
安仁一, 『竹北集』, 한국역대문집총서 2557 · 2558.
吳光運, 『藥山漫稿』, 한국문집총간 210.
吳尙濂, 『燕超齋遺稿』, 한국역대문집총서 2498.
吳瑗, 『月谷集』, 한국문집총간 218.

吳載純,『醇庵集』, 한국문집총간 242.
元景夏,『蒼霞集』, 한국문집총간 속76.
柳夢寅,『於于集』, 한국문집총간 63.
兪漢雋,『自著』, 한국문집총간 249.
李觀洙,『明大家文抄』, 이화여대 도서관 소장본.
李光庭,『訥隱集』, 한국문집총간 187.
_____,『訥隱集』, 啓明文化社, 1988.
李圭景,『(국역)五洲衍文長箋散稿』, 민족문화추진회, 1977~1982.
李奎報,『東國李相國集』, 한국문집총간 1.
李德懋,『靑莊館全書』, 한국문집총간 257~258.
李德壽,『西堂私載』, 한국문집총간 186.
李萬敷,『息山集』, 한국문집총간 178~179.
李森煥,『少眉山房藏』, 한국문집총간 속92.
李象靖,『大山集』, 한국문집총간 226~227.
李象辰,『下枝遺集』, 한국문집총간 속80.
李植,『澤堂集』, 한국문집총간 88.
李彦瑱,『松穆館燼餘稿』, 한국문집총간 252.
李裕元,『(국역)林下筆記』, 민족문화추진회, 1999~2003.
李用休,『諸子抄選』, 장서각 소장본.
李用休,『惠寰詩集』, 국립중앙도서관 소장본.
_____,『惠寰雜著』, 국립중앙도서관 소장본.
_____,『惠寰集抄』, 고려대 도서관 소장본.
李用休, 조남권·박동욱 역,『혜환 이용휴 시전집』, 소명출판, 2002.
_____________________,『혜환 이용휴 산문전집』, 소명출판, 2007.
李宜顯,『陶谷集』, 한국문집총간 180~181.
李種徽,『修山集』, 한국문집총간 247.
李天輔,『晉菴集』, 한국문집총간 218.
李夏坤,『頭陀草』, 한국문집총간 191.
李獻慶,『艮翁集』, 한국문집총간 234.
李滉,『退溪集』, 한국문집총간 29~31.
____,『退陶先生言行通錄』, 啓明漢文學硏究會, 1991.

張維, 『谿谷集』, 한국문집총간 92.
張志淵, 『韋庵文稿』, 國史編纂委員會, 1956.
鄭夢周 외, 『(국역)海行摠載』, 민족문화추진회, 1974~1981.
丁範祖, 『海左集』, 한국문집총간 239~240.
丁若鏞, 『與猶堂全書』, 한국문집총간 281~286.
正祖, 『弘齋全書』, 한국문집총간 267.
趙翼, 『浦渚集』, 한국문집총간 85.
趙在三, 강민구 역, 『(교감국역)松南雜識』, 소명출판, 2008.
蔡濟恭, 『樊巖集』, 한국문집총간 235.
許筠, 『惺所覆瓿藁』, 한국문집총간 74.
許薰, 『舫山集』, 한국문집총간 327.
洪奭周, 『淵泉集』, 한국문집총간 293.
洪翰周, 김윤조 · 진재교 외역, 『19세기 견문지식의 축적과 지식의 탄생―지수염필』, 소명출판, 2013.
許穆, 『記言』, 한국문집총간 98.
『瓊林大盈』, 고려대 도서관 소장본.
『南華經精選』, 연세대 도서관 소장본.
『明淸文鈔』, 국민대 도서관 소장본.
『文章大成』, 규장각 소장본.
『十八文抄』, 연세대 도서관 · 규장각 소장본.
『弇文抄』, 고려대 소장본.
『戰國策抄』, 규장각 소장본.
『玄覽篇』, 국립중앙도서관 소장본.
『皇明文抄』, 국립중앙도서관 소장본.
『皇明大家』, 경기대 소장본.
성균관대 대동문화연구원, 『近畿實學淵源諸賢集』, 成均館大學校 대동문화연구원, 2002.
송재소 · 이철희, 『17 · 18세기 한문학 비평 자료집』, 성균관대 출판부, 2013.
안대회 · 이철희 · 이현일, 『조선 후기 명청문학 관련 자료집』, 성균관대 출판부, 2013.

중국 원전 자료

高琦, 『文章一貫』, 국립중앙도서관 · 이화여대 도서관 소장본.

顧炎武, 『日知錄』, 四庫全書電子版.

歐陽脩, 『文忠集』, 四庫全書電子版.

龐迪我, 박유리 역, 『七克』, 일조각, 1998.

謝榛, 『四溟詩話』, 中華書局, 1985.

蘇轍, 『欒城集』, 四庫全書電子版.

孫奕, 『示兒編』, 四庫全書電子版.

沈津, 『百家類纂』, 국립중앙도서관 소장본.

楊士彦, 『春秋穀梁傳注疏』, 四庫全書電子版.

吕祖谦, 『麗澤文說』.

列子, 김학주 역, 『열자-난세를 이기는 지혜를 말하다』, 연암서가, 2011.

永瑢 等, 『欽定四庫全書總目』, 四庫全書電子版.

王世貞, 『弇州四部稿』, 四庫全書電子版.

王世貞, 『蘇長公外紀』, 이화여대 도서관 소장본.

王水照, 『歷代文話』, 復旦大學, 2007.

王慎中, 『遵巖集』, 四庫全書電子版.

王若虛, 『滹南集』, 四庫全書電子版.

王鏊, 『震澤長語』, 四庫全書電子版.

王充, 『論衡』, 四庫全書電子版.

袁宏道, 심경호 · 박용만 · 유동환 역, 『袁中郎集』, 소명출판, 2004.

劉義慶, 김장환 역, 『世說新語』, 살림, 1996~2000.

柳宗元, 『柳河東集』, 四庫全書電子版.

劉知幾, 『史通』, 四庫全書電子版.

陸弘祚, 『皇明十大家文選』, 존경각 소장본.

李耆卿, 『文章精義』, 四庫全書電子版.

李夢陽, 『空同集』, 四庫全書電子版.

李攀龍, 『滄溟集』, 四庫全書電子版.

張廷玉 外, 『明史』, 四庫全書電子版.

張鎡, 『仕學規範』, 四庫全書電子版.

朱熹, 『朱子語類』, 四庫全書電子版.

陳繼儒, 『陳眉公集』, 續修四庫全書 1380.

陳騤, 『文則』, 四庫全書電子版.

眞德秀, 『文章正宗』, 四庫全書電子版.

陳師道, 『後山集』, 四庫全書電子版.

陳繹曽, 『文說』, 四庫全書電子版.

賀復徵, 『文章辨體彙選』, 四庫全書電子版.

胡應麟, 『少室山房集』, 四庫全書電子版.

洪邁, 『容齋隨筆』, 四庫全書電子版.

黄宗羲, 『明文海』, 四庫全書電子版.

국내 단행본

강명관, 『공안파와 조선 후기 한문학』, 소명출판, 2007.

______, 『안쪽과 바깥쪽』, 소명출판, 2007.

______, 『농암잡지평석』, 소명출판, 2007.

강혜선, 『朴趾源 散文의 古文 변용 양상』, 태학사, 1999.

고연희, 『조선 후기 산수기행예술 연구-鄭敾과 農淵 그룹을 중심으로』, 일지사, 2001.

고영근, 『텍스트 과학』, 집문당, 2011.

권태을, 『息山 李萬敷 文學硏究』, 문창사, 2000.

금동현, 『조선 후기 문학이론 연구』, 보고사, 2002.

김경숙, 『조선 후기 서얼문학 연구』, 소명출판, 2005.

김광순 · 이동환 외, 『퇴계학 연구논총』, 경북대 퇴계연구소, 1997.

김도련, 『韓國 古文의 源流와 性格』, 태학사, 1998.

김 영, 『朝鮮 後期 漢文學의 社會的 意味』, 집문당, 1993.

______, 『망양록 연구』, 집문당, 2003.

김영주, 『조선 후기 문학론 연구』, 이회, 2009.

김영진 · 송혁기 외, 『18세기 영남 한문학의 전개』, 계명대 출판부, 2011.

김우정, 『최립 산문의 예술 경계』, 한국학술정보, 2006.

김준석, 『朝鮮 後期 政治思想史 硏究』, 지식산업사, 2003.

김철범, 『한문산문 글쓰기론의 논리와 전개』, 보고사, 2012.
김태준, 『朝鮮漢文學史』, 시인사, 1997.
김학주, 『조선 시대 간행 중국문학 관계서 연구』, 서울대 출판부, 2000.
박희병, 『나는 골목길 부처다―이언진 평전』, 돌베개, 2010.
박희병·정길수 외, 『기인과 협객』, 돌베개, 2010.
송혁기, 『조선 후기 한문산문의 이론과 비평』, 월인, 2006.
신승훈, 『조선 중기 문학사의 적층과 단면』, 신지서원, 2012.
______, 『조선 후기 한문학의 전변과 양상』, 신지서원, 2012.
심경호, 『한문산문의 미학』, 고려대 출판부, 1998.
______, 『조선 시대 漢文學과 詩經論』, 일지사, 1999.
안대회, 『尹春年과 詩話文話』, 소명출판, 2001.
______, 『조선 후기 小品文의 실체』, 태학사, 2003.
______, 『나를 돌려다오』, 태학사, 2003.
윤재환, 『조선 후기 근기 남인 시맥의 형성과 전개』, 문예원, 2012.
이성무, 『조선 시대 당쟁사』, 동방미디어, 2000.
이수건, 『嶺南學派의 形成과 展開』, 일조각, 1995.
이종호, 『조선의 문인이 걸어온 길』, 한길사, 2004.
이혜순, 『조선 통신사의 문학』, 이화여대 출판부, 1996.
이혜순 외, 『한국 한문학 연구의 새 지평』, 소명출판, 2005.
이혜순·박무영 외, 『우리 한문학사의 새로운 조명』, 집문당, 1999.
이혜순·정하영 외, 『표절』, 집문당, 2007.
임형택, 『우리 고전을 찾아서』, 한길사, 2007.
______, 『문명의식과 실학―한국 지성사를 읽다』, 돌베개, 2009.
장인진, 『영남 문집의 출판과 문헌학적 양상』, 계명대 출판부, 2011.
정　민, 『18세기 조선 지식인의 발견』, 휴머니스트, 2007.
______, 『고전 문장론과 연암 박지원』, 태학사, 2010.
정옥자, 『조선중화사상연구』, 일지사, 1998.
주승택, 『한문학과 근대문학』, 태학사, 2009.
한영우·한림대 한국학연구소, 『다시, 실학이란 무엇인가』, 푸른역사, 2007.
허태용, 『조선 후기 중화론과 역사인식』, 아카넷, 2009.

국외 단행본

郭紹虞, 『中國文學批評史』. 商務印書館, 1934.

譚家健, 『先秦散文藝術新探』, 首都師範大 出版社, 1995.

鄧紹基・史鐵良 外, 『明代文學研究』, 北京出版社, 2001.

酈波, 『王世貞文學研究』, 中華書局, 2011.

廖可斌, 『明代文學復古運動研究』, 上海古籍出版社, 1994.

費振剛・趙長征, 『先秦兩漢文學研究』, 北京出版社, 2001.

徐北文, 『先秦文學史』, 齊魯書社, 1981.

楊伯峻, 윤화중 역, 『중국 문언문법』, 청년사, 1989.

吳承學, 『晩明小品研究』, 江蘇古籍出版社, 1998.

王洪, 『古代散文百科大辭典』, 學苑出版社, 1993.

袁震宇・劉明今, 『明代文學批評史』, 上海古籍出版社, 1991.

劉紹瑾, 『復古與復元古』, 中國社會科學出版社, 2001.

林少陽, 서광덕・최정섭 역, 『修辭라는 思相—章炳麟과 한자권의 언어론적 비평 이론』, 연세대 대학 출판문화원, 2013.

蔣紹愚, 이강재 역, 『고대 중국어 어휘의미론』, 차이나하우스, 2012.

田南池, 『明代散文選譯』, 成都 : 巴蜀書社, 1991.

錢仲聯, 『王世貞文選』, 蘇州大學出版社, 2001.

鄭利華, 『王世貞研究』, 學林出版社, 2002.

趙克勤, 『古漢語修辭簡論』, 商務印書館, 1983.

趙明, 『先秦大文學史』, 吉林大學出版社, 1993.

Anderson Judy, *Plagiarism, Copyright Violation and Other Thefts of Intellectual Property*. Jefferson, N. C. : McFarland&Co. Inc, 1998.

Jaspers Karl, 백승균 역, 『역사의 기원과 목표』, 이화여대 출판부, 1986.

Plett Heinrich F, 양태종 역, 『수사학과 텍스트 분석』, 동인, 2002.

Reboul Olivier, 박인철 역, 『수사학』, 한길사, 1999.

국내 연구논문

강경범, 「袁宏道 散文 硏究」, 성균관대 박사논문, 2000.

강명관, 「16세기 말 17세기 초 擬古文派의 수용과 秦漢古文派의 성립」, 『한국한문학연구』 18, 한국한문학회, 1995.

______, 「許筠과 明代文學」, 『민족문학사연구』 13, 민족문학사연구소, 1998.

______, 「16세기 17세기 초 진한고문파의 산문비평론」, 『대동문화연구』 41, 대동문화연구원, 2002.

강민구, 「서암 신정하의 문학론에 대한 연구」, 『한국한문학연구』 25, 한국한문학회, 2000.

고운기, 「申維翰의 海遊錄 재론 I」, 『열상고전연구』 34, 열상고전연구회, 2011.

권아린, 「漢代 經學 발전이 寓言의 論說 방식에 미친 영향」, 『중국문학연구』 46, 한국중문학회, 2012.

권진호, 「眉叟 許穆의 尙古精神과 散文世界」, 성균관대 박사논문, 2000.

금동현, 「18世紀 後半~19世紀 前半期 文學理論 硏究」, 고려대 박사논문, 2001.

______, 「柳夢寅 산문 이론의 구조와 의미－이른바 진한고문파 이론에 대한 재검토를 겸하여」, 『한국한문학연구』 34, 한국한문학회, 2004.

김건우, 「著菴 兪漢雋의 문학론과 그 실천 양상」, 성균관대 석사논문, 2000.

김　경, 「조선 후기 산문에서의 奇－李用休 산문을 중심으로」, 『민족문화연구』 58, 고려대 민족문화연구원, 2013.

김경숙, 「18世紀 前半 庶孼文學 硏究」, 이화여대 박사논문, 1999.

김광년, 「金錫胄의 편찬과 唐宋派의 수용」, 『동양한문학연구』 20, 동양한문학회, 2004.

김남이, 「집현전 학사의 문학 연구」, 이화여대 박사논문, 2001.

김대중, 「조선 후기 한문학 연구와 중국이라는 타자」, 『대동문화연구』 60, 대동문화연구원, 2007.

김동준, 「海巖 柳慶種의 詩文學 硏究」, 서울대 박사논문, 2003.

______, 「李用休 漢時의 理智的 性向과 새로운 詩的 型式」, 『진단학보』 95, 진단학회, 2003.

______, 「王世貞 코드로 읽는 生誌銘과 意園－18세기 安山圈 文人들의 불우와 위안의 예술적 형상화」, 『한국한문학연구』 52, 한국한문학회, 2013.

김명호, 「朴趾源과 兪漢雋」, 『한국학보』 12, 일지사, 1986.

김방울, 「百家類纂의 편찬과 간행」, 『전통문화논총』 10, 한국전통문화학교, 2012.

김수진, 「凌壺觀 李麟祥 문학 연구」, 서울대 박사논문, 2012.

김　영, 「訥隱 李光庭 傳의 文學世界」, 『泰東古典硏究』 4, 泰東古典硏究所, 1998.

김영주, 「晩靜當 徐宗泰의 文學論 硏究」, 『한문학보』 16, 우리한문학회, 2007.

김영진, 「朝鮮後期의 明淸小品 수용과 小品文의 전개 양상」, 고려대 박사논문, 2003.

______, 「18세기 말 서울의 명청서적 유통 실태」, 『2004년 한국문화연구원 학술대회－17・18세기 동아시아의 독서문화와 문화변동』, 이화여대 한국문화연구원, 2004.

김용태, 「韓國 漢文學에 있어서 擬古主義 硏究의 最近 爭點」, 『한문학보』 30, 우리한문학회, 2014.

김우정, 「최립 古文辭의 性格에 관하여」, 『한국한문학연구』 32, 한국한문학회, 2003.

______, 「簡易 崔岦 散文 硏究」, 단국대 박사논문, 2004.

______, 「최립의 山水屛序와 유몽인의 無盡亭記를 통해 본 古文辭의 文藝美」, 『한문학논집』 23, 근역한문학회, 2005.

______, 「선조・광해 연간 文風의 변화와 그 의미－前後七子 수용 논의의 반성적 고찰을 겸하여」, 『한국한문학연구』 39, 한국한문학회, 2007.

______, 「허균 산문의 연구－산문 텍스트의 확장과 문예미를 중심으로」, 『동아시아고대학』 16, 동아시아고대학회, 2007.

______, 「玄洲 趙纘韓 散文의 연구－17세기 초 文壇의 風情과 관련하여」, 『한문교육연구』 31, 한국한문교육학회, 2008.

______, 「申欽의 散文과 前後七子」, 『대동문화연구』 69, 대동문화연구원, 2010.

______, 「沈翼雲의 說文과 산문세계」, 『한문교육연구』 35, 한국한문교육학회, 2010.

______, 「宣祖 연간 文風의 변화와 壽序」, 『동방한문학』 47, 동방한문학회, 2011.

김윤조, 「青泉 申維翰의 門人들과 그 문학적 성향」, 『한국학논집』 39, 계명대 한국학연구소, 2009.

김은정, 「五子詩 창작 배경 및 和答詩 연구」, 『진단학보』 96, 진단학회, 2003.

김주부, 「息山 李萬敷의 山水紀行文學 硏究」, 성균관대 박사논문, 2010.

______, 「李承延의 생애와 「嶺對」에 나타난 영남인식」, 『대동한문학』 37, 대동한문학회, 2012.

김철범, 「19世紀 古文家의 文學論에 대한 硏究」, 성균관대 박사논문, 1992.

______, 「조선 지식인들의 諸子書 독서와 수용 양상」, 『한문학보』 17, 우리한문학회, 2007.

______, 「青泉 申維翰의 문장 학습법과 글쓰기론」, 『동양한문학연구』 25, 동양한문학회, 2007.

______, 「조선 후기 古文選集의 편찬・간행과 의미」, 『동양한문학연구』 28, 동양한문학회, 2009.

김춘희, 「이지산문연구」, 전북대 박사논문, 2010.

김현미, 「선조조 문장가들의 문관」, 이혜순 외, 『우리 한문학사의 새로운 조명』, 집문당, 1999.

김형찬, 「敬畏에서 感應으로－眉叟 許穆의 退溪學 계승에 관한 고찰」, 『철학』 98, 한국철학회, 2009.

김홍백, 「유몽인의 經世 의식과 산문세계」, 서울대 박사논문, 2014.

나민구, 「용법이 비슷한 몇 가지 중국 수사법 분석」, 『중국연구』 28, 한국외대 중국연구소, 2001.

남은경, 「동명 정두경 문학의 연구」, 이화여대 박사논문, 1997.

______, 「조선 중기 독서경향과 戰國策」, 『대동한문학』 26, 대동한문학회, 2007.

노경희, 「17세기 명대문학론의 유입과 한문산문의 '조선적' 전개에 대한 일고」, 『고전문학연구』 27, 한국고전문학회, 2005.
______, 「17세기 초 문관출신 明使 接伴과 韓中 문학교류」, 『한국한문학연구』 42, 한국한문학회, 2008.
______, 「조선과 에도문단의 중국 시문집 출판형태와 향유층 비교」, 『명청사연구』 42, 명청사학회, 2014.
______, 「조선 후기 한문학과 일본 고문사파(古文辭派) 문학 연구의 접점과 방향」, 『한문학논집』 47, 근역한문학회, 2017.
박경남, 「16,17세기 程朱學的 道文一致論의 균열과 道文分離的 경향」, 『고전문학연구』 35, 한국고전문학회, 2009.
______, 「兪漢雋의 道文分離論과 散文세계」, 서울대 박사논문, 2009.
______, 「18세기 文學觀의 변화와 '개인'과 '개체'의 발견 (1)」, 『동양한문학연구』 31, 동양한문학회, 2010.
______, 「金昌協의 비판을 통해 본 王世貞 散文의 진면목-商販 碑誌文을 중심으로」, 『한국한문학연구』 46, 한국한문학회, 2010.
______, 「兪漢雋 문학의 실학적 면모」, 『한국실학연구』 26, 한국실학학회, 2013
박동욱, 「惠寰 李用休 散文 硏究」, 『온지논총』 15, 온지학회, 2006.
______, 「惠寰 李用休의 文學 硏究」, 성균관대 박사논문, 2006.
박무영, 「해좌 정범조의 기수론적 문학관」, 『한국한문학연구』 19, 한국한문학회, 1996.
______, 「국포 강박의 시학-18세기 남인 계열의 미적 동향에 대한 연구의 일환으로」, 『한국한문학연구』 29, 한국한문학회, 2002.
______, 「경전 패러디와 기호 조작의 세계-洪吉周 작, 「皐津經傳」과 「甘誓」, 「武成」의 작품론으로」, 『한문학보』 18, 우리한문학회, 2008.
박성진, 「古文의 敍事기법에 대한 전통시기 文人의 분류 고찰-『左傳』을 중심으로」, 『중국문학연구』 46, 한국중문학회, 2012.
박영호, 「朝鮮中期 古文論 硏究」, 경북대 박사논문, 1993.
박영희, 「언어와 문장 구성을 통해 본 '文必秦漢'說」, 『中國語文學誌』 12, 중국어문학회, 2002.
박용만, 「惠寰 李用休의 文學論에 대한 考察」, 『개신어문연구』 16, 개신어문학회, 1999.
박은정, 「17c 말 18c 전기 農巖 계열 문장가들의 古文論 연구」, 한양대 박사논문, 2005.
박준호, 「혜환 이용휴의 문학관」, 『대동한문학』 9, 대동한문학회, 1997.
______, 「혜환 李用休 文學 硏究」, 성균관대 박사논문, 1999.

______, 「혜환 이용휴의 전에 대하여」, 『한문학보』 1, 우리한문학회, 1999.

배미정, 「朝鮮 後期 尺牘文學의 流行과 그 背景」, 한국정신문화연구원 석사논문, 2003.

백승호, 「李弘憲의 『雜覽』 – '역적' 이인좌의 아버지」, 『문헌과해석』 29, 태학사, 2004.겨울.

______, 「樊巖 蔡濟恭 文學 硏究」, 서울대 석사논문, 2006.

______, 「正祖時代 政治的 글쓰기 硏究」, 서울대 박사논문, 2013.

백진우, 「英祖朝 執權 老論系 文人의 自己檢閱 樣相에 대하여–黃景源,南有容,李天輔를 중심으로」, 『한국한문학연구』 42, 한국한문학회, 2008.

부유섭, 「17~18세기 중반 근기 남인 문단 연구」, 한국학중앙연구원 박사논문, 2009.

서한석, 「月汀 尹根壽의 散文에 關한 硏究」, 성균관대 석사논문, 1999.

성기옥, 「중국 고전 시문속의 전고운용 고찰」, 『세계문학비교학회 학술대회』, 세계문학비교학회, 2010.

손혜리, 「18세기 서사 양식의 교섭 양상에 대하여–「江上孝女」를 대상으로 한 작품 중심으로」, 『한국한문학연구』 40, 한국한문학회, 2007.

송병하, 「青泉 申維翰의 散文論과 作品世界」, 고려대 석사논문, 2005.

송지영, 「於于 柳夢寅 散文 硏究」, 고려대 석사논문, 2004.

송혁기, 「18세기 초 散文理論의 전개 양상 一考」, 『한국한문학연구』 31, 한국한문학회, 2003.

______, 「17세기 말~18세기 초 산문 이론의 전개 양상」, 고려대 박사논문, 2005.

______, 「신유한 산문의 일고찰–記事의 문학성을 중심으로」, 『한국학논집』 39, 계명대 한국학연구소, 2009.

신두환, 「식산 이만부의 「金剛山記」에 나타난 문예미학」, 『한문고전연구』 17, 한국한문고전학회, 2008.

신승훈, 「전후칠자의 수용과 조선 중기 문원의 반향」, 『동양한문학연구』 16, 동양한문학회, 2002.

______, 「16世紀 後半~17世紀 前半期 文學理論의 多邊化 樣相」, 고려대 박사논문, 2005.

______, 「眉叟 許穆 散文의 美學」, 『인문학논총』 14, 경성대 인문과학연구소, 2009.

______, 「龍洲 趙絅 散文의 美學」, 『인문학논총』 25, 경성대 인문과학연구소, 2011.

신익철, 「柳夢寅의 文學觀과 表現 手法의 特徵」, 성균관대 박사논문, 1995.

신주리, 「16~17세기 江南의 周邊部 文人 硏究」, 서울대 박사논문, 2012.

심경호, 「조선 후기 지성사와 제자백가–특히 『管子』와 『老子』의 독법과 관련하여」, 『한국실학연구』 13, 한국실학학회, 2007.

______, 「申維翰의 통섭적 사유방법과 문학세계」, 『漢文學論集』 28, 근역한문학회, 2009.

안대회, 「李用休 小品文의 美學」, 『동아시아 문화연구』 34, 한양대 한국학연구소, 2000.

안순태, 「南公轍 文學의 淵源에 대하여–그 家學的 성격을 중심으로」, 『고전문학연구』 37, 한국고전문학회, 2010.

안영길, 「申維翰의 문학사상 연구」, 『우리문학연구』 25, 우리문학회, 2008.

안예선, 「史書의 春秋계승 의식과 문학성의 상관성－『史記』와 『漢書』를 중심으로」, 『중국문학연구』 43, 한국중문학회, 2011.

양승민, 「18세기 窮經實學者 河濱 愼後聃과 「南興記事」」, 『고전문학연구』 21, 한국고전문학회, 2002.

양회석, 「復古의 유형과 그 문화사적 기능－明代 李夢陽과 李卓吾를 중심으로」, 『中國文學』 39, 韓國中國語文學會, 2003.

여운필, 「吳光運의 詩認識에 관한 硏究」, 『고시가연구』 26, 한국고시가문학회, 2010.

오주학, 「雷淵 南有容의 문예활동과 '趣'의 구현 양상」, 『동방한문학』 54, 동방한문학회, 2013.

우응순, 「朝鮮中期 四大家의 文學論 硏究」, 고려대 박사논문, 1990.

______, 「17세기 고문론의 배경과 역사적 성격」, 『고전비평연구』 1, 태학사, 1991.

원종례, 「明代前後七子의 詩論 硏究」, 서울대 박사논문, 1989.

우지영, 「擬作의 창작 동기와 창작 양상에 대한 一考－韓信 소재 擬作 작품을 중심으로」, 『동방한문학』 41, 동방한문학회, 2009.

유동재, 「저암 유한준의 문학관과 문장론 연구」, 안동대 석사논문, 2005.

______, 「「문결」의 創作論과 그 문론사적 의의」, 『한국한문학연구』 38, 한국한문학회, 2006.

유호선, 「青泉 申維翰의 불교관 연구－『奮忠舒難錄』을 중심으로」, 『불교학연구』 8, 불교학연구회, 2004.

윤지훈, 「18世紀 農巖季 文人의 文學論과 批評에 관한 硏究」, 성균관대 박사논문. 2008.

______, 「조선 후기 문인들의 錢謙益 비평」, 『대동문화연구』 69, 대동문화연구원, 2010.

______, 「조선 후기 문인들의 王守仁 文學에 대한 認識과 評價」, 『한문학논집』 33, 근역한문학회, 2011.

이경근, 「혜환 이용휴의 문예론 연구」, 서울대 석사논문, 2009.

이규필, 「海左 鄭範祖의 文學論과 散文世界」, 경북대 석사논문, 2002.

이기훈, 「柳宗元 문장 『國語』의 淵源관계에 대한 歷代 인식 初探」, 『中國文學研究』 38, 韓國中國語文學會, 2009.

이동순, 「이언진 문학 연구」, 고려대 박사논문, 2010.

이병순, 「朝鮮後期 文人들의 前後七子에 대한 對應 양상 연구」, 단국대 박사논문, 2007.

이병직, 「강상효녀담의 창작의식과 소설로의 수용」, 『고소설연구』 33, 한국고소설학회, 2012.

이성민, 「'秦漢古文派'의 성립 배경과 秦漢古文에 대한 인식」, 『한국어문학연구』 48, 한국어문학연구학회, 2007.

______, 「분서 박미 문학 연구」, 성균관대 박사논문, 2008.

이승신, 「歐陽修 居士集의 散文 文體 硏究」, 고려대 박사논문, 2003.
______, 「司馬遷과 歐陽修의 문장의 이동에 대하여–傳記文學 중심으로」, 『中國語文學誌』 17, 중국어문학회, 2005.
이연순, 「滄溪 林泳의 독서 기록 방식과 그 의의 고찰」, 『시학과언어학』 26, 『시학과 언어학회』, 2014.
이은봉, 「조선 후기 문풍의 변화와 이용휴의 글쓰기」, 『동양고전연구』 48, 동양고전학회, 2012.
이종한, 「韓愈 散文의 分析的 硏究」, 서울대 박사논문, 1992.
이종호, 「靑泉의 現實認識과 思維方式」, 『안동대 논문집』 11, 안동대, 1989.
______, 「17~18세기 안동한문학 연구–갈암학파의 독서론을 중심으로」, 『대동한문학』 9, 대동한문학회, 1997.
______, 「조선 후기 영남 남인의 문학관 연구」, 『퇴계학논집』 103, 퇴계학연구원, 1999.
______, 「신유한의 문예인식과 문장론」, 『한국한문학연구』 35, 한국한문학회, 2005.
______, 「신유한의 문도와 고문사 교육」, 『한문학보』 21, 우리한문학회, 2009.
이주연, 「深齋 曺兢燮의 古文論 硏究」, 이화여대 석사논문, 1998.
이준규, 「許穆散文의 古文詞에 대하여」, 『동양한문학연구』 28, 동양한문학회, 2009.
이춘희, 「明 王世貞의 문학사상과 李彦瑱의 한시」, 『열상고전연구』 27, 열상고전연구회, 2008.
이향배, 「청천 신유한 고문론 연구」, 『어문연구』 31, 어문연구학회, 1999.
______, 「艮翁 李獻慶의 古文論 硏究」, 『한문교육연구』 19, 한국한문교육학회, 2002.
이현호, 「兪漢雋 散文 硏究」, 한국정신문화연구원 석사논문, 2003.
______, 「申維翰 산문의 擬古性과 『莊子』 패러디」, 『동양한문학연구』 20, 동양한문학회, 2004.
______, 「朝鮮後期 『史記』 批評 硏究」, 부산대 박사논문, 2011.
이혜순, 「충격과 조화–신유한의 해유록 연구」, 『동방문학비교연구총서』 2, 한국동방문학비교연구회, 1992.
이효원, 「許穆과 荻生徂徠의 尙古主義 문학사상 비교 연구」, 서울대 석사논문, 2007.
임유경, 「영조조 사가의 문학론 연구–이천보, 오원, 남유용, 황경원」, 이화여대 박사논문, 1990.
______, 「18세기 천기론의 특징」, 『한국한문학연구』 19, 한국한문학회, 1996.
장유승, 「前後七子 수용과 秦漢古文派 성립에 대한 비판적 고찰」, 『한문학논집』 36, 근역한문학회, 2013.
장효현, 「심능숙 문학에 나타난 歷史意識–節義觀을 중심으로」, 『어문논집』 69, 민족어문학회, 2013.
정경희, 「英祖後半期(1749~1776) 經筵과 英祖의 義理論 강화」, 『역사학보』 162, 역사학회, 1999.
정길수, 「李羲天論–18세기 후반 老論淸流 지식인의 운명」, 『규장각』 27, 규장각한국학연구소, 2004.
정 민, 「朝鮮 後記 古文論 硏究」, 한양대 박사논문, 1989.

______, 「고전 문장 이론에서 '法'의 문제에 대하여」, 『고전문학연구』 15, 한국고전문학회, 1999.
______, 「18세기 우정론의 맥락에서 본 이용휴의 生誌銘攷」, 『동아시아 문화연구』 34, 한양대 한국학연구소, 2000.
______, 「『동사여담』에 실린 이언진의 필담 자료와 그 의미」, 『한국한문학연구』 32, 한국한문학회, 2003.
______, 「이언진과 일본문사의 왕세정 관련 필담」, 『동아시아 문화연구』 49, 한양대 한국학연구소, 2011.
정생화, 「朱之蕃의 문학활동과 한중 문화 교류」, 서울대 석사논문, 2010.
정우락, 「申維翰의 文學思想과 그 詩世界의 意味構造」, 『퇴계학과 유교문화』 41, 경북대 퇴계연구소, 2007.
정우봉, 「李用休의 문학론의 일고찰」, 『한국한문학연구』 9, 한국한문학회, 1987.
______, 「散文 理論의 基本 範疇와 展開 樣相」, 『민족문화연구』 32, 고려대 민족문화연구원, 1999.
______, 「朝鮮 後期 散文理論의 展開와 그 性格 (I)」, 『한국문학연구』, 동국대 한국문학연구소, 2000.
______, 「삽교예학록의 散文修辭學 硏究」, 『한국한문학연구』 32, 한국한문학회, 2003.
______, 「한문수사학 연구의 한 방법-주객법의 이론과 그 활용을 중심으로」, 『어문논집』 49, 민족어문학회, 2004.
조성산, 「18세기 洛論系 學脈의 변모 양상 연구」, 『역사교육』 102, 역사교육연구회, 2007.
______, 「18세기 초반 낙론계 天機論의 성격과 사회적 기능」, 『역사와 현실』 44, 한국역사연구회, 2002.
조현덕, 「惠寰 李用休의 思惟樣式과 小品體 散文 硏究」, 고려대 석사논문, 2001.
진재교, 「동아시아에서의 서적의 유통과 지식의 생성-壬辰倭亂 이후의 인적 교류와 서적의 유통 사례를 중심으로」, 『한국한문학연구』 41, 한국한문학회, 2008.
______, 「조선조 후기 文藝 공간에서의 王世貞」, 『한국한문학연구』 54, 한국한문학회, 2014.
최석기, 「근기 실학자들의 경세적 경학과 그 의미-조선 중기 이후 경학관의 전개 양상과 근기 남인계의 경학적 특징」, 『대동문화연구』 37, 대동문화연구원, 2000.
하지영, 「擬古・創新 논리와 표절 의미의 변모 양상-前後七子의 의고론을 중심으로」, 이혜순 외, 『표절』, 집문당, 2007.
______, 「18세기 조선과 일본 문단에서의 상고적 문학론의 배경과 그 추이」, 『고전문학연구』 48, 한국고전문학회, 2015.
______, 「이용휴 문학에 나타난 서학적 개념의 수용과 변용」, 『동양고전연구』 65, 동양고전학회, 2016.

한태문, 「申維翰의 『海游錄』 연구」, 『동양한문학연구』 26, 동양한문학회, 2008.
허태용, 「17,18세기 北伐論의 추이와 北學論의 대두」, 『대동문화연구』 69, 대동문화연구원, 2010.
황수연, 「18세기 지식인의 交遊와 문학적 담론 검토」, 『한국고전연구』 8, 한국고전연구학회, 2002.
廖可斌, 「中國對明代複古派研究的曆史回顧和若干反思」, 『제2회 동아시아한문학 국제학술회의 발표자료집』, 동아시아한문학연구소, 2013.12.7.

국외 연구논문

伏俊琏, 「『史記』中保存的一篇先秦俗賦」, 『西北成人教育學報』, 西北师范大 继续教育学院, 2008.
楊世明, 「揚雄身後褒貶評說考議-林貞愛『揚雄集校注』序」, 『四川師範學院學報』, 四川师范大, 2001.
吴新苗, 「屠隆研究」, 首都師範大 博士論文, 2006.
鄭子瑜, 「論先秦諸子的修辭技巧」, 『社會科學戰線』, 吉林省社会科学院, 1980.
錢穆, 「中國文學中的散文小品」, 『錢賓四先生全集』 45, 聯經, 1998.
朱志榮 · 陳智敏, 「先秦諸子散文的審美特征」, 『中文自學指導』, 全國高等教育自學考試委員會中文專業委員會, 2007.
陳平原, 「百家爭鳴與諸子遺風—秦漢散文論稿之二」, 『文學遺產』, 中国社会科学院, 1997.
侯體健, 「資料彙編式文話的文獻價值與理論意義-以『文章一貫』與『文通』爲中心」, 『復旦學報』, 復旦大, 2009.

WEB DB

남명학고문헌시스템 http://nmh.gsnu.ac.kr/
文淵閣 四庫全書電子版
상우천고 http://www.s-sangwoo.kr/
승정원일기 http://sjw.history.go.kr/main/main.jsp
조선왕조실록 http://sillok.history.go.kr/main/main.jsp
한국고전번역원 한국고전 DB http://db.itkc.or.kr/itkcdb/mainIndexIframe.jsp
한국학종합DB http://db.mkstudy.com/
KRpia : 한국의 지식콘텐츠 http://www.krpia.co.kr/

찾아보기

인명

핵심어

(ㅅ)

(ㅇ)

(ㅈ)

서명·글명